我妻榮著
有泉亨補訂

新訂

物權法

（民法講義Ⅱ）

岩波書店刊行

新訂版の上梓に際して

本書は、我妻栄著『物権法』(民法講義Ⅱ)の新訂版である。

著者の生前の執筆予定によれば、昭和四十八年の夏頃までに、当時執筆中であった『法学概論』を脱稿し、既刊の『民法総則』や『担保物権法』と同じく、新訂版『物権法』に着手される順序になっていた。しかし、残念ながら著者はその年の十月二十一日に急逝されたため、実現しないままに終った。しかも、『物権法』の旧版は、昭和三十五年の不動産登記法の改正と昭和三十七年に制定された区分所有権法につき、それぞれ巻末の補註で解説を加えられはしたものの、昭和四十四年の第二十六刷を最後に、著者の意思によりその発行を差し止められたままになっていたのである。ところで、著者が鋭意その完成に努力された民法のほとんど全領域にわたる民法講義シリーズおよびそれに準ずるテキストを逐次、学説の発展と判例の動向を取り入れた、アップ・ツー・デートの形で生かして行きたいという議が、著者の教えを受けた者たちの間から起った。そして、まず『物権法』の新訂が問題となり、その初版の出版に当ってお手伝いをした補訂者がこれを担当するという成り行きになったのである。しかしこれは大役であって、作業に着手してみると、補訂者の非才をもってしてはその任に堪えないと痛感するようになった。特に物権変動論の領域における近時の数多く、かつ、多彩な議論の展開を前にしてその感を深くした。右顧左べんしながらの、長期にわたる悪戦苦闘の結果がこの新訂版である。

補訂に当っての基本方針は、形式的には旧版の体系は〔　〕内のナンバーを含めて完全にそのまま踏襲し、必要に応じて新しい節を設け、若干の孫ナンバーを起した。実質的には、最近の学説・判例に論及しながらも、旧版で述べられた説は成るべくそのまま維持し、安易に変えないことにした。しかし、旧版以後に著者自身の書かれたもの——例えば民法講義の他の巻の著述や、旧版に書き込まれた覚え書など——を参考にして改説した個所もある。さらに若干の部分においては、補訂者自身の見解を述べたが、その場合には、文脈からそのことが読み取れるように心がけた。なお、最終段階に来て、近い将来に区分所有権法の改正が確実と見られるようになったが、諸般の事情から、本書の出版をこれ以上遷延させることはできないと考え、すでに公にされた同法の改正案を取り入れ、その解説を補として巻末に附し、将来の補訂の便に備えることとした。

最後に、長く新訂版の完成を待望されていた読者の寛容と、犯しているであろう思わぬ過誤の叱正とを広く要請し、実務の観点から多くの示唆を与えられた弁護士の錦徹君、ならびに補訂者の遅延に辛抱強い対応をされた岩波書店の編集部に心からの謝意を表しておきたい。

昭和五十八年三月

有　泉　亨

〈第三刷にあたって〉　区分所有等に関する法律の成立、施行に伴う修正をほどこし、併せて引用の誤りなどを正した（昭和五十九年三月）。

改版の序

昨年民法総則を改訂した際に、今年は物権法を改訂し、来年は債権各論を新たに上梓し、それから毎年、親族法、相続法と作って、昭和三十年には民法講義七冊を完成しよう、それが私に最も適した仕事だ、と堅く決心したのであったが、昨秋過労のため少しく健康をそこね、今春来、望み通り雑務から離れることもできず、すべて予定の通りには運ばない。然し、おくればせながらも、とにかく物権法の改訂を終り、決心の一部を実現することができた。

この物権法の初版を上梓してからちょうど二十年になる。その間の学説の進歩は驚くべきものであり、判例の進展にも注目すべきものが少なくない。これを充分に参照して改訂の中に織りこむことは、容易な仕事ではなく、現在の私の身辺の事情では、完璧を期することは到底できない。然し、昨年の民法総則の改訂に比すれば、遥かに多くの加筆と訂正を試みた。もはや大学の講義用テキスト・ブックの用をなさない。民法を少し詳しく研究しようとする人にとっての参考書である。

この本には、初版の序文を転載しよう。民法講義の最初の仕事であったから、記念の意味もある。その内容については、いいたいこともあるが、それよりも、民法講義完成の計画を実現することに努めよう。完成の暁に、あらためて、民法解釈学についての抱負を語ることにして。

改版の序

本書の校正と索引の作成には、打越定男君の助力を受けた。記して感謝の意を表する。

昭和二十七年五月

東京大学法学部研究室にて

我妻　栄

序

民法の講義用テキスト・ブックとして民法各部をそれぞれ三百頁位にまとめてみようという計画を立てた。本書がその第一着の仕事である。物権編前半を収めて居る。

大学に於ける民法の講義は現行法の解釈を中心とする。然し真の解釈のためには為すべきことが多い。諸外国の類似の制度を顧み、且沿革に遡って現行制度の特質を理解することがその一である。判例を明かにして条規の文字の実際に有する活きた意味を知ることがその二である。社会生活の実際に即して法規の作用を検討し、人類文化の発達に対して現行法の営む促進的或は阻止的な作用を理解し、進んでその批判を努むべきことがその三である。社会生活の変遷に順応した、しかも現行法の体系として矛盾なき統一的解釈理論を構成することがその四である。而して、その何れの場合にも先進の学者の説に学ぶべきことは謂うまでもない。これをその五とする。本書に於ては、飽くまでも現行法の解釈を中心とする態度を離れずに、能うかぎり右の理想に近づかんと努めたつもりである。私の力の足らない為め、羊頭を懸げて狗肉を売るの譏りを免れないかもしれない。諸先輩並びに同学の士の教を受け、且学生諸君と共に研究を進めつつ、完成を他日に期し度いと思う。

物権法は元来物資の利用を規律する制度である。従って不動産利用権を中心とする。然るに、近世資本主義の発達と共に物資の取引が経済組織の中心を為すに至り、物権法に於ても物を取引の客体とする法理即ち物権取引法理が重要なものとなった。本書に所謂公示の原則と公信の原則とは主としてこの部門に属する。かくて本書の内容は大体三部門に分かれることになる。第一は、物権変動を中心とする部門である。これに関する民法物権編の規定は僅か数箇条であるが、本書は最初の約三分の一をそれに費して居る。然しこの部分は債権編及び担保物権編の論述と照応しなければ真にこれを理解することは困難であろう。第二は、不動産利用権に関する部分である。地上権乃至入会権がこれに属する。然し民法の所有権の規定も大体これに属すると見て妨げない。第三は、物権的支配の秩序維持を目的とする制度である。占有権がこれに属する。尤も我民法の占有権の章には、物権取引法の部分に属する規定をも収めて居る。然し、本書に於ては、右の理論に従ってこれを第一の部分に取り入れた。

本書は、右の第一の部分に於ては、取引の安全という理想を強調し、第二の部分に於ては、利用権の確保という理想を強調し、第三の部分に於ては、秩序維持の理想の達成を強調する。而して、その総ての理想は、個人本位の法律理想が団体本位のそれに移るという傾向によって示し得ると考えて居る。資本主義の発達を助長する為めの取引の安全という理想と、資本主義によって脅かさるる者の保護を目的とする利用権の保障という理想とを、共に団体本位の法律理想という標語の下に併称することに対しては、非難があることであろう。私自身も、既に旧著民法総則の序文に述べたように、このことを自覚して居る。然し個人意思と個人所有との絶対性という理論から見れば、両者は共にその修正転向であるには相違ない。だから、若し我々が資本主義の発達に伴いこれに導かれて生じた取引の安全という理想が、団体本位という理想の下に個人所有権の絶対性を修正すると共に、やがて、その同一の理想が利用権の確保の為めに個人所有権を制限するに至るのだという道程に於てこれを理解すれば、両者を同一の標語に併称しても、敢て不当ではあるまいと思う。勿論、これ等の点は、本書に於ても充分に明かにはされては居らないであろう。民法の他の編に於ても能うかぎりこれを究明すると共に、仍お我々が最も力を尽して考究すべき問題であると信じて居る。

私は現代法学全集に物権編を書いた。然し、本書はその抜萃ではない。根本の思想と体系とに於ては彼此固より同一である。然し、本書は講義用テキスト・ブックたる目的の為めに多大の苦心を費した。前の三分の一は全部書き改めたものであり、その他にも理論的部分には新稿が多い。理論に於て変更した部分はそれほど多くもないが、物権変動の対抗要件に関しては、可成り根本的に説を改めた。そして全体としては本書の方がその内容の豊富さを加えて居る。仍お本書は東京帝国大学法学部の秋学期の講義にまにあわせる為め短時日の間に印刷した為め、校正と巻末の条文索引の作成に当って有泉亨君が限りなき努力をして呉れられた。ここに同君に対して心からの感謝の意を表する。

昭和七年十一月

東京帝国大学法学部研究室にて

我妻　栄

略語

一、大判(決)昭和八・二・三民一七五頁……大審院判決(決定)昭和八年二月三日大審院民事判例集(大正十年以前は民事判決録)一七五頁

最判(大法廷)昭和三一・七・四民七八五頁……最高裁判所(大法廷)判決昭和三一年七月四日最高裁判所民事判例集七八五頁

東高判昭和二八・一・三〇下民集四巻一号九四頁……東京高等裁判所判決昭和二八年一月三〇日下級民事裁判例集四巻一号九四頁

高民……高等裁判所民事判例集　下民……下級裁判所民事判例集

判時……判例時報　判タ……判例タイムス　新聞……法律新聞

一、判民昭和六年度一六事件(穂積)……判例民事法昭和六年度一六事件穂積重遠評釈　注民(7)五二八頁(川島)……注釈民法(7)物権法五二八頁川島執筆

一、法協……法学協会雑誌　国家学会……国家学会雑誌　志林……法学志林　論叢……法学論叢　ジュリ……ジュリスト　ジュリ法理……ジュリスト増刊不動産物権変動の法理(昭和五八年)　法時……法律時報

一、富井……富井政章著　民法原論第二巻物権(大正九年)　石田……石田文次郎著　物権法論(昭和七年)

川名……川名兼四郎著　物権法要論(大正九年)　近藤……近藤英吉著　物権法論(昭和九年)

横田……横田秀雄著　改版増補物権法(大正一四年)　田島……田島順著　物権法(昭和一〇年)

中島……中島玉吉著　民法釈義物権篇上(大正一〇年)　柚木・高木……柚木馨著・高木多喜男補訂　判例物権法総論(昭和四七年)

三潴……三潴信三著　全訂物権法提要(昭和二年)

末弘……末弘厳太郎著　物権法上巻(大正一一年)　柚木各論……柚木馨著　判例物権法各論(昭和一一年)

末川……末川博著　物権法(新法学全集所収、昭和三一年)
鳩山研究……鳩山秀夫著　民法研究二巻(昭和五年)
舟橋……舟橋諄一著　物権法(昭和三五年)
林　……林良平著　物権法(昭和二六年)
於保……於保不二雄著　物権法上(昭和四一年)
松坂……松坂佐一著　物権法(昭和五五年)
川島理論……川島武宜著　所有権法の理論(昭和二四年)
川島Ⅰ……川島武宜著　民法Ⅰ総論・物権(昭和三五年)
鈴木……鈴木禄弥著　物権法講義(昭和五七年)
星野……星野英一著　民法概論Ⅱ(昭和五五年)
石田(喜)……石田喜久夫著　物権法(昭和五二年)
広中……広中俊雄著　物権法(昭和五七年)
幾代……幾代通著　不動産登記法(昭和五一年)

一、
旧旧版……我妻栄著　物権法(現代法学全集版、昭和四年)
旧版……我妻栄著　物権法(民法講義Ⅱ、昭和二七年)
判例コンメ(児玉)……我妻栄編著　判例コンメンタール物権法(児玉執筆)
民法研究Ⅲ……我妻栄著　民法研究Ⅲ(昭和四一年)
案内Ⅲ……我妻栄著　民法案内物権法(昭和五六年)
巡歴Ⅰ……我妻栄著　聯合部判決巡歴Ⅰ総則・物権(昭和三三年)
総則・担保・債総・債各……我妻栄著　新訂民法総則・新訂担保物権法・新訂債権総論・債権各論(上・中一・中二・下一)(民法講義Ⅰ・Ⅲ・Ⅳ・V_1・V_2・V_3・V_4)

目次

第一章　物権法総論

第一節　物権の観念

第一　物権の社会的作用とその構成

〔一〕　**一**　人類は、外界の物資を利用することなしには、生活することができない。しかも、その物資には限りがある。したがって、いかなる社会においても、外界の物資を直接に利用する権利(広い意味の物権)を認め、これを互いに侵さないようにして、その物資の利用を安全確実にする制度を必要とする。これが物権本来の社会的作用である。だから、物権は、最も早くから発達した法律制度の一つである。

しかし、物権の法律構成は、国によって異なり、また、時代によって大いに変遷した。略言すれば、封建時代の終りまでは、物資の物質的な利用に即した法律構成を与えられたが、資本主義の発達と共に、次第に、物資の有する交換価値の利用を安全確実ならしめるような法律構成を与えられるようになった。いいかえれば、封建時代の終りまでは、物資の――不動産か動産か、消費財か生産財か等々の――種類に応じ、その上に築き上げられる種々の利用関係に従って、多種多様な物権が認められた。しかるに、資本主義経済の下においては、物資は、その種類に関係なく、一様に抽象的な交換価値の帯有物とみられ、その上の物権もすべて所有権として、できるだけ画一的な内容を与えられるようになった。なおまた、物資の利用関係は、その社会の構造と慣習によって定まることが多いから、これに応じて多種多様な物権が認められる場合には、その物権は、各国各様の差異を示す。これに反し、物資の交換価値は、共通の基盤の上に成り立ち、所によって差異を示さないから、物資を交換価値の帯有物として構成される物権は、世界共通のものとなる傾向をもつ。

かようにして、物権の法律構成は、「利用」から「所有」へとその重心を移し、固有法の色彩の強いものから、世界的共通性の多いものへと推移してきた。しかし、この傾向にも限度がある。資本主義の最盛期においても、物権、ことに不動産物権には、なお各国特有の性質が多分に残存した。のみならず、資本主義の高度化するに及び、物資の有する本来の利用価値を重視すべき要請が強くなり、物権の法律構成の重点は、新たに「所有」から「利用」へと再転しようとする傾向を示してきた。

〔三〕

二　物権の法律構成の右のような変遷を導いた原因は、もちろん、これを社会の精神的および物質的な変遷に求めなければならない。しかし、その法律構成がなされるに当っては、ローマ法系とゲルマン法系の物権概念が種々の立場から援用された。元来、ローマ法とゲルマン法は、すべての法律領域において、かなり鮮やかな対立を示すものであるが、物権法においては、その対立は、とりわけ顕著である。したがって、この対立を知っていることは、現代の物権法を理解する上にも便利である。つぎに両法系の物権概念を類型として対比しよう。

	ゲルマン法	ローマ法
(イ)	物資の利用の種々の態様に基づいてそれぞれの権利を認める。――利用中心	物資の利用を抽象的な支配権の作用と見る。――所有中心
(ロ)	種々の利用権はそれぞれ独立の権利となり、特定の物資の全面的支配はすべての利用権の集合と見られる。――全面的支配と一面的支配とは量の差となる。	物資の全面的支配は所有権という弾力性ある単一支配権の概念におさめられ、一部的利用は所有権を一時的に制限する支配権と見られる。――全面的支配と一面的支配とは質の差となる。
(ハ)	社会の身分的支配関係はそのまま物権に反映し、物権は公法的支配と公法的義務とをその概念内容中に包摂している。――物権の社会性	物権は純粋に私法上の物的支配権、人的関係は親族権及び債権によって成立し、公法的義務は物権概念の外に存するものと見られる。――物権の個人性
(ニ)	単一な利用を構成する各種の物資は結合体を成すものとして取扱われる。――集合物・集合財産の上の物的支配の成立	個々の物は個々の抽象的支配権の客体たるに過ぎない。――一物一権主義
(ホ)	事実上の利用の外形の変動に物的支配権の変動を追随せしめる。――ゲヴェーレと支配権の結合	物的支配権と支配の外形的顕現とを峻別する。――本権と占有との分離

右の差異は、(i)ローマにおいては商人的な取引経済を主としたのに反し、ゲルマンにおいては土地中心の農業経済を主としたこと、(ii)ローマ法が抽象的概念構成に優れておったのに反し、ゲルマン法は具象的な関係をそのまま規律する特色を有したことに帰すべきであろう。

三　現代法においては、ローマ法系の物権概念が決定的な地位を占めている。

〔三〕(1)その理由の主要なものは次の二つである。

(イ)近世において封建制度を打破して個人の自由を確立するためには、物的支配から、これと結合していた身分的支配を排除する必要があった（土地解放・農民解放・ツゥンフトの崩壊等）。

(ロ)物資に対する個人の支配を自由にし物資の資本的価値を増進するためには、少なくとも概念としては公法的支配の制限を受けない絶対的な所有権を想定し、これを中心として物権を構成することを適当とした（フランスの人権宣言は所有権を自由権と対立する自然権とする）。

〔四〕(2)右の結果として、現代の物権法は次のような特色を示す（それぞれ関係の個所に詳述する）。

(イ)所有権は憲法の保障を受ける財産権の中心的な権利とされ、公共の利益のためにこれを犠牲にすること（公用徴収）は、極めて慎重でなければならない（人権宣言一七条、旧憲二七条、憲二九条一項・三項参照）。

(ロ)物資は、原則として個人の所有とされ、それが複数の者によって共同に利用される関係は、その個人と他の個人との別個の法律関係によって成立する。すなわち、例えば、(a)家族団体の共同利用は、家族員の親族関係、(b)村落その他の地域共同団体の共同利用は、法人関係または共有関係、(c)耕作者と貢納徴収者との結合は貸借契約、(d)工場その他の生産設備の共同利用は雇用契約等によって成立し、これらの関係は、原則として、個人が物資を利用する物権関係の内容をなさない。

(ハ)所有権と制限物権とは本質的に対立する。物資は、一応、特定の個人の全面的支配(所有権)に属し、他の個人がこれを物権的に利用する場合にも、一時的にこの支配権を制限して物資を一面的に支配する権利(制限物権)を取得しうるに過ぎない。しかも、その制限は必ず有限である。所有権は、いつかは絶対的な全面的支配に復帰しうることを観念上必要とする。

〔五〕 (二)物権は、純粋に物的支配として、他の法律関係と峻別され、物権の行使に当って実際上これに伴う他の法律関係または事実関係は、当事者の別個の意思がなければ物権関係と運命を共にしないものと見られる。すなわち、(a)物権の利用に当って必然的にこれに伴う地代や小作料の徴収権のようなものさえ、物権の移転とは別個の関係と見られる傾向を示す。また、(b)物の社会的効用を完うさせるに当ってこれと結合する信用関係・雇用関係・華客関係等も物と結合した単一の財産をなすことを認められない。

四 近時、社会の経済関係の変遷するに従って、右の現代法の特色も次第に動揺しつつあることを看取することができる。けだし、右のローマ法流の物権概念は、個人の人格の自由独立を確認し、個人の経済的活動の拍車となり、資本主義文明の発達を促した功績は没しえないものであるが、資本主義の爛熟とともに、次第に欠陥を暴露し、修正が要請され、その結果、法律学者は社会の現実に即してこれを吟味することに努めるようになったからである。そして、新たな法律理論の構成に当って、ゲルマン法理論が直接間接に援用される場合の多いことは、注目すべき点である。主要な点を列記すれば――

〔六〕 (イ)物権関係の主体の結合　社会生活は、ひっきょう、人類の複雑な結合関係によって成立する。家族団体は、家長中心の大家族共同生活態としては到底維持しうるものではないが、夫婦親子の生活共同態としては、今日なお社会関係の基礎たる本質的結合態をなす。村落団体は、その結合は次第に弛緩するにしても、なお土地の共同利用団体として、ある程度の本質的結合態を示す。また資本を結合する利益共同態は、益々その範囲を拡大し、その関係を複雑にする。このとき、外界の物資を個人の所有とし、人々の結合関係をこれとは別個の関係と見ること(〔四〕ロ)は、甚だしく不適当である。そこで、近時の法律理論は、共同利用者間の結合関係と利用の客体に対する支配権との間に、緊密な関係を認めようとする。すなわち、(a)家族団体の共同利用には家族共同態(Familiengemeinschaft)としての特殊の所有関係を認めようとする(親族法に関連して研究される)。(b)村落の共同利用においては、共有に対する総有(Gesamteigentum)その他団体的所有権の観念を明らかにしようとする(〔三四〇〕—〔三四四〕参照)。(c)利益共同態の所有においては、各種の法人、人格のない社団、組合等のそれぞれの本質を闡明して、団体員と団体との間の支配権の配分を吟味する(総則〔一三九〕参照)。

〔七〕　(ロ)物権関係の客体の結合　今日の重要な所有権について見ると、所有者がみずからその目的物を物質的に利用するだけで、社会的作用が完うされているものは極めて少ない。最少限度においても、他人に利用させる法律関係を伴っている(借地・借家)。多くの場合には、他人の労働力を結合し、信用を取得し、多くの取引関係を結び、華客関係のうちに立ってはじめてその作用を完うしている。このとき、物権をもって個々の物に対する純粋な物的支配となすこと(〔四〕ニ)は、外界の物資に対する人々の現実の利用関係を分解させることになる。ここにおいてか、近時の法律理論は、(a)物とこれを利用させる法律関係とは、包括的一体をなすものと見ようとする(〔四二一〕・〔四六三〕等参照)。また、(b)不動産は、これに付随するものと一体をなすものと見、集合動産は、これを単一の物権の客体として取扱おうとする(総則〔二三九〕・担保〔九七四〕以下参照)。のみならず、(c)一の企業を構成する数多の物の権利関係と事実関係とは、結合して、財産としての企業を構成し、一個の物権の客体たる取扱いを受けるものとさえしようとする(総則〔二四〇〕・担保〔九八五〕参照。最判昭和五四・二・一五民五一頁—種類、場所、量的範囲を指定するなどの方法により目的物の範囲が特定すれば一個の集合物として譲渡担保の目的となるという。事案としては否定）。

〔八〕 **（八）所有権の社会性の強調**　右のように、物資の所有者とその利用者とが次第に分離してきた結果、その物資を利用するや否や、または、如何にこれを利用するやの決定を所有者の自由意思に委ねるとき（〔四〕イ八参照）は、利用者の立場を保護することができないだけでなく、物資をして充分にその社会的作用を完うさせることも難しくなる。ここにおいてか、近時の法律理論は、（a）所有者に対する物資の利用義務を強調し、その社会的義務をもって所有権概念中に包摂されたものとしようとする（ワイマール憲法一五三条三項・一五五条、西ドイツ憲法一四条二項・一五条、イタリヤ憲法四四条等。〔一二八〕参照）。（b）不動産利用者の地位を所有者の恣意によって動かし難いものに確保することを努める。地上権・永小作権の強化および賃借権の物権化的傾向といわれるものがこれである（〔四八〕・〔三七六〕・〔四三八〕参照）。また、（c）企業の経営者に対するあれこれの角度からする従業員の解雇の制限、さらに進んでは労働者に対して経営参加の権利を認めようとすることも同じ理想の表現である（ワイマール憲法一六五条参照。その後西ドイツで制度化した共同決定法は各国の労使関係に大きな影響を及ぼしている）。かようにして、（d）一面、所有権はその客体を利用する者から対価を徴収する権能となり、他面、利用権はこれと対立する権能となり、弾力性ある全面的支配権と一時的な制限としての一面的支配権との対立は破れて、所有権はその包含する権能に応じて分裂する傾向を示す（〔三九四〕等参照）。

〔九〕 **（二）所有権の絶対性の緩和**　私有財産制度の上に立脚する限り、近世法は、なお所有権の憲法上の保障（〔四〕イ）を棄てない。しかし、所有権をもって権利となすと共にその社会公共のため、例えば土地の開墾利用の義務を強調しようとする（ワイマール憲法一五五条、イタリヤ憲法四四条等参照。なお旧憲二七条二項にはこの趣旨が現れている）。かつて人権宣言では“un droit inviolable et sacré”とされた所有権について、ワイマール憲法（一五三条三項）は“Eigentum verpflichtet. Sein Gebrauch soll zugleich Dienst sein für das gemeine Beste”と規定した(〔二四七〕・〔二七二〕・〔二七三〕参照)。昭和二二年の改正で加えられた民法第一条第一項は「私権ハ公共ノ福祉ニ遵フ」と規定する。

〔一〇〕　**(ホ)金銭債権の優位**　最後に、所有権は、一面、利用権能を分離させつつあると同時に、他面、いわゆる価値権を分離させつつあることは、さらに注目すべき現象である。所有者は、みずから利用しまたは他人をして利用させると同時に、その客体の担保価値を他人に与えて信用を獲得する。信用を与えた者は、金銭債権ないし価値権によって、所有者から利息を吸収する。そして、金銭債権は、近時益々その勢力を拡大し、いわゆる金融資本としての威力を備え、社会の経済組織を維持するものとなった。今日金銭債権の力を直ちに無視することは、社会の経済機構を破壊することになる。したがって、近時金銭債権とこれを助ける価値権とは、その支配力を益々円滑ならしめられようとしている(〔四八〕参照)。しかし、その結果として、所有権についての問題は、化して金銭債権についての問題となる。すなわち、(a)不動産の上の金銭債権は、その利用者の地位を覆滅する。抵当権の成立後に成立する利用権は、抵当権の活動によって、ことごとく否定される。価値権と利用権との調和が図られねばなるまい(担保〔三一九〕・〔四三四〕以下等参照)。(b)金銭債権ないし価値権に対して、所有権に対すると同様の社会的統制が企てられねばならない。現在の企業の社会的統制は、実にこの方法によってのみ達成されるのである(企業の社会化。ワイマール憲法一五六条参照)。(c)労働者団体の経営参加権も、結局は、金銭債権ないし価値権との対立の解決となることを記憶すべきである。

〔一一〕　**五**　要するに、他人の人格を支配することが法律的に認められた時代には、物権が社会構成の中心となる。人は外界の物と他人とを直接に支配する。このことは、ゲルマン法系におけるように身分的支配が所有権概念の中に包摂された場合と、ローマ法系におけるように概念的には両支配を区別した場合とで差異はない（ローマ法では奴隷の上の物権を認めた）。しかし、近世法は、すべての個人を他人の法律的支配に服さない人格の主体（Person）であると宣言した（総則〔三二〕参照）。したがって、法律的な直接の支配の目的となりうるのは物に限る。人と人の間の法律的な関係はことごとく自由意思に基づく契約関係によって成立する。かような法律制度の下においては、社会の法律関係は、自由な所有権と契約の自由を基本原則とする物権と債権との協力によって成立する。しかし、抽象的概念としての「人格」は、貧富の差によって生ずる人と人との間の事実上の支配関係を防止しえない。近時の法律は、具体的な「人間」（Mensch）に着眼し、これに対して事実上「人間らしい生活」（menschenwürdiges Dasein）を保障しようと努める（ワイマール憲法一五一条、日本国憲法二五条参照）。「奴隷から人格へ、そして更に人間へ」。この理想の変遷に応じて、物権関係と債権関係とは根本的な変革を受けるに至った。社会生活に対する法の規制は両者を通じて次第に強化され、そこから私法と公法の混淆を生じている。そこに現代物権法の根本的特色をとらえねばならない。

第二　物権の本質

〔一二〕　一　現行法上の物権の本質は「一定の物を直接に支配して利益を受ける排他的の権利である」ということができる。権利者は、これによって、他の権利の成立を排斥して、目的物の有する価値を直接に利用することができる。

〔一三〕　(1) 物権は、その目的たる物を直接に支配する。(a) その意味は、債権では、権利者が満足を得るために、債務者の行為を必要とするのに対し、物権では、そのために、他人の介在を必要としない（土地所有者が土地を耕作し、質権者が質物の交換価値を優先弁済に充てる場合を考えよ）ということである（これに対し、例えば賃借権は賃借人に目的物を引渡してその使用を認容するという賃貸人の「給付」の上に成り立つ）。支配という観念は、もっぱら人の意思と意思との関係であるから、物権においても、権利者が目的物を利用することが法によって認められ、権利者以外のすべての人がこれを妨げえない——したがってその意味で権利者の意思によってそれ以外の者の意思が支配される——点に物権的支配の本質を求むべきだという法哲学的意味では、物権も人に対する支配権であることは、いうまでもない。しかし、債権との対比において、物権の特質を示すためには、目的物を直接に支配する権利といっても妨げない。のみならず、債権においても、債権者が債務者から一定の給付を請求することが法によって認められ、第三者はこれを妨げることができない——妨げれば不法行為になる——点では、物権と異なるところがない（債総〔九四〕参照）。だから、権利の客体に対する権利者の法律的な力を第三者が侵害してはならないという点に物権と債権の差異を求めることはできない。のみならず、特定の債権（例えば甲が乙に対して有するAという債権）が同時に丙にも帰属するということはありえないことを注意すべきである（〔一四三〕c参照。丙がAと全く内容を同じくするBという債権を有しうることは別問題である。〔一四〕参照）。(b)物権を有する者が目的物から享受する利益は二種に分かれる。物権は、本来、外界の物資を物質的に利用することを内容とした。しかし、近代の経済組織における信用制度の発達は、物資を担保として信用を獲得する方法を著しく進歩させた。もっとも、物資を担保として利用する場合にも、最初は、所有者から目的物の利用を奪ってこれを心理的に圧迫するか（動産質）、または、債権者みずから目的物を利用してその収益を利息または元利に充当する（不動産質）手段に訴えたが、次第に、目的物の利用価値を債務者に保留させ、債権者はもっぱら目的物の交換価値によって満足を得る方法（権利質・抵当権）に訴えるようになった。

そこで、物権は、内容的に、目的物の利用権(用益物権)と価値権(担保物権)との二種に分かれ、両者はある程度まで異なる原理によって規律されようとしている(〔一〇〕・〔五〇〕—〔五二〕参照)。

〔一四〕 (2)物権は、排他的な権利である。同一の目的物の上に一個の物権が存するときは、これと両立しない物権の並存することを許さない(共有は内容の量的に制限された所有権である(〔三四五〕参照)。同一の不動産の上の二個以上の抵当権は順位を異にする(三七三条参照))。債権は、たとい事実上両立することのできないもの(ある人が同一時間に別の劇場で演技する債務)でも、無数に成立しうる。社会生活においては、排他的に保護する権利と、並存成立を認めてその権利が実現されるかどうかを個人間の自由意思に委ねる権利との両種を必要とする。これが債権と物権との両者が認められる根本の理由である(債総〔九〕以下参照)。したがって、例外的に排他性の認められない物権は、ほとんど債権と同じである。ただし、(a)物権の排他性は、第三者に対する影響が大きいから、この性質を持たせるためには、物権の存在、ないしその変動(設定・移転等)を表象する外形を必要とすることを注意すべきである(〔六一〕以下参照)。なお、(b)債権についても例外的に排他性を与えることがあるが、その場合には物権と同様にその債権に表象を具有させるよう努めるべきである。

〔一五〕 **二** 物権の目的物は特定する独立の物であることを原則とする(〔四〕ニ・〔一七〕参照)。物権が目的物に対する排他的な直接的支配権であることから生ずる原則であるが、実際上、種々重要な問題を生ずる。

〔一六〕 (1)物権の目的物は、物、すなわち有体物(八五条参照)であることを原則とする(有体物の意義については、総則〔一二三六〕参照)。ただし、担保物権のうちには、権利の上に成立するものもある(三六二条参照)。担保物権の特質に由来する(担保〔一五七〕以下参照)。

〔一七〕 (2)物権が目的物の直接の支配権であることは目的物の特定性を要求する。種類と数量だけで定められたものについては、債権は成立しうるが(四〇一条参照)、物権は成立しえない。例えばキリン・ビール一ダース買った買主は、売主に対して、適当な目的物を引渡せという債権を取得するが、どの一ダースか特定しない間は、所有権は取得しえない。ただし、この「特定すること」というのは、経済的・社会的観念であるから、物理的には変更しても、経済的・社会的に同一の物と考えられる場合には、なお特定性を失わない。例えば、企業財団は、その構成物に変動があっても、なおその特定性を失わず、また、ある工場で加工される物が、原料から加工されるまで（例えば棉から綿布になるまで）、一貫して特定性があると見られることもある。

〔一八〕 (3)物権の目的物は独立の物であることを要する。物の一部ないし構成部分に対しては、直接的支配の実益を収めえないのみならず、公示することが困難であって、排他的権利を認めるに適さないからである。例えば、ある土地の土砂またはそこに築造されている石垣を買った買主は、掘採しまたは取壊して引渡せという債権を取得するが、独立の土砂または石とならない間は、所有権を取得することはできない。ただし、直接的支配の実益があるかどうかは、経済的観点から決せられることであり、公示の方法は、成文法だけでなく、慣習法によっても生成するから、独立のものでないと見られていた物が――経済取引の慣行と特別法または慣習法の成立によって――独立の物と認められるようになることもある（〔三八〕ロ・〔一八三〕参照）。注意すべきものを挙げれば――

〔一九〕 (イ)土地　(a)土地は無限に連続するものであるが、便宜上、人為的に区分し、政令の定めるところにより一筆ごとに地番区域を定め、一筆ごとに登記する（不登一五条・七九条参照）。そして、一筆の土地をさらに細分しまたは数筆の土地を合併する場合には、分筆または合筆の申請によって、登記を改める（不登八一条ノ二以下参照）。したがって、土地の個数は、原則として、不動産登記簿の筆数で定まる（登記の仕組みの詳細については〔九一〕―〔九四〕参照）。そして、数筆の土地には、各筆ごとに別個の物権が成立する。しかし、一筆の土地の一部に物権が成立しえないかどうかは、さらに別の立場から考えねばならない。すなわち、(i)民法は、土地の占有による時効取得を認めているから(一六二条)、少なくとも、取得時効に関しては、一筆の土地の一部にも物権の成立を認めざるをえない(時効取得は一筆の土地の一部に成立することが多いであろう)。判例は、最初これを否定したが(大判大正一一・一〇・一〇民五七五頁)、後に聯合部判決でこれを改めた(大聯判大正一三・一〇・七〔大正一二年(オ)六七二号〕民五〇九頁)。(ii)のみならず、判例は、時効以外の原因によって、一筆の土地の一部に――当事者が何らかの方法で境界を識別しうるようにした場合に、その部分に――物権の成立することを認めるに至った(大聯判大正一三・一〇・七〔大正一二年(オ)六六四号〕民四七六頁―一筆の土地を数人が事実上区分して各自単独に所有しているのに、登記簿上は共有になっている場合に、その一人の所有部分を売却すれば買主は所有権を取得するという)。そのままでは対抗要件を具備することのできない物について、取引による物権の変動を認めることは、望ましくないが(判例も、当事者間では物権の変動を生ずるが、第三者に対抗するには分筆して登記することを要するという。時効取得の場合には、登記の対抗要件としての意義も或る程度失われる。〔一一七〕参照)、登記をもって単なる対抗要件とするわが民法の下では、判例の態度を肯定すべきであろう(巡歴I三八頁参照。近時の通説といってよい。旧版は反対。案内III〔六二ノ二〕ではなお否定説)。――結局、一筆の土地は常に独立性をもつが、その一部にも、外形上区分することによって、独立性を与えることができる(その場合には、一筆の土地は数個に分かれる)。

(b)土地の所有権はその土地の上下に及ぶのであるが(二〇七条)、近時建築土木工学の発達に伴って他人の土地の地下または空間の上下の範囲を定めて、工作物を所有するために物権的使用権を設定することが要請されるに至った(地下鉄、モノレールなど。賃借権では弱いが所有権を取得する必要はない場合である)。この要請にこたえて昭和四一年に民法に第二六九条ノ二が加えられ、いわゆる区分地上権(空中権、地下権ともいう)が創設され、公示方法も整備された(不登一一一条二項、〔四三七ノ二〕参照)。

（c）岩石、土砂などは、土地の構成部分であるから、独立の物ではない。ただし、未採掘の鉱物は、土地所有権の内容とはならず、鉱業権という別個の排他的な権利（物権とみなされる。鉱業法一二条参照）の客体となる（鉱業法二条・三条、総則〔二四九〕1参照）。

〔二〇〕（ロ）建物は、わが国の法制においては、西欧諸国と異なり、土地から完全に独立した物とされる（総〔二五〇〕3参照）。したがって、（a）土地所有者がその地上に建物を有する場合にも、土地と建物は別個の物権（所有権、抵当権等）の客体であり、他人の土地の上の建物は、その所有者が、その土地を使用する権限を持たない場合にも、土地所有権の内容とはならない。（b）建造中の建物がどの程度にできたときに建物となるか、また、取壊し中の建物がどの程度に壊されたときに建物でなくなるかは、登記との関係などで重要な問題となるが、結局、社会の取引観念に従って定めるより他はない（〔九九〕参照）。（c）独立の建物であるかどうかは、もっぱら社会の取引観念によって定むべきである。登記法上は所有者の申請または職権によって建物（附属建物を含む）一個ごとに（後述の区分所有権の目的となった場合は一棟の建物が数個の建物になる。不登九一条二項参照）家屋番号を付して登記する（不登九二条）。しかし、これは建物の独立性を示す一応の標準であって、実際がこれと異なるときは、実際に従うべきである。すなわち、取引上附属建物と見られるものは、たとい別個の建物として登録・登記されても、なお一個の建物として同一物権の客体となり（大判昭和七・六・九民一三四一頁—主たる建物の上の抵当権は附属建物に及ぶ）、一個の建物として登録・登記されたものも、これを区分して別個の建物と見られるようにすれば、別個の物権の客体となりうる（大判昭和四・二・一五民一二四頁）。けだし、建物は、その性質上区分によって独立性を持ちうるものだからである。（d）建物の構成部分と見られるもの、例えば、庇、雨戸、建具などは、独立の物ではない（全体として建物の上の物権の内容となる。大判昭和五・一二・一八民一一四七頁、同大正五・一一・二九民二三三三頁）。（e）なお従前から一棟の建物が、縦に区分されてそれぞれ独立の建物たる価値を有する程度のもの（いわゆる棟割建物）であれば、それぞれ独立の物とされ、さらに階層別に横に区分した場合にも同様に処理されてきた。しかし、中高層の分譲マンション等が多くなるに及んで所有者相互の関係を調整する目的で、建物の区分所有等に関する法律(昭和三七年法六九号、改正昭和五八年法五一号)が制定され、一棟の建物の構造上区分された数個の部分で、独立して住居、店舗、事務所または倉庫その他建物としての用途に供することができるものは……それぞれ所有権の目的とすることができる旨が明記された(同法一条、不登九一条)。その結果、一棟の建物に数個の区分所有権の目的である専有部分と、廊下その他の専有部分の共用に供せられる共用部分の区別が生じ、両者の関係や敷地使用権との関係につき複雑な問題が生じている(詳しくは〔補三〕以下参照)。

〔二一〕 (ハ)立木は、(a)立木法(明四二年法二二号、昭和六年改正)によって登記されたものは、土地から完全に独立した不動産となる(建物と同一の取扱いとなる)。しかし、(b)右の登記をしない立木(樹木の集団)は、原則として、生育する土地の一部をなすものとされ、ただ特にその土地から独立したものとして取引きされるときは独立の不動産となる。ただし、この場合には、その上の物権の変動について、明認方法という特殊の公示方法を施さねばならない。個々の樹木も、取引価値のあるものについては、同様の理論が認められている(総則〔二五〇〕4―6参照。明認方法については〔一八三〕参照)。

〔二二〕 (ニ)未分離の果実や桑葉または稲立毛も、右の個々の樹木と同様に取扱われる。すなわち、そのままで物権的取引をするだけの経済的価値ありと認められるものは、特に独立の物として取引することができる。ただし、対抗要件として明認方法を必要とすることも、個々の樹木の場合と同様である(総則〔二六二〕。なお〔一九四〕参照)。

〔二三〕 (4)一個の物権の目的物は一個の物であることを必要とする。一個の物の上に一個の所有権が、一個の所有権は一個の物の上に成立するのが原則である(一物一権主義)。共有は一個の所有権の分属である。数個の物の上に一個の物権を成立させることはできない。目的物の特定性・独立性を確実にし、公示に便ならしめるためである。しかし、この原則は、近代企業の発達にともない、多数の物が有機的に結合し、個々の構成物の機械的な総和を遥かに超越する客観的価値を有するようになったので、修正を必要とするに至った。各種の財団抵当法において、企業財団を一個の不動産または一個の物とみなしているのは、その現われである（担保〔八四〕〔一〕参照）。かような特別法のない場合には問題であるが、物権の目的物が特定した独立のものであることを必要とする理由を考え、経済的に特定しかつ独立性を有する集合物は、それについて適当な公示方法が取引界で一般に行われるようになることを条件として、その上に物権の成立することを認むべきである（〔七〕参照。なお総則〔二三九〕参照。なお数個の物、例えば各種の財産からなる営業財産が一括して取引の対象とされることは別問題である）。

三　以上述べた物権の本質は、典型的な物権についてである。そして、その限りでは債権と対立する。しかし、——

〔二四〕

(1)民法が物権とするもののうちにも、排他性のないものもあり（先取特権の順位や効力が成立の時の順序によらないのはその例。三二九条—三三二条・三三四条・三三九条参照）、目的物が特定しないものもある（一般の先取特権がその例。三〇六条参照）。また、民法が債権とするものも、排他性を持つことがある（登記した賃借権（六〇五条参照）、不動産物権に対する仮登記をした請求権（不登二条二号・七条二項参照）などがその例。〔五三〕ロ参照）。物権の典型的なものは所有権であり、債権の典型的なものは金銭債権（それも証券に化現しないもの）であって、両者はそれぞれ物権と債権の本質を例外なく備えているが、その他の権利は、多少なりとも、例外的性質をもっている。しかし、ある権利を物権とするか債権とするかは、ある程度まで立法政策によって定まることであるから、さらに、物権または債権としながら、例外的な取扱いをすることもさしつかえない。ただし、学理的研究においては、この立法政策を批判し（不動産賃借権を債権とすることの当

〔二五〕否が各国において、論議されたのはこの例。〔三七三〕参照）、さらに、解釈によって、できるだけこれを是正することに努めなければならない（立法によって排他性を認められた賃借権（六〇五条参照）について、さらに一層物権的効力を強めようとする解釈論ないし立法（借家法一条参照）はその一例）。

(2)実際の取引界においては、物権と債権とが結合して、一個の経済的地位を構成する場合が少なくない。例えば、不動産の所有者が不動産を他人に利用させる場合には、不動産所有権は、利用者から対価を請求する債権と結合して、地主・家主等の地位を構成し、企業施設の所有者が他人の労働力を利用する場合には、企業施設の所有権は雇用契約（労働契約）上の債権・債務と結合して、企業者の地位を構成する。のみならず、所有権その他の物権と種々の債権・債務とが結合して一個の企業という経済的な単一体を構成するに至る。そして、これらの経済的な地位ないし単一体は、そのまま売買・貸借・担保等の取引の客体とされる場合が少なくない。そのときに、それを構成する物権と債権とが全然別異の理論に従うものとすることは、甚だしく不便であり、かつ実際に適さない結果になる。物権と債権の、典型としての対立も、かような事情のもとに修正をうけねばならぬものであることを記憶すべきである。

〔二六〕

第三　占有および準占有の特殊的地位

占有および準占有も物権の一種とされる。しかし、この両者は、物資の利用という上述した物権の社会的作用を営むものでもなく、またその本質的通有性を備えるものでもない。他の物権との共通性は、物の上の一種の支配権である点だけである。民法の占有は、物に対する事実的な支配状態を――この支配状態が、在るべき権利関係に適合するかどうかを審議せずに――一応保護して、自力救済という私力による攪乱を禁じ、かつこの事実状態を信頼した者を保護しようとする制度である。このことは後に詳述するが

(〔五三〇〕以下参照)、物権の社会的作用において占有権が特殊の地位を占め、したがって、その法律的性質においても、他の物権と大いに異なるものであることを理解しておく必要がある。

第二節　物権の効力

〔二七〕　**第一　序説**

物権の本質は、先に述べたように、「一定の物を直接に支配して利益を受ける排他的な権利」である(〔一二〕―〔一四〕)。したがって物権の効力の本体は、目的物を、直接に支配してそれぞれの権利の内容を実現することが社会的に容認される――人の介在を必要としない点にある。例えば所有権者は客体を使用・収益・処分することができ(二〇六条)、地上権者は工作物または竹木を所有するために他人の土地を使用することができる(二六五条)。また抵当権者は目的不動産を換価して(そのためには民事執行法の定める手続に従って裁判所の関与を求めねばならないが)、自己の債権の弁済に当てることができる(三六九条)。別の観点から見れば、所有権の場合は目的物が保有する一切の価値を、地上権の場合は使用価値を、抵当権の場合は交換価値を直接かつ排他的に把握するのである。物権のこのような本質から二つの効力が認められる。その一つは物権の客体そのものに係わる諸権利との関係でそれらに優先する効力である。その二つは権利内容の実現過程において直接に客体に追随して他人の干渉を排除する効力である。一般に前者を優先的効力、後者を物上請求権という。――

この他に、(a)追及権を加える学説がある。客体が転々して何人の手に帰しても、その物に追随して物権を主張しうる効力である。例えば、甲の所有物を乙が盗んで丙に売った場合にも、甲は丙に対して所有権を主張すること(返還請求)ができる(ただし一九三条・一九四条はこの追及権の制限を定めるものである)。また、甲が乙に貸しておいた物を乙の債権者丙が乙の所有物として差押えた場合には、甲は、丙に対してその所有権を主張すること(第三者異議の訴え)ができる(民事執行法三八条参照)。物権がかような効力を有することは疑いないが、この効力は、結局、優先的効力か物上請求権のいずれかに包含されるものであって、特にそれ以外の効力とする必要がない。(b)物権が第三者に対して侵害を禁ずる効力を有する(侵害すれば不法行為となる)ことを物権の対世的効力と呼び、債権に対する特色とする学者もある。しかし、第三者の不当な侵害が許されない、という点では、債権も同様だとするのが近時の通説である(債総〔一一〕参照)。

〔二八〕

第二　優先的効力

優先的効力とは、必ずしも正確な意味を有する観念ではないが、普通には、つぎの二つの内容をもつものとされている。

(1) 物権相互間の優先的効力　内容の衝突する物権相互間においては、その効力は物権成立の時の順序に従う。すなわち、ある人の完全な所有権の存する物の上に他の人の所有権は成立しえない(ただし、取得時効(一六二条)、即時取得(一九二条)等の理由で他の人の所有権が成立すれば、その所有権は消滅する)。抵当権は成立の時の前後に従って順位を有し(三七三条参照)、前に成立したものが優先する。また、抵当権が設定された後に設定された地上権は、抵当権の実行(競売)によって消滅し(競落人は地上権の制限のない土地を取得する)、地上権が設定された後に設定された抵当権が実行されても、地上権は消滅しない(競落人は地上権の制限のある土地を取得する）。——この効力は、物権の排他性の直接の効果である。したがって、公示されないために完全な排他性が認められない物権（〔一四一〕以下・〔一七三〕以下参照）については優先的効力も認むべきではない。例えば、甲が所有不動産を乙に売り、登記を移転しない間に更に丙に売って登記をしてしまった場合（二重売買）に、丙の所有権取得が優先するのは、——その法律的説明については、後に述べるように学説が分かれているが——結局、乙はたとい売買契約によって所有権を取得しても、その所有権は、公示方法（登記）を具備しないために、優先的効力をもたないからである（〔一四〕・〔一四八〕a参照）。また、法律が、特に別個の理由から、物権相互間に特殊の順位を認めたときは、物権の効力は成立の時の順序に従わない。公益的理由に基づく先取特権にその例が多い（三二九条―三三二条・三三四条・三三九条）。なお、占有権は、事実的支配状態をそれとして保護するにすぎないから、優先的効力もないのは当然である（〔一二六〕参照）。

(2) 債権に優先する効力　　債権の目的となっている物に物権が成立するときは、物権の方が優先する。

〔二九〕 (イ) 特定の物が債権の目的となっている場合にも、これについて物権が成立すれば、物権の方が優先する。例えば、乙が甲所有の蜜柑畑の蜜柑を全部木についたままで買う契約をした場合にも、乙はその蜜柑に対して引渡を請求する債権しか取得しないのが普通であるから、甲がその後にその蜜柑をもぎ取って丙に売ったときは、丙は所有権を取得して乙の債権に優先する（乙は甲に対して契約違反の責任を問いうることはいうまでもない。なお、乙が甲乙間の特約によって未分離の蜜柑の所有権をも取得し、これに明認方法を施した場合には、丙に優先する。〔一二二〕参照）。物権のこの効力は、先に述べたように、物権は物に対する直接の支配権であるのに反し、債権は債務者の行為を介して間接に物の上に支配を及ぼすに過ぎない、という差異から生ずる。——ただし、この優先的効力にも特殊の例外が少なくない。すなわち、（a）不動産物権の変動を生じさせることを請求する債権は、仮登記を備えることによって物権に優先する効力を認められる（不登二条二号、〔一五八〕参照）。また、反対に、不動産物権も、登記を備えないときは、債権に優先する効力をもたない（〔一四九〕・〔一五〇〕参照）。したがって、この場合の優先的効力は、登記を離れては、決定することができない。また、（b）不動産の賃借権は——民法上債権とされているから、甲の所有家屋を乙が賃借している場合にも、丙が甲からその家屋の所有権を取得すれば、乙は丙に対して賃借権を主張できなくなる（売買は賃貸借を破る）はずだが——登記をすることによって物権に対する優先力を取得する（六〇五条）。しかも、前に述べたように、賃借権の物権化的傾向によって、その公示方法は極めて容易となり（建物保護法一条一項、借家法一条、農地法一八条一項参照）、優先力の関係においては、不動産賃借権は次第に物権と対等の地位を取得しつつある（〔七一〕参照）。

〔三〇〕（ロ）ある物がある人（債務者）の一般財産を構成している場合に、その人の債権者が破産または強制執行の手段に訴えても、その物について物権を有する者がその債権者に優先する。すなわち、（a）その物について担保物権を有する者は、その物から優先的に弁済を受ける権利を有し（破産の場合は別除権（破九二条以下）、強制執行の場合は配当の段階での優先弁済権（民執八五条五項・一三三条））、（b）その物について所有権を有する者は取戻権（破八七条以下）、もしくは第三者異議の訴えをする権利（民執三八条）を有する。

第三　物上請求権（物権的請求権）

〔三一〕一　意義　物権の内容を完全に実現することが何らかの事情によって妨げられている場合には、物権者はその妨害を生ぜしめる地位に在る者に対して、その妨害を除去し物権内容の完全な実現を可能ならしめる行為を請求することができる（〔三二〕・〔三五〕参照）。民法は、占有権については、占有回収の訴え（二〇〇条）・占有保持の訴え(一九八条)・占有保全の訴え(一九九条)の三つの請求権を認めたが、所有権については、何らの規定を設けなかった。しかし、所有権についても、これに対応する所有物返還請求権(rei vindicatio)・所有物妨害除去請求権(actio negatoria)・所有物妨害予防請求権が、学説上一般に認められている。のみならず他の物権にも——物権それぞれの内容に応じて多少の差はあるが——これらに対応するものが認められている。そして、これを物権一般の効力として、物上請求権または物権的請求権という(ドイツ民法は所有権について規定し(九八五条以下)、他の物権に準用する。なおこの権利の認められる沿革につき川島「物権的請求権における支配権と責任の分化」法協五五巻六号以下参照)。

〔三二〕　二　根拠　　解釈上物上請求権を認むべき根本の理由は、物権が目的物に対する直接の支配権であることに存する。前に述べたように、物権を有する者は、この物権の内容を実現するためには、他人の行為の介在することを必要としない(〔一三〕参照)。しかし、物権の内容を実現することが他人の支配に属する事情によって妨げられているとき——例えば、甲の所有物が乙の占有する家屋の中に在るとか、乙の所有地に甲の樹木が倒れているような場合——には、物権を有する者といえども、その他人の支配を侵して物権内容を実現することは許されない(自力救済の禁止)。そこで、物権は、その妨害事情を支配する地位に在る者に対して、その妨害を除去することを請求する力を持たなければならない(右の例で、甲の所有権が侵害されているのか、乙の家屋または土地の支配権が侵害されているのかという問題はあるが。〔三五〕参照)。そうでなければ、物権は全く有名無実のものとなってしまう。これが物上請求権の認められる理論的根拠である。なお、わが民法の解釈としては、占有権に認める以上、これより一層強力な物権についても(物権が物の現実的支配と結合していた時代から占有が本権から独立に保護されるに至った沿革からも)これを認めることを至当とすること、民法も占有の訴えの他に「本権ノ訴」の存することを前提としていること(二〇二条、〔六〕参照)なども根拠とすることができる。

〔三三〕 **三** 物上請求権の性質については、学説が分かれている。物権の作用であって、独立の権利でない、とするもの、純粋の債権もしくは債権に準ずるものとするもの、などもあるが、独立の請求権だが純粋の債権ではない、とするのが正当である。けだし、物権の本来の内容たる物に対する直接の支配自体とは異なり、人に対する請求権であるから、物権そのものとは別の権利とみることが適当だが、物権と運命を共にし、物権の存在する限り不断にこれから派生し（ただし、所有権が消滅時効にかからない以上、これに基づく返還請求権も消滅時効にかからないものかどうかは、また別な観点からの吟味を必要とする。総則〔四九八〕1参照）、破産の場合などには、普通の債権と異なる強力な地位を有する点などにおいて、物権から派生するものである特色が強く現れるからである。

四 物上請求権の内容については問題が多い。

〔三四〕 (1) 物上請求権は、補充的なもの——他の請求権の認められない場合にだけ認められるもの——ではないとするのが、現時の判例・通説である。すなわち、例えば、甲の所有物を乙が盗んで丙の庭に置いていった場合（甲から丙に対する所有物返還請求）や、甲の所有地に隣人乙が勝手に溝を掘った場合（甲の乙に対する所有物妨害排除請求）などのように、他にこれを請求する権利のない場合に、物上請求権は、最も実益を発揮する。しかし、さような場合だけでなく、例えば、甲所有の家屋の賃借人が、賃貸借の期間満了後に何らの権限なくその家屋の占有をつづける場合などのように、他の請求権によって目的を達しうる場合にも、物上請求権は、一応これと競合的に成立する（右の例では、甲は乙に対して、賃貸借に基づく返還請求権と所有権に基づく明渡請求権とを有する。両者の効力が矛盾し、あるいは衝突する場合に、どのように調整するかは別個の問題である。四宮・請求権競合論はこの調整について詳論する。同書一二四頁以下参照）。

〔三五〕 (2) 物上請求権の内容に関して最も問題となるのは、その請求の相手方との関連において、物上請求権によって如何なることを請求しうるかの点である。(a)第一に、請求の相手方は、みずから物権の妨害状態を生ぜしめた者に限らず、その者の支配に属する事実によって物権の侵害状態を生ぜしめている者（例えば盗まれた甲の自動車が放置されている邸宅の所有者丙が引渡しを拒んでいる場合）をすべて含むと解するのが多数説である。けだし、そうでないと、物権を有する者にとって、物権の円満な状態を回復する方法がないことになるおそれがあるからである。判例は他人の土地の上に未登記の建物を所有していた者も、第三者に譲渡した後は侵害状態を支配していないとして物権的請求の相手方に含まれないとする（最判昭和三五・六・一七民一三九六頁）。（b）第二に、しかし、そう解釈した上で、物上請求権の内容は相手方の費用で物権の円満な状態を復旧させることだ（判例の立場、行為請求権説と呼ばれる）とすると、その侵害状態が相手方の全く関知しない事実によって生じた場合には、相手方にとって酷な結果となる懸念がある。そこで、物上請求権は、常に、相手方に対して、物権者がみずから相手方の支配を侵して物権の円満な状態を回復することを忍容すべきことを請求しうるに過ぎないとなし（認容請求権説と呼ばれる。物権者が回復に要した費用は、その侵害の発生について責任ある者（相手方がこれに当ることもある）に対して、不法行為その他債権法の理論によって請求することになる）、または、相手方がその侵害の発生について責任のある場合もしくは復旧を理由なく拒否している場合（於保四〇頁）にだけ、物上請求権の内容として、相手方の費用をもって物権の円満な状態を回復すべきことを請求しうるが（この観点から責任説と呼ばれることがある）、その他の場合には、右の説と同様に、単にその忍容を請求しうるに過ぎない、という説を生ずる（川島・前掲論文はこのことを詳論する。傾聴すべきもの）。他の要件とともに所有権について説くことにする（〔二五九〕以下参照）。

第三節　物権の種類および法源

第一　物権の種類は法律によって制限される

一　物権法定主義

〔三六〕 (1)物権は、民法その他の法律で定められるものに限る。当事者が自由に創設することはできない(一七五条)。民法施行前に発生した慣習上の物権も、同法施行後は民法その他の法律に定めるもの以外は物権としての効力を否定された(民施三五条)。これを物権法定主義という。近世法はおおむねこの主義を採る。その理由は、(a)第一に、物権法における公示の原則(〔六一〕以下参照)を貫くためである。占有をもって当事者の創設するすべての物権についての表象とすることは不可能である。登記による場合は、不可能でないとしても、登記技術上甚だ困難である。予め物権の類型を定めておき、当事者に対してこの類型のいずれかを選択する自由だけを認めることが、公示の原則の実行に最も適する。(b)第二に、土地に関する権利の単純化のためである。土地の上に存した複雑な旧時代の封建制度的な権利を廃して、単純明解な自由な所有権の他には、わずかの制限物権を認めるだけにすることが近世法の理想に適する(〔三二〕・〔四一〕参照)。民法の制定に当り、それまで慣習法によって認められていた物権を、入会権を除いて全部整理したのは、この理想の現れである(民施三五条。なお、立法の際の事情につき広中一四頁以下参照)。

〔三七〕 (2)この主義は、現在においては、二方面の欠陥を示している。(a)経済取引関係の進展に応じて社会は新しい種類の物権を必要とするようになるが、この主義では、この需要に応じ切れない。(b)土地の耕作関係については古くから極めて複雑な関係が存在した。これを民法の認める四個の制限物権に限定することは、甚だしく無理である。ことに貢納徴収権と耕作権が対立していた場合に、一律に原則として前者を所有権と認めたことは、すでに民法制定以前に犯された誤謬であった（永小作権に関する争いがその適例）。さらに民法の施行によって農業水利権や温泉権などの慣習上の権利がその席を奪われるおそれが生じた。しかし農耕地における実際の法律関係は、多くの場合、慣習と社会的な力とによって民法とは別異に規律されてきたから、右の誤謬と無理とは、最初は、さまで現実の問題としては現れなかった。しかし、経済の発展から取り残された農民が次第に権利意識にめざめ、農村問題が、法律に訴えられるようになるに及んで、民法の規定を強行することの不当な結果は堪えられないものとなった。戦後の農地改革を誘導した遠因は、すでにここにあったともいえる（〔四三八〕以下参照）。今日では、旧来の慣行上の物権のあるものは判例を通じてその存在を肯定され、また経済取引の進展に応じて実社会から生れた物権関係は、判例または立法によってある程度法の体系に受け入れられている。

〔三八〕 **二**　第一七五条の解釈について左の点が問題となる。

(1)「本法其他ノ法律」という中には、(イ)命令（政令・条例等）を含まない（通説）。物権のようにすべての人の権利義務に影響するものを命令によって創設することは不当であるだけでなく、民法は、命令を含ませるときは法令という言葉を使っている（二条・四三条・二〇六条等参照）。(ロ)慣習法を含むかどうかは問題である。かつて多数の学者は否定したが、肯定すべきものと思う（今日では理由は異なっても肯定するものが多い。末弘四一頁、石田二二頁、柚木・高木四三頁、松坂一二頁、鈴木〔三五五〕、星野一一頁以下等）。理由、(i)法例

第二条と民法第一七五条との論理解釈からは結論は出て来ない。民施第三五条も、慣熟した慣習によってその後に生ずる物権を否認するものと見る必要はない。(ii)慣習法によって新たな公示方法を生成させるときは、それと関連して慣習法による物権の生成を認めても、物権法における公示の原則の破壊されるおそれはない（〔一八三〕参照）。そして、これを認めることによって、物権法定主義の欠点の一（〔三七〕a）がある程度まで除かれる。(iii)土地利用者の立場を保護するという近時の理想から見れば、民法によって絶滅させられずに存続する慣行に基づいて慣習法上の物権を認むべきである。物権法定主義の欠点の二（〔三七〕b）がこれによって緩和される。この趣旨で、判例が、耕作のための水流利用権や温泉専用権に物権的効力を認めていること（〔五三〕イ・〔二九一〕、川島「近代法の体系と旧慣による温泉権」法協七六巻四号参照）は、正当である。しかし、他人の土地を開墾した者が地主の貢納徴収権に対立する「上土権」を有することを否定する（大判大正六・二・一〇民一三八頁。〔二五三〕参照）がその理論は疑問である。なお、担保物権の領域では判例は根抵当権、仮登記担保権、および譲渡担保権を実質上特殊の物権として認めた。前二者については判例では処理しかねる事項もあり、立法によって整備されるに至った（民法三九八条の二〜二二（昭和四六年法九九号）、仮登記担保契約に関する法律（昭和五三年法七八号））。注目すべき現象である。

〔三九〕 (2)「創設」することを得ないというのは、(a)法律の認めない新しい種類（例えば特定の個人に他人の土地への立入を認める人役権〔四七三〕や、他人の全財産の上の物権的な収益権など）を作ることと、(b)法律の認める物権に法律に定めると異なる内容を与えること（例えば譲渡性のない地上権を設定することなど）とを包含する。

〔四〇〕 (3)第一七五条違反の法律行為の効力は、(a)これについて法律が特に規定する場合（二七八条・三六〇条等）には、これに従うべきことはいうまでもないが、(b)規定のない場合には、強行法規違反の法律行為として取扱われる（九一条、総則〔三〇〇〕—〔三〇三〕参照）。ただし、注意すべきことは、物権を創設するとか、物権の内容を変更する、というのは、第三者に対する関係でも効力を生ずるものとすることであって、当事者の間だけで債権的な効力を生じさせることは妨げないことである（地上権について、譲渡しても譲受人が地上権を取得しないものとすることはできない。しかし、譲渡人に契約違反の責任を負わせることはできる）。

第二　物権法の法源

一　物権を規定する法律の中で最も主要なものは、民法第二編である。しかし、その他の法律にも、物権法の法源となるものが極めて多い。主要なものは左の如くである。

〔四一〕　(1)物権一般および用益物権に関するもの

(イ)民法第二編および民法施行法第三五条—第五一条

(ロ)不動産登記法（明治三二年法二四号）、不動産登記法施行令（昭和三五年政二二八号）、不動産登記法施行細則（明治三二年司令一一号）

(ハ)建物の区分所有等に関する法律（旧法昭和三七年法六九号、新法昭和五八年法五一号）

(ニ)地上権ニ関スル法律（明治三三年法七二号）

(ホ)建物保護ニ関スル法律（明治四二年法四〇号）

(ヘ)借地法（大正一〇年法四九号）、借家法（大正一〇年法五〇号）、罹災都市借地借家臨時処理法（昭和二一年法一三号）

(ト)農地法（昭和二七年法二二九号。昭和一三年の農地調整法と昭和二一年の自作農創設特別措置法に代ったもの）

(チ)立木ニ関スル法律（明治四二年法二二号）

(リ)外国人土地法（大正一四年法四二号）

(ヌ)外国人の財産取得に関する政令(昭和二四年政五一号)

(ル)遺失物法(明治三二年法八七号)

(ヲ)土地収用法(旧法明治三三年、新法昭和二六年法二一九号)

(ワ)温泉法(昭和二三年法一二五号)

(カ)民事調停法(昭和二六年法二二二号)

〔四二〕 (2)担保物権に関するもの

(イ)立木ノ先取特権ニ関スル法律(明治四三年法五六号)

(ロ)公益質屋法(昭和二年法三五号)、質屋営業法(昭和二五年法一五八号)、電話加入権質に関する臨時特例法(昭和三三年法一三八号)

(ハ)鉄道抵当法(明治三八年法五五号)、軌道ノ抵当ニ関スル法律(明治四二年法二八号)、工場抵当法(明治三八年法五四号)、鉱業抵当法(明治三八年法五五号)、漁業財団抵当法(大正一四年法九号)、運河法(大正二年法一六号)、港湾運送事業法(昭和二六年法一六一号)、道路交通事業抵当法(昭和二七年法二〇四号)

(ニ)抵当証券法(昭和六年法一五号)

(ホ)企業担保法(昭和三三年法一〇六号)

(ヘ)農業動産信用法(昭和八年法三〇号)、自動車抵当法(昭和二六年法一八七号)、航空機抵当法(昭和二八年法六六号)、建設機械抵当法(昭和二九年法九六号)

〔四三〕 (3)一般の物権法と密接な関係ある主要なもの

(イ)鉱業法(旧法明治三八年、新法昭和二五年法二八九号)、採石法(昭和二五年法二九一号)

(ロ)森林法(旧法明治四〇年、新法昭和二六年法二四九号)、国有林野法(昭和二六年法二四六号)、入会林野整備法

（昭和四一年法一二六号）
(ハ)漁業法（旧法明治四三年、新法昭和二四年法二六七号）、狩猟法（大正七年法三二号）
(ニ)河川法（昭和三九年法一六七号）、道路法（昭和二七年法一八〇号）
(ホ)土地改良法（昭和二四年法一九五号）、都市計画法（昭和四三年法一〇〇号）、土地区画整理法（昭和二九年法一一九号）、国土総合開発法（昭和二五年法二〇五号）、都市再開発法（昭和四四年法三八号）、国土利用計画法（昭和四九年法九二号）、建築基準法（昭和二五年法二〇一号）
(ヘ)大気汚染防止法（昭和四三年法九七号）、騒音規制法（昭和四三年法九八号）、水質汚濁防止法（昭和四五年法一三八号）、悪臭防止法（昭和四六年法九一号）
(ト)信託法（大正一一年法六二号）、担保附社債信託法（明治三八年法五二号）

〔四四〕(4)商事に関するもの
商法中、留置権（商五一条・五二一条・五五七条・五六二条・七五三条）、質権（商五一五条）、船舶債権者の先取特権（商八四二条以下）、船舶抵当権等（商八四八条以下）に関する規定

〔四五〕(5)産業的財産権（無体財産権）に関するもの
(イ)特許法（旧法大正一〇年、新法昭和三四年法一二一号）、実用新案法（旧法大正一〇年、新法昭和三四年法一二三号）、意匠法（旧法大正一〇年、新法昭和三四年法一二五号）
(ロ)著作権法（旧法明治三二年、新法昭和四五年法四八号）
(ハ)商標法（旧法大正一〇年、新法昭和三四年法一二七号）

〔四六〕**二**　物権法は、債権法と並んで、財産法の一部をなす。そして、物権法は、物権法定主義の結果として、原則として強行法規であり、債権法は、契約自由の原則の支配を受けて、原則として任意法規であり、両

者は鮮やかな対立をなす、といわれてきた。しかし、一面、資本主義経済の下においては、財産関係は取引を主とする動的なものとなり、物権も取引の目的となることによってその社会的作用を完うする場合が多い(〔二四九〕以下参照)。その結果、物権法においても、物権の取引(物権変動)が重要な地位を占め、物権法の規定は、往々にして、取引上の慣習によって修正される(明認方法による取引や譲渡担保・仮登記担保がその適例)。同時に、他面、企業組織の客観化と取引関係の画一化とは、債権法においても自由契約の余地を少なくしてゆく(普通契約条項ないし約款はその適例)。のみならず、賃貸借、雇用などのように社会的影響の重大なものにおいては、債権法の規定は漸次強行法規化してゆく。したがって、物権法と債権法の右の対立は、それほど顕著なものではなくなりつつあるともいえる(債総〔一八〕参照)。

〔四七〕

第三　現行法の認める物権の種類

(1) 主要なものは左の如くである。

(イ) 民法の認めるもの　占有権、所有権、地上権、永小作権、地役権、入会権、留置権、先取特権、質権、抵当権(〔四九〕以下参照)。

(ロ) 商法の認めるもの　商事の留置権(商五一条・五二一条・五五七条・五六二条・七五三条)、商事の質権(商五一五条)、船舶債権者の先取特権(商八四二条)、船舶抵当権(商八四八条)。

(ハ) 特別法の認めるもの　鉱業権(昭和二五年鉱業法五条・一二条)、租鉱権(同上六条・七一条)、採石権(昭和二五年採石法四条)、漁業権(昭和二四年漁業法六条・二三条)、入漁権(同上七条・四三条)、鉄道財団抵当権(明治三八年鉄道抵当法二条)、工場財団抵当権(明治三八年工場抵当法一四条)、鉱業財団抵当権(明治三八年鉱業抵当法三条)、軌道財団抵当権(明治四二年軌道ノ抵当ニ関スル法律一条)、漁業財団抵当権(大正一四年漁業財団抵当法一条)、証券抵当権(昭和六年抵当証券法一条)、農業経営資金貸付の先取特権(昭和八年農業動産信用法四条)、農業用動産の抵当権(同上一二条)、自動車抵当権(昭和二六年自動車抵当法四条)、道路交通事業財団抵当権

（昭和二七年道路交通事業抵当法三条）、航空機抵当権（昭和二八年航空機抵当法三条）、建設機械抵当権（昭和二九年建設機械抵当法三条）、企業担保権（昭和三三年企業担保法一条以下）、観光施設財団抵当権（昭和四三年観光施設財団抵当法三条）、借地権（大正一〇年借地法一条）、罹災地借地権（昭和二一年罹災都市借地借家臨時処理法一条）。

〔四八〕　(2)以上、特別法の制定とそれによって認められる諸種の物権を通覧すると、

(イ)民法典の制定に伴って制定された附属法（例えば不動産登記法）もしくは民法施行後にその欠陥を補うもの（例えば地上権ニ関スル法律）を別にすれば、明治三十年代の終り頃、わが国の資本主義がようやく本格的な姿を整えようとした頃から、担保物権制度の拡張が企てられ、その後もその領域をひろげて今日に至るまで、その進展の歩みを止めないことがわかる。単に右に挙げた特別の性質ないし効力を有する担保物権が認められただけではない。その間に慣行および判例を通じて形成された根抵当権、仮登記担保権が最近になって立法によって整備されたことは注目に値する。また民法の認める先取特権が、右の線に沿って拡張された例も少なくない（担保〔一四〕参照）。

(ロ)これに反し、用益物権制度においては、大正の半ば過ぎまでは、建物保護法によって宅地の利用権を保護した以外には、大した進展を見せなかった。しかるに、大正の後半に至るや、特定の都市に限って借地法、借家法が制定され、漸次その施行区域を拡張し、昭和に入ってからは、農地調整法の制定を見るとともに、借地・借家両法は全国に施行され、かつその内容が著しく強化された（昭和一六年の改正と、その後数次の改正でさらに強化された）。さらに、関東大震災の事後処理のための借地借家臨時処理法（大正一三年）の手法をうけついだ戦後の罹災都市借地借家臨時処理法による罹災建物賃借権と罹災借地権の保護、また、臨戦体制の下で制定された農地調整法（大正一三年）と戦後の自作農創設特別措置法――これによって農地の賃借権の大部分が事実上所有権に格上げ

された――を統合した農地法による農耕地利用権の強化など、民法の不動産利用権（地上権・永小作権と賃借権を含めて）に関する修正には、驚嘆すべきものがある。のみならず、終戦後に全面的改正を受けて新法となった漁業法が、みずから漁業を営む者のために各種の漁業権の強化を図ったこと、同じく鉱業法が、租鉱権という、他人の鉱区で鉱物を掘採する一種の用益物権を創設し、採石法が、採石権という、他人の土地において岩石を採取する地上権類似の物権を創設したことなども、広い意味では、用益物権制度の拡張に他ならない。

（ハ）かようにして、わが国の物権法は、今や、担保物権と用益物権のそれぞれの領域において、めざましい進展をなしつつある。しかも、前に一言したように、この両者は、目的物を把握する態様を異にするので、その理論においてもある程度の差異を示す。それぞれの途を進もうとする用益物権と担保物権との調和を図ることが、物権法研究の一つの理想であることに留意しなければならない。

第四　民法の認める物権の態様

〔四九〕一　民法の物権はその社会的作用によって次の態様に分けられる。

(1)占有権　物権的外形――ある人が物権を有するように見える外部的な事実――を占有権となし、これに法律的な効力を認めることによって、主として社会の平和を維持しようとし、併せて権利者の立証義務を緩和する（〔五三〇〕参照）。

〔五〇〕(2)所有権　権利の主体（所有権者）に対して、目的物の提供する一切の利益を享受させる。この一切の利益は、実際上三種に分かれる。（i）みずから物質的に利用すること、（ii）他人に利用させて対価を収得すること、（iii）担保として信用を獲得すること。――しかし、所有権は、これらの権能の堆積ではなく、渾然たる全面的支配権と観念されること、およびこの観念が破れて各種の利用を中心とする所有権概念の分裂を生ずる気運のあることなどは前述した(〔八〕・〔九〕)。なお、この点については、自分の所有物の上に所有者みずから用益物権または担保物権を有する現象を注意すべきである。わが民法においては、この現象は、他の権利と衝突する場合に、例外的に認められるに過ぎない(混同の例外。一七九条、〔二四二〕以下参照)。しかし、ドイツ民法は、不動産については広くこれを認める(不動産物権は混同によって消滅しない(同法八八九条)。動産物権も所有者に利益があるときは消滅しない(同法一〇六三条・一二五六条)。担保〔二一〇〕・〔三二四〕参照)。ただし、わが民法においても、担保物権が証券化したときは、所有権から独立すると解すべきものと思う(ただし、抵当証券法には明文はない)。

〔五一〕　(3)用益物権　他人の物を一定の範囲において使用収益する権利である。いずれも土地に関する。(イ)地上権は、建物その他の工作物の建設または植林のために設定されるが(二六五条参照)、昭和四一年には地下または空間を、上下の範囲を定めて工作物を所有するために設定する道が開かれた(二六九条ノ二)。(ロ)永小作権は耕作または牧畜のため(二七〇条参照)である。両者の目的は、賃借権によっても達せられる(六〇一条以下参照)。しかしわが国の現在においては、賃借権によるものの方が圧倒的に多い。地上権と建物所有のための土地の賃借権とは、借地法によってともに借地権と呼ばれ、広範囲において共通の規律を受けることとなったが(〔三七五〕参照)、永小作権と賃借小作権については、農地法による共通の取扱いは比較的少ない(〔四四〇〕参照)。(ハ)地役権は近接する土地所有権の間の利用の調節を目的とする(二八〇条参照)。(ニ)入会権は山林原野に対する村落住民の共同収益を保護することを目的とする。

〔五二〕　(4)担保物権　目的物を債権担保の用に供することを目的とする権利である。担保の目的を達する手段は、担保物権の種類によって異なる。(イ)留置権は、目的物を留置して債務者に心理的圧迫を加えて、弁済を促すに止まる(二九五条参照)。(ロ)抵当権と先取特権とは、目的物を処分して、これによって直接債権の満足を得るに止まる(三〇三条・三六九条参照)。(ハ)質権は両手段を兼ねる(三四二条参照)。ただし、使用価値のない目的物の質(例えば有価証券)においては、実際上留置的効力の果す機能は少ない。

わが民法上の担保物権は、いずれも、債権なしには存在しえないものとされていた(付従性)。このことは、特定の債権の保護を存在目的とする留置権および先取特権については当然であり、その適用は厳格である。これに反し、信用の授受の媒介となることを存在目的とする質権および抵当権については、理論上その適用が緩和される可能性が強い。特に目的物の使用価値から独立した担保物権である抵当権においては、その流通の安全のために、債権から分離独立した地位を認められるに至る(上述のようにドイツ民法においてはこの制度が完成している)。これを価値権の独立という(担保〔三二五〕参照)。

〔五三〕 (5)民法の明らかに認める物権は以上に尽きる。しかし、解釈上注意すべきものがある。

(イ)慣習法上認められる流水利用権(大判大正六・二・六民二〇二頁。〔二九一〕参照)および温泉専用権(大判昭和一五・九・一八民一六一一頁—原泉地の所有から独立して処分されることを認め、その公示方法に言及する。〔一八六〕参照)は、判例によっても排他的効力のあるものと認められているから、一種の慣習法上の物権と見るべきである(〔三八〕ロ・〔二七七〕・〔二九一〕参照)。

(ロ)将来一定の条件の下に不動産物権を取得する権利は、排他性を持つ——その目的物が第三者の物権の目的となってもなおこれを取得することのできる——場合には、一種の物権的取得権(dingliches Anwartschaftsrecht oder Erwerbsrecht)となる。ドイツ民法の認める先買権(Vorkaufsrecht)はその適例であるが、わが民法の不動産売買（または再売買）の予約完結権（五五六条）、買戻権（五七九条以下）、条件付不動産物権（一二八条・一二九条）なども、これを登記するときは、排他的効力を持つから（不登二条二号・三七条・三八条参照）、同様の性質を有する。なお、土地収用を受けた者が公用廃止の後に被収用地を買受ける権利（土地収用法一〇六条）なども類似の性質を有する。そして、右の民法上の権利は、これを公示するために登記を要することもちろんであるが（〔九七〕・〔一〇五〕参照）、被収用者の買受権についても新法（昭和二六年法二一九号）はこの原理を適用することにした（旧六六条二項、新一〇六条四項参照）。ただし、罹災都市借地借家臨時処理法の認める罹災借家人の敷地優先賃借権（同法二条）・同じく借地権優先譲受権（同法三条）・同じく建物優先賃借権（同法一四条）は――これらも類似の性質を有するが――、公示方法を必要としない。非常事態に処する立法だからである。

〔五四〕 **二**　民法の物権は、目的物が不動産であるか動産であるかによって、かなり鮮やかな対立を示す。

(1)不動産物権は登記によって公示するが、動産物権は占有による（一七七条・一七八条）。この根本的対立は、なお種々の差異を導く。主要なものは左の如くである。

	不動産	動産
(イ)公示方法	登記を原則とする（〔六二〕・〔八八〕・〔九一〕以下）	占有による（〔六三〕・〔九〇〕・〔一六〇〕以下）
(ロ)種類	すべての制限物権が成立する（土地の場合）	担保物権中の留置権・先取特権・質権に限る
(ハ)権利関係の推定	登記による（〔二三五〕）	占有による（〔五九二〕以下）

(ニ)時効取得	占有を基礎として認めることは妥当でない（〔一一七〕）	占有を基礎として認めることは妥当である
(ホ)公信力	登記について認めない（〔六八〕・〔一九八〕・〔二二九〕以下）	占有について認める（〔六七〕・〔一九六〕・〔一九九〕以下）

〔五五〕 (2)しかし、取引界において重要な作用をする商品は、証券によって公示される（〔一六一〕参照）。同時に、不動産抵当権も、証券によって公示されるに至った（〔二三六〕参照）。この取引の必要による物権の証券化の傾向は、動産不動産の差別をある程度において抹消することになる。

〔五六〕 (3)不動産物権は、社会経済上、一般的にいって、動産に比して、より重大な意義を有する。したがって、不動産物権に対する社会的統制がより重要とされる。しかし、資本主義経済における資本は、動産不動産の集合体にさらに多くの法律関係と事実関係とを結合させて成立するから、この点においては、動産不動産の対立を超越して、企業そのものの統制が考えられねばならない（〔七〕参照）。

〔五七〕 (4)動産のうち、有価証券と金銭（貨幣）とは、特殊の地位に立つ。けだし、（a）有価証券は、ほとんど個性をもたない。したがって、客体の個性に着眼する規定の適用に当っては、特殊の取扱をなすべきである（例えば即時取得〔二二〇〕参照。賃貸借と消費貸借の区別（五八七条・六〇一条などにつき参照））。（b）金銭（貨幣）に至っては、全く個性がない。したがって、普通に金銭が譲渡されるときは、金銭の上の物権の変動となさずに金銭の表示する価値の変動となし、所有権移転の効果を問題とせず、もっぱら価値の変動が不当利得となるかどうかを問題とすべきものではなかろうかと考える。即時取得・不当利得等と関連して研究すべき問題である（〔二二二〕・〔六三五〕以下・債各〔一〕参照）。

第四節　物権の変動

第一款　総　説

第一　物権の変動の意義および種類

〔五八〕 一　物権の変動とは、物権の発生、変更、消滅の総称である。「物権の得喪変更」ともいう(一七六条―一七八条)。物権も権利であるから主体を離れては存在しえないが、物に対する直接の支配関係であるから、物との相関において変動する。これをその態様からみれば、材料によって新しい物を造り(絶対的発生)、既存の物を買い受け、遺産を相続し(移転)、土地について地上権を取得し(設定)、長期の占有によって時効取得する(原始的取得)などによって物権を取得する。物の滅失(絶対的消滅)、譲渡(移転)、長期の不行使による消滅時効(消滅)、放棄などによって喪失する。所有物を組合に出資すれば共有関係が生じ(内容の変更)、質権を設定すれば自らは使用収益できなくなる(作用の変更)等の変更が生ずる。

〔五九〕 二　物権の変動は、物権的法律効果の発生であるから、これを生ずる法律要件を物権法上の法律要件という(総則〔二六〕参照)。(イ)最も主要なものは法律行為である(契約と単独行為(放棄・遺言)とあり、動産不動産に通じ、すべての変動に及ぶ)。その他、主要なものは、(ロ)時効(動産不動産に通じ、得喪変更に及ぶ(一六二条以下・一六六条以下・二八三条・二八九条等))、(ハ)混同(動産不動産に通ずる消滅(一七九条))、(ニ)先占(動産所有権の取得(二三九条))、(ホ)遺失物拾得(動産所有権の取得とこれによる旧所有権の消滅(二四〇条))、(ヘ)埋蔵物発見(ホに同じ(二四一条))、(ト)附合・混和・加工(ホ・ヘに同じ(二四二条以下))。――民法に規定する以外のものとしては、(チ)公用徴収(動産不動産に関する(土地収用法一条―七条参照))、(リ)没収(動産に関する(刑法一九条等))などが主要なものである。(ヌ)なお、自分の材料による動産の製作(芸術作品の創作、動植物の育成など)、その消滅ばかりでなく、不動産についても建物の築造、滅失、水面の埋立て、河岸の流失など事実上の行為ないし事件による物自体の変動によっても、それらの物の上の権利、すなわち物権の得喪がおこる。

〔六〇〕 三 物資の物質的な利用を中心として構成される物権法の下においては、物権自体がすでに何らかの外形的な事実を伴い、したがってまた、その物権の変動も外界から認識される何らかの外部的変更を伴うのを常とする(耕作権の譲渡は耕作者の変更を伴うように。また宅地の使用権(借地権)の設定は多くの場合に建物の存否でわかる)。これに反し、物資の有する抽象的な交換価値を中心として構成される物権法の下においては、物権は抽象的な観念的存在となり、したがってまた、その物権変動は、何らの外部的変更を伴わないのを常とする(土地に抵当権が設定されても何ら外部的変更を伴わないのがその適例だが、現に賃貸されている土地の売買においても同様である)。しかし、この抽象的な観念とされる物権が頻繁に取引の対象とされるときには、これについて人為的に何らか外部から認識しうる表象を与えないと、その取引の安全を期することができない。近世法が、一面、所有権(とりわけ土地所有権)にまつわる多くの封建制度的な拘束を排斥して、抽象的な概念たる所有権(自由なる所有権)を中心とする物権法を構成するとともに、他面、登記制度を考案して、抽象的な所有権の外部的表象としたのは、かような理由に基づくものである(物権法における公示の原則)(〔六一〕―〔六四〕参照)。のみならず、近世法は、さらに進んで、表象の存在する場合には、たとい真実の権利が伴っていないときでも、真実の権利があると信頼した者を保護する制度をも導入した(物権法における公信の原則)(〔六六〕―〔六八〕参照)。

かように、近代物権法における公示の原則と公信の原則とは、資本主義経済における物権取引法の理想として、一九世紀の法制が目標としたものだといってよい。しかし、その進歩の程度は国によって異なる。のみならず、近時、物資、特に不動産の利用を保護しようとする理想が新たに強く主張されるに及び(〔五〕〔一一〕参照)、右の両原則をひたすらに追及することも躊躇されなければならない事情を生じている。物権変動に関する最も根本的な問題として、立法上も解釈上も留意すべき点である。次に両原則について概略を説明する(Hedemann, Fortschritte des Zivilrechts im XIX. Jahrhundert, Die Entwicklung des formellen Bodenrechts 1935(その我妻紹介、法協五三巻一〇号、民法研究Ⅲ所収)は各国の制度を詳説する。なお川島・所有権法の理論一七〇頁以下は示唆に富む)。

第二　物権取引における公示の原則と公信の原則

〔六一〕

一　公示の原則(Publizitätsprinzip)

(1) 物権の変動は、常に、外界から認識しうる何らかの表象(例えば登記・登録・占有・標識)を伴うことを必要とする、という原則である。古くは、土地や家畜などの物資が誰の支配に属するかは、公権力の立場からの関心事であって、要式行為とされ、それが公示の作用をも果したのであるが、私所有と契約の自由が確立すると、私的取引の立場から権利変動そのものの公示が要求されることになったのである。けだし、上述のように物権は排他的性質を有し、その変動は排他的効果を生ずるものとされるから、表象をもって外部から認識できるようにしないと、権利関係を複雑にし、第三者に不測の損害を与え、近代物権取引法の理想を充分に達成することができない。しかしこの原則は、登記・登録という近代的な表象手段を用いる場合には、占有を伴わない抽象的な権利(抵当権・他人のために用益権を設定した土地所有権など)を含めて、その存在・内容・変更などを公示する機能を果すことができるが、占有を表象手段とするときは、充分の効果を収めえない。

なお注意すべきは、上記の意味における公示にどのような効果を認めるか——物権変動の成立要件とするか対抗要件とするか——は、それぞれの法制によって同じでないこと(〔六四〕参照)、および占有または登記に対してどのような効果(例えば権利の推定や取得時効の要件)が与えられるか、あるいは実体上の権利と離れて占有または登記それ自体が保護の対象とされるか(例えば占有訴権〔六〇九〕または登記の先占的効力〔一二二〕参照)は別個の問題であることである。

〔六二〕 (2) 不動産物権の存在または変動に表象を伴わせようとすることは、先に一言したように古代の法制から存在した。しかし、近代法がこの原則を痛切に要求したのは、担保物権、ことに抵当権の発達に伴ってである。近代までの所有権または用益物権の変動には、何らかの外形的変動(引渡とか用益権能の移転とか)を伴うことが多かったし、またその取引も必ずしも頻繁ではなかった。しかるに、不動産抵当が近代経済組織において重要な役割を務めるようになると、外部から全く認識しえない排他的権利が頻繁に生ずることになる。ここにおいてか、近代法は不動産の登記という最も完備した表象を案出し、債権者相互間の利益を調和させるとともに、不動産の担保価値を完全に利用しうるようにした(プロイセンの一七二二年「抵当並びに破産法」と一七八三年の「一般抵当法」とがドイツ法系の登記制度の先駆をなし、フランスにおいても共和三年(一七九五年)の「抵当法」が先駆をなす。この間の事情を示すであろう)。しかし、近代経済取引は、抵当権のみならず、所有権そのものをも頻繁な取引の対象とする。しかも資本としての不動産の取引は、外形的変動を伴わないことが多い。そこで、近代法は、抵当権について考案された登記制度を不動産所有権および他の不動産物権一般に及ぼすこととした(プロイセンの前掲法律はプロイセン普通法・オーストリア民法・ドイツ民法・スイス民法に承継されて完成の域に達した。フランスの前掲法律も、共和七年(一七九九年)の法律によって所有権に拡張され、フランス民法は多少逆行したが、一八五五年の「抵当謄記法」ですべての不動産物権に拡張されてほぼ完成の域に達した(なお一九三五年法で補充)。なおその後一九五五年法によって全面的に書き改められた。この点につき星野「フランスにおける不動産物権公示制度の沿革の概観」(星野・民法論集二巻四一頁以下)参照)。わが国においても、この近代法の流れを汲んで、明治五年の地券制度(明治五年大蔵省第二五号達「地所譲渡ニ付地券渡方規則」)を改めて登記制度に移った(明治一九年(旧)登記法、明治三二年不動産登記法、民法一七七条)。かようにして、不動産物権における公示の原則は近代法において、広く不動産物権に関する取引関係の保護を目的とするものとなった（法律時報昭和二七年三月号登記法特輯に各国の制度の概観が載せられている）。

〔六三〕　(3)動産物権についても、有形的な引渡（現実の占有の移転）をもって表象とすることは、古代の法制から存在した。しかし、占有は、登記と異なり、動産物権の存在または変動を永続的に公示する力を欠く。のみならず、近代における活発かつ広域にわたる商品取引は、所有権の移転に有形的な引渡を要件とすることを不便としたので、次第に、商品の存在場所を移動させずに引渡しうるという簡易な引渡方法（〔一六八〕参照）が認められることになった。その結果、占有は、動産物権の表象としては、益ゝ不充分なものとなった（占有の観念化 Spiritualisierung）。もっとも、動産の担保（質権）については、現時に至るまで成文法上は、現実の占有移転を必要とすることによって公示の原則を維持しようとされている（三四五条・三五二条参照）。しかし、これも、動産の譲渡担保（担保〔八六四〕・〔八七〇〕参照）が実際社会で頻繁に行われるようになると、事実上無意味に近くなる（〔一七二〕参照）。ここにおいてか、近代法は、動産物権については――単に占有を手段として公示の原則を貫くことを断念して――二つの違った途を進もうとしているように見える。(イ)一は、取引上その所在が特定されているなど特殊の事情が存するために、これについて証券を発行し、またはこれを帳簿に記載することによってその同一性を確認することができる動産については、証券または帳簿の記載をもって表象とすることである（船荷証券・貨物引換証・倉庫証券等によって主要な商品の表象化はほとんど遺憾がない（〔一六一〕参照）。企業施設である動産については、登録質が採用されている国もある。わが国の農業用動産、自動車および建設機械の抵当権もこの例である）。(ロ)二は、右のような表象の考案されない動産については、公示の原則を貫徹することに必ずしも執着せず、公信の原則によって取引の安全を保護するに止めようとすることである（不動産物権について公信の原則を採らないフランス民法およびわが民法も、動産については公信の原則を認める（〔六七〕・〔六八〕参照））。

〔六四〕　(4)登記・登録・占有の引渡または証券の交付等によって物権変動の公示を貫徹するためには、二つの方法がある。一は、表象なしには物権変動の効果を生じないもの(成立要件)とすることであり、二は、当事者間においては表象なしに物権変動の効果を生じ、ただ第三者に対する関係で表象を必要なもの(対抗要件)とすることである。主として意思表示に基づく物権変動に関して意義がある(七二以下参照)。

〔六五〕 (5) 公示の原則は、物権に限る現象ではない。排他的な権利の成立または権利の排他的変動には公示方法を備えさせようとする努力は、法律の他の部分にも少なからず見られる。婚姻の成立に届出を必要とするのはこの例である(七三九条参照。もっとも戸籍簿への記載を要件としない点で登記と異なる)。債権の譲渡に対抗要件を必要とするのも同様の趣旨である(四六七条以下参照。もっとも債務者への通知の公示力は弱い。しかし債権の譲渡も二重に譲渡しえない意味で排他的である点に留意せよ。〔一四三〕1参照)。近代法における公示の原則は、ひっきょう、理性的な考慮に基づく法技術的な制度である。一面において、権利関係を明瞭確実にする実益を有するが、反面において、当事者にとって不便であり、また、社会の慣行が容易にこれになじまないおそれがある。各種の法律関係について、この原則の有する利害の両面を較量して、その採用の範囲を決すべきである(婚姻は慣習上の儀式のみで成立することにするのがよいかどうかは、顕著な一例である)。

二 公信の原則(Prinzip des öffentlichen Glaubens)

〔六六〕 (1) 物権の存在を推測させる表象(登記・登録・占有等)を信頼した者は、たといその表象が実質的の権利を伴わない空虚なものであった場合にも、なおその信頼を保護されねばならない、という原則である。公示の原則が貫かれている場合には、物権に関して取引をする者は、表象のない所に物権があるという主張を受けるおそれはない。しかし、この原則が貫かれていても、表象のある所に常に物権があるとは限らない。不動産所有権が甲から乙に移転したという登記があっても、乙がほしいままに登記をした場合もあろうし、その基礎たる行為(甲乙間の所有権を移転する行為)が無効なこともあろう。また、甲がある動産を占有していても、常に所有権者であると限らないのはもちろん、占有する正当な権限があるかどうかさえわからない。したがって、表象の存する場合にも、果して実質的な権利があるかどうかを審査せずに取引することは危険なわけだが、それでは——その審査は厄介であり、しかもなかなか確実には行われないから——物権取引は安全を欠き、敏活を保しえないことになる。これを救済しようとするのが公信の原則の目的である。

〔六七〕 (2) 近代法において、この原則は、まず、動産物権について完成した。ローマ法においては「何人も自分の有する以上の権利を他人に与えることはできない」(Nemo plus iuris ad alium transferre potest quam ipse habet.)という原則が、動産についても貫かれていたので、公信の原則を生ずる余地がなかった。しかし、ゲルマン法には「所有者が任意に他人に占有を与えた場合には、この他人に対してだけ返還を求めることができる」(Wo man seinen Glauben gelassen hat, da muss man ihn suchen.——Hand wahre Hand の原則ともいう)という原則が行われていた。すなわち、盗まれた物または遺失した物については、無限に追及して返還を求めえたけれども、相手方を信頼して占有を与えたとき(例えば貸与または寄託したとき)は、その相手方に対してだけ、返還を求めうる(相手方から譲受けた者などに対しては請求できない)とされた。フランス固有法においても「動産は追及を許さない」(Meubles n'ont pas de suite.)という原則の下に、ほぼ同様の結果が認められていた。近代法は、動産取引の安全を図ることをその一理想としたために、ローマ法の原則を棄て、ドイツおよびフランスの固有法の原則を発展させた。すなわち、占有を信頼して動産物権(所有権・質権)の取得を目的とする取引をした者は、占有者に実質的な権利がなかった場合にも、その物権を取得しうるものとして、動産物権取引における公信の原則を確立した(即時取得、無権利者からの取得(フ民二二七九条以下、ド民九三二条以下、ス民七一四条二項・九三三条以下、日民一九二条以下〔一九六〕))。なお、動産物権の変動が証券によって表象されるときは、さらに強い公信の原則が認められている（商五一九条、小切手二一条、〔一九七〕・〔二二〇〕参照）。

〔六八〕 (3)不動産物権の表象である登記に公信力を与えることも、まず抵当権の取得に始まり、次いで、不動産所有権その他の不動産物権に及ぼされた（プロイセン普通法は抵当権に限る。当時ドイツ各地の特別法に同様の例が多かった。後プロイセンの一八七二年「所有権取得に関する法」によって一般に拡張された）。そしてドイツ民法（八九二条以下）によって完成され（不動産登記簿に記載された権利関係を信頼して、不動産物権を取得し、または不動産物権者に給付（例えば抵当権者への弁済）をした者にとって、その記載された権利関係は正当なものとみなされる）、スイス民法（九七三条以下）に承継された。動産物権について実現された取引の安全の保護という理想を、不動産物権についても認めようとしたものである。しかし、フランス民法およびわが民法は、不動産物権についてかような公信の原則を認めていない（〔一九八〕参照）。しかし近時、解釈論を通じて公信の原則をこの分野に導入しようとする動きがあることは注目に値する（〔二二九〕以下参照）。

〔六九〕 (4)公信の原則は、真実の法律関係が存在するような外形を信頼する者を保護しようとする制度の一つの現われである。かような制度は、物権に限るものではない。近代取引法の全領域にわたって極めて多い（民法上は表見代理（一〇九条以下）、債権の準占有者または指図債券の所持人に対する弁済（四七八条・四七〇条）などが顕著な例）。近代法の一理想として、敏活な商取引の範囲においては、益〻拡張されてゆくであろう。ことに、手形および有価証券においては、最初は動産物権の公信の原則をかりていたが、現在では、遥かにこれを凌駕し、強い公信力によって保護されていることは、注目すべき現象である（小切手二一条と民一九二条以下とを比較せよ）。公信の原則は、一面、取引の安全（動的安全）を保護する利益を有する。しかし、この利益は、本来の真実の権利者の利益（静的安全）を犠牲としてえられたものである。この不利益の反面も見逃すことはできない。各種の法律関係について、この両面の利害を最もよく調和させることに努むべきである。わが国において最も問題とされるのは、不動産物権の取引における公信の原則である（鳩山「不動産物権の得喪変更に関する公信主義及び公示主義を論ず」民法研究二巻所収）。登記の公信力は、土地の商品化の傾向をうながす。その弊害を伴うことは否定しえない。しかし、登記に公信力のないことは、不動産の取引、ことに不動産金融を不安ならしめる。抵当証券法は、有価証券理論によって多少この欠陥を補充するけれども、抵当証券の基礎をなす登記簿の記載が絶対の公信力をもたないから、なお不充分なものである（〔二二九〕以下・担保〔六六〇〕以下参照）。

〔七〇〕

三　公示の原則と公信の原則の現代における意義

(1)　公信の原則は、公示の原則に遅れて発達したものである。そして、公信の原則の確立している法制の下においては、公示の原則の作用は少なくなる、と一応は、いってよかろう。しかし、（a）一般債権者は、公信の原則の保護を受けない（登記簿上債務者の所有となっている不動産や、債務者の占有している動産を、債務者の所有物と信じて差押えても、真実の所有者が別にあれば、その者からの異議を阻止できない）。したがって、公示の原則が不完全である場合には、一般債権者の不利益は大きい。占有改定による動産の譲渡担保が一般債権者にとって苦痛であることは、この間の事情を示す（債務者がその所有動産を他の債権者に譲渡して引続き借りている場合（譲渡担保）には、一般債権者の信頼が裏切られる。学説・判例は譲渡担保の効力に制約を認めるために苦心している。担保〔九三二〕・〔九三二〕参照）。（b）公示の原則が確実に行われるようにした上で公信の原則を採用するのでなければ、公信の原則によって静的安全の脅かされることが甚だしくなる。いいかえれば、登記簿の記載が大体において真実の権利関係を正確に反映するようになっていない場合に、さような登記簿の記載に公信力を与えては、真実の権利者の利益が不当に害されて、制度全体としての均衡はやぶれ、堪え難いものとなる。登記に公信力を与えるドイツおよびスイスの法制が不動産登記簿の整備に苦心し、またその登記手続に慎重な態度をとっていることは、かような事情に基づく。しかるにわが国の法制においては、登記簿自体がかなり不完全であり、その上、不実な登記のなされる可能性も少なくない（建物について特に甚だしい）。わが国で登記簿に公信力を認むべしという主張は相当強く唱えられるところであるが、そのためには、まず登記制度に相当根本的な改正を加えねばならない（〔二三九〕以下参照）。現状のままで登記に公信力を認めても支障はないとする説もある（幾代・不動産登記法の研究三頁以下）が、にわかに賛成できない。（c）もっとも、普通の動産の取引において、占有による公示が極めて不完全であるにもかかわらず、公信の原則を認めているが、これは、流通過程におかれることを本旨とする商品を含む動産に関しては、静的安全を犠牲にしても動的安全を図るという取引上の要請が強いからである。

〔七一〕 (2) 登記制度は——公示の原則に止まるにせよ、公信の原則まで進むにせよ——近代物権取引法の理想に従って考案された優れた法律制度である。もっとも登記制度でカバーしきれない領域がないわけではない。例えば、わが国では土地に育成する立木は土地に定着したままで土地とは別個に取引の対象とされるので、伐採までの間その物権変動の公示方法として古くからあった明認方法の慣行に、登記と同様の効力が認められるに至っている（〔八九〕・〔一八三〕以下参照。もっとも立木法は立木の登記を認めている）。また、物権法が、前述のように、「所有から利用へ」とその重点を移そうとするに及び、登記制度にはさらに重要な動揺が見える。これをわが国の例についていえば、不動産の用益権が、建物保護法（建物の登記を必要とするが借地権そのものには登記不要）、借家法（引渡だけでよい）、農地法（借家法に同じ）等によって、登記なしに対抗力を与えられるようになりつつあることである。かような制度を認めることは、不動産の上の権利関係をすべて登記簿の上に反映させ、登記簿の記載だけによって不動産の取引を迅速・安全・確実に行わせようとする近代法の理想から見て、甚だ望ましくないことである。それにもかかわらず、不動産用益権を保護すべしという新しい理想の下には、これを忍ぶべきものとするのである。この要請はさらに遡って、不動産取引における現実の使用者の保護を志向する解釈論（いわば登記の対抗力の緩和）を生み出している（例えば〔一五三〕参照）。しかし、他方では、登記制度は、なおその適用範囲を拡張する歩を止めない。すでに、明治時代に端を開いた財団抵当制度は、その後、あいついで重要な企業施設について拡張され、さらに、農業用動産および自動車・航空機・建設機械などまでも、その制度の下にとりこんだ。また近時仮登記担保の慣行も制定法によって認知されることとなった（仮登記担保契約に関する法律（昭和五三年法七八号））。かように、公示の原則、とりわけ登記制度が、一方において制限され、他方において拡張されることは、あたかも、現代の物権法が、用益物権の強化と担保物権の拡張との二つの理想を追わねばならないことと相応ずるものである（〔四八〕。なお我妻「不動産物権変動における公示の原則の動揺」民法研究Ⅲ五一頁以下（法協五七巻一号）参照）。

第二款　物権の変動を目的とする法律行為

第一項　意思主義と形式主義

第一　意思主義と形式主義の対立

〔七二〕 **一**　物権の変動を生ずる法律要件のうちで、最も重要なものは、法律行為であるが、これについて、ドイツ民法の採用する形式主義とフランス民法の採用する意思主義とが対立し、具体的な適用においても、かなり多くの差異を生ずる。これを一応知っておくことは、近代物権法の特色を理解する上に便利なだけでなく、わが国の法制に関する解釈論および立法論に資するところが多い。

（イ）フランス民法の採用する意思主義とは、物権の変動（例えば所有権の移転・抵当権の設定）を生じさせる意思表示は、債権を生じさせる意思表示と同じく、何らの形式を必要としない、とするものである。この主義の下では、抵当権や地上権を設定する契約のように物権の変動のみを生ずる契約も、雇用契約や組合契約のように債権だけを生ずる契約と同様に意思表示だけで成立する。そして、売買契約や贈与契約は、債権だけを生ずる場合（不特定物の売買のように売主が目的物の所有権を移転する債務を負担するだけのとき）でも、物権の変動をも生ずる場合（特定物の売買のように目的物の所有権も売買契約の成立と同時に移転させられるとき）でも、その契約に、何ら形式上の区別はない（フランス民法七一一条が、所有権は「債権の効力として」(par l'effet des obligations)移転すると定めるのはこの意味、すなわち、par l'effet des conventions の意である。なお同法一一三八条も同旨。なお、フランス法における物権変動の意思主義の成立過程については滝沢聿代「物権変動における意思主義・対抗要件主義の継受」(法協九三巻一一号・一二号)に秀れた解説がある）。

(ロ) ドイツ民法の採用する形式主義とは、物権の変動を生じさせる意思表示は、債権を生じさせる意思表示とは、常に別個の――物権変動だけを目的とする――もの（物権行為）であるだけでなく、不動産物権については登記（Eintragung. 同法八七三条・九二八条）、動産物権については引渡（Übergabe. 同法九二九条）を伴う要式行為でなければならない、とするものである。この主義の下では、物権変動を生ずる意思表示は、両当事者の契約による場合にも特に「合意」(Einigung)と呼ばれ、債権のみを生ずる普通の契約(Vertrag)とは別なものとされ、かつ、登記または引渡という外部から認識することができる形式を備えて（合意と同時である必要はないとされるが）はじめて効力を生ずる。

(ハ) フランス民法は、従来、物権変動を生ずるために、不動産については煩瑣な封建的形式を必要とし、動産については実質のない占有移転を必要としていたのを改め、当事者の意思に絶対的効力を与えようとしたものである。思想的には個人意思の自治の原則の現われであるが、主として当事者間の便宜に従ったものということができる。これに対し、ドイツ民法は、登記制度を完備させて物権変動における公示の原則を貫くとともに、当事者間においても物権の変動を生ずる時期を明瞭ならしめようとしたものである。

もっぱら取引の安全を企図したものといってよかろう。

以上の根本の差異からは、なおつぎの結果を生ずる。

〔七三〕 二　対第三者関係

(1) フランス民法　(イ)動産については、意思表示のみによって物権が移転するという理論を貫き、第三者の保護は公信の原則にまかせる。すなわち、例えば売買によって所有権は完全に移転するが、目的物がなお売主の占有にある間にこれを二重に譲り受けた者は、善意である限り、所有権を取得する（同法一一四一条・二二七九条）。(ロ)これに反し、不動産については、右の原則の適用はなく、第一の譲渡によって譲渡人は無権利者になるから、第二の譲受は権利を取得できないとされた。つまり二重譲渡は起り得なかった。しかし、一八五五年法による改正によって、謄記（transcription—最初は物権変動の事由を帳簿に記載した。一九二一年の改正法以来当事者の提出する一定要式の紙葉を綴り合せる。その意味で登記と区別して謄記と訳されている）なしには「当該不動産について権利を取得し適法にこれを保留する第三者に対抗しえない」とされた（同法三条）。その結果、謄記をしない第一の譲受人は謄記をした第二の譲受人に対抗できないこととなり、これをどう理論構成するかの問題はあるが（滝沢前掲・法協九三巻一二号九八頁以下参照）、結果的に二重譲渡は可能になったのである。すなわち、例えば、所有権譲受契約をしても、謄記のない間は完全な効力を生ぜず、第三者が二重に譲り受けて謄記をした場合には、この者が完全に所有権を取得するのである。なお、一九五五年法によって謄記の申請には公証人の作成する契約証書を提出することとなった。二重譲渡防止の効果があろうか（星野「フランスにおける一九五五年以降の不動産物権公示制度の改正」（星野・民法論集二巻所収）参照）。

〔七四〕 (2) ドイツ民法　(イ)動産については、物権行為に必要な引渡は、現実の引渡だけでなく、簡易の引渡

（譲受人が従前から占有するとき）、占有改定（譲渡人が引続き占有するとき）および返還請求権の譲渡（第三者が占有するとき）でもよいとされる（同法九二九条—九三一条）から、形式主義は、実際においては、公示の目的を達していない。したがって、第三者が主として公信の原則によって保護されることは、フランス民法と大差がない。(ロ)不動産については、登記は充分な公示力を有するのみならず、登記なしには、意思表示に基づく物権変動の効果は絶対に生じないのであるから、すべての第三者に対して法律関係を明瞭画一ならしめる。ドイツ民法主義の長所は実にこの点にある。

三　当事者間の関係

〔七五〕 (1) フランス民法　物権変動を目的とする意思表示は、債権の発生を目的とする意思表示と何ら形式を異にしない結果、当事者が一個の意思表示（例えば売買契約）によって債権の発生と物権の変動との両方（買主の代金支払債務と目的物の所有権移転など）を企図するときは、当然両効果が生ずる。ただし、当事者がその一方だけ（売主についても目的物の所有権を移転する債務だけの発生）を欲するときは、一方だけの効果を生ずることはいうまでもない。その結果、具体的の場合に、そのいずれであるかを判断すること——いいかえれば、当事者間における物権変動の時期を決定すること——が困難な場合が少なくない。そこで、フランス民法は、売買・贈与などのように結局物を引渡すべき契約においては、契約の締結によって当事者の企図する最後の目的、すなわち、目的物の所有権移転が完成するものと定めた（同法一一三八条・一五八三条・九三八条。星野「フランスにおける不動産物権公示制度の沿革」（民法論集二巻一頁以下）。なおこれらの条文の成立に至る事情とその後の判例理論、一八五五年法から一九五五年法への不動産登記法の変遷につき、滝沢・前掲参照）。その結果、(a)現存する特定物については、原則として、契約締結の時に物権変動を生ずる。(b)しかし、当事者が特に物権変動の時期を別に定めるときは、これに従う。(c)他人の所有に属する特定の物を売渡す契約は、直ちに物権変動を生じえないという意味で無効であって、善意の買主は損害賠償請求権を取得する、と定める(同法一五九九条)。ただし、他人の動産の売買においても、買主が公信の原則(同法二二七九条)によって所有権を取得するときは、売買の有効であることはいうまでもない。のみならず、近時の学者は、右の他人の物の売買に関する規定を解して相対的無効を惹起するに過ぎないとなし、この契約のなされた後に、売主が所有権を取得しまたは所有者が売買を追認したときは、売買の効力は追完されるものとする。(d)不特定物または将来できる物(例えば製作して給付する場合)の譲渡においては、目的物が特定しもしくは現存するに至った時に、当然に(改めて所有権の移転を目的とする契約をすることなく)物権変動を生ずるのが原則であるけれども、これと異なる当事者の特約または慣習があるときには、引渡その他の時に物権変動を生ずる。――要するに、フランス民法においては、物権変動を生じさせるためには、債権発生を目的とする行為の他に別個の行為をする必要がない。そして、物権変動の効果は、債権発生を目的とする行為のなされた時に、これと同時に生ずるのを原則とし、ただ、直ちに物権の変動を生ずるのに支障があるときは、その支障の除かれた時、また、別な特約もしくは慣習があるときは、それによって定まる時に当然に――別に物権の変動だけを目的とする行為をする必要なく――生ずることになる。

〔七六〕　(2)ドイツ民法　(イ)不動産については、登記という明瞭な形式が履践されないうちは、当事者間においても、物権の変動を生じない。ことに、不動産所有権譲渡の合意(Auflassung)には、特別の方式(両当事者が管轄官庁に出頭し、その面前でなす)を必要とし、かつこれには条件を付することを許さないから(同法九二五条)、その存否は極めて明瞭である。もっとも、その他の合意の場合には形式を必要とせず、かつ条件を付することを許す。また合意と登記とは必ずしも同時に行われるとは限らない(同法八七九条二項・八九二条二項・八七三条二項参照)。したがって、登記の他に果して合意があったかどうかは、具体的な場合について疑問となる余地はある。しかし、この困難は実際上さまで大きいものではあるまい。

(ロ)動産については、すべての合意は方式を必要とせず、かつ条件を付することが許される。のみならず、前述した現実の引渡以外の引渡は、単なる意思表示だけで行われ、債権の発生を目的とする意思表示と何ら外形を異にしない。したがって、動産物権の変動に引渡を要件としているにもかかわらず、当事者間における物権変動の時期を明瞭にすることのできない場合が少なくない。すなわち、(a)売買の目的物をまず買主に引渡し、その所有権を代金完済の時まで売主に保留するような場合には、代金完済の後に改めて合意をする趣旨か、あるいは、合意はすでに行われ、その効力発生が代金完済を停止条件としている趣旨か、疑問となることが多い(同法四五五条は後者と推定している)。(b)買主が代金を支払い、売主が後日目的物を買主に送付するような場合には、代金支払の時に、合意と引渡(占有改定)とがあったのか、合意だけあって送付による引渡を停止条件とするのか、あるいは送付による引渡の時に改めて合意をする趣旨か、不明なことが多い。(c)甲が将来取得する商品または企業施設などについて、これを乙に譲渡する合意を予めしておいて、甲の取得を停止条件とすることも固より可能だとされているが、これについて予め占有改定による引渡をもなしうるかどうかは、解釈上争われている。そして、これは商品倉庫や企業施設の譲渡担保において重要な問題となることであるが、具体的な場合に当事者が何をしたのか不明な場合が少なくない。要するに、動産物権の変動においては、果して合意と引渡とが行われたかどうかは、特約と慣習とによる法律行為の解釈によって決すべき場合が多く、フランス民法と大差のない結果となる。しかも、引渡なしには動産物権の変動を生じないとする結果、右のように、予め占有改定をなしうるかどうか、などという疑問を生じ（近時の判例はこれを肯定し、これに賛成する学者も少なくない）、また、占有を喪失した物（例えば盗まれた物）の譲渡を認めえない（肯定しようとする少数説もある）などの点においても不便を生ずる。形式主義はここにおいて、むしろその弊害を示す。

第二　物権行為の独自性と無因性

〔七七〕 (1)ドイツ民法の下においては、物権の変動を生ずる法律行為（物権行為）は、常に債権の発生を目的とする法律行為とは別個のものとされるから、債権行為と合体して一個の法律行為をなすことができない。かような意味で、物権行為は独自性を有するといってよかろう。のみならず、物権行為は、その要素たる合意と登記または引渡さえ完全であれば、その効力を生ずることになる。いいかえれば、売買または贈与によって所有権が移転された場合に、売買または贈与という物権変動の原因（causa）が無効であっても、物権行為の効力はその影響を受けない。これを物権行為の無因性（abstrakte Natur der dinglichen Geschäfte; Abstraktion von der Causa）という。その結果、（a）例えば、売買が代金の錯誤を理由に取消されても（同法一一九条）、目的物の所有権移転の効力は影響を受けない（この場合、売主は買主に対して所有権に基づく返還請求ではなく、不当利得返還請求によって所有権（物）の返還を求めることになる）。したがって、買主からさらに譲り受けた者は、無権利者から譲り受けたことにはならない。その意味で取引の安全が保護されることになる。しかし、（b）物権行為の無因性は、常に第三者を保護する結果となるのではない。原因行為の有効なことを条件として物権行為をすることをさまたげないから、その場合は物権行為の効力も原因行為と運命を共にする（条件は黙示でもよい）。ただし、前に述べたように、不動産所有権譲渡の合意（Auflassung）は、条件を付することを許されないから（同法九二五条）、この例外となる（ドイツ民法が所有権の移転を特に重要視した意味がわかるであろう）。

(c)物権行為も一種の法律行為であるから、その行為自体に無能力・無権代理・詐欺・強迫・錯誤(目的物の錯誤)などの瑕疵があれば、完全な効力を生じないことは当然である(原因行為にこれらの瑕疵があるときは物権行為自体も同様の瑕疵を帯びることが甚だ多い)。(d)債権行為と物権行為とが同時に行われるような場合(例えば代金の支払と目的物の引渡とを同時にする売買)に、前者の無効が後者の無効を惹起するかどうかは学者の間に争いがある。肯定する学者も少なくない。(e)公序良俗に反するという理由で(同法一三八条一項)物権行為が無効となるかどうかは学者の間に争いがある。否定説が多いが、近時肯定する学者も少なくない。ただし、物権行為が暴利行為(Wucher. 同法一三八条二項、総〔三〇六〕3参照)となるときは、無効だとすることは、ほとんどすべての学者の認めるところである。——物権行為が無効であるか、もしくは取消されたときは、登記または引渡があっても、もちろん物権変動は生じない。第三者は、公信の原則によって保護されるに過ぎない。このように、ドイツ民法における物権行為の無因性は、取引の安全を保護する制度ではあるが、公信の原則の発達した法制においては、その作用は必ずしも大きなものではないといわねばならない。スイス民法が形式主義を採用したにもかかわらず、物権行為の無因性を認めていないのは、この間の事情を示すものでもある(我妻「ヘック著、無因的物権行為論」法協五六巻三号・民法研究Ⅲ七九頁参照(無因性の適用を示している))。

〔七八〕 (2) フランス民法においては、物権変動を目的とする法律行為は、原因行為との関係において独自の存在をもたない。いいかえれば、物権の変動だけを目的とする法律行為も、もちろんありうるが、常に物権変動だけを目的とする法律行為として、債権の発生を目的とする法律行為と別個に存在しなければならないものではない。したがってまた、原因行為から絶縁するかどうかの問題を生じない。ある行為について物権変動の効果が有効に生ずるかどうかは、全く法律行為一般の原則に従って解釈されるだけである。

第二項　民法における物権変動を目的とする法律行為

第一　民法は意思主義を採る

〔七九〕 (1)民法は「物権ノ設定（地上権・抵当権その他の制限物権の設定）及ヒ移転（所有権・抵当権その他の物権の移転）ハ当事者ノ意思表示ノミニ因リテ其効力ヲ生ス」と規定した（一七六条）。物権の変動を生ずる法律行為は、ドイツ法系（形式主義）のように特別の形式（登記・引渡など）を必要とするのではなく、フランス法系（意思主義）のように、単なる意思表示（契約または単独行為）だけでその効力を生ずる（〔七二〕参照）。もっとも、この物権変動の効果を第三者に対抗するには、登記または引渡を必要とする（一七七条・一七八条）。しかし、それは物権変動の対抗要件であって、効力発生の要件ではない。――ただし、民法でも、質権の設定のように、引渡をもって効力発生の要件とする例外があり（三四四条）、また、鉱業権・租鉱権のように、登録をもって効力発生の要件とする特別法上のものもある（鉱業法六〇条・八五条参照。なお工業所有権については同様のものが多い。特許法六六条一項・九八条参照）。

〔八〇〕 (2)右に述べた限りでは、解釈上異論がない。しかし、さらに進んで、第一七六条の「意思表示」というのは、物権変動だけを目的とする意思表示を指すのか、売買・贈与などのように債権の発生をも目的とする意思表示でもよいのか、――いいかえれば、物権の変動を生ずるためには、常に別個の意思表示（物権行為）の存在することを必要とする趣旨か（物権行為の独自性を主張する説といってよかろう。〔七七〕参照）、それとも、売買・贈与などでは、一箇の意思表示から債権の発生と物権の変動とが生ずるとみてさしつかえないという趣旨か、について、大いに説が分かれている。判例は一貫して後説を採り、学説は、最初は圧倒的に前説を主張したが（石田三九頁および四四頁に引用されている川名・石坂・岡松・三瀦・中島等）、次いで後説が有力となった（末弘六三頁を契機とする。ただし、横田四七頁はその前から判例支持）。しかし、その後も、前説を支持する者が少なくない(末川五九頁、石田(喜)一一二頁、同・口述物権法三七頁以下等)。

私は、依然、後説を採り、判例を支持すべきものと思う。けだし、(a)物権の変動を生ずる意思表示と債権の発生を生ずる意思表示とが全く同一形式でこれを識別すべき外形的なもののないわが民法の下では、両者を区別する必要はない。意思表示の効果意思の内容に従って当事者の欲した効果を認めれば充分である。特定物の売買契約等においては右の効果意思には、観念的には、債権を発生させる意思と所有権を移転する意思とが結合して含まれていると認められる場合が多いであろうが(星野三二頁、林四七頁参照)、いずれにしても物権と債権と二つの効果を生ずる場合には意思表示も二つなければならない、といわなければならないものではない。(b)元来、ドイツ民法の下において、物権行為の独自性を認めるのは、物権行為は、形式を必要とし、債権行為と合体して存在することができないからである。そして、物権行為がかようにその存在が外部から認識される限りにおいて、その存否が判然としているという長所をもつものである(〔七六〕・〔七七〕参照)。わが民法のように、物権行為に形式を必要とせず、その存否を外部から認識しえない法制の下においては、物権行為の独自性を認めても、格別実益がない。したがって、例えば特定物の売買契約が締結された場合には、一般にその意思表示には、履行について特段の障害(他人の物の売買や無権代理人による契約など)がないならば、所有権を移転するという有効な効果意思も含まれていると解することができる(債権の効力として移転すると規定するフランス民法(〔七二〕イ参照)とはその論理を異にする)。(c)民法の規定には、この解釈を支持するものがある。選択債権の特定の効果に関する第四一一条但書(債総〔七三〕参照)、解除の効果に関する第五四五条一項但書(例えば、売買契約によって所有権が移転し、その解除によって所有権は遡及的に復帰するという前提をとらなければ、この但書は無意味となる。債各〔二〇八〕参照)などがそれである。(d)なお、かような考えをとるときは、例えば抵当権・地上権等の設定、消費貸借の締結もしくは手付のための金銭の交付（五八七条・五五七条参照）、既存の債務の弁済のための金銭その他の物の給付（七〇五条参照）などのように、債権の発生を目的とする契約の存在しない場合には、――別にこれらの行為をなすことを目的とする契約をしない限り――これをなすことができないという不都合を生ずると非難する者がある。しかし、これは誤解に基づく。物権行為の独自性というのは、物権の変動を生ずるためには常に物権の変動だけを目的とする法律行為がなければならないという意味であるから、この独自性を認めないといっても、物権の変動だけを目的とする法律行為の存在を否定する意味ではない（〔七七〕・〔七八〕参照）。右の諸場合には、物権の設定または移転だけを目的とする行為としてその効力を生ずることはいうまでもない（フランス民法の下でも同様である。ただかような場合には、その合意は売買などと同じ convention だとされ、ドイツ民法のように Vertrag とは異なる Einigung を必要とするものでないだけである）。同様に、所有権の移転は後日の合意による旨の売買契約がある場合には所有権移転だけを目的とする行為が予定されているのである。もっとも、割賦販売法は、代金の完済まで所有権は販売業者に留保されたものと推定している（同法七条）。これらの場合には、代金の完済によって所有権は当然に移転する。同様に、代金の全部または一定割合の支払によって所有権が移転する旨の契約の場合は、当初の契約に停止条件つきの物権変動の効果意思も含まれていると解されるのである。

（e）不動産取引に関連しては、一般に登記もしくは引渡または代金支払等に積極的な物権行為としての意義を認めようとする見解がある。売買契約の中に所有権移転の効果を生ずる意思が含まれているとしても、登記も引渡もないのに、契約締結と同時に所有権が移転していると解することが通常人の理解と合致しないという意味において傾聴に値する。しかし、実際問題としてこれらの行為のどの一つがあればよいのか、代金支払の猶予、分割払などをどう解するか等の問題がある。むしろ売買契約書が作成された場合には一般に所有権移転の効果意思が含まれており、それが契約上もしくは取引慣行上、代金の完済・登記・引渡などのいずれかの時期まで留保されている場合のあることを認めれば足りるであろう。もっとも私は、立法論としては、不動産物権の変動については、むしろ登記を効力発生の要件とすべきであり、動産物権については、意思主義で不都合がないと考えている(〔七四〕ロ・〔七六〕ロ参照)。

第二　法律行為によって、当事者間において物権変動を生ずる時期

〔八一〕 一　法律行為によって、当時者間に物権の変動を生ずるには、二つの要件が備わらなければならない。第一は、当事者が物権の変動を生じさせようとする意思表示をしたこと、第二は、目的物が現存・特定の独立の物であり(〔一五〕—〔二三〕参照)、かつ、当事者が物権変動を生じさせるだけの権限を有する等、物権の変動を生ずる客観的な障害のないこと、である。ところで、第二の要件の存否は容易に識別できるが、第一の要件の存否は目的物が動産であるか不動産であるか、物権変動の内容が所有権の移転であるか制限物権の設定であるかなどで差異があり、容易に判明する場合と、判明しない場合とがある。例えば既存の債権の担保として特定の不動産の上に抵当権を設定する場合には、当事者の合意によって直ちに物権変動(抵当権の設定)が生ずると解されている(登記は対抗要件であるにすぎない。立法論として抵当権については登記を成立要件とすべきかどうかは別問題である)。これに対し、典型的な物権変動である所有権の移転の場合には、必ずしもそう簡単ではない。特定の物の売買で、契約と同時に目的物の引渡と代金の支払が完了されたときは、その売買契約によって所有権の移転も生じたとみるのが当然であろう。これに反し、引渡・登記・代金支払などが後日に留保されたとき——不動産の取引においてはこのような事例が広くみられる

――は、(i)それにもかかわらず契約の時に所有権を移転させるつもりか、それとも、引渡・登記・代金支払など(そのうちの一つまたは二つ)が行われる時に所有権を移転させるつもりか――後の場合にも、さらに、(ii)その際に改めて物権の移転だけを目的とする法律行為をするつもりか(かような法律行為をなしうることは先に述べた通り)、それとも、(iii)かような事実のいずれかが生じた時に、改めて何らの行為をなすことなく、当然に、物権移転の効力を生じさせるつもりか、容易にわからない。不特定物や、将来生ずる物の売買などについても、目的物が現存・特定する独立の物とならないうちに所有権移転の効果を生じさせることはできないから(右のiと同じにはなれない)、それらの事情を生じたときに、改めて物権の移転を目的とする法律行為をするつもりか、それとも、当然に物権の移転を生じさせるつもりか(右のiiかiiiかと同様の問題)が、容易にわからない。そこで、判例は、このようなすべての場合を通じて、当事者が窮極において物権の変動を生じさせる法律行為をしたときは、原則として、その時に物権変動の効果を生じ、もし、その時に物権変動の効果を生ずるのに支障があるとき(前記の第二の要件を欠くとき)は、その要件の充たされた時に、当然に、物権の変動を生ずるものとなし、ただ、当事者がこれと異なる意思表示をしたことが明らかな場合にだけ、例外となるものと解釈している。物権行為の独自性を認めない学説の多くはこれに賛成する(末弘八三頁等。もっとも物の売買については引渡義務の成立によって所有権移転の効果が生ずるものと解し、同時履行の抗弁権が存する限り所有権は移転しないとする説がある(川島・所有権法の理論二四八頁以下))。けだし、意思主義に適するものであり、かつ、かような原則を採らないと、各場合の判断に困ることになるからである。これに対し、物権行為の独自性を主張する学説は、これを非難する。その理由とするところのうち、物権の変動を生ずるためには別個の行為を必要とするという点は、フランス民法を継受したとみるのが妥当なわが民法第一七六条の解釈としては到底支持しえない。しかし、少なくとも不動産の売買に関しては、登記・引渡・代金支払のいずれかがなされた時に物権の変動を生ずるとするのが、わが国の慣行であり、かつ現在の取引界の通念だという点は傾聴すべきものを含む（末川六二頁、同「特定物の売買における所有権移転の時期」（民商二巻四号）。なお川島理論二三三頁以下参照）。そうは言っても、登記・引渡・代金支払は前後することがあり、一つがなされれば常に所有権が移転するという慣行があるといえるかどうか疑問である。代金の支払に重点をおく説もあるが、例えば代金の分割払・引渡が先行した場合など、それだけでは解決しないであろう。そうだとすれば、数十年にわたって判例法の行われてきた今日、——判例理論は契約の取消・解除・買取請求権・遺贈などによる所有権の移転を通じて一応整合的に貫かれている——判例のような一般的な原則をとりながら、取引による積極的な物権変動については具体的な場合の取引慣行に留意し、当事者の意思内容を認定することが妥当であると考える。なお、第一七六条は不動産・動産を問わず、また所有権の移転か制限物権の設定かの区別なく、適用される原則を規定するものであることに留意すべきであろう。

〔八二〕

二　判例に即して、主要な場合を説こう（注民(6)一二一頁以下（山本）に判例法変遷の経過についての簡明な解説がある）。

(1) 特定物の売買・贈与その他物権変動を生ずるための客観的要件が充たされている場合

(イ) 原則として、最初の契約の時に物権変動の効果を生ずる。

（a）特定物の売買においては、登記手続と残代金の支払を後日に留保しても、所有権は、売買契約締結の時に移転する（大判大正二・一〇・二五民八五七頁—事案は再売買の予約だが一般的理論を説く。なお同大正一〇・六・九民一一二二頁判民九五事件（我妻）、最判昭和三三・六・二〇民一五八五頁は上記大正二年の判決を引用して売買契約の成立による所有権の移転を認め、残代金との同時履行の抗弁を認めながら、移転登記と引渡を命ずる等多数）。（b）特定物の遺贈は、遺言が効力を生ずるときに、所有権移転の効果を生ずる（大判大正五・一一・八民二〇七八頁、同大正一〇・五・三〇民九八三頁判民八一事件（穂積）—いずれも特定の債権の遺贈に関するが理論は同じ。なお後掲東高判昭和二三・三・二六高集七八頁は不動産についてこの理論を前提とする）。（c）売買の予約（五五六条）

においては、売買完結の意思表示によって売買が成立すると同時に所有権は移転する（大判大正七・九・一六民一六九九頁等）。同様に、（d）特定物の売主が売買契約当時は所有権を持たなかったが、その後その所有権を取得したときは、所有権は同時に買主に移転する（最判昭和四〇・一一・一九判時四三三号二九頁）。（e）借地法第一〇条その他の買取請求権のように、形成権とされるものについては、買取請求の意思表示によって、売買契約が成立し、同時に所有権移転の効果を生ずる（大判昭和七・一・二六民一六九頁）。（f）第三者のためにする特定物移転の契約（五三七条以下）にあっては、第三者の受益の意思表示によって所有権移転の効果を生ずる（大判明治四一・九・二二民九〇七頁、同昭和五・一〇・二民九三〇頁判民八九事件（末弘））。

（ロ）しかし、当事者の特約もしくは行為の性質その他特別の事情があれば例外が認められる。（a）当事者が特に登記または代金支払の時に物権の変動を生ずるものと定めたときは、その趣旨に従う（大判明治三七・一〇・二八民一三〇九頁―地上権設定に関する。同大正七・九・一一民一六七五頁―再売買の予約に関する）。それらの時点で改めて物権の変動を目的とする行為をなす趣旨か、これを停止条件として当然に物権変動を生じさせる趣旨かも、各場合について決定すべきだが、原則として停止条件的に解すべきである（右の判決では、この点は必ずしも明瞭ではない）。なお、割賦販売において、割賦代金完済に至るまで売主が所有権を留保する場合が多いとされたが（大判昭和九・七・一九刑一〇四三頁）、昭和三六年制定の割賦販売法は同趣旨の推定規定を設けた（同法七条）。また、不動産の債務負担付遺贈において、債務完済までは受遺者は当該不動産の名義人になれないとする遺言がある場合は、所有権はこの条件が充たされたときに移転する（大判大正元・九・二四民七三九頁）。

（b）荷為替付で物品を発送した売買において、特殊の事情がない限り、買主が貨物引換証と引換えに代金を支払うまでは目的物の所有権は依然売主にある（大判昭和三・一〇・一一民九〇三頁判民八六事件（松本））。荷為替の性質上至当であろう。判例も、倉庫業者に寄託してある特定の商品の売買において、売主が受寄者宛の荷渡し依頼書を買主に交付した場合でも、一定期間内に代金の支払がなければ契約は失効するという解除条件が付されているときは、特段の事情がない限り、所有権は契約によって当然に買主に移転するものではないとする（最判昭和三五・三・二二民五〇一頁判民三一事件（川島）法協七八巻四号）。

〔八三〕 (2)不特定物の売買・贈与その他物権変動を生ずるための客観的要件が充たされていない場合

(イ)原則として、後日その要件の充たされたときに、当然に、物権変動の効果を生ずる。すなわち、(a)不特定物の売買では、売買の目的物が特定した時（四〇一条二項参照）に所有権は、当然に、移転すると解される（最判昭和三五・六・二四民一五二五頁―亜鉛華の売買において約定の数量を送付すれば、代金の未払分があっても、特段の事情がない限り特定したときに所有権は買主に移転する）。ただし、上述のように、荷為替付売買契約においては、目的物の所有権は、買主が代金を支払って証券の引渡を受けた時に移転する。(b)選択によって定まる物の売買・贈与などにおいては、目的物が選択によって特定した時（四〇六条―四一一条参照）に、所有権は、当然に移転する（東高判昭和二三・三・二六高集七八頁―不動産の不特定遺贈に関し、引渡を完了した事例）。(c)他人の所有物の売買などにおいては、売主が目的物の処分権（所有権その他）を取得した時に、所有権は当然に移転する（大判大正八・七・五民一二五八頁―他人の物の売買に関する。同大正四・一〇・二三民一七五五頁―債務者の将来取得する財産についての抵当権の設定に関する）。(d)代理権のない受任者が受任事務の履行として不動産を買受けた場合にも、代金に充てるための金銭を受取っている場合には、所有権移転の物権的意思表示を予め為したものと推定され、受任者の所有権取得と同時に右所有権は委任者に移転する（大判大正四・一〇・一六民一七〇五頁）。

(ロ)しかし、右のような場合にも、当事者が、客観的条件の充たされた上で、改めて物権移転の法律行為をするか、または他の何らかの条件が充たされたときに、物権移転の効果を生ずるものと定めたときには、それに従うべきことはいうまでもない（上記の荷為替付売買はこの一例である）。この点について、建築請負（将来の物の所有権移転を包含する）は特殊のものである。判例によれば、請負人の材料で建設する場合には、完成するまでは請負人の所有に属し、完成して注文者に引渡された時に所有権移転の効果を生ずるのを原則とするが（大判大正四・五・二四民八〇三頁等。しかし近時の学説には原則として注文主の所有に属すると解するものが多い。〔一一八〕参照）、注文者が予め代金の全額を支払った場合は完成と同時に所有権が移転するものとの暗黙の合意を認め（大判昭和一八・七・二〇民六六〇頁判民四〇事件（山田））、または、特に完成・引渡前に（もちろん家屋といいうる程度になってから）所有権を移転させる特約をすることも妨げないとされる（大判大正五・一二・一三民二四一七頁―注文者の金融のためになされた特約。最判昭和四六・三・五判時六二八号四八頁―分譲を目的とする複数の建物の場合にこの特約の存在を認めた原審を支持する）。

〔八三ノ二〕　(3)形成権の行使によって物権変動の原因（例えば売買契約）が消滅した場合

上に述べた例は、物権変動を生じさせる契約が為された場合であるが、一たん為された契約が有効に取消され、または解除された場合は、当事者間に物権変動を生じさせるという合意もしくは契約が成立するわけではないが（その点で上述の借地法一〇条の買取請求権の行使と異なる）、売主の取消または解除の意思表示によって、一たん買主に移った所有権は、第三者が善意取得しているなどの障害がないかぎり、直ちに売主に復帰する。もっとも、取消された売買契約ははじめから無効であったものとされるから（一二一条）、所有権は買主に移ったことがない――取消権の行使によって、そういう状態が形成されるのだ、と説明されるのが普通である（〔一一二〕参照）。観念的・形式的論理からはそう解するのがすなおかも知れない。しかし、当事者間で一たん移転した所有権が、その原因を失って復帰するとみることの方が――その復帰による当事者間の後始末は無効と同じだとしても――実用的・実際的（pragmatism）であり、わかりやすいであろう（なおこの問題は物権行為の無因性論とも関連する。〔八七〕1参照）。また、解除によって売買契約が消滅した場合には、買主の目的物返還義務は第五四五条の原状回復義務にその根拠が求められるが（債各〔二九一〕）、客観的条件が充たされている場合には解除によって目的物の所有権は当然に売主に復帰する（大判大正一〇・五・一七民九二九頁等。債各〔二九二〕・〔二九七〕参照）。この点、解除について間接効果説をとっても原状回復義務発生の効果として所有権の復帰がおこるとみるならば、結論を異にしないであろう。

右のように、物権変動を生じた契約の取消・解除によって物権関係の復帰があるとみるかどうかは、後述の対抗要件に関連して特に重要な意義を有する（〔一一二〕参照）。

〔八三ノ三〕 (4)所有権移転の時期　右に述べたのは、例えば売買において、特別の留保もしくは障害がなければ所有権は意思表示（売買契約の成立）だけで売主から買主に移る（物権変動が起る）ことを前提として、その時期が問題となった具体的な諸事例についての判例の理論を紹介したのである（このような物権変動を第三者に対抗できるかどうかは別問題である）。これに対してこのように所有権移転の時期を確定することに実益があるか、またそもそも理論的に可能であるかを疑う説がある（鈴木〔九〇〕以下、同「特定物売買における所有権移転の時期」（契約法大系Ⅱ）、その他幾つかの論文（鈴木・物権法の研究一〇九頁以下所収）。同「所有権移転時期という問題の考え方」（私法学の新たな展開〔我妻追悼〕二四九頁以下））。実益という観点からは、例えば甲→乙という不動産の売買契約が締結され、それが完全に履行されるまでの間、所有権が甲にあるか乙にあるかは重要でないという。当事者間で問題になる危険負担（五三四条）、果実収取権（五七五条）の移転は契約によってきまり、甲または乙の債権者との関係は対抗要件の有無が決定的である。乙から転買した丙は乙を経由して所有権を取得したと言わなくても、乙の請求権を代位行使することができる（四二三条）。有効な取引関係に立たない第三者に対する関係でも乙は損害賠償と妨害排除を請求でき、他方、まだ登記名義が残っている甲も返還請求ができると解される。つまり、所有権がどちらにあっても、甲・乙それぞれ自分の利益の救済を求めうるという。また理論的にも、所有権移転時期の確定は、物権・債権を峻別せず、かつ登記を成立要件としていないわが民法のもとにおいては、不可能であると説く。その結果、「所有権の法的効果と考えられる各種の機能は、ときを異にして、売主から買主に移行」する。強いて所有権の移転ということを問題にするのであれば「売買契約締結・代金支払・引渡・登記等の過程を通じて、所有権がなしくずし的に売主から買主に移って行く、と説明してもよい」という。つまり問題を形式的な概念によらないで現実の効果の側面から解こうとする一種の実用論であり、抽象的な形式論の批判として傾聴すべきものがある。しかし、所有権もその他の制限物権も実は物に対する支配関係ないしその変動を明確にするための実用的な概念でもある。例えば、当事者が物権変動——所有権をどの時点で移すか——につき明確な合意をすれば、あるいはある条件が備わるまでは移さないという合意があれば、その時に全面的支配権としての所有権が移る、あるいはそれまでは移らないと解することを否定すべき理由はない。そして国民一般にそのような意識があるとすれば、取引の実態の中から、そのような合意を見出して問題を処理することを、無用な操作と切り捨てるべきではあるまい。

思うに、本来、所有権移転の有無と顕著な係わりのあるはずの危険負担および果実収取権について特則があるため、その限りでいつ所有権が移ったかは直接にはあまり重要な意味を持たないように見える(この点につき有泉「物権行為論の意義について」京城大学法学会論集一四冊三号六三頁、於保「物権行為について」石田還暦二三六頁以下参照)。しかし近時、危険負担に関する第五三四条の解釈としては所有権留保がある場合は適用がないとすべきことが指摘され、消極的にではあるが所有権の移転の有無が決定的な意味を与えられている(〔八五〕2ii参照)。また果実収取権に関する第五七五条一項は、買主が代金を支払った場合には適用がないと解される(債各〔四二三〕参照)。代金の利息と果実とが釣合っていると見るのであるが、買主の所有権取得(八九条参照)と無関係ではあるまい。この問題は売主に対し買主が目的物の引渡を求める場合に、契約履行請求権と物権的請求権(両者は別個の請求権である)との競合とその調整とも関連し、なお検討を要する。

第三　意思表示のみによって生じた物権変動の価値

〔八四〕 (1)意思表示だけで生じた物権変動の効果は、後に述べるように、第三者に対する対抗力を欠く。しかるに、物権は第三者に対してもこれを積極的に主張しうることが債権と異なる重要な点であるから、この対抗力を欠く物権変動の実際上の価値は少ない。当事者の経済的目的は、多くの場合、対抗要件を具備してはじめて達せられる。そこで、あれこれの法規の解釈において取引関係は対抗要件の具備によって完結するものと解されている。例えば不動産の売買においては、売主の登記をする義務は、特約がなくても売主の債務たる性質を帯びる(大判大正九・一一・二二民一八五六頁)。したがって、たとい目的物の所有権が移転しても、売主の登記(または引渡)に協力する債務と買主の代金債務とは同時履行の関係に立つことは当然である(五三三条、〔一二九〕参照)。また特定物の贈与においては、契約によって目的物の所有権が移転しても、対抗要件を履まないかぎり、履行が終ったと考えてはならない(五五〇条。最判昭和三一・一・二七民一頁、債各〔三六二〕ロ参照)。なお登記を伴わない物権移転だけでは代物弁済(四八二条)は成立しないとされるのも(大判大正六・八・二二民一二九三頁、大判昭和四・七・六民六四五頁判民六〇事件(兼子)。債総〔四三七〕参照)同一の趣旨である。

〔八五〕 (2)しかし、対抗要件を備えなくとも、(i)当事者間においては、目的物から生じる果実の帰属を定める標準となる(八九条、ただし四八三条・五七五条参照)。(ii)特定物の売買の場合には買主が危険を負担するので(五三四条一項)、目的物の侵害者に対して、所有権の移転につき対抗要件を備えなくても、買主が損害賠償を請求することができると解されるが、特に所有権の移転が留保された場合には第五三四条の適用はないと解すべきであろう（債各〔一四〇〕・〔一四三〕参照）。(iii)また特殊の例としては登記のない抵当権によって競売をすることもできた（最判昭和二五・一〇・二四民四八八頁。ただし他の債権者等に対して優先権を主張しえないことはいうまでもない（大判大正一二・七・二三民五四五頁）。担保〔三五二〕参照）。この点は、民事執行法（昭和五四年法四号）によって、登記がない場合には確定の判決、審判、それと同一の効力を有するものの謄本もしくは担保権の存在を証する公証人が作成した公正証書の謄本が必要となったが（同法一八一条一項）、必ずしも対抗要件である登記を必要としないことに変りはない。(iv)第三者に対する関係においても、その第三者が不法行為者、不法侵害者などであって対抗要件を必要としない者である場合（〔一五八〕参照）には、意思表示のみによって得た対抗要件を備えない物権を根拠に、その損害賠償ないし侵害の排除を求めることができる。

なお、売買の目的物が土地の工作物を含み、その設置・保存の瑕疵があったために他人に損害を生じた場合（七一七条）についても、対抗要件と関係なく、実体上の所有者が所有者としての責任を負うべきものと解される（登記上の所有者も責任を負うかどうかは別個の問題である。鈴木・物権法の研究一一九頁参照）。のみならず、物権変動について対抗要件を必要とする第三者の場合にも、後に述べるように、第三者の側で対抗要件を備えない物権変動の生じたことを認めることは可能である（〔一四六〕参照。もっともこれについては否定説がある）。

第四　民法における物権行為の無因性の問題

〔八六〕**一**　わが民法の解釈として物権行為の独自性を認める学説は、物権行為の無因性をも認めるのが普通である。もっとも、わが民法の下では、たとい物権行為の独自性を認めるにしても、当事者がこれについて原因関係（売買・贈与・遺言等その物権行為をするに至った原因）の有効なことを条件とすることはできるといわねばならないから、物権行為は、さような条件のつけられなかった場合にだけ無因である（相対的無因）という（鳩山「不動産物権の得喪変更に関する公信主義及び公示主義を論ず」（民法研究二巻所収）、石田五八頁等。ただし物権行為の独自性は認めるが無因性は認めない説もある（石田（喜）・口述物権法四六頁））。しかし、（i）物権行為の独自性を認めない立場では、その無因性を問題とする余地もない。のみならず、（ii）当事者が一個の契約（例えば特定物の売買）で債権的効果と物権的効果を生じさせようとしている場合に、これを強いて二つの行為だとし、さらに一方が無効でも他方が有効だとすることは、わが民法の解釈としては、無理だと思う。もっとも、（iii）不動産取引について公信の原則をとらない民法の下で物権行為を無因とすれば、取引の安全を保護することにはなる（〔七七〕参照）。しかし、それには、立法によって絶対的に無因とすべきであって、相対的無因説では、その目的は達せられない（異なる趣旨を説くものとして、末川七五頁以下および同所引用の同氏の論文参照）。

〔八七〕 **二** わが民法上は、物権の変動を生じた法律行為の効力も、法律行為の通則に従って解釈されるから、その結果はつぎのようになる。

(1) 債権的効果と物権的効果とが一個の法律行為から生じている場合には、無能力・意思の欠缺その他の瑕疵は両効果に均しく影響する。したがってさような効果を有する契約が取消されれば物権変動も契約の時に遡ってその効果を失い、さような効果を生じた動産の売買契約が解除されれば、契約によって生じた甲→乙の物権変動も、遡及的に失効し、原状に復帰する（大判大正一〇・五・一七民九二九頁判民七四事件（末弘）―売買の目的である動産が解除前に第三者丙に譲渡されていても、対抗要件を履んでなく、かえって甲が占有を取得した事例、大判昭和一七・三・三法学一二八五頁等）。もっとも、解除の効果について間接効果説に立てば、新たに相手方を原状に戻す債務が生ずることになるが、この債務の効果として物権変動は解除の時点で原状に復帰すると解する立場に立てば結論を異にしない（債各〔二九五〕参照）。すでに述べたように、特定物の売買契約が締結され、物権変動を生ずるための客観的要件が充たされれば、直ちに物権変動の効果を生ずるとする理論の適用でもある(〔八三ノ二〕参照)。

(2)当事者が特に債権だけを発生させる売買・贈与等の契約をした後に、その履行として物権の移転だけを目的とする行為をなす場合、または、消費貸借その他に基づいて債務を負担する者が、その弁済として物権を移転させる行為をするような場合には、先行する行為の有効なこと、または弁済された債務の存在することを、特に条件としない限り、物権変動の効果を生ずる(ただし、不当利得の返還請求権を生ずる(七〇三条)。債各〔一四七五〕以下参照)。けだし、別個になされた行為の効力は別に判定するのが至当だからである(同旨＝末弘九七頁、柚木・高木九八頁)。

第三款　物権変動における公示(対抗要件)

第一項　序　説

すでに述べたように、近代の物権法は、物権取引の安全を図ることを理想とする。わが民法は不動産については登記、動産については引渡をもって公示することを要求し、これを第三者への対抗要件としている。

〔八八〕一　近代の物権法は不動産物権(とくに土地の上の物権)における公示の原則を実現するために登記制度を確立した。この理想からいえば、全国の土地を測量して正確な地図を作製し、区画を定めて地番をつけ、地目を定め、地価を評価し、これらすべてを登記簿に登録すること、その上で、不動産物権の変動はすべて登記をして如実にこの公簿の上に反映するようにすること――逆にいえば、登記簿に記載されない物権変動は一切効力を認めないとすること――が望ましい。しかし、これをわが国の制度について見るに、明治初年の土地改革における地籍の整理は甚だ不備であって、今日においても、未登記の土地は稀ではなく、面積や区画については、都会地の一部や耕地整理の行われた地域を除いては実際と登記簿との一致しないのがむしろ普通である。のみならず、わが国では建物を独立の不動産と認めているのに、ほとんどが木造であり、その新築・改築・滅失等を漏れなく不動産登記簿の上に現わして行く手続が充分にととのっていなかったので――登記の申請主義（不登二五条）とも関連し――、所在、種類、構造、規模、所有者など建物の存在そのものの公示が甚だ不備であった。もっとも、この点は昭和三五年の不動産登記法の改正で土地台帳・家屋台帳を廃して不動産登記簿の表示の登記に移したので（職権で表示の登記ができることになった。二五条ノ二）、一応不動産登記簿を見ればすべての建物の存在がわかる建前になり、ある程度緩和された（詳しくは〔九四〕参照）。しかし、現実にはすべての建物が登記簿に公示されるまでには至っていない。のみならず、次段で述べるようなあれこれの事情によって、すべての不動産物権の存在ないしその変動を如実に登記簿に反映させようとする近代法の理想の実現は極めて困難になっている。

〔八九〕 **二** 登記簿に不動産の物権変動が如実に公示されないという現象は、つぎのような諸側面で起きている。

その一つは立木の取引慣行の法認である。立木については、古来、土地に生育しているままで、しかも土地とは別個の物として、物権取引の客体とされた。しかし、民法制定の際には、これについて特別の登記制度を設けなかったので、取引慣行上立木を削って、または立札に、所有権取得者の名を墨書する明認方法という特殊の公示方法が案出され、判例もまたこれに対抗要件としての効力を認めるに至った。その後、立木法(明治四二年法二二号)を制定して特別の登記制度を創設したが、右の慣行を絶滅させることができなかった。伐採を目的とする立木の売買——伐採までは不動産であるが、伐採によって動産になる経過的性格——がこの慣行を支えたものと思われる。同じ趣旨からこの特殊の対抗要件は、本来土地の一部を構成する未分離の果実・桑葉・稲立毛等についても判例によって認められている(二八三以下参照)。

その二つは、土地・建物の用益権を保護・強化しようとする近代法の一面の理想から、本来の権利の登記でない表示もしくは占有に対抗力を与え、登記簿に現れない不動産用益権について排他性を認めるに至っている。建物保護法が建物の登記をもって土地用益権の対抗要件と認め、借家法・農地法が不動産の引渡——その結果としての居住もしくは農耕に伴う占有——をもって、建物または農地の賃借権の対抗要件としたのがそれである。土地・建物の用益権を強化しようとする近代の理想から、占有をもって対抗要件とし、登記簿に現れない不動産物権についても排他性を認めざるをえない事情となったのである(我妻「不動産物権変動における公示の原則の動揺」(民法研究Ⅲ所収)参照)。

その三つは、右に述べたところと関連するが、近時不動産取引に関して、登記のほかに占有を重視するという一般的傾向が見られることを注意しておきたい。借地上の建物の登記がなく、建物保護法の適用のない場合でも当該土地の買主が、土地の上に借地権者の建物が現存することを知悉しているような場合には、借地権者に対する建物収去・土地明渡の請求が権利濫用とされることがある。それと類似の関係として、甲から土地を買ったが未登記のまま住宅を建てて住んでいる乙と、その後甲からその土地を二重に譲り受けて登記した丙のいずれを優先させるかという事例について、乙に軍配を挙げる説が比較的多くみられる。その理由は土地を買う場合に現地を見ないはずはないということを前提とするが、現地の占有（用益）を重視する――その反面登記を軽視する――ことの現われと言えよう（その当否については後に詳しく検討する。〔一五三〕参照）。

しかし、他方においては、わが国における不動産取引、ことに不動産金融は、各種の財団や農地に限らず、一般庶民の住宅ローンにまで及び、ますます重要の度合を高めている。この領域においては、占有を要件としない担保物権制度の存在が必須の条件であり、その円滑を図るためには、登記簿の信用を維持することが絶対の要件である。もっとも、この担保物権の領域でも不動産登記簿の記載が実体上の権利を如実に表示しないという現象が見られる。すなわち、登記上は売買という形をとっているが、実は債権の担保を目的とする譲渡担保（売渡担保）の慣行が普及し、判例によって認容されるに至った（詳しくは担保〔八六四〕以下〔九三九〕・〔九四六〕参照）。さらにこれを一歩進めた仮登記担保の慣行が普及した。後者は複雑な問題を惹起したので、立法（仮登記担保契約に関する法律、昭和五三年法七八号）によって整備されるに至ったのである。これらは登記簿上の売主に受戻権（equity of redemption）を認め、他方買主に清算義務を課するという、イギリス法における衡平法的手法による緩和がほどこされたと見ることができるが、登記簿の表示を要件としながらも必ずしもその権利内容を正しく表示していないという意味において、注目すべき現象である。

登記制度をめぐるかような現象は、すでにしばしば述べたように、不動産の物質的利用と交換価値的利用の矛盾を示すものであり、また既存の担保制度が金融界の要請に充分にこたえていない証左でもある。解釈論をするにも、立法論をするにも、常にこのことを念頭におかなければならない。

〔九〇〕 **三** 動産物権の変動については、物の引渡をもって対抗要件とする。しかし、すでに述べたように（〔六三〕参照）、占有そのものは、公示方法として極めて不完全なものなので、民法の規定も、すべての動産物権の変動についてこれを要件にしようとはしていない。学説にも、そうしようと努力するものはない。ただ、特殊の動産について登記制度が採用されていること（農業動産信用法・自動車抵当法・建設機械抵当法など。〔二六四〕参照）、一定の状態にある商品について各種の証券制度が完全な公示方法の役目を果していること（〔二六二〕参照）などを注意すべきである。

第二項　不動産物権変動における公示（対抗要件）

第一　登記とは何か

〔九一〕 **一**　不動産物権の変動は登記を対抗要件とする。登記は「登記法ノ定ムル所ニ従」ってなされる（一七七条）。現行法制においては、主として不動産登記法（明治三二年法二四号、数次の改正あり、特に昭和三五年の改正が重要である。川島一郎「不動産登記法の一部を改正する法律の解説」法曹時報一二巻六号・七号参照）とこれに附属する法令（明治三二年司令一一号不動産登記法施行細則、昭和三五年不動産登記法施行令、その他）に依って行われるが、それ以外にも、立木法（明治四二年法二二号）その他の特別法で独立の不動産物権と認められるものについては、別に、これに関する登記を定める法令がある（明治四三年司令五号立木登記規則、工場抵当法等の登記を公示方法とする財団に関する諸抵当法令など）。

二　不動産登記簿の仕組みは大略つぎの通りである。

〔九二〕 (1)登記とは、要するに、登記簿と呼ばれる一種の公簿に一定の事項を記載することである。登記事務は、登記すべき権利の目的たる不動産の所在地を管轄する法務局もしくは地方法務局またはその支局もしくは出張所が、管轄登記所としてこれを掌る（不登八条―一〇条）。

〔九三〕 (2)登記簿は、土地登記簿と建物登記簿の二種に分けられ、一筆の土地または一個の建物について一用紙を備える（不登一四条・一五条本文）。ただし、区分所有権の客体である建物についてはその一棟の建物に属するものの全部につき一用紙を備える（建物の区分所有等に関する法律一条、不登一五条但書）。登記簿の様式は、一用紙を表題部・甲区・乙区に分け、（a）表題部には、土地または建物の表示に関する事項（土地の所在地・地番・地目・地積等（七八条）、建物の所在・家屋番号・種類・構造・床面積等（九一条））を、なお所有権の登記がない場合には所有者の氏名・住所を記載する。（b）甲区欄は、表題部に示された不動産の所有権に関する事項（例えば売買によってAからBに移転したことなど）を記載する（事項そのものを事項欄に記載し、その記載した順序を順位番号欄に記載する）。（c）乙区欄は、表題部に示された不動産の所有権以外の権利に関する事項（抵当権の設定など）を記載する（事項欄と順位番号欄に分かれること甲区に同じ。同一六条参照）。たとえていえば、不動産の履歴書のようなもので、表題部にその不動産の同一性を示す事項を記載し（地籍の整理が完全でないと困ること、建物では同一性を示すことの困難なことがわかるであろう）、甲区欄と乙区欄でその不動産の法律的変動を時の順序に従って記載するわけである。だから、取引が行われるたびに取引によって権利を取得した人を中心に編成する人的編成主義（フランスの制度—たびたび改正があるが、当時者の提出した明細書を物権変動の種類に応じて異なる三種の帳簿に受付順に編綴し、別に権利変動の当事者の人名見出帳をつける。これにつき、星野・民法論集二巻に最近の改正を含めて詳しい解説がある）に対して、物的編成主義（ドイツの制度）と呼ばれる。登記制度の目的からいって、物的編成主義の優れていることはいうまでもない。

〔九四〕 (3) 表示の登記　上記のように不動産に関する物権関係を公示するためには、何よりもまず個々の不動産の同一性を確認し、その客観的存在そのものを登記簿に正確に表示することが肝要である。表題部に示される表示の登記は正にその機能を果すためのものである。そこで現行の不動産登記法は新たに土地を生じ、または建物が新築されたときは、所有者に表示の登記を申請することを義務づけ（同法八〇条・九三条）、また登記官の職権によっても表示の登記を為しうることとし（同法二五条ノ二）、すべての不動産を登記簿の表題部に表示するという理想の実現を計っている。

かつては登記簿とは別に土地台帳および家屋台帳の制度があった（昭和二二年法三〇号土地台帳法、昭和二二年法三一号家屋台帳法）。土地または家屋の状況を明確にすることを目的として、一定の事項の登録をするものであって(土地の所在・地番・地目・地積・所有者の住所氏名等(土地台帳法五条)、家屋の所在・番号・種類・構造・床面積・所有者の住所氏名等(家屋台帳法四条))、当該土地・家屋の登記を掌る登記所が管掌した。そして、土地・家屋の状況に変更を生じ、または家屋が新築されたときは、当事者は登録を申告することを義務づけられ(土地台帳法一八条・四七条、家屋台帳法一四条・二六条参照)、またある程度、職権をもって登録することになっていた(土地台帳法一〇条、家屋台帳法六条参照)。両者とも、初めは、課税の目的のために徴税官庁によって管掌されたので、土地・家屋の実情を示すに充分ではなかったが、後にその所管が登記所に移され、主として土地または家屋の状況を明確にすることを目的として作られるようになって、非常に改善された。しかし、それでも、実際と符合しない場合が起ることは避けられなかった。ことに、家屋については、新築されても登録されなかったり、構造や床面積の違う場合も生じた。

のみならず土地台帳・家屋台帳と土地登記簿・建物登記簿との記載内容は、たてまえにおいても、一致させるようにはなっていなかった。すなわち、既存の土地または建物の状況に変更を生じ、または建物が新築された場合に、台帳の変更があっても、当事者が登録税を納付して登記を希望しない限り、これに応じた登記は為されず、したがって、分筆または合筆された土地、新築または増築された家屋などについては、台帳にはその旨が登録されても、登記簿に登記されないものが非常に多かった(所有者は、売却するか抵当権を設定する場合ででもなければ、登録税を払って登記する気にならない)。

このような欠陥は昭和三五年の不動産登記法の改正によって土地台帳・家屋台帳と登記簿の一元化が実施され、かなり改善された。もともと二つの台帳は土地・建物の事実状態を明らかにし、登記簿はこれら不動産に関する権利関係を公示する目的を有していた。しかし登記簿自体においても、その対象である土地・建物の事実状態を示して同一性を明らかにする必要がある。登記簿の表題部の記載がそれである。したがって、二つの台帳が登記簿と同じ登記所に所管されることになってみれば、両制度を併存させることは手続を煩雑にするばかりで実益がない。そこで表題部に記載すべき事項を整備し、これを表示の登記として台帳と同じ機能(市町村の土地課税台帳・家屋課税台帳の原本としての機能も含めて)を営ませると同時に権利の登記との連繫をはかることとしたのである。しかも、この登記には、権利の登記と異なり登録税を徴収せず(登録免許税法別表一参照)、台帳の登録がそうであったと同じく、建物を新築した者(不登九三条)や未登記の土地を取得した者(不登八〇条。建物または土地に変更があった場合にも同様である(九三条ノ二・八一条))に一箇月以内に表示の登記を申請する義務を課し、懈怠には罰則を設け(不登一五九条ノ二)、また、申請がなくとも職権で表示の登記をする建前をとる(不登二五条ノ二)など、実態を忠実に登記簿に公示するため工夫をこらしている。なお、例えば建物を新築した場合の申請に当っては、申請通りの建物が当該の地上に建築され、申請者が所有者であることを証する書類(建築請負契約書、建築基準法六条の確認の書類など)を添付することを求め、登記官に、必要があると認めた場合には、職権で不動産の表示に関する事項を調査し、現地に立入って検査する権限が認められている(不登五〇条・一五九条)。すなわち、表示の登記に関する限り、登記官に不充分ながら実質的審査権を認め、これによって、不動産の現状が正しく登記簿に表示される仕組みになっている。所有者の住所・氏名の記載についてもある程度つっこんだ調査が期待され、それが権利の登記と連繫している(九一条一項六号・一〇〇条参照)。もっとも職権による表示の登記は、その変更をも含めて、必ずしも充分に励行されていないので、今日でも建物のすべてが如実に表題部に登記されていることは限らないことを注意すべきである。また、表示の登記が為された場合に登記所は不動産の所在地の市町村長に通知する義務があるが（登記から課税台帳へ。地方税法三八二条）、課税の立場から把握した不動産の現状を登記に反映させる仕組みはできていない。

表示の登記は、土地については所在・地番・地目・地積（不登七九条）、建物については所在・家屋番号・種類・構造・床面積、附属建物があるときはそれについて同じ内容など（不登九一条一項）、不動産の客観的な状態を表示する記載がなされる（区分所有建物およびその共用部分については特則がある（不登九一条二項・三項））。なお、所有権の登記（いわゆる保存登記）がなされていない場合には、所有者の氏名・住所が記載されるが、徴税の便宜と、所有権の登記申請資格者を明らかにする趣旨であって（不登一〇条一号）、それ自体は「権利の登記」つまり対抗要件としての効力は持たない（ただし建物保護法第一条の登記には該当すると解される。〔四〇七〕２参照）。なお、所有権の登記がされれば表題部の所有者の表示は朱抹される（不登一〇三条）。

右の改正と同時に、登記所に一筆または数筆の土地ごとの地図（各筆の区画および地番を示す）および一個または数個の建物ごとに建物所在図（各個の建物の位置と家屋番号を示す）を備えつけて、土地および建物の同一性を明確にしたこと（一七条・一八条細則一〇条ノ二）は注目すべき改善である。

〔九五〕　(4) 権利の登記

(イ) 登記の本体である権利の保存または変動の登記は法律に別段の定めがある場合のほかは、当事者の申請または官庁もしくは公署の嘱託があるのでなければ為すことができないのが原則である（不登二五条、申請主義）。つまり申請がないのに登記官の職権で登記することを認めない。しかし、登記の申請がなされた場合に、無条件に受理すべしとするものでないことは言うまでもない。登記官は申請が適法に行われたものかどうかについて審査をすべきである。もっとも、不動産登記法は、理由を付した決定で申請を却下すべき十一項目を制限的に列挙しているが(四九条)、それらは表示の登記の場合(同条一〇号)を除き、すべて形式的に窓口で審査できる事項である。換言すれば、申請がこれらに抵触しない限り、申請を受理しなければならない(形式的審査主義)。判例も登記官に実質的審査権はないとする(最判昭和三五・四・二一民九六三頁)。

(a)登記は、原則として登記権利者(登記をすることによって利益を受ける者、例えば不動産の買主、抵当権者など)と登記義務者(登記をすることによって不利益を受ける者、例えば不動産の売主、抵当権設定者など)の共同申請によってなされ、両当事者またはその代理人が登記所に出頭して申請する(不登二六条、共同申請主義)。代理人による申請を認めていること(対利害関係人につき表見代理の法理の適用が考えられる)、出頭を要件としている点で婚姻の届出と異なる。申請には、申請書、登記原因を証する書面、登記義務者の権利に関する登記済証、登記原因につき第三者の許可・同意または承諾を要するときはこれを証する書面、および代理人によって登記を申請するときはその権限を証する書面を提出することを要する(三五条)。右のうち登記済証(権利証と通称される)は紛失もしくは滅失しがちであり、新しく交付を受ける方法はないので、所定の条件を備えた二人の保証人の保証書をもってこれにかえる便法が認められている(四四条)。判例は紛失は滅失に該当するが、他人に交付して取り戻すことができない場合は滅失に該当しないとする(最判昭和三一・七・一七民八五六頁。ただし、この場合も保証書によって為された登記は有効であるという)。もっとも、この制度は悪用される事例が少なくなかったため(いわゆる地面師による登記)、改正法は、このような申請があったときは、その旨を郵便で登記義務者に通知し、通知を発した日から三週間内に登記義務者から申請に間違いない旨の申出があった場合に申請の時に遡って受理したものとして処理することとした(四四条ノ二)。

いかなる原因によって登記権利者と登記義務者とを生ずるかは、登記請求権の問題として後に述べる（〔一二七〕以下）。

（b）登記は、例外として登記権利者だけで申請することができる場合がある。判決または相続による登記（不登二七条。前者につき〔一三九〕、後者につき〔一一六〕参照）・名義人の変更登記（二八条）・仮登記（不登三二条・三三条—ただし、仮登記義務者の承諾または仮処分命令を必要とする。詳しくは〔九七〕ロ参照）および未登記不動産の所有権の保存登記（不登一〇〇条・一〇一条—表題部に自己または被相続人が所有者として記載されている者、判決により自己の所有権を証する者または収用によって所有権を取得した者の申請による）などである。なお、収用の裁決による所有権の移転登記も起業者の単独申請によって行う（一〇六条・一〇七条）。なお特殊の例としては、甲→乙の不動産売買の効力につき争いがあり、乙のために処分禁止の仮処分が認められているのに、甲→丙の移転登記が為された場合、結局甲→乙の所有権移転の登記の申請をすべきことが公的に認められればその申請に当って、乙は単独で甲→丙の登記の抹消を申請することができるとする判例がある（最判昭和三五・七・一四民一七五五頁）。

（ロ）特に規定のある場合には、官庁または公署の嘱託に基づいて登記をすることもあり（不登二五条・二八条ノ二—三二条・三四条等参照）、登記官が職権をもってすることもある（不登六四条による更正登記など）。

（ハ）登記官の過誤によって誤った登記がなされ、申請人その他の者に損害を加えることが少なくない（後の記述にその例が多数に出てくる）。これについて、以前は、登記官に故意または重大な過失があったときに限り、その登記官に対して損害賠償を請求しうるものとされていた（不登旧一三条参照）。しかし、現在では、登記官に過失があれば、国家賠償法（昭和二二年法一二五号）によって、国に対して損害賠償を請求することができる（同法一条参照）。

三　登記はその内容によって、終局登記（本登記）と予備登記に大別される。

〔九六〕 (1)終局登記（本登記）は完全な対抗力を生ずるものであるが、その種類はさらに細分することができる。（イ）記入登記は、新たに一定の事項を記入するもので、最も普通のものである。（ロ）変更登記は、登記の記載を変更する登記であって、権利の変更登記（不登五六条・五七条参照）と登記の記載の錯誤・遺漏の更正登記（不登六三条—六六条参照）とを含む。（ハ）回復登記は、抹消した登記の回復登記（不登六七条・六八条参照）と登記簿が滅失した場合の滅失回復登記（不登六九条—七一条参照）とを含む。（ニ）抹消登記は、登記の記載を抹消する登記（不登一四一条以下参照）である。——記入登記以外の登記は第三者（登記権利者と登記義務者以外の者）に影響を及ぼすことが多い（例えば抹消された一番抵当権を回復する登記は二番抵当権者に影響する）。その場合には、登記の申請に当って、この第三者の承諾書またはこれに対抗しうる裁判の謄本を添付しなければならない（不登五六条・六六条・六七条・一四六条参照）。したがって、第三者が任意に承諾しないときは、結局、裁判で争わなければならないが、そのときには、登記しようとする権利関係がその第三者に対抗しうるかどうかという実体的な問題となる（〔一一二〕a・〔一二二〕参照）。

〔九七〕 (2)予備登記には二種ある。

（イ）予告登記　登記原因の無効または取消による登記の抹消または回復の訴えが提起された場合——例えば、甲が乙に売買による移転登記をしたのを、売買の無効を理由として登記の抹消を訴求するとき、あるいは、乙が放棄を理由に抹消されている地上権設定登記を、放棄が強迫によるとして取消し、抹消登記の回復を訴求するときなど——にするものである。ただし、登記原因の取消による訴えについては、その取消をもって善意の第三者に対抗することをうる場合に限る（右の例で詐欺を理由とする取消の場合は認めない。不登三条参照）。予告登記は第三者に対する警告のためであり、これによって、目的不動産の帰属が訴訟で争われていることを知らない第三者が関係に入ることを防止する作用をする。例えば、甲乙間の売買による移転登記の抹消の訴えの繫属中に、買主乙から当該の不動産を買受けた丙の所有権取得の登記が抹消されるかどうかは、甲乙間の訴訟の勝敗によってきまる。甲が勝てば、取消を原因とした場合でも善意の第三者に対抗できるものである限り、常に抹消される。その場合、丙は不登法第一四六条の第三者に該当しない（その同意を必要としない。大判大正八・六・二一民一〇七〇頁）。この結論は予告登記の有無にかかわらず同じである。予告登記はこのような可能性のあることを登記簿上に公示するにすぎないものである。

なお、不登法第三条は善意の第三者に対抗できない取消の訴えについては予告登記を認めない旨規定しているが、判例はこの趣旨を拡張して、仮装売買の無効（民法九四条参照）を理由とする移転登記の抹消の訴えが提起された場合にも同様とする（大判大正一四・九・二二新聞二四六五号一二頁）。しかし、実際上はこのような、登記原因の無効が第三者に対抗しえない場合にも予告登記が為される例が散見される。その場合、判例は、予告登記があるという一事をもって、登記原因についての第三者の悪意を推定すべきでないとする（大判大正五・一一・一一民二二二四頁、大判昭和七・六・一新聞三四四五号一六頁）。

(ロ) 仮登記　　本登記をするための手続上もしくは実体上の条件が備わっていない場合に、将来本登記をした場合の順位を確保するために認められる（二条・七条二項）。登記権利者と義務者の共同申請によるのを本則とするが、仮登記義務者の承諾書を添付すれば仮登記権利者単独の申請が認められている（三二条）。仮登記義務者が共同申請に協力せず、または承諾書の交付を拒否した場合には、仮登記権利者は判決を得て単独で仮登記を申請できる（二七条）。また、仮登記権利者は、目的不動産の所在地を管轄する地方裁判所に対し、仮登記原因を疎明して仮登記の仮処分命令を申請することができる（三三条一項。もっとも実務上はこの仮処分には保証を立てさせる道が開かれていないので、裁判所は極めて慎重であるといわれる。そのため、実務上は処分禁止の仮処分の申請をもって代える場合が多いようである）。この命令の正本を添付すれば単独で仮登記を申請することができる（三二条）。この申請を認めて出された仮処分命令に対しては抗告の方法で不服を申し立てることはできない。本案について訴えを提起し、仮登記抹消手続を命ずる判決を得て抹消をなしうるだけである（一四四条二項参照）。

仮登記はつぎに述べる二つの事由（仮登記原因）がある場合に認められる。それはまた本登記ができない——順位を保全するためには仮登記によるほかはない——場合でもある。

（a）一つは、本登記の申請に必要な手続上の条件が具備しないときである（不登二条一号）。物権変動は実体上すでに発生しているが、第三者の許可、同意または承諾が必要な場合にその書面が得られないなど、申請に必要な書類が揃わない場合がその典型である（不登三五条一項四号、大判昭和八・三・二八民三七五頁）。農地所有権の移転についての知事の許可書（農地法三条）を紛失したような、登記原因に付せられている条件具備の証明ができない場合を含む。これに反し、印鑑証明の提出不能（仮登記申請にも印鑑証明を必要とする）、当事者の出頭不能（代理人が出頭すればよい）、本登記の登録税納付不能などは仮登記を許す理由にならない。なお、登記済証紛失の場合には保証書によって本登記ができるから（不登四四条）仮登記は認められないというのが判例であったが（大判昭和八・七・四民一七七六頁）、昭和三五年の改正で保証書による登記申請を即日処理することができなくなったので（四四条ノ二参照）、その間の権利保全のため実務上仮登記を認めることに改められた（民事局長通達（昭和三五年四月七日民事甲七八八号））。

（b）他の一つは権利自体が本登記に適さない場合である。さらに細別すれば、（i）不動産物権の変動を目的とする請求権を保全するとき、その他、その請求権が将来において確定すべきものであるとき（不登二条二号）——例えば売買の予約完結権（大判大正九・七・一〇民一〇六〇頁）、不動産の買主が第三者の承諾を得てその者の所有名義としておいた場合の自分への移転登記手続請求権(大判昭和一五・六・二九民一一一八頁)など。(ii)右の請求権が始期付または停止条件付であるとき——例えば消費貸借の予約をした場合に金銭授受によって生ずべき債権担保のための抵当権設定請求権(大判昭和六・二・二七新聞三二四六号一三頁。なお総則[四二〇]2参照)。(iii)その他将来において確定すべきものであるとき——例えばA不動産かB不動産かの選択権を有する買主の選択前の所有権移転請求権保全のための仮登記。もっとも、判例は、甲が全財産を第三者に贈与した場合にも、遺留分権利者である法定相続人乙は「将来ニ於テ確定スベキ」権利を有するわけではないとして、贈与財産に対して遺留分の定率の不動産を指定しての仮登記申請を拒けている(大決大正六・七・一八民一一六一頁)。

(c)上述のように不登法の文字からは、第二条一号は同法第一条の諸権利の存在を前提として、その広義の変動について申請に必要な手続上の条件が具備しない場合であり、同二号は不登法第一条の諸物権(ただし賃借権を含む)の設定・移転・変更または消滅の請求権の保全の場合である。そこで条件付物権については、手続上の条件が具備している限り本登記をするのが筋である(民一二九条参照)ように見える。判例はこれを前提としている如くである(大判昭和一一・八・七民一六四〇頁)。しかし学説の多数は物権変動そのものが始期、停止条件等にかかっている場合にも、二号により仮登記を許すべしというのが多数説である(幾代一九一頁、上記昭和一一年の判決に対する末川・民商五巻三号五九一頁、判民一一一事件(野田)の評釈参照)。物権契約と債権契約とを峻別しないわが民法のもとでは不登法第二条二号は、広く第一条列記の権利について、将来登記を要する変更が生ずる可能性のある場合を規定したものと解するのが正しいであろう。判例は、一号と二号の取り違いがあっても仮登記の効力には関係ないという(最判昭和三二・六・七民九三六頁参照)。

(d)仮登記は将来一定の本登記がなされる可能性がある場合にその順位を保存し、そのことを警告するものであるから、その内容は本登記のそれと一致すべきである。したがって、仮登記は移転登記・設定登記はもちろん、保存の仮登記も認められる（大判大正一四・六・一七民五九九頁。未登記建物の買主が保存の仮登記をした後に売主が保存登記をし、その後買主が仮登記を本登記に直した場合。買主の保存登記を優先させた）。抹消の仮登記については、無効原因が善意の第三者にも対抗できる場合については否定説もあるが（舟橋一八五頁、吉野「注釈」解説集八巻一一号三八頁）、一般に肯定される（大決大正一〇・七・二五民一二九九頁判民一二一事件（末弘）―予告登記を為すべき場合でも仮登記ができないわけではないという）。特に取消による遡及的無効の場合には、登記をしなければ取消後に取引関係に入った第三者に対抗できないとされるから（通説である。〔二一二〕参照）、抹消登記の順位を保全するために仮登記が許さるべきである。同様に回復登記も、抹消登記の登記原因に無効・取消の事由がある場合に備えて、その仮登記も認むべきであり、また、権利の変更の仮登記も認められる。

これに反し、判例は仮登記の仮登記は許されないという。「数回重複シテ不動産上権利者ノ地位ヲ仮定スル」ことは不動産登記法の許さないところであること、仮登記の起点である本登記がない二重の「仮登記権利者ハ後日自己ノ為メニスル本登記ヲ為スコト」ができないから「本登記ノ順位ヲ仮登記ノ順位ニ依ラシムルコト」もできないことを理由として挙げる（大判大正四・五・二九民八六五頁、同大正六・三・二民三〇二頁、同大正八・九・一八民一六四二頁、同昭和九・七・四新聞三七二六号八頁等）。学説もこれを支持してきた（我妻「仮登記」岩波法律学辞典1二八六頁、末川一五九頁、舟橋・不動産登記法一八七頁等）。しかし、例えば甲→乙の所有権の移転が、手続不備（二条一号）または移転不確定（二条二号）のため仮登記がなされている場合に、乙はその仮登記された権利を丙に譲渡することができる（実務上は一号仮登記の場合には主登記たる仮登記により、二号仮登記の場合には当該仮登記の付記登記によるべきものとする。後記昭和三六年の民事局長通達参照）。この権利の乙→丙の移転が手続不備であり、または不確定的に行われることもありうる。これらの実体上の権利変動を登記簿に公示することが、登記制度を極端に乱すことがないならば、これを是認すべきであろう。近時、法務当局の登記実務取扱方針として仮登記を起点とする仮登記を容認する方向を打ち出しており（昭和三六・一二・二七民事甲一六〇〇号民事局長通達（先例集追Ⅲ七四三頁参照）。「…二条二号の仮登記された所有権移転請求権の移転請求権保全の仮登記は、当該登記に附記して仮登記をもってする」という）、学説も肯定に傾いている（石田（喜）・不動産登記先例百選一六二頁、幾代一九四頁）。

仮登記は、上述のように手続が容易なだけでなく（不登三二条・三三条参照）、登録税が低廉なので（所有権に関する仮登記は不動産価格の千分の六である。登録免許税法二条・別表参照）、多く利用される。仮登記のままでは、完全な対抗力はないが、後に――本登記に改める条件を充たしたときに――これを本登記に改めると、その本登記の順位は仮登記の順位となるから（不登七条二項）、結局、仮登記から本登記までに為された中間処分の登記に優先することになる。ただし、この根本理論の適用には多くの問題があるから、改めて、後に述べる（〔一五八〕）。

第二　登記を必要とする物

一　独立に私権の客体となりうるすべての不動産（〔一八〕―〔二二〕参照）に関する物権の変動（〔五八〕参照）は、登記をもって対抗要件とする。

〔九八〕(1)民法上の不動産については、土地登記と建物登記とがあるから（〔九二〕参照）、土地と建物に関する物権の変動は、それについての登記を必要とする。ただし、ここに登記を必要とする、というのは、登記をしなければ、その物の上の物権の変動をもって第三者に対抗しえない、という不利益を受ける意味であって、登記をしなければ処罰されるという意味ではないことはもちろん、当該の変動が私法上全く効力を認められないというわけでもない（〔九四〕・〔一一四〕以下参照）。

〔九九〕(2)未登記の不動産についても、その上の権利の変動については登記を必要とする（大判大正六・五・二一民八八七頁―未登記建物の譲受人が登記をしない間に譲渡人の債権者が差押えれば、譲受人は所有権取得を対抗しえない）。未登記の土地は、多くの場合、すでにある人の所有に属しておりながら登記されないでいるものであろうが、新たに土地そのものを生ずることもないではあるまい（埋め立て、寄洲などの場合）。家屋は新築されると未登記建物として成立する。そして、かつてはいずれの場合にも、まず土地台帳または家屋台帳に登録し、その上で登記（所有権の保存登記）をする仕組みになっていた（土地台帳法一八条、家屋台帳法一四条、不登旧一〇五条・一〇六条参照）。しかし、すでに述べたように昭和三五年の台帳と登記簿の一元化によって、当事者の申請または職権によって、まず登記簿の表題部に表示の登記がされることになった（不登八〇条以下、九三条以下、二五条ノ二）。しかしこれについて所有権の保存登記をするかどうかは所有者の自由にまかされていることにはかわりはない。

ところで、未登記不動産に関連して主として問題となるのは、建築中の家屋の場合である。家屋は取引観念上建物と認められる程度にでき上らないうちは、土地の一部分であって、独立の不動産ではない（〔三〇〕b・c参照）。したがって、甲が建築を始め、中途で乙に譲渡し、乙が完成したような場合を考えると、(i)もし甲が乙に譲渡した当時にまだ建物と認められる程度に達していなかったときは、たとい甲がそれについて——乙に譲渡し、乙が建物と言えるまでにした後に——勝手に保存登記をして丙に譲渡し移転登記をしても、乙は家屋の所有権をもって丙に対抗することができる。けだし、甲は建物の所有権を取得せず、したがって、それを譲り受けたと称する丙の得た登記は何ら実体を伴わないものだからである（大判大正一五・二・二二民九九頁、同昭和八・三・二四民四九〇頁）。(ii)これに反し、甲が乙に譲渡した当時に建物と認められる程度に達していたときは、乙が登記（甲が建物の表示の登記をした上で保存登記をして、乙に移転登記をするのが本則であり、現在では必ずそうするようになっている（判決による場合を除く）。しかし、乙がいきなり保存登記をすることは、現在でも絶無とはいえない）をする以前に甲が保存登記をし、丙に譲渡して移転登記をすれば、乙は丙に対抗することができない。けだし、甲の不動産所有権が乙と丙に二重に譲渡されたことになるからである（大判昭和一〇・一〇・一民一六七一頁。〔一四八〕a参照）。かような微妙な差を生ずることは、理論として止むをえない。このように、建物の表示に関する登記の際に厳格な調査がなされないと建物登記の信用を害することになることを注意すべきである。なお現在では建築物の大部分が建築基準法上の確認申請を必要とし（同法六条参照）、工事完了後の届出とその検査が行われる（七条）建前になっているので、これが守られれば右に述べたような事態は避けられるであろう。

〔一〇〇〕　二　私権の目的となりえない不動産は登記しない。公示の原則は、私権の変動に関するものだからである（ド民施九〇条は、聯邦法によって一定の不動産について登記不要の旨を定めうるものとする。公共の用に供せられる土地を主とする）。ただし、公共用物たる不動産でも、公用の制限を受けながらもなお私権の目的となりうる不動産、例えば道路の敷地および河川法の適用または準用される河川区域内の土地（流水は私権の目的にならない。同法二条二項参照）などは（総則〔二四〕一2参照）、私権の変動に関する限り、なお登記を必要とする（大判大正七・一二・一九民二三四二頁―私人の上地した土地を道路に編入したが登記をそのままにしている間にその土地の上の抵当権が実行された例）。もっとも、常時継続して流水の下になっているため、私人の支配可能性がない土地部分（流水敷）は、土地としては滅失したものとして取扱われる（不登八一条四項・八一条ノ八参照）。

私権の目的となるが、独立して取引の対象とできないものも登記をしない（区分所有建物の構造上の共用部分。不登九一条三項。〔一〇三〕ホ参照）。

第三　登記を必要とする権利

〔一〇一〕　一　不動産物権はすべて登記によって公示することが原則である。しかし、権利の性質上登記に適しないものは例外とされる。これまた、わが民法上公示の原則の徹底しない点である。

(1)登記を要する民法上の不動産物権は、(イ)所有権、(ロ)地上権、(ハ)永小作権、(ニ)地役権、(ホ)先取特権、(ヘ)不動産質権、(ト)抵当権である（不登一条）。

これらのうち、建物を新築した場合のように所有権の客体が新しく創出された場合は、一種の物権変動ではあるが、そのまま所有している限り、登記をしなくて差支えない（一〇九末尾参照）。しかし、その建物を処分し、またはその上に抵当権を設定しようとすれば登記が必要になる。所有権以外の上記の物権はいずれもその成立自体が所有権を制限する設定行為もしくは時効によるものであり、登記がなければその存在を第三者に対抗できないという意味において登記を必要とする。

〔一〇二〕 (2)建物保護法は、建物所有を目的とする地上権（または土地の賃借権）は、地上権（または賃借権）そのものの登記がなくとも、その地上の建物の登記があれば、これをもって第三者に対抗しうるものと定める（同法一条、〔四〇六〕参照）。判例は表示の登記でもよいとなし（最判昭和五〇・二・一三民八三頁）、学説もこれを支持している。対抗すべき不動産物権以外の登記によって対抗力を生じ、しかもある土地の上に登記ある建物が存在するかどうかは、その土地の登記簿からは全然わからないのだから、公示の原則の例外である。

〔一〇三〕 (3)登記を必要としない不動産物権は左の如くである。

(イ)占有権　不動産の占有という事実に基づき、その事実の継続する限りにおいて認められる権利であるから（一八〇条・二〇三条参照）、登記をもって表象とすべきではない。

(ロ)留置権　不動産の占有を要件とし、その不動産に関する特定の債権の担保を目的とする権利である（二九五条・三〇二条参照）。不動産について留置権を認めること自体が公示の原則の不徹底な点ともいえる。

(ハ)一般先取特権　債務者の総財産に対する権利であって、不動産に対する直接の支配的地位が弱い。のみならず、一般先取特権を生ずる債権の種類は限られているから、登記を不要としても第三者を害するおそれは少ない（三〇六条以下・三三五条・三三六条参照）。しかし、一般先取特権は、近代物権法ではあまり歓迎されない権利であ

る（担保〔六一〕・〔三二一〕・〔三二二〕参照）。

（ニ）入会権　一定の地域の住民が一団となって有する権利であり、その内容はほとんどすべて各地方の慣習によって定まるものであるから、登記は不要とされる（判例・通説）。しかし、不動産取引が頻繁となると、第三者に知れない入会権の存在によって取引の安全を害するおそれがある（もっとも、現地について調査すれば、その存在は比較的容易に知ることができる）。立法論としては考慮を要する（大判大正一〇・一一・二八民二〇四五頁参照―競売によって取得した山林に周囲四尺未満の毛上を採取する入会権があった例）。

（ホ）区分所有建物の共用部分の持分権（〔補四〕参照）　区分所有権の目的たる一棟の建物の共用部分は専有部分所有者の共有に属するが（同法一一条一項・二項）、その持分権を登記する道は開かれていない（同条三項）。けだし、この持分は専有部分と切り離して処分することはできず、常に専有部分の処分に従うものであり（同法一五条参照）、独立に登記する必要がないからである。もっとも規約によって専有部分または附属建物を共用とした場合は例外である。

（ヘ）右のほかに暫定的に登記を必要としない不動産物権として罹災都市借地借家臨時処理法第一〇条の適用を受ける地上権がある（〔四一二〕、債各〔七二七〕参照）。なお、法定地上権も特定の関係者に対しては登記を必要としない場合があるように見えるが、一般理論によって対抗要件を必要とすると解すべきである（担保〔五四九〕以下参照）。

二　物権以外の民法上の権利で登記される重要なものが二つある。

〔一〇四〕　(1)賃借権（不登一条八号、民六〇五条）　特約がないかぎり賃貸人に登記義務はないが、一たん登記された後は、その移転等は、登記しなければ第三者に対抗できないと解される。ただし、建物の賃借権は、建物の引渡によっても対抗力を生じ（借家法一条）、農地の賃借権もまた農地の引渡によって対抗力を生ずるものとされるに至った（農地法一八条）ことは、すでにしばしば述べた通りである。同一の建物または農地につき二重の賃貸借契約が為された場合には、登記もしくは引渡のいずれかを先に受けたものが優先すると解すべきであろう。

〔一〇五〕 (2)不動産買戻権　不動産買戻権は一種の物権たる実質を有する（〔五三〕ロ参照）。民法は、これを売買の解除権としているので（五七九条）、登記においても独立の物権としては取扱われず、登記原因たる売買契約に「権利ノ消滅ニ関スル事項」があるもの（不登旧三八条参照）、とされた。しかし、取引界では、買戻権を一個の財産権として取引の客体とするので（目的不動産の価格が騰貴するときは、買戻権はこれを廉価で取得する権利として経済価値を生ずる）、判例は、その移転登記を認め、その結果、一種の独立の物権たる実質を取得するに至っていた（大判大正一一・一二・二二民七八六頁、同大正一三・四・二一民一九一頁、同昭和八・九・一二民二五一頁、同昭和一一・四・四民五九九頁等。なお債各〔四七八〕以下参照）。そこで、昭和三五年の不動産登記法の改正に当って、売買契約とは別の独立の事項として買戻の特約の登記（ただし付記登記である）を認めることに改正された（不登五九条ノ二）。

登記された買戻権についてはその変動は登記をしなければ第三者に対抗できないし、変動の登記をすれば売主に対する通知等を必要としないと解される（上記昭和八年の大判参照）。しかし、登記されていない買戻権の譲渡は相手方に対する通知またはその承諾によって対抗力を生ずるとされる（最判昭和三五・四・二六民一〇七一頁）。

三　特別法上の権利で登記される主要なものは次の如くである。

〔一〇六〕 (1)採石権　設定行為で定めたところに従って、他人の土地において岩石を採取する地上権に類した物権である（採石法二条・四条参照）が、土地登記簿に登記する点において、地上権と同様に取扱われる（不登一条九号）。

〔一〇七〕 (2)立木の所有権および抵当権（立木法二条参照）・農業用動産の抵当権（農業動産信用法一二条以下参照）・工場財団抵当権（工場抵当法九条参照）・鉱

業財団抵当権(鉱業抵当法三条参照)・道路交通事業抵当権(道路交通事業抵当法八条―一〇条)・建設機械抵当権(建設機械抵当法七条)なども、それぞれ特別の登記簿に登記をする。――自動車抵当権(自動車抵当法五条参照)・鉄道財団抵当権(鉄道抵当法一五条参照)・航空機抵当権(航空機抵当法五条)などは登録(例えば自動車の場合は自動車登録ファイルに)をする。

第四　登記を必要とする物権変動

一　すべての不動産物権の変動を登記に反映させようとする理想からいえば、すべての種類の物権変動について登記を必要とすることが望ましい。それによって不動産物権の現状が登記簿に如実に公示されることになり、ひいては不動産取引の円滑に寄与するからである。しかし、登記をもって第三者に対する不動産物権変動の対抗要件とするわが民法の建前からは、物権変動の効力の発生と登記との関係をどう見るかによって、おのずから除外例を認めねばならない。

〔一〇八〕　(1)ドイツ民法では、不動産物権の変動に登記を要するという原則は、意思表示による物権変動に関するものとする。すなわち、法律行為によるすべての物権変動は登記なしには効力を生じないが、相続・公用徴収その他法律上当然生ずる物権変動は登記なしに効力を生ずるものとする(同法八七三条・八七五条・八七七条参照)。登記をもって物権変動の効力発生要件とする同法の立場では、当然のことであろう。ただし同法では、法律上当然に物権を取得した者も、これをさらに処分するには、まず登記を改めねばならないことになるから、その後の物権変動は登記と一致することになる。フランス民法では、意思表示による変動のうちでも生存者間でなされるものに限って謄記を必要とし、それ以外のもの(例えば遺贈)は、謄記なしに第三者に対抗できるものとされていた(前掲一八五五年の法律一条参照)が、その後の改正(一九三五年一〇月三〇日の改正法)で意思表示による物権変動のすべてに及ぶことになった(〔七二〕―〔七六〕参照)。

〔一〇九〕 (2) わが民法の解釈としては、多少説が分かれている。判例は、最初、意思表示による変動に限ると解した(その理由が登記を有効要件とするドイツ民法の解釈をそのまま取り入れたのか、それとも第一七六条と第一七七条の体制がフランス民法の方式を取り入れたものであることにあったのか、明らかでない)。しかし、隠居・入夫婚姻という生前相続を認めたわが民法の特殊事情を妥当に処理する必要から、明治四一年の聯合部判決(大聯判明治四一・一二・一五〔明治四一年(オ)二七四号〕民一三〇一頁―隠居相続によって取得した場合に関する)によってこれを改め、すべての変動について必要とするに至った。ちなみに、同日の聯合部判決(大聯判明治四一・一二・一五〔明治四一年(オ)二六九号〕民一二七六頁)によって登記がなければ対抗できない者の範囲については「不動産に関する物権の得喪及び変更の登記欠缺を主張する正当の利益を有する者」に限るとする制限説を確立した。つまり、一方で物権変動のすべてを登記に反映させることを求めながら(登記法上の理想)、他方で登記がなければ対抗できない第三者を妥当な範囲に制限しようとしたのである(実体法上の妥当性)。学説としては、あるいは、意思表示によるものに限り(石坂「意思表示以外の原因に基く不動産物権変動と登記」民法研究上三四七頁)、あるいは、現存する当事者間の権利関係に基づく変動に限る(横田六二頁、同「登記を要する物権の得喪変更を論ず」(大正一〇年法学論集所収)―死亡相続と原始取得を排斥)説もあったが、近時の多数の学者は、原則として、判例の態度を是認する。しかし、近時の学説にも、例えば死亡相続を除外する(改正前の民法で生前相続(隠居または入夫婚姻による相続)には適用があるが、死亡相続には適用なしと解した)ものも少なくない(後述〔一一六〕)。私は、従来、判例を支持したが、今は、多少の制限を加えることが正確であると考える。すなわち、すでに存在している権利の変動は、移転的取得(典型的には売買)、設定的取得(抵当権・地上権等の設定)の別なく、また承継取得のみならず理論上は原始的取得とされる場合(時効取得・公用徴収など)も、すべて、登記なしには対抗しえないが、ただ全然新しく生じた不動産について原始的に取得した所有権(主として建物の新築による所有権の取得)は、登記なしに対抗しうる。けだし、この場合には、不動産物権の取引またはそれに準ずる得喪変更がないからである（通説もこの結果は認めているといってよかろう）。

二　第一七七条は、実体法上の不動産物権の「得喪及ヒ変更」を第三者に対抗するためには登記を要する旨を定め、不動産登記法第一条はこれを受けて、不動産物権の「設定、保存（未登記不動産の保存登記、先取特権の効力保存の登記（三三七条・三三八条・三四〇条）等）、移転、変更、処分ノ制限（〔一一九〕参照）若クハ消滅」につき登記すべき旨を定める。原則として物権変動のすべてを包含する趣旨と解すべきである。問題となるものを左に掲げる。

(1) 意思表示による物権変動

〔一一〇〕　(イ) 売買・贈与・地上権または抵当権の設定契約・遺贈などのように、意思表示によって、その時から物権変動の効果を生ずる場合について登記を必要とする――いいかえれば、登記をしなければ第三者に対抗しえない――ことには、疑問の余地はない。ただ、これらの行為が将来一定の条件の成就することによって、その成就の時から効力を生ずる場合（行為の時に遡って効力を生ずることを要しない（大判昭和二・八・四民一六一六頁））――例えば債務者が期限に弁済しないときは、債権者の一方的意思表示によって債務者所有の抵当不動産の所有権が代物弁済として債権者に移転すると定められた場合（〔一二六〕ロe参照）――にも、予め登記をすることによって、その登記以後、条件の成就以前に利害関係に立った第三者に対抗する効果を生じさせることができるものとしている点を注意すべきである（一二八条・一二九条、不登二条。〔一五八〕・総則〔四二〇〕2参照）。もっとも、このような目的のためには所有権の条件付請求権として仮登記をする（不登法二条二号）のが簡便であり、現実にそのような慣行が普及し、判例法の形成を経て仮登記担保契約に関する法律（昭和五三年法七八号）が制定されている。

〔一一一〕　(ロ) 停止条件の遡及効あるとき（一二七条三項）・無権代理行為の追認（一一六条）・選択債権の選択（四一一条）などのように、

意思表示による物権変動の効果を遡及的に生じさせることのできる場合においても、これらの物権変動について予め登記がなされたときは、第三者に対抗することができるが、予め登記されなかったときは、対抗できないと解すべきである。民法は右に例示したもののうち後の二つの場合につき、第三者の権利を害しえない旨を定めている（一一六条但書、四一一条但書）。しかし、物権の変動に関する限りでは、原則として登記によって決すべきものと思う。すなわち、例えば、甲所有の不動産が甲の無権代理人甲′によって乙に譲渡されたのに、別に甲自身が同一不動産を丙に譲渡したとすれば、甲が甲′の行為を追認することによって二重譲渡と同じ状態が生じ、無権代理人の相手方乙が登記をも取得したときは、この者が優先し（〔一一三〕ロ参照）、第三者丙が登記を取得したときは丙が優先し、両方とも登記を取得しないときは、いずれも優先せず、先に登記した者が優先する（総則〔三八二〕2ハb参照）。もっとも、乙・丙がともに対抗要件を備えた場合、例えば上記の例で不動産が立木であり、甲′→乙の譲渡につき明認方法（〔一九二〕・〔一九三〕参照）が施され、その後に甲が丙に土地の所有権を譲渡して移転登記をした場合を考えると、甲が甲′の無権代理行為を追認すれば、乙が先に対抗要件を備えたことになる。しかしこの場合は第一一六条但書によって丙が優先することになるのである（同旨＝四宮・総則二五七頁）。ＡＢ二個の不動産のうち選択によって定まる一個を給付させる選択債権がある場合に、Ａが選択されたときにも、この債権者と、選択以前にＡについて物権を取得した第三者との関係は、右の場合と同様に、登記（選択債権については仮登記）によって定まる（債総〔七三〕参照）。

(2) 意思表示の失効に関連する物権変動

〔一一二〕 (イ) 無能力・詐欺・強迫その他の理由による法律行為の取消によって、一度生じた物権変動が遡及的に失効する場合も、無効の場合と異なり、意思表示による物権変動の一種ではあるが（一八三ノ二二参照）、登記との関係は通常の意思表示による物権変動の場合と区別して考えねばならない。

（a）かような場合の取消権者の取消前の地位は、将来取消すことによって遡及的に物権を取得する者、すなわち一種の停止条件付の権利を有する者の立場と同じであるが、取消によって生ずる物権変動を予め登記させることは不可能である。したがって、取消の意思表示以前の法律関係は、もっぱら、当該取消の遡及的効力の範囲によって決すべきである。すなわち、詐欺（九六条三項）のように遡及的効力が制限される場合の他は、一般に絶対的効力がある（判例も当然の事理としている。これに正面から言及するものとして大判昭和一〇・一一・一四新聞三九二二号八頁）。例えば、乙が甲所有地上の一番抵当権を放棄して抵当権の登記を抹消した後に、丙が一番抵当権設定の登記をした場合に、乙がその放棄が甲の詐欺によることを理由として取消しても、その取消の効果は善意の第三者に対抗しえないのだから（九六条三項）、丙（善意と仮定する）の抵当権に優先できない（二番抵当権として復活する）。しかし、乙が無能力・強迫などを理由として取消した場合には、丙に優先する（丙の抵当権が二番に格下げとなる）。同様に、不動産が甲→乙、乙→丙と転売され、それぞれ登記が済んだ場合でも、甲によって甲→乙の譲渡が詐欺以外の理由で取消されると、乙は遡って無権利者となるので（一二一条）、丙は所有権を取得しなかったことになり、甲の所有権に基づく返還請求に応じなければならない。

（b）取消された後においては、登記をしなければ、その時以後にその不動産に関して取引関係に立った第三者には対抗しえないと解すべきであろうか。本書旧版ではこれを肯定し、つぎのように述べた。すなわち、右の例で、乙が放棄行為を取消しただけで、登記の回復をしないで放置していた間に、丙が抵当権の設定登記を得たときは、乙はもはや丙に対して抵当権の復活をもって対抗しえない。けだし、取消の遡及効(一二一条)については、物権変動は初めから生じなかったことになる、と説かれるけれども、無効の場合と異なり、物権の変動があることは事実であって、ただそれが初めから生じなかったように(遡及的に)取扱われるというだけである(総則〔三九九〕・〔三八八〕2ロ参照)。したがって、この変動について公示の原則を適用すべきかどうかは、公示の原則の理想に従って決すべきである。この見地からすると、一度取消の意思表示をすれば、その効果として生じた復帰的物権変動を登記することが可能となるのに、登記をそのままにして置いても第三者に対抗することができるとするのは、公信の原則の認められない民法の下では、あまりにも第三者を害するものであって、到底是認しえないであろう(同旨＝末川一二二頁、柚木・高木一二六頁。大判昭和四・二・二〇民五九頁(判民七事件我妻評釈)は、本文に挙げた事例に関するが、取消の前後を区別しないようである。しかし大判昭和一七・九・三〇民九一一頁は本文と同旨を明言した)、と。その後、最高裁も国税滞納処分による公売の取消処分に関連した事件につき同趣旨を述べている(最判昭和三二・六・七民九九九頁)。

(c)しかし、右の判例および従来の通説の考え方に対しては、近時あれこれの見地から疑問が提出され、幾つかの異説が主張されている。これらを整理してみるとおよそ次のようになろう。

①第一に通説が取消の意思表示の前後によって区別し、取消前に登場した第三者丙は、取消の遡及効によって、たとい登記を得ていても無権利者乙からの譲り受けであって無効である――甲の主張に敗れる――としながら取消後に登場した第三者丙′は乙から有効に所有権を取得し、取消権者甲との間では先に対抗要件を備えた者が勝つとすることに合理性がないとの疑問が提出された(舟橋一六二頁。もっとも取消の遡及効と公示の原則の妥協として通説に賛成する)。

②通説の立場に立ちながらも、取消権は独立の形成権として構成されてはいるが、給付物返還・登記抹

消の請求と一体として理解すべしとする立場から「取消即ち返還請求の時」の前後によって決すべきであるとの主張がある(上記昭和一七年判決に対する評釈(判民四八事件(川島))、同旨＝原島・注民(6)二八五頁以下、松坂三九頁)。取消という一ぺんの意思表示で、当事者間においては即時に物権が復帰するとなすことに対する抵抗(特に不動産の場合)とも関連し、取消の意思表示はその効果である目的物の返還、登記の抹消等の請求の前提にすぎないとみるのである。傾聴すべきものがあり、私も取消権等の形成権の消滅時効に関して類似の見解を述べている(総則〔四〇八〕2・〔四九九〕参照)。しかし、裁判所に請求することを要件としていない取消の意思表示を一般的にそのように構成することの当否はなお検討を要するであろう。

③問題を取消の遡及効の性格から説きおこして、無能力および強迫・詐欺を理由とする取消の遡及効は、当初の意思表示の実質に瑕疵があるためであって、解除と異なり、取消された場合には初めから無効である(一二一条)。したがって、当該行為が錯誤等により当初から無効である場合と全く同じく、取消前に目的不動産を譲り受けた第三者丙に対してはもちろん、取消後に対抗要件を備えた第三者丙′に対しても、登記なしに取消の効果を主張できるとする。つまり、取消された行為は取消後に現れた第三者丙′に対する関係でも無効であって、対抗問題ではないとするのである。「取消の意思表示をした後」も登記をそのままで放置した場合は民法第九四条二項の類推適用によって、善意の第三者は保護さるべきであるとするつぎの④の理論を背景においている(四宮「遡及効と対抗要件」法政理論(新潟大学)九巻三号)。従来の通説(対抗要件説)に対置して無権利説と呼ばれている。民法第一二一条本文の遡及効の論理を観念的に貫こうとするものであり、取消→原状回復という操作ないし現象をそれとして是認しようとする本書の見解とその考え方を異にする。

④取消された行為は、第三者の登場が取消の前であるか後であるかに関係なく無効であるとする説（無権利説）に立ちながら、「取消し得べき行為の外形たる登記を有効に除去しうる状態になりながら、なおそれを除去せずに放置することは、虚偽表示に準ずる容態である」とし、「取消権者が自分の行為を取消しうるものであることを知り、その追認を有効になしうる状態に入った」後に登場し、かつ登記を備えた第三者は、上記の設例の丙・丙′を含めてこれを第九四条二項の類推適用によって保護すべしと説く（幾代「法律行為の取消と登記」於保記念民法学の基礎的課題・上六一頁以下。下森「法律行為の取消と登記」ジュリ法理六〇頁以下は九六条三項の場合を中心においているが、同趣旨である）。

⑤他方、対抗要件主義の根本精神を、自己の物権を登記によって公示しうる状態にある者が登記を怠っている場合には、それによって不利益を受けても仕方がないという点にあるとする立場（〔七一〕参照）から、「取消権者が取消の理由あることを知ったとき以降に登場した第三者との関係では、取消による物権復帰を対抗するためには登記を必要とする」という主張がある（鈴木〔一〇七〕参照）。つまり、取消後に登場した丙′ばかりでなく、それ以前に登場した丙に対する関係も取消しうべき状態が生じたときから対抗問題になるとする。なお進んで、甲が甲→乙の取引行為が無効であることを知った後に登場した丙に対する関係も同様に対抗問題とみて、甲は登記なくして丙に対抗できないと構成することも不可能ではあるまいとする（鈴木〔一三三〕・〔一三四〕）。

⑥この考え方と同じ角度から、取消権者（甲）が、取消しうべき行為に基づく甲→乙の物権変動の有効性を解消するか維持するかの選択の自由を現実に有するに至った時点（強迫をまぬかれ、詐欺を発見し、無能力者が追認を為しうる状態になった時）以後に乙→丙の取引によって物権を取得した丙と甲とは――取消権の行使が丙の出現の後か前かに関係なく――対抗関係に立つとする説がある（広中一二八頁以下）。第一二一条の

無効の擬制は甲・乙間の原状回復を律するためのもので、取消権者が物権回復の確保のための努力を怠っている状態で登場した第三者との関係では、第一七七条によって制限される、しかし丙・丙′が背信的悪意者であれば保護されないと解するのである。

思うに、第九四条二項の類推適用論は、不動産が登記上他人(乙)名義になっているのを何かの事情で放置していた所有者(甲)と、乙の登記を信用して物権を取得して登記も得、または仮登記仮処分をした第三者(丙)との争いにつき、登記に公信力のないわが民法の下で、丙を救済する法理として考え出されたものである(〔一五五ノ二〕で詳しく検討する)。したがって、その類推適用に当って、判例は同条一項の甲と乙とが「通ジテ為シタル」という要件に代る何らかの事情(例えば甲と乙とが近親である)の認定をめぐって展開されている(川井「民法九四条二項類推適用論」(ジュリ法理八頁)の判例の詳細な分析参照)。したがって、無効説を取りながら甲→乙の譲渡を甲が取消したが、すみやかに登記の回復をしないでいるという事実だけで、「通ジテ為シタル」ことを要件とする第九四条を類推適用するのは無理であろう(〔一五五ノ二〕Bf参照)。さればこそ、登記(の回復)ができるのにそれを怠ったことに根拠を求める対抗要件説が唱えられているのである。

(d)補訂者はなお、取消によって復帰的物権変動が起るという立場に立ち(一種のプラグマティズムである)、取消の後は基本的には対抗問題であるとする旧版の見解を維持したい。ただし、これに若干の補正を加える。①その一つは取消原因如何によって違いを認める(この点を指摘するもの、星野五三頁)。例えば無能力者には、取消は単独でできるが、追認はできない――追認しても無効の――状態(例えば準禁治産者が保佐人の同意なしに譲渡し、後に取消したが登記を回復していない状態)がある(総則〔三九七〕・〔四〇二〕2ロ参照)。このような状態にある者も取消した以上遅滞なく登記を回復しておかないと一般の原則に従って第三者に対抗できないとすることは単独で追認したと同様の結果となり酷であろう(間接的ではあるが、取引の相手方には、不安定を解消するための催告手段と(一九条)、詐術を行った無能力者から取消権を奪う規定がある(二〇条)。詐欺、強迫による取消の場合にはそのように配慮がされていないこと参照)。したがって無能力者が追認をなしえない状態の下で取消した場合には、その後に登記を得た第三者に対しても特別事情(例えば法定代理人が事情を知っている)がない限り取消をもって対抗できると解する。②取消前に現れた第三者に対する関係においても、事情によって第九四条二項の類推適用を認める。例えば無能力時代に、または強迫によってやった不動産取引の登記を能力者となり、または強迫をまぬかれた後に取消もしないで相当期間放置していて(この点で上記cの⑥と異なる)、第三者が現れてから取消した場合などはその適例であろう(九六条三項と同じ法理になる。次段参照)。③取消後に登記を得た第三者が背信的悪意者であれば取消をもってこれに対抗できることはいうまでもない。第三者が悪意であっても背信的でなければ取消権者はその者に対抗できないと解する点でcの④の説と異なる。

〔一一三ノ二〕 取消のうち、詐欺を理由とする場合には、先に一言したように第九六条三項は、これをもって善意の第三者に対抗できないと規定する。不動産が乙の詐欺によって甲→乙と譲渡され、さらに乙→丙と転売された場合への適用に関連して、丙の登記の要否をめぐって説がわかれている。

①甲の取消前に現われた善意の丙につき第九六条三項の適用があることは疑いない。もっとも、従来の判例・通説は、丙が第九六条三項の保護を受けるためには、登記を得ていることを要すると解して来た(大判昭和七・三・一八民三二七頁判民三〇事件(吾妻)。総則〔三二八〕2ロ)。これに対して丙は登記の有無にかかわらず、同条三項によって保護されるとする説が主張され(下森「民法九六条三項にいう第三者と登記再論」薬師寺米寿記念九九頁以下)、「右の第三者の範囲は……必ずしも所有権その他の物権の転

得者で、かつ、これにつき対抗要件を備えた者に限定しなければならない理由は、見出し難い」と説く判例も現れている（最判昭和四九・九・二六民一二一三頁。もっとも事案は丙が仮登記をしているものなので、右の一般論の判例としての価値については疑問がある。星野・法協九三巻五号八一三頁参照）。しかし、丙に対して第九六条三項の保護を全く登記から切り離して与えると、先の例で甲が乙から登記を回復した場合（甲と乙との関係でこの請求を否定すべき理由はない。）にも、さらに遡って乙の詐欺を媒介として甲→乙→丙と転売されたが登記は終始甲にある場合にも常に丙が勝ち、甲に対して、登記請求権を認められることになり妥当ではあるまい（加藤「取消解除と第三者」法学教室七号六五頁参照）。

②甲が取消した後に乙から譲り受けた丙′と甲との関係は第九六条三項の適用ではなく対抗問題であって、先に登記をした者が勝つというのが従来の判例・通説であった（上記bおよび大判昭和一七・九・三〇民九一一頁参照）。もっとも、同項は取消によって甲→乙の権利変動が失効するところを、善意の第三者のためにその効果を遮断するのだから、丙の出現が取消の意思表示の前か後かによって区別すべきではあるまいとする批判がある（判民昭和一七年度四八事件の川島評釈参照）。今日ではこの点に論及する論者は、丙については第九六条三項、丙′については第九四条二項――登記が乙にあることを前提とする――によって保護すべしとの説に傾いている如くである（下森・前掲、加藤・前掲）。

〔一一三〕

(ロ)法律行為の解除または解除条件の成就によって、物権が原状に復帰する場合の物権変動（〔八七〕参照）についても、区別して考えねばならない。

(a)相手方の債務不履行を理由とするいわゆる法定解除（五四一条以下参照）においては、これによって生ずる物権変動について予め登記をさせることは不可能である。その意味では前段の取消と同じである。すなわち、解除されるまでの間に生じた第三者との関係は、解除の遡及的効力の範囲によって決せられる（解除の効果は第三者の権利を害しえないから（五四五条一項但書）、詐欺による取消に類する）。契約によって甲→乙の物権の移転が生じたときには、解除によって物権は当然に復帰する(〔八七〕1、債各〔二九七〕以下)が、「第三者ノ権利ヲ害スルコトヲ得」(五四五条一項但書)ない。この場合の第三者丙も解除前に登場した者に限られる。また、その善意・悪意を問わない。その反面、対抗要件を備えた者に限られる(大判大正一〇・五・一七民九二九頁。学説としても異論を聞かない)。これに反し、解除された後の第三者との関係は解除そのものの直接の効果としてではなく、もっぱら対抗要件の問題であり、登記を標準として決しなければならない(大刑判明治四二・一〇・二二刑一四三三頁、大判昭和一四・七・七民七四八頁判民五二事件(内田)。なお債各〔三一〇〕参照)。

右は法定解除の効果につき直接効果説――解除の効果は契約の遡及的消滅であり、その結果として、解除された契約に基づいて発生した物権変動も遡及的に消滅し原状に復する――に立った説明である。別に間接効果説および折衷説があるが、いずれも既履行のものについては新たに返還債務を生ずると説くから(債各〔二九五〕参照)、後に述べる二重譲渡と同様の構造を持つことになる。解除後は登記を標準として決する点では、右に述べたところと同じ結果になる。

(b)不動産が甲→乙→丙と転売されたが、登記がまだ甲にある段階で甲乙間で遡及的合意解除が為された場合、丙は乙に代位して甲に対して移転登記を請求することはできない(最判昭和三三・六・一四民一四四九頁)。

(c)意思表示による解除権の留保・解除条件付法律行為などのように、物権の原状復帰的な効果を生ずる基礎が当事者の意思表示に存する場合には、その効果が遡及的なとき(一二七条三項参照)にも、解除または解除条件の存在を予め登記しなければ(不登三八条・五九条ノ二第三項)、解除の効果をもって第三者に対抗しえないと解すべきである(買戻については民法に規定がある(五八一条)。不登三七条・三八条・五九条ノ二、総則〔四一九〕2参照)。

(3)公権力の関与する物権変動

〔一一四〕(イ)競売　民事訴訟法または競売法――現在では民事執行法――による物権変動も登記を必要とすることは疑いない(民訴七〇〇条、競三三条＝現在は民執八二条・一八八条参照―大判大正八・六・二三民一〇九〇頁)。ただし、判例は、競落許可決定によって所有権を取得し、その後の登記(執行裁判所の嘱託による)によって競落許可決定の時に遡って対抗力を生ずるものとする(大判昭和一二・五・二二民七二三頁判民五〇事件(末弘))。しかし、登記の対抗力は登記の時から生ずるものであって、遡及効を認むべきではない(〔一五七〕参照)。ただ、競売の場合には、競売申立登記(民執四八条・一八八条参照)の効果として遡及的効果を生じたような結果となるに過ぎない、というべきである。

同様に、国税滞納処分による公売の場合にも登記を必要とする。また、落札者乙のため所有権取得の登記がされた後に公売の取消処分があり、所有権が原所有者甲に復帰した場合にも、その登記がないと取消後にその不動産を譲り受けて登記した丙に対抗できない(最判昭和三二・六・七民九九九頁)。

〔一一五〕(ロ)公用徴収等　(a)公用徴収による物権変動についても、登記を必要とする。ただ、公用徴収による物権の変動は原始的得喪であると解されているが、登記の取扱いにおいては、所有権については移転登記、その他の権利については抹消登記をすることになっていることを注意すべきである(不登一〇六条・一〇七条・一四八条参照)。

(b)自作農創設のための農地買収処分は、その目的においては不在地主等から農地を買収して、農民に売却するもので、終局的には個人間の所有関係の変更であるが、その手続においては土地収用と同じである。登記との関係では二つの問題が起きた。

①その一つは、買収処分の相手方とされる「農地の所有者」は登記簿上の名義人でなければならないか

どうかである。最高裁は、農地買収処分は国の権力的手段をもってするもので、私経済上の取引の安全を保障する民法第一七七条の適用はないとし、不在地主から買収処分より前に農地を買い受け、代金も支払い、引渡も受けた買主が異議を述べている以上、たとえ未登記であっても実質的調査をなすべきであって、異議者が登記を欠くからとして異議を排斥すべきではないとする(最判大法廷昭和二八・二・一八民一五七頁判民二事件(加藤)。その後多くの同じ趣旨の判決が下されている)。

②その二つは、買収手続が終った後、国が買収登記を怠っている間に、第三者が当該の農地の上に権利を取得して登記をすませた場合に、国は所有権をもってこの第三者の権利を否定できるかどうかである。つまりこの場合に民法第一七七条の適用があるかどうかについて下級審の判決はわかれていたが、昭和三九年に最高裁はこれを積極に解する判決を下した(最判昭和三九・一一・一九民一八九一頁、同旨＝最判昭和四一・一二・二三民二一八六頁)。すでに買収手続を終った場合には、私法上の取引関係に入ることが当然に予想されるのであるから、特にその手続を承継すべき地位にある者(自創法一一条参照)を除いた第三者に対しては、国といえども登記なくして対抗できないと解すべきである。すなわち、①の場合には登記は真実の買収の相手方を知る手掛りの一つにすぎないが、②の場合の物権変動については登記は対抗要件として欠くことができないのである。

〔一二六〕 (4)相続　相続によって不動産物権を承継した者が、その旨の登記をしないと、その不動産につき取引関係に入った第三者に対抗できないかは、むずかしい問題を含んでいる(ジュリ法理一〇四頁以下の報告(高木)および討論参照)。改正前の民法に認められた生前相続(隠居による相続、入夫婚姻による相続)(旧法九六四条一号・三号参照)においては、被相続人・相続人共に生存し、相続人が被相続人所有の不動産を承継した後においても、不動産の登記が被相続人の名義になっているときは、この者が第三者に処分する可能性があったので、このような相続による取得も登記を必要とする、となすのが判例であり（ただし、前記の明治四一年の聯合部判決以後である。大判大正五・一二・二五民二五〇四頁（隠居）、同大正一二・一・三一民三八頁（入夫婚姻）等多数）、学説もこれを支持していた。しかし、死亡相続については、判例も一貫せず、学説も分かれていた。民法改正後は、生前相続は認められていないから（八八二条）、そこから生ずる問題はなくなったが、他方で、複数の相続人が共同相続をするのが普通になったので、遺産に含まれる不動産物権についても被相続人↓共同相続人の共同所有↓分割（共同相続人の一人が承継する場合を含めて）を経て終局的には然るべき相続人への帰属がきまる。しかもその間に相続放棄、相続人の欠格・廃除・死後認知等による相続人の出現（八九一条参照）などの事情が加わる可能性がある。これらの経過の前後を通じて第三者が相続不動産に関係を持った場合に、これに対して相続による所有権ないしその持分権等の取得を主張するために登記を必要とするかが問題になる（ジュリ増刊「民法の争点」九二頁以下〔品川〕に詳しい分析と文献の紹介がある）。

以下、若干、本来の対抗問題の枠を超える問題をも含めて検討する。

（イ）相続開始前の物権行為　（a）第一に注意すべきは、被相続人甲が相続開始前、すなわち生前にその所有の不動産を乙に売り、または特定の不動産を丙から買ったが、登記していない場合である。相続人甲′は包括承継人であるから、当該の物権変動の当事者として丙に対して積極的に買主として主張する場合にも、乙から消極的に売主として履行を求められる場合にも、対抗要件の有無は問題にならない（学説として異説を聞かない。判例も同趣旨である。最判昭和三八・二・二二民一二三五頁。この場合の移転登記のやり方については〔一二六〕ハc参照）。ちなみに、甲から譲り受けた乙と、同一不動産を相続人甲′から譲り受けた丁とが対立する場合は一種の二重譲渡であって、先に登記を得た者が勝つことはいうまでもない。

（b）右の場合に相続人がA・B・Cの三人（以下この段ではいずれも甲の嫡出の子であるとする）であっても、遺産の分割前においては全く同じである。A・B・Cがそれぞれの相続分の割合で当該不動産について被相続人甲の譲受人または譲渡人としての地位（権利義務）を総手的に承継する（〔三四三〕参照）。相続開始後にA・B・C間で遺産を分割し、個々の財産がA・B・Cに分かれて帰属した場合にも、例えば、特定不動産（の引渡請求権または所有権）をAが単独で承継することにした場合には、Aだけが売主丙に対して登記請求権を有する（Aは相続開始の時に当該不動産を承継したことになるから（九〇九条）、丙は分割を理由にB・Cの請求を拒むことができると解される）。また、遺産の分割に基づいて甲→Aの相続登記がされていれば、具体的にはAだけが買主乙に対して登記協力義務を負う（もっともB・Cも甲の売主としての債務は承継すると考えられる）ことになる。しかし、これらは相続によってA・B・Cらがどのような権利義務を包括的に承継するかの問題であって、その対抗要件は問題にならない。

（ロ）共同相続開始後の物権変動　複数の相続人、例えばA・B・Cが共同相続をした場合は、そのうちの誰かがその相続分を処分し、または第三者が仮処分をするとか、あるいは遺産分割、相続放棄、相続人の欠格・廃除などによって物権関係に変化が生ずる。相続による物権変動はそれらの経過を経て最終的に結着するのであるが、その間、どのような場合に登記を必要とするかを検討する必要がある。

（a）A・B・Cが共同相続した特定不動産につき遺産の分割前にCが持分権を第三者丁に譲渡し、その後に遺産の分割が行われ、Aが単独で承継することとされた場合、Aは分割の遡及効によって相続開始の時に遡って所有権を取得する（九〇九条本文）。その結果、丁は無権利者のCから持分権を譲り受けたことになり、その権利を失うことになる。これは不都合なので、旧法時代は、遺産の共同所有を合有であると解し持分権の処分は不可能であると説かれてきた。新法は第九〇九条但書で、「第三者の権利を害することができない」と規定した。その結果、処分は可能であると解されることになった。ところで、この場合の第三者丁は対抗要件――不動産の場合は登記――を備えなければならないと解されている(通説)。その前提としては分割前に一応A・B・Cの共同相続の登記がなされなければならない。この登記は多くの場合に持分権の譲渡に先立ってC自身がしているであろうが、丁がCの債権者としてCに代位して相続登記をした上でCの持分権について処分禁止の仮処分が為される事例も多い。つまり、相続不動産上の法定相続分に対応する持分権は、その登記をすることによって、分割の遡及効で破られない処分が可能である。逆に言えば、そのような処分との関連では相続による不動産物権の取得には登記が必要である。

(b)右に述べたところと異なり、共同相続人A・B・Cが遺産中の特定不動産をBが単独で承継する旨の遺産分割をした後、まだその旨の登記をしない間に、Cの債権者丁がCに代位して共同相続の登記をした上でCの持分について仮処分をした場合には、Bは単独相続をもってこれに対抗できない。観念的にはBは被相続人甲から直接、単独に承継したものとされる(九〇九条本文)が、実質上は暫定的にせよ一度A・B・Cの共同所有が成立し、A・Cの持分権がBに承継されたと同じ関係にあると認められるからである。判例もつぎのようにいう。「遺産の分割は、相続開始の時に遡ってその効力を生ずるものであるが、第三者に対する関係においては、相続人が相続によりいったん取得した権利につき分割時に新たな変更を生ずるのと実質上異ならないものであるから、不動産に対する相続人の共有持分の遺産分割による得喪変更(傍点筆者)については、民法一七七条の適用がある」(最判昭和四六・一・二六民九〇頁)。学説にもこれに賛成するものが多い(石田(喜)・判例タイムス二六三号七三頁など)。

(c) 共同相続人A・B・Cのうち、Aが相続を放棄したとすれば、相続の時に遡って遺産中の不動産についてのAの持分は零、B・Cの持分はそれぞれ二分の一となる。この放棄による共有持分の得喪変更についても登記をしないと第三者に対抗できないであろうか。これについては注目すべき判例がある。相続を放棄したAの債権者丙が、遺産中の特定不動産につきAに代位して所有権保存の登記をし、Aの持分につき仮差押をし、その旨登記したのに対して、共同相続人Bが第三者異議の訴えを提起した。原審ではAの相続放棄の登記がなされていないとしてBが敗訴したが、最高裁は丙のなした所有権保存の登記は実体に合わない無効のものであり、したがって仮差押登記も無効であるとしてBを勝たせた(最判昭和四二・一・二〇民一六頁)。相続人が民法第九一五条所定の期間内に家庭裁判所に放棄の申述をすると「相続人は相続開始時に遡って相続開始がなかったと同じ地位におかれることになり、この効力は絶対的で、何人に対しても、登記等なくしてその効力を生ずると解すべきである」というのがその理由である。適法に相続を放棄した者(相続開始後の考慮期間内に相続人の債権者が相続財産を差押えても相続人は放棄をする権利を失わない。なお、相続人Aが処分した場合は単純承認とみなされ、放棄はできない(九二一条一号))は、全く相続人として登場して来ない点で、分割とその性質を異にするとみるのである。これを、放棄をしない相続人B(共同相続人に限らず、先順位者の放棄によってはじめて相続人として登場する者Dを含む)の側からすれば、この場合丙に対する関係で相続の登記を必要としないということである。実務上も、協議による分割には手続および期間の制約がないが、放棄はその手続(九三八条)および放棄をなしうる期間(九一五条、九二一条二号)の制約があり、短期に結着がつくので、判旨のように解しても不都合はないことが指摘され、学説もこれに賛成している（上記の例でDに登記を要求することは酷でもある）。

（d）放棄と同様の問題は、相続人の欠格および廃除の場合にも起る。欠格は一定の事由があれば、特別の手続を要せずして発生し、その事由は相続開始の前にも後にも起りうる（八九一条各号参照）。相続開始前に欠格事由がある場合（例えば同条一号・三号・四号）には、事由の発生した時点で欠格者になるが、後の場合（例えば同条二号・五号）には相続開始の時に遡って欠格者となる。いずれにしても欠格者は相続人として相続財産の上に権利を取得することはない。したがって欠格事由が判明しないまま欠格者が相続不動産について登記をし、これを第三者に譲渡し、かつ登記をしても、無権利者の処分であって、譲受人は権利を取得できない。欠格者が相続人でないことから、相続人となった次順位相続人、相続分が増加した同順位の相続人は、登記がなくても欠格者の処分の効果を否定して、登記の抹消を求めることができる（大判大正三・一二・一民一〇一九頁参照）。もっとも欠格事由が相続開始後に生じた場合には、それ以前に欠格者がした相続財産の処分行為については、失喪宣告の取消前に失喪者の表見相続人がした行為に関する第三二条一項但書を類推適用して善意の相手方（欠格者は善意でなくてもよいと解される）を保護すべきである（近藤英吉「相続回復請求権と表見相続人の地位」法学論叢三〇巻一九九頁。同旨＝広中一四八頁）。その反面、相続人は登記を実体に合致させることを要求されるわけである。

欠格について右に述べたところは、廃除の場合にも当てはまる。ただ廃除は、被相続人が生前に家庭裁判所の審判を得てする場合（八九二条）と、遺言に書かれていて、遺言執行者が同じく審判を得てする場合（八九三条）とがある。後者の場合には審判に遡及効が認められている結果、被廃除者が相続財産を処分し、その効力が後に否定される可能性が高い。第三二条一項但書の類推適用を認めるべきである（立法論としては、廃除の審判手続が開始したこと、さらに遡っては遺言執行者が、就任したこと(一〇一三条参照)などを遅滞なく相続不動産につき公示する方法を検討すべきであろう)。

〔二一六ノ二〕　特定の不動産について共同相続人の一人Aがほしいままに単独相続の登記をし(共同相続人の間にAに対する信託譲渡または信託登記があると認められる場合には別問題である(大判昭和一一・一・二三法学五巻六号九四四頁、最判昭和二九・八・二〇民一五〇五頁参照))、これを第三者丁に譲渡し、その登記をした場合に、他の共同相続人は、登記なくしてそれぞれの持分権をもって丁に対抗できるであろうか。判例はこれを肯定する(最判昭和三八・二・二二民二三五頁)。

本書の旧版においては、否定説を採り、その理論的根拠を主として共同相続における共有の性質に求めて次のように説いた。共有は数個の所有権が一個の物の上に互いに制限し合って存在する状態であり、共有者各自の所有権は、他の共有者の同じ権利によって縮減されているにすぎないものとされ、一つが欠けるときは、他のものが全部について拡張する性質をもっている(二五五条、〔三四五〕・〔三四六〕参照)。したがって、共有不動産について共有者の一人のために単独登記がなされ、他の共有者の持分権の登記がないときは――所有権について存在する制限物権について登記がなかった場合と同様に――対第三者関係においては、その者の持分権が拡張していると考えることができるであろう(大判昭和一九・九・二八民五五五頁が共有持分が不均等でも、その旨の登記をしなければ、持分の譲受人には均等の持分としてしか対抗できない―民法二五〇条参照。当時は不登法三九条の規定がなく、単に共有とする登記が認められていた―というのは、かような前提に立つといわねばならない)。つまり、共同相続人の一人Aがほしいままに単独所有の登記をした場合に、他の共同相続人B・Cらは持分権の登記なくしてAに対抗できることはいうまでもないが、Aからの譲受人丁との関係では登記を必要とする、と(なお案内Ⅲ〔五一〕以下に詳しい問題提起がしてある)。問題を主としてB・Cの側から観たのである。

右の主張に対しては、共同相続人B・Cらと、譲受人丁とのいずれを保護すべきかという観点からは、多くの学者が賛意を表しながらも、解釈論としてはほとんどが反対する（その概要と理由づけについては注民(6)三〇一頁以下(原島)に詳しい解説がある。なお鈴木・物権法の研究三三三頁以下の鈴木・唄の対談形式による分析参照）。具体的には次のような論点が挙げられる。①共有の弾力性もさることながら（二五五条はその要件を限定している）、B・Cの持分権は、それ自体独立の物権である。したがって、無権利者がほしいままに他人の不動産につき自己名義の単独所有の登記をしてこれを第三者に譲渡し、移転登記をしても、その登記は無効であって、対抗問題は起きないという大原則が、三分の一の共有持分者Aがほしいままにした単独所有の登記についても適用があり、丁はAの持分権以上の権利を取得できないという。なお、技術的な批判としては、②Bの所有地につき二分の一の共有持分を譲り受けたAが、勝手に不動産全部を譲り受けた旨の登記をして丁に譲渡してもBは自分の持分をもって丁に対抗でき、そのために登記を必要としない。③また、持分権を制限物権と同様だとする説明をとらえて、それでは制限物権者Aが所有権取得の登記をして第三者丁に譲渡し移転登記をした場合に、丁が完全な所有権を取得することになろう、などと非難する。

右のうち、②については次のように答えられよう。共同相続人は共同で遺産（不動産）を承継し、分割前には共同でこれを管理すべき地位に立つのであって（A・Bはそれぞれ単独で共同相続登記ができるが自分の持分だけの登記は認められない）、AはBから二分の一の持分を譲り受けたのではない。むしろ被相続人甲からの承継者のうちAだけが登記をし、Bは怠ったのであり、Aが共有の持分権でなく所有権の登記をした点が異常なのである。そのような異常の発生を防止するために――現実に遺産を被相続人名義のままにしておく場合が多いにしても――同じく管理権を有するBに一応相続による遺産共有の登記を要求すべきかどうかの問題なのである。③の批判も当を得ていない。共有の持分権相互の関係と、所有権と制限物権との関係は同じではない。前者は対等の関係であり、後者は主従の関係にある。前者の場合、持分権が放棄等によって主体がなくなれば他の共有者に帰属するが（二五五条）、後者において所有権が主体を失っても制限物権者に帰属などしないのである。そこでA・B・Cの共同相続により、特定の相続不動産について、一応三分の一の持分権を得たAが、単独相続人として行った相続登記は、三分の二については効力のない登記であるとする上記①の批判が残る。共有の持分権を独立の物権とみる限り、上述のように民法第二五五条という特則はあるが、一応もっともである。しかし、遺産の共有が分割のための、かつ分割までの合有であること、共同相続人の一人Aがやった相続を理由とする登記は、遺産の共同管理における越権であるという面（そこに表見代理ないし表見代表の要素がある。共同相続人は必ずしも共同生活体でない――例えば妻と嫡出でない子――という指摘もあるが、第三者からみれば遺産を共同で承継する集団である）と他の共同相続人の側に単独で容易にやれる分割前の登記を懈怠しているという面（近時の第九四条二項の拡張適用論（一五五ノ(二)参照）参照）とを考え合せると、旧版の結論にはなお捨てがたいものがある。補訂者は丁の善意を条件として、これを維持したい（同旨＝ジュリ法理一〇六頁（高木））。

なお共同相続人A・Bの一人Aが単独相続の登記をし、丙のために抵当権を設定した後に、A自身がBの持分についての抵当権の無効を主張してその抹消登記手続を請求することは、信義則に照して許されないとする判決がある（最判昭和四二・四・七民五五一頁）。

〔一一七〕 (5) 時効取得　不動産に関する物権変動を登記によって表象しようとする理想からいえば、占有のみによる不動産の取得時効を認める民法の制度（一六二条・一六三条）は妥当なものとはいえない。取得時効の基礎とされる占有と、その対抗要件としての登記との間に不調和を生じ、民法解釈上の難問の一つとされている。占有のほかに登記名義人であること(Tabularersitzung)を要件とするドイツ民法(ド民九〇〇条参照)の方が、簡明という点で秀れている。わが民法の解釈としては、占有と登記との矛盾・衝突から不動産物権取引に混乱を起さず、社会的衡平にも反しないよう調和を計るべきである。

(イ)判例理論　判例はおよそ次のような理論を形成している(ジュリ法理八四頁以下(安達)に要領を得た分析がある)。

(a)登記簿上同一人甲の名義となっている間に乙の取得時効が完成したときは、乙は、登記名義人(包括承継人を含むことはいうまでもない)に対して、時効による物権変動を主張し、その登記を求めることができる。けだし、両者は物権変動の当事者とみるべきものだからである(大判大正七・三・二民四二三頁等。時効による地役権の取得につき大判昭和一四・七・一九民八五六頁)。なお、不動産がもともと乙の所有であったり、甲→乙の譲渡が有効で何らの瑕疵がない場合に、乙はなお時効取得を援用できるかどうかは、時効制度ないし第一六二条そのものの解釈の問題であるが、判例はこれを肯定する(最判昭和四四・一二・一八民二四六七頁判民一〇三事件(星野)法協八九巻七号)。このことは、甲に対する関係では、もともと所有権が自分にあるというか、時効取得しているというかは、攻撃もしくは防御の方法の問題であり、実質的な意味を持つことは少ない(もっとも右の昭和四四年の判決は、結果的には乙は時効取得を主張することによって残代金の支払等契約上の債務を免れることを容認する意味を持つ)。しかし、第三者に対する関係、特に、登記を得た第三者丙が現れた場合には大きな意味を与えられる(後述cの後半参照)。

(b)無権利者の乙(その理由が乙が勝手に占有した場合であると、甲→乙の譲渡によるが、その譲渡行為が無効もしくは取消され、または甲が無権利であった場合であるとを問わない)が甲所有の土地を自主占有して、取得時効が進行中に、当該土地が甲→丙と譲渡されても、さらに甲→丙の移転登記がされても、乙の取得時効につき丙の側からする中断の措置(一四七条以下)が取られず、乙の側に承認もしくは自主占有の喪失(一六四条)

がなければ、取得時効はそのまま進行し、完成し、乙は所有権を取得する（最判昭和三五・七・二七民一八七一頁）。そこで乙は所有権をもって丙に対抗でき、丙に対して移転登記を求めることができる。この場合、丙は取得時効による物権変動の当事者であるとされる。

(c)右のbで述べたところは、甲→乙の有効な譲渡があり、未登記ではあるが目的不動産の引渡もあって乙の自主占有が継続中に、甲が当該不動産を丙に二重に譲渡し、甲→丙の移転登記が為された場合にも、判例は同様であるとする。すなわち乙の側の自主占有にかわりがなく、丙の側からする中断事由に当る権利の主張がない限り、甲→乙の引渡の時から起算される取得時効が進行し、完成する。乙は完成時の所有者丙に対して移転登記を求めることができる。上記bとの違いは、乙は、丙が登記を得た時点までは、自己の所有物を占有していた点であるが、判例はそのことは取得時効の完成の妨げにならないとする（最判昭和四二・七・二一民一六四三頁判民六八事件（宮内）法協八五巻七号、上記昭和四四年の判決）。なお、丙の所有権取得が乙の取得時効の完成前であれば――換言すれば乙の取得時効完成の時点で丙が所有者であれば――乙の取得時効完成後に甲→丙の登記がされた場合にも、乙は登記なくして丙に対抗できるという（最判昭和四二・七・二一民一六五三頁判民六九事件（廖）法協八五巻九号）。

(d)右b・cの場合を通じて、乙の取得時効が完成した後に、乙が登記を得ない間に、甲→丙の譲渡があり、丙が登記を得れば、乙は丙に対抗できない。時効が完成した時点で甲→乙の所有権移転があり（時効の効力が起算日に遡る（一四四条）のは別個の平面の問題である。総則〔四四〇〕参照）、その後、甲→丙の二重の所有権の移転がこれに対立することになるからである。

(e)右の判例理論は、時効取得に登記を必要とするが、時効が進行中に現れた同一不動産の譲受人丙に対する関係では、丙が時効完成前に登記をしても、これに対して登記なくして対抗できる――移転登記を求めることができる――となすものである。ところで時効の完成時期はその起算点で左右されるから、完成が丙の登記後になるように――丙の登記が完成前になるように――起算点を自由に選ぶことが認められるならば、二〇年以上占有をつづけた乙は、登記がなくても常に丙に対抗できることになる。それでは取得時効による物権変動はすべて登記を必要としないことになり、第一七七条の趣旨に反するので、判例は起算点を任意に選ぶことは許されないとする（大判昭和一四・七・一九民八五六頁判民五九事件（我妻）、最判昭和三五・七・二七民一八七一頁判民九一事件（川島）法協七九巻二号。時効制度の本来の性質から言えば起算日を暦日の上で確定しなければならないわけではないが、第三者に対する関係では時効完成の期日を決定しなければならない、とする）。

（f）なお、判例によれば、乙の時効取得完成の後に譲り受けて登記を取得した丙が（上記cに該当し、乙は丙に対抗できない）、その後も乙の占有を放置し、あらためて取得時効の期間が経過した場合には、丙は時効による物権変動の当事者であるから乙はこれに対して時効取得を主張することができる（最判昭和三六・七・二〇民一九〇三頁判民八九事件（村上）法協八〇巻三号。この場合は時効の起算点を遅らせたことにはならないという）。乙の時効取得の完成前に譲り受けて登記をした丙が（上記dに該当し、その時点では乙は丙に対抗できない）、その後も乙の占有を放置し、あらためて取得時効の期間が経過した場合には、丙は正に時効による物権変動の当事者であるから、右と同じく乙は登記なくして丙に対抗することができる。

（ロ）右の判例理論に対しては幾つかの論点について学説の側からの批判がある。それらに触れながら補訂者の見解を述べればつぎの通りである。

（a）その一つ、時効制度の本質から、時効期間は本来現在（援用の時点）から逆算すべきものだとする説（川島・民法Ⅰ一六五頁・二九二頁）は、上述のように、取得時効所要の期間を超えて自主占有する者（乙）は、何人に対しても登記なくして対抗できることになる点で（登記不要説）、登記制度の理想の一端をくずすという批判をまぬかれないであろう。もっとも後にくわしく述べるように、近時は登記が可能なのに長くこれをしないで放置した場合に第九四条二項の拡張適用が主張されている（〔一五五ノ二〕参照）。これによれば登記を得た者（丙）が救済される可能性はある。

（b）その二つは、判例理論によれば、甲ないし丙の側で、乙の取得時効完成の時期を見はからって、甲→丙の登記をすることを阻止できない。これに対処するためにか、判例は時効完成前に売買により丙が所有権を得ていれば、登記は完成後であっても、丙は乙に対抗できないとする（上記最判昭和四二・七・二一民一六五三頁—同日に時効関係の判決が三つ〔二つは民集、一つは判時四九六号所掲〕あるので注意を要する）。しかし、これはあまりにも物権変動の当事者という点に拘泥して登記を軽視するものとの批判をまぬかれないであろう。

（c）右に関連しては第一六二条二項との関連で、次のような不均衡が起る。例えば乙が一八年間自主占有をした時点で甲→丙の登記がされ、二〇年が経過した後に乙の時効取得が争われた場合に、乙が占有の始めに善意無過失なら一〇年の取得時効完成後の登記となり、乙は時効取得を丙に対抗できないのに、悪意有過失ならば丙の登記は二〇年の時効期間が経過する前の登記となり、乙は丙に対して時効取得を主張できることになる。両者の要件を備えている場合には乙において有利の方（丙の登記が時効完成前であるとするためには二〇年の時効取得）を選択できるとする判例もあるが（大判昭和一五・一一・二〇新聞四六四六号一〇頁）、その妥当性は疑われる（私見によれば、この場合乙は後者を選んでも、後述eの理論で敗れる）。

（d）右の不均衡は、乙の占有が甲→乙の取引によってはじまった場合を考えるとさらにきわだってくる。例えば、不動産が甲→乙と譲渡され、引渡されたが、未登記で九年が経過した時に甲→丙と二重に譲渡され、登記も済んだとすれば、その時点で丙は完全な所有者となり、乙は完全に無権利者になる。しかるに判例理論によれば、もう一年乙の占有がそのままつづくと、乙の取得時効が完成し、丙に対抗できる——移転登記を請求できる——ことになる。つまり、二重譲渡で先に登記を得た丙が、乙の時効取得の主張に敗れるわけで、その妥当性が疑われている。

(e)右のc・dに関連して、旧版では「時効完成の前に登記に基づいて物権が取得された場合には、その登記以後においてさらに時効取得に充分な期間だけ占有が継続された場合でなければ、時効取得の効力を生じないと解すべきものと思う」と述べた。そうでなければ、あまりに占有を重んずることとなって登記制度の趣旨に反すると考えたからである。この見解は上記の例で丙の登記に乙の取得時効の中断を認めると同じことになり、民法第一四七条および第一六四条が中断事由を制限的に列挙しているのと衝突する難点がある。しかし近時はこれに賛同し、あるいは同趣旨の見解も現れている(鈴木〔一三八〕(ただし昭和四七年版)、安達「取得時効と登記」志林六五巻三号、同・ジュリ法理八八頁以下)。補訂者は、基本的には右の見解を維持したい。思うに、その後不動産の取得時効に関する実証的・総合的研究(例えば星野「時効に関する覚え書」、同「取得時効と登記」(星野・民法論集四巻所収))によって、取得時効が認められた事例のほとんどが、二重譲渡において先に登記を得た乙が、占有をつづけた丙に敗れたものであることが明らかにされ、その妥当性が疑われている。そこから乙の占有が全く無権限で始まった場合にも、登記を重視せよという結論は必ずしも当然には出て来ない。しかし、ともかくも一応有効に所有権を得て占有を継続した者さえも、時効完成前に現れて登記を得た二重の譲受人に対抗できない——つまり時効の中断が起る——と解するのであれば、無権限で占有をはじめた者については、より強い意味で時効の中断が起ると解されるであろう。

判例理論でも、時効完成後に現れて登記をした丙には対抗できないとしているのである。

（f）右のeで述べたところを、越境型の時効取得に適用してよいかは疑問である。甲の所有地の一部が永年乙の所有地の一部とされ、乙が一個の土地として占有して来た場合を考えると、甲の所有地が、現にその一部が乙によって占有されたまま丙に譲渡され、その移転登記をされると中断が起き、改めて時効期間が経過しないと取得時効が完成しないとすることは妥当でない。これはその一部についての乙の時効取得が完成した後に甲→丙の譲渡があった場合にも同様であって、目的不動産が独立の取引の対象とならないこのような事例については上記a説が妥当であると言えよう（同旨＝広中一五八頁。なお境界確定の訴えとの関係につき村松俊夫・境界確定の訴一二九頁以下参照）。

〔一一八〕

⑹請負人による新築　自分が所有しまたは借地権を持つ土地の上に他人に建物を新築させる場合、例外として完成した建物の売買とみられることもありうるが、原則としては請負である。しかし、所有権帰属の態様は場合によって異なる。（a）請負人が主たる材料を供給する場合には、でき上った建物の所有権は原則として請負人に帰属し、引渡によって注文者に移転するというのが判例・通説であった（大判大正四・五・二四民八〇三頁等、債各〔八九八〕ロ）。しかし当事者の特約によってその他の時期に移転するものと定めることはもちろん自由である（〔八三〕ロ参照）。この判例・通説に対しては、近時当事者の意思解釈や、代金支払（出来形払、分割払）その他建築請負の現実などから、例外が主張され、棟上げ時までに工事代金の半額以上が支払われた場合には、特別の事情がない限り、完成建物の所有権は引渡をまつまでもなく、完成と同時に原始的に注文者に帰属するとした判決も現れている（最判昭和四四・九・一二判時五七二号二五頁）。理論上ないし現実の必要性（一たん請負人の所有とすると税法上不利であること、請負代金の確保には留置権があることなど）も理由として挙げられる（吉原・契約法大系Ⅳ一一九頁以下）。

また、従来の判例理論に立ちながら、手形全部の交付を受け、建築確認通知書を注文者に交付した場合には（一部が不渡になっても）、この最後の時点で注文者に所有権を帰属させる旨の合意があったと認めた判例もある（最判昭和四六・三・五判時六二八号四八頁）。しかし、引渡によって所有権が注文者に移転するという条項を持つ契約書式も使用されている。いずれにしても、一たん請負人に帰属した所有権が注文者に移転したとされる場合には、登記を必要とする。ただし、請負人を所有者として保存登記をして移転登記をする手続をせずに、注文者が直ちに保存登記をしてもよい（〔一二六〕ロ参照）。

（b）注文者が主たる材料を供給するか、または請負人が建築材料を搬入するに従って材料が注文者の所有に帰属する特約があるような場合には、建物の所有権は、最初から注文者に帰属する（大判昭和七・五・九民八二四頁）。代金の支払方法（分割払、材料の持ち込みないし出来形に対応する支払方式など）や、建築手続（建築基準法上の確認の手続）などもからんで当初から原始的に注文者の所有に帰する場合が多いことを注意すべきである。この場合にも登記を必要とするかについて、私は、従来、必要とする実益は少ないが理論上これを例外にすべき必要もないと説いたが、今は改めて、登記はいらないというべきだと思う（三八八条の解釈などで多少問題となる（担保〔五三八〕参照）。なお〔二〇九〕参照）。

〔二一九〕　(7)処分の制限　不動産物権者の普通に有する処分権能が特定の場合に制限されているときは、その旨を登記することを要する。（a）この原則は、当事者の意思表示によって生じた処分の制限については、一貫して認められている。不動産共有の分割禁止（二五六条一項但書・九〇八条、不登七八条）、永小作権の譲渡または賃貸の禁止（二七二条但書、不登一一二条）などがその例である。したがって、かような登記手続の認められていない場合には、処分を制限する特約は、第三者に対抗する効力を持ちえないと解すべきである（地上権がその適例である。〔三九九〕・〔四一三〕参照。使用の制限についても同じである。〔三九八〕）。（b）しかし、処分の制限が法律上当然生ずる場合には、この原則は、必ずしも、一貫して認められていない。例えば遺言で遺言執行者が定められた場合の相続人の処分制限（一〇一三条参照）がその例である（大判昭和五・六・一六民五五〇頁―秘密遺言で遺言執行者が定められたのを、相続人が知らずに相続登記をして処分した事例）。また共有持分の譲受人が共有物に関する債務を承継する（二五四条。〔三五二〕イ参照）のもこれに類似する。立法論として考慮すべき点である。（c）なお、処分禁止の仮処分命令が仮登記されれば（民執一八〇条三項、不登三二条・三三条・一〇四条参照）対抗力を持つ（賃借権設定禁止の仮処分につき大判昭和一四・一一・二八新聞四五〇八号一〇頁）。不動産の時効取得者が登記を備えるまでの間に対抗力のある第三者が出現することを阻止する場合などに有用である（〔一一七〕イb参照）。

〔一三〇〕

(8) 権利の消滅　不動産物権の消滅も原則として登記を必要とする。すなわち、（a）不動産上の制限物権が放棄（抵当権の放棄（大決大正一〇・三・四民四〇四頁））・合意（買戻権の合意による消滅（大判大正一三・四・二一民一九一頁）。ただし、買戻権の信託的譲受人には対抗できるとする（大判昭和一六・三・一七民二一六頁））などの意思表示や、解除条件の成就（大判昭和四・二・二三新聞二九五七号一三頁）で消滅したときは、消滅したことの登記（抹消登記）をしなければ、第三者に対抗しえない。また、建物所有を目的とする土地賃借権につきその譲渡または転貸を認める特約があり、これが登記されているときは、賃貸人が右賃借権の消滅を第三者に対抗するためには、第一七七条の類推適用によりその旨の登記を必要とする（最判昭和四三・一〇・三一民二三五〇頁）。もっとも、債権が消滅したために抵当権が消滅した場合には――債権の消滅には対抗要件を必要としないから――抵当権の消滅についても登記は必要でない（担保権の附従性による。担保〔三三六〕ロ参照）。

（b）制限物権が混同によって消滅した場合には、原則として登記（抹消登記）を必要とする（大判昭和七・七・一九新聞三四五二号一六頁―所有者がその上の地上権の共有持分を相続したが何らの登記をしなかった事例）。ただし、抵当権者が抵当不動産を取得し、それについて所有権取得の登記をした場合のように、登記簿上混同を生じたことが明瞭な場合には、抵当権について抹消登記をしなくとも消滅をもって対抗しうると解されている（大判大正一一・一二・二八民八六五頁）。

（c）存続期間の定めのある不動産物権が、存続期間の満了によって消滅する場合には、登記を必要としない。例えば、不動産質権が一〇年を経て消滅したとき（三六〇条参照。大判大正六・一一・三民一八七五頁）、根抵当について元本確定期日（不登一一七条二項）が到来して根抵当権としての効力の消滅したとき（担保〔七三〇〕・〔七五五〕・〔八〇一〕・〔八〇七〕参照）などがその例である。かような場合には、消滅が予め登記されていると見られるからである（ただし右の判決は不動産質権が一〇年以上存続しえないのは公益上の理由に基づくからだという）。

（d）不動産が滅失してその上の不動産物権が消滅したときは、登記を必要としないことはいうまでもない。けだし、権利は絶対的にその存在を失うからである。

第五　登記が有効なための要件

一　登記が有効なため、言いかえれば、後に述べるような対抗要件としての効力その他の効力が認められるためには、第一にその登記が登記法の定めるところに適合するものでなければならない（形式的要件）。この点の詳細は不動産登記法の研究に譲るべきだが、実体法と関係を有する重要な点だけを概説する。

〔一三一〕 (1)登記があるといいうるためには、登記簿に記載されなければならない。したがって、(イ)当事者が、たとえば抵当権の設定につき適法な申請をなし、登記官がこれを受理しても、何らかの理由（例えば登記官の懈怠もしくは登記所の火災など）で登記簿に記載されなかったときは、登記があるとはいえない（婚姻に関する七三九条と異なる）。登記官が登記済証を交付しても——記載しない以上登記済証を交付すべきではないが（六〇条参照）——登記簿に記載されなければやはり登記があるとはいえない（大判大正七・四・一五民六九〇頁）。

(ロ)しかし、記載がないというのと、抹消されているのとは異なることを注意すべきである。例えば、土地所有者甲が、乙のために設定した地上権の登記を、偽造文書で抹消して、その土地を丙に売却した場合（大判明治四三・四・三〇民三三八頁）、甲の所有するＡＢ両不動産の上に乙が抵当権を有する場合に、甲乙両者の合意でＡ不動産上の抵当権を放棄して抹消登記を申請したのに、登記官の過誤でＢ不動産上の抵当権登記が抹消され、次いで丙がそのＢの上に抵当権を（一番抵当のつもりで）設定したとき（大聯判大正一二・七・七民四四八頁）などは、地上権および抵当権の登記は朱抹されるが、抹消もまた抹消登記という一種の登記である（相当区欄に抹消の対象である登記を抹消する旨の登記をした後、当該の登記を朱抹する。不登一四七条）。登記に公信力のないわが法制の下においては、かような実体の伴わない抹消登記は効力を生じない。すなわち、右の二つの例で、乙の権利は、なお丙に対抗する効力をもつといわねばならない（引用した二判決はこれを認めたもの）。したがって、乙は原則として抹消登記の回復登記ができる（〔九六〕末尾参照）。判例は、所有者甲が、建物が滅失したと偽って保存登記を抹消し、別に保存登記をした場合に、後の保存登記によって抵当権の登記を得た丙は、前の保存登記が確定判決によって回復された場合に、これに基づいて権利を得た乙に対抗できないとする（大判昭和一七・九・一八民八九四頁判民四七事件（我妻））。そして、真実に合致しないことを理由に抹消された登記を回復する場合には、登記上利害の関係を有する第三者があれば、その同意を得なければならないが（不登六七条前段）、第三者（右の例で丙）は回復登記手続に必要な承諾を拒むことはできない（最判昭和三六・六・一六民一五九二頁、最判昭和三九・七・一〇民一一一〇頁）。

(ハ)登記は継続して存在しなければならないであろうか。一たん為された登記が登記簿（登記用紙）に公示されなくなった場合の効力如何の問題である。（ａ）登記簿の一部または全部が火災その他で滅失した場合については明文の規定があり（不登二三条）、適法の滅失回復登記があれば、実体法上の対抗力は滅失期間中も存続する。しかし、その期間を徒過すれば遡って滅失の時から対抗力も消滅すると解すべきである（同旨＝幾代四一五頁）。権利者は実体関係に基づき、一般の手続（登記権利者と登記義務者の共同申請など）によって新たな登記をすれば（最判昭和三一・一〇・二三民一二七五頁参照—地上権に関する）、その時点で対抗力を生ずることになる。しかし判例はつぎに述べるbの場合と軌を一にし、対抗力を失わないという（最判昭和三四・七・二四民一一九六頁—所有権に関する）。

（b）一度登記された事項が、その後、例えば新登記簿に移記する際（不登七六条・七六条ノ二参照）、または分筆して転写する際（不登八二条・八三条参照）などに、登記官が遺脱した場合はどうであろうか。判例は、はじめ、遺脱された事項は対抗力を失うといったが（大判大正八・八・一民一三九〇頁—新登記簿に移記の際に「根抵当」の記載を遺脱）、後に、これを改めた（大判昭和一〇・四・四民四三七頁—分筆された土地について抵当権の転写を遺脱、分筆後の買主に対する回復登記請求を是認。最判昭和三二・九・二七民一六七一頁—処分禁止の仮処分が執行された後に、滅失回復登記に当って転写を遺脱した事例で、仮処分の効力を是認した）。判例の理論は、一度登記されて生じた対抗力は、法律の定める消滅事由を生じない限り存続するというのであって、右のロの場合をもこの理由で説明しようとする（上記の大正一二年の聯合部判決は、大正八年の判決を改めようとしたもの）。しかし、この理論は甚だ疑問である。登記は不動産の権利状態を不断に公示するところに長所があるのだから、現に効力をもっている登記簿の記載面に現われていない事項は——たといその登記の記載をたどって他の部分の記載や閉鎖された登記簿などを調べればわかるものであっても——なお対抗力を失うと解すべきものではあるまいか（我妻・巡歴Ⅰ一八五頁以下、担保〔三四六〕、幾代四一五頁以下参照。判民大正一二年度八四事件（平野）はハの場合だけでなくロの場合にも対抗力を失うという（登記は継続を要すとの理由））。

（二）ちなみに、登記法の認めない事項は、実体法上は有効なものであっても、これを登記簿に記載しても効力はない。例えば地上権設定の登記に譲渡・転貸を認めない特約を登記しても無効である。このような特約の債権的な効力を否定する理由はないが、地上権については民法第二七二条但書をうけた不登法第一一二条に当る規定がないからである（四一三参照。賃借権についてはその移転または賃借物の転貸を許す旨の登記が認められている（不登一三二条））。

〔一三〕 ⑵二重登記　先にも述べたように、登記は一筆の土地または一個の建物について一つの用紙を設けることになっている。したがって、(イ)すでに登記簿に表示されている不動産（以下建物の例について考える）については、二重に表示の登記をすることは許されない。このような申請があっても、登記官はこれを却下すべきである。もっとも先になされた表示の登記が、建物の実体と著しく齟齬していて（不登九一条参照）、当該の建物の表示と認められないときはその表示の登記自体が無効であり、更正は許されず、後日更正しても無効である（大判昭和四・四・六民三八四頁判民三四事件（杉之原））から、別に真実に合致した表示の登記の申請があれば、登記官はこれを受理すべきであり、その登記は有効である（不真実の登記は別件として職権で抹消し、登記簿を閉鎖すべきである）。しかし、齟齬が軽微であり、建物との同一性が認識できる場合（したがって更正登記が許される場合）には、たといそれが不適法のものであっても（例えば床面積の過誤や無権利者の申請など手続上の違法がある場合）、これを抹消しないかぎり、同一番号の登記をすることはできない（これを登記の先占的効力と言ってもよかろう）。問題は表示の登記の所有者欄（不登九一条一項六号）に所有者でない者の住所氏名が記載されている場合である。実務上の扱いとしては、なお事実の表示の登記としては有効であり、したがって重ねてなされた後の表示の登記の申請は却下さるべきものとされる。この場合には、所有者と記載されている者が、建物の取引関係と全く関係がない場合には、更正登記によって真実の所有者名に更正すべきであるが、それが従前に所有者であったような場合には、その者の名義で所有権の登記をした上で（不登一〇〇条参照）、現在の所有者に移転登記をすべきものとされる（法務省民事局第三課職員編・再訂不動産登記書式精義上巻一五六頁参照）。つまり表示の登記すなわち表題部において所有権の移転を示すことは許されない。請負人が資材を供給して建設した建物の登記関係をめぐって微妙な問題を提起している。いずれにしても、すでに事実と合致する表示の登記があれば、後の登記申請は受理さるべきではなく、仮に受理されて登記されても一応無効であり、抹消さるべきものである。

(ロ)右に一応無効であると述べたのは、表示の登記が二重になされて対立している場合に、そのいずれかに基づいて所有権の登記が為されると、対抗要件との関係で、さらに事情がかわるからである。例えば、甲が新築した建物を未登記のまま乙と丙とに二重に譲渡し、乙がまず表示の登記Aをした後、丙が同一の建物について申請した表示の登記Bが誤って受理され、登記されたとしよう。Bは無効であり、申請または職権によって抹消さるべきものである(登記官の職権抹消を認むべきでないとする説もある)というのが一応の結論であるが、丙の権利の登記が受理されて実行されると、二重の譲受人の間では先に権利の登記をした者が優先するとされる関係で、丙は乙に対抗できることになる。もっとも丙の権利の登記の根拠になる表示の登記そのものが二重になされた違法・無効のものであるから、権利の登記をしてみても同じく無効であるとの主張もありえよう。しかし近時の判例は、登記はその手続において違法があっても、それが権利の実体と一致するかぎりその抹消登記の請求を認めないとする。この考え方からすれば、上記設例の丙がともかく事実と合致する表示の登記に基づいて先に権利の登記をした以上は、その対抗力を認めるのが妥当であろう。

(ハ)しばしば判決に現れる事例としては、未登記建物の譲渡人甲と譲受人乙が二重に保存登記をした場合がある。乙が先に保存登記をすればそれだけが有効で、これに抵触する登記は無効である(大判明治三八・六・七民九〇六頁)。これに反し甲が譲渡後に先に保存登記をし、乙がその後で保存登記をした場合について、乙の登記を無効とはせず、甲の登記が正当の権限によって抹消ないし閉鎖されると（この場合甲は第一七七条の第三者に当らない）、乙のすでになされた保存登記はそのまま有効と解される。先になされた甲の保存登記が抹消されない間に甲の保存登記に基づいて丙が乙より先に移転登記をした場合には乙は丙に対抗できない――丙の取得を否認できなくなる結果、乙の保存登記は無効となる。丙への移転登記が乙の保存登記より後の場合は、乙は丙に対抗することができる結果、乙の登記のみが有効となる（なお上記1引用の昭和三一年の判例参照）。

(ニ) なお特殊の場合として、建物が滅失しないのに滅失したものとして抹消登記をし、別に表示の登記をし、さらに権利の保存登記をした場合には、二重登記が生ずるが、前の登記は回復登記によって復活できるのだから、後の登記には効力がない（大判昭和一七・九・一八民八九四頁判民四七事件（我妻）―後の登記に基づいてなされた抵当権設定登記の対抗力を否定）。

〔一二三〕 (3) 登記の手続が――申請の形式、添付書類等について不動産登記法の規定に従った――適法のものでなければならない、といわれている。しかし、この点は、手続の瑕疵の態様にもよることであって、手続に瑕疵のある登記はすべて無効（対抗力なし）ということはできない。すでになされた登記の対抗力については、むしろ、実体的な権利関係に符合するかどうかを基準にして決すべきものと思う。すなわち――

(イ) 必要書面に関して瑕疵がある場合　代理人による登記申請に代理権限を証する書面、未成年者の申請に親権者の同意書など、必要な書面の添付を欠いた場合や（大判昭和三・五・二五新聞二八七六号九頁は前者、最判昭和三七・三・一六民五六七頁は後者の例）、申請書に使用された委任状の印鑑が違っていたり、印鑑証明書の日付が変造（部分的偽造）された場合（大決大正一二・三・二八民一八五頁は前者、最判昭和三四・七・一四民一〇〇五頁は後者の例）も、それによってなされた登記が実際の権利関係と符合する限り有効であり、その抹消を請求することはできない。また登記済証が第三者の手中にあって取り戻せない場合は不登法第四四条所定の保証書による登記申請は認められないが、誤って登記された場合には有効とされる(最判昭和三一・七・一七民八五六頁)。

(ロ)申請人の権限もしくはその能力に関して瑕疵のある場合　(a)例えば登記を申請した代理人に代理権がなかった場合でも、実体的な権利関係が本人の意思に基づいて有効に成立し、登記がこれに符合するときは有効であり、対抗力を持つ(大判昭和一八・一・二九民一頁判民一事件(来栖)—抵当権設定について代理権があったが登記をした時には本人が死亡していた事例。最判昭和三一・七・二七民一一二二頁—同じく所有権移転登記をした事例)。同様に、実体的な権利関係が表見代理等の理論によって相手方からその有効なことを主張しうる場合には、これに符合する登記は、同じく対抗力をもつといわねばならない(最判昭和三七・五・二四民一二五一頁判民七三事件(山田)法協八一巻四号「登記手続の申請行為の登記所に対する関係はしばらくおき」当事者間の登記請求関係は私法関係であり、「表見代理の成立を認めて妨げない」とする。最判昭和四一・一一・一八民一八二七頁判民九四事件(下森)法協八四巻一一号)。無権代理人による取引が本人によって追認された場合も同様である(最判昭和四二・一〇・二七民二一三六頁)。のみならず、かような登記も——形式的には違法なものであっても、実体的な権利変動と符合しているのだから——当事者間においても抹消を請求しえないと解すべきものと思う。判例は反対であったが(大判明治四五・二・一二民九七頁、東高判昭和二三・一・三〇高民二二頁)、近時は抹消請求を否定する(上記昭和三一年、同三七年、同四一年の判例等多数)。

(b)無能力者の登記申請については、判例は、同意権者の同意がなければこれを却下すべきものとしている(大決大正六・二・二二民二七七頁—当時無能力者とされた妻が夫の許可書をつけなかった事例。不登三五条一項四号を根拠とする)。しかし、取消しうる行為も、取消されない間は有効なのだから——無能力者が登記しようとする権利関係が取消しうるものである場合に——登記を許さないという判例理論は根拠に乏しい(取引の安全を保護することにはなるが)。ただし、判例も、無能力者の単独の申請が却下されず事実上登記がなされた場合には、——実体関係が取消されない以上——その登記は対抗力をもつと考えているようである(かような登記は抗告の方法で抹消することはできないという(大判大正五・一二・二六民二五二二頁、同大正八・三・二〇民四三七頁)。なお、大判昭和一〇・二・二五民二二六頁判民一七事件(穂積)は、未成年の子と親権者との譲渡行為につき特別代理人を選任しないで子の単独名義でした申請も、受理されて登記が完了した以上、当然無効ではないとして抹消請求を認めない)。

(八)偽造文書による登記　登記申請の附属文書ではなく、申請書の本体が偽造された場合、例えば乙が所有者甲の文書を偽造して甲から譲り受けた旨の登記をしても、甲はその抹消を求めることができ、その意味では無効であり、丙が乙から譲り受けて移転登記をしても甲に対抗できない(甲は乙・丙に対して甲→乙、乙→丙の登記の抹消登記を求めることができる。〔一五五〕a参照)。しかしこのような登記も、すでになされた後に、実体的な権利関係に符合するに至った場合——例えばその後甲乙間で有効な譲渡が為された場合——には、抹消を求めることはできないし、丙は甲に対抗できることとなる。つまり偽造文書による登記だから対抗力がないのではなく、実体的な権利関係を伴わないから無効なのである。もっとも買主乙の登記請求に対して売主甲に売買代金の支払との同時履行の抗弁権があるのに、乙が偽造文書で移転登記をしてしまった場合には、少なくとも債権的な意味においては、甲は乙に対して移転登記の抹消請求権を有すると解される。しかし代金完済前でもすでに甲乙間に所有権の移転があると構成される限り、乙から転得して登記をすませた丙は甲に対抗できることになろう(川島一郎「登記申請における重大な瑕疵と登記の効力」登研二〇二号四頁、石田(喜)・民商法四五巻三号一二九頁)。判例は、甲に全く登記申請をする意思がないのに偽造文書で登記された場合は、登記そのものは、如何なる意味においても無効であり、抹消さるべきであるが(大判明治四五・二・一二民九七頁)、登記申請に表見代理類似の関係が認められ、かつ、実体的関係に符合する場合は、抹消請求を認めない、とする如くである(東高判昭和三一・一二・一九高民七〇一頁。なお前掲昭和三七年の判決参照)。

〔一二四〕**二**　登記が有効であるためには、当該の登記が表示する不動産が現に存在し、ならびに登記に符合する実体上の権利関係ないしその変動が存在しなければならないことはいうまでもない（実質的要件）。けだし、登記が対抗要件だというのは、実体的に生じた権利の変動を第三者に対抗するには登記を要する、というのであって、登記さえあれば、これに示された権利関係を第三者に主張しうるというのではないからである。しかし、この登記が実体的な権利関係と符合するという意味については、さらに詳細な検討を要する。

〔一三五〕　(1)不動産物権の得喪および変更は、登記法の定めるところに従って登記しなければならないのだが（一七七条）、不動産登記法は、個々の不動産を正確に表示し（七八条以下・九一条以下）、その物権変動の過程（例えば、所有権が甲から乙、乙から丙へと移転したこと）と物権変動の態様（売買によるか、贈与によるか、取消または解除による復帰かなど）を如実に登記することを理想としていることは疑いない（不登三五条・三六条・五〇条等参照）。しかるに、わが国では、登録税が高率であること、登記手続が煩瑣であること、しかも、登記官は権利の登記について実質的な審査権を持たず、形式の整った申請はすべて受理しなければならない（不登四九条参照）ことなどの理由から、物権変動の過程を省略したり（甲乙丙と移転したのを甲から丙に移転したような登記（中間省略登記）や、未登記建物譲受人の保存登記など）、物権変動の態様を故意に違わせたり（贈与を売買としたり、取消による復帰を譲渡による移転としたり）する登記が非常に多い。かような登記の仕方は、不動産登記法の本来の趣旨に反するのみならず、登記制度の作用を著しく減少させる。なぜなら、わが国の登記には公信力がないので、不動産の取引をする者は、登記の記載をそのまま信ずることなく、その記載が真実に合致するかどうかを審査しなければ安心できないわけであるが、その登記が真実の権利関係の過程と態様とを示さないとすると、右の審査は甚だしく困難となるからである。したがって、判例は、最初は、さような登記は一切許すべからざるものであり、たといなされても、対抗力を生じないものと判示した（大判大正五・二・二民七四頁（未登記不動産の買主の保存登記を無効とする）あたりまでこの種の判決は多数ある）。しかし、その後、次第にこれを改め、登記は、不動産に関する現在の真実な権利状態（例えば丙が所有権者であるということ）を公示しておれば、そこに至るまでの過程（例えば、甲から直接取得したか乙を経て取得したか）や態様（売買、贈与、または移転行為の取消のいずれによってかなど）を如実に反映しなくとも、なお制度の目的を達するものだ、という理論の下に、右のような登記を有効とするに至った（大判大正五・九・一二民一七〇二頁—中間省略登記に関する）。学説も、結論において、判例の態度を是認する（末弘一二三頁、石田二三〇頁、柚木・高木一六九頁、末川一五〇頁等）。私もこれに賛する。けだし、かような登記を無効とすることによって生ずる取引の不安は耐えられないと思われるからである。しかし、かような登記が望ましくないことは疑いないのだから、登記が現在の真実な権利状態を示すことは、登記が有効なための最少限度の要件に過ぎず、何人もかような登記をなすべきことを請求する権利を当然に有するものではないと解すべきである。いいかえれば、登記の表示が権利変動の過程または態様について真実と異なるものであっても、一度なされた以上は、登記としての効力をもつ。しかし、現在の権利者がそれと符合しない登記を改めるために関係者の協力を請求する場合には、——関係当事者の合意ある場合を除いては——常に真実の過程と態様に即してしなければならない。

〔一二六〕

(2)右の見地に立って考えるときは、不動産の存在、その権利ないし権利変動の態様または過程と符合しない登記の問題は、二つの類型に分けられる。一は、さような登記の効力、換言すれば抹消請求の対象となるかどうかとその対抗力との問題であり、二は、さような登記（例えば中間省略の登記）を請求する権利の有無の問題である。後者は登記請求権の問題であるから次段にゆずり、ここでは前者について考える。

(イ)登記に符合する不動産とくに建物が当初から存在しない場合は登記は無効である。まだ建物といえない未完成の時期にされた登記も無効である。しかし、後に登記の表示に符合する建物が建築され、あるいは建物が完成すればその時から有効となる（もっともその後に別に保存登記が為された場合にはどちらが有効な登記かの問題を生ずる。〔一一二〕参照）。有効な登記も建物が滅失すればその時から無効となる。建物はあるが、表示の登記ないし表題部に表示された所在地、種類、構造、床面積などの諸事項（不登法九一条）が建物と符合していない場合に、その齟齬がどの程度に達すれば同一性をそこね、登記が無効になるかは、社会通念によって決するほかはない。土地については地番と地積が決定的な事項と考えられるが、建物については上記の諸因子を総合して考えることになろう（最判昭和四〇・三・一七民四五三頁―敷地地番七九番を八〇番とした建物の登記に建物保護法上の対抗力ありとする）。建物が改造された場合、例えば平家建家屋を二階建に改造したのに表示の登記をそのままにしておいた場合にはどうであろうか。二階部分が前の建物の構成部分にすぎないと見られる場合には、登記はなお有効であるが、改造によって同一性を失ったとみられる場合には滅失と同視すべきである。もっとも、鉄筋コンクリート造りなどで二階部分が別個の区分所有建物となった場合には、従前の保存登記は平家部分の登記として効力を有すると解する余地がある（改造後に従前の登記に基づき設定・登記された抵当権の効力について差異が生ずる。判例コンメ七五頁参照）。なお、建物が滅失し、その保存登記が無効に帰した後に、その登記を後に建てた同型の建物に流用することはできない（最判昭和四〇・五・四民七九七頁―滅失した建物の登記を新築の建物に流用し、その上に抵当権設定の登記をしても無効とする。同旨＝舟橋一一〇頁、幾代四一三頁）。後述の抵当権の登記の流用と異なる点を注意すべきである。

（ロ）登記に符合する実体上の権利ないしその変動がない場合は無効である。

（a）権利がないのに為された登記は無効である。例えば被担保債権がないのに架空の債権の担保のための抵当権設定登記は無効である（ただし、債権消滅によって空虚になった登記の流用が認められるかどうかについては後述参照）。しかし、実体上の債権額と登記上の債権額に齟齬があるような場合は、債権の同一性が認められる限り、更正登記が認められる。しかし更正登記前に現れた第三者に対する関係では、登記額の方が多い場合は債権額、登記額の方が少ない場合は登記額でこれに対抗できると解される。

(b)権利の種類が実体上のそれと符合しない登記は無効である。もっとも土地の賃借権を誤って地上権と登記した場合に、賃借権として第三者に対抗できる(六〇五条参照)と解する余地はある。

(c)権利変動における実体上の権利者もしくは義務者の同一性を欠く登記は無効である。一方当事者の数人の中の一部が実体と異なる場合には一部の無効を生ずる。共同相続人中の一部が参加しない相続不動産の処分などの場合に見られる(最判昭和三八・二・二二民二三五頁—更正登記ができるという。〔一一六〕ロc参照)。

(d)権利変動の客体と符合しない登記、例えばA建物の売買があったのにB建物についてした移転登記は無効である。しかし、一筆の土地の一部の売買なのに全部についてなされた登記は当該の一部について有効であり、対抗力を持つが、残りの一部に関する限り無効である。共有持分を譲渡したのに所有権全体の移転登記をした場合にも同様であり、共有持分移転登記としては対抗力を有し、更正登記が認められる——その限りでは有効である(大判大正八・一二・二五民二三九二頁。最判昭和三八・二・二二民二三五頁—共同相続人の一人が単独相続の登記をして第三者に譲渡した事例。〔一一六〕参照)。

(e)現に登記原因として表示された権利変動が存在しないのになされた登記、例えば仮装売買の登記は無効であるが、後に真実売買が為されたときには、その為された時から効力を生ずる(最判昭和二九・一・二八民二七六頁)。また、例えば債務の履行遅滞を停止条件とする代物弁済の予約は、本来条件付所有権取得の仮登記をすべきであるが、誤って所有権移転の登記をした場合にも、後に条件が成就すればその時から効力を生ずる(最判昭和二三・七・二〇民二〇五頁—代物弁済の効力発生を債権者の一方的意思表示にかけた例)。

なお、すでに消滅した権利の登記、特に被担保債権の消滅によって空虚に帰した抵当権の登記を別個の債権の担保のために流用する例が多く見られる(債権の肩代りの際に行われる。なお債権とともに抵当権の譲渡がある場合には、登記の流用ではない)。判例ははじめ効力を否定したが、後に事情によってその効力を認めるに至っている(大判昭和一一・一・一四民八九頁判民六事件(吾妻))。流用を認めても、第三者に不測の損害を及ぼさない範囲で、現在の真実の状態に合致する登記に効力を認めようとする原則の現れである。すなわち、抵当権の登記が空虚になっている期間にその不動産に利害関係を取得した第三取得者や(外形上の後順位の)抵当権者などに対しては流用した登記の順位を主張できない。しかし実体的な債権が成立して流用が生じた後に、その不動産について利害関係を取得した第三者に対しては流用登記はその効力を有する。抵当権の登記が空虚になる以前からの後順位抵当権者や、第三取得者に対する関係は問題であるが、流用登記はこれらの者に対する対抗力を持たないと解すべきである(後順位抵当権との関係では、それより後順位の抵当権としての効力は認められる(大判昭和八・一一・七民二六九一頁)。担保〔三四八〕c参照)。

(ハ)登記が物権変動の過程または態様を如実に示さない場合も、それが現状と符合する場合には、有効であり、対抗力を持つ。

(a)中間省略登記　所有権が甲から乙、乙から丙へと移転したのに、甲から直接に丙に移転したとする中間省略の登記も、丙の所有権取得について対抗力を持つ。この結論について学説にはほとんど異論がない。判例は古くは無効と解していたが、後に甲乙丙間の合意がある場合には有効であると解するに至った(大判大正五・九・一二民一七〇二頁)。近時はさらに進んで、中間者の合意がなかった場合でも、中間者に自分を経由せよと要求する客観的利益がない場合には中間省略登記の抹消を請求できないという(最判昭和三五・四・二一民九四六頁)。中間者の同意なしにかような登記がなされた場合にも、実態上の権利変動がある限りその登記はなお対抗力を持ち、これに基づいてなされた第三者の登記もまた有効であると解すべきである（丙が甲もしくは乙に対して中間省略の登記を請求できるかどうかは別問題である。登記請求権の項で説く。〔一三八〕参照）。

（b）冒頭省略登記　未登記不動産の譲受人が、自己の名義でなした保存登記も有効であり、対抗力を持つ（大判大正八・二・六民六八頁）。現行の不動産登記法上は、譲渡人甲を所有者として記載する表示の登記がある場合には、譲受人乙名義の保存登記は認められないが（同法一〇〇条一号参照）、表示の登記もしていない建物の譲受人は表示の登記をし、所有権の登記をすることができる（不登九三条三項、八〇条三項参照）。

（c）相続の介在　甲から譲り受けた丙が、甲死亡後に相続登記をした乙から譲渡を受けたような移転登記をしても――本来は相続登記を抹消して甲からの移転登記をすべきであるが（不登四二条参照。ただし実務上は乙から丙への登記を認める（昭和三七・三・八民事甲六三八号民事局長電報回答、先例集追Ⅲ八〇九頁））――その登記は有効である（大判大正一五・四・三〇民三四四頁）。また甲死亡後に相続人乙が相続財産中の不動産を丙に譲渡した場合に、相続登記をしないで相続後の日付で甲から直接に丙に移転登記をしたときは、一種の中間省略登記として、その登記は真実の権利関係に合致するので有効である（大判昭和一五・六・一民九四四頁、最判昭和二九・一二・二四民二二九二頁）。本人が死亡したために代理権を失った者によって為された移転登記も、実体関係に適合するときは、相続人から譲受人に対して抹消を請求することはできない（最判昭和二九・一二・一七民二一八二頁、最判昭和三一・七・二七民一一二二頁）。

（d）権利変動の態様と異なる登記　虚偽表示その他無効な登記原因に基づいてなされた移転登記を回復するために――本来抹消登記をすべきだが――移転登記をした場合（大判大正九・七・二三民一一七一頁、大判大正一〇・六・一三民一一五五頁等）は有効である。同様に解除・取消等によるいわゆる権利の遡及的復帰について――これまた本来は抹消登記をなすべきだが――移転登記をした場合（大判大正五・四・一一民六九一頁、同大正九・八・九民一三五四頁―買戻に関する）なども、その登記は有効である。同様に、贈与について売買を原因としてなされた移転登記も有効である（大判大正九・七・二三民一一七一頁）。

第六　登記請求権

〔二七〕一　不動産の上の物権を有し、または取引関係に入った者も、その物権ないし物権変動が正しく登記簿に表示されていないと、あるいはその権利は不安定のものとなり、あるいはその権利を行使することができない。不動産を買ったが移転登記を得ていない場合はその典型である。自分で新築した建物でも、他人が表示の登記をしてしまうと、それを抹消しないと自分で表示の登記をし、所有権の保存登記をすることができない。したがってまた譲渡や抵当権の設定なども妨げられる。また、売ってしまった不動産の移転登記がすまないで自分の名義になっていると、固定資産税を賦課される。人は積極・消極に、不動産物権が正しく登記簿に表示されていることと利害関係に立たされる。そして、あるべき権利関係の正しい登記に協力すべき契約上の義務のある者が任意に協力せず、もしくは正しい登記をするのに障害があり、それを支配している者が不当にその除去に応じない場合には、権利者はこれらの者に対して正しい登記への協力を求めることが認められてしかるべきである。このような一般的な権利を実体法上の登記請求権もしくは登記協力請求権、これに対応する相手方の義務を実体法上の登記義務もしくは登記協力義務と呼んでよかろう（幾代・登記請求権一頁以下参照）。このような意味での登記協力請求権は、物権の効力として認められる場合もあれば（例えば甲所有の建物の登記を乙が偽造書類を使って自己名義にしている場合）、契約の効力として認められる場合もある（通常の売買においては両種の請求権が競合し、調整が必要となるが、例えば所有権は登記と同時に移転するという特約ある売買契約や、さらに不動産賃借につき登記の特約ある場合の登記請求権など）。

　ところで、実体法上の登記請求権を登記簿上に実現するためには、登記法の定める仕組み——つまり登記法上の登記請求権——を通さなければならない。同法は、表示の登記・所有権の保存登記などを除いて、登記は、原則として登記権利者と登記義務者が共同で申請すべきものと定める（不登二六条。〔一九五〕イ参照）。登記権利者とは、登記をすることによって直接に登記簿上の利益（プラス効果）を受ける者、登記義務者とは登記することによって直接に登記簿上の不利益（マイナス効果）を受ける者であると一般に説明されている。すでに登記簿上に登記義務者が存在してはじめて登記簿上の登記権利者——登記法上の登記請求権が成立しうるということである。これを具体例について言えば、不動産が甲→乙→丙と転売されたが、まだ登記が甲にある場合には、乙は登記義務者としての適格がないから丙は乙に対して実体法上の登記請求権を有するが、登記法上の登記請求権は有しない（乙もしくは丙が甲に対してどのような請求権を有するかについては〔一三〇〕参照）。そして登記請求権という言葉を、相手方に対して登記の共同申請を求め（不登二六条一項）、両当事者の申請によって登記を実現する権利、相手方がこれに応じなければ判決を得て単独で申請する権利（二七条）という意味に用いるならば、それは右に述べた登記法上の登記請求権を指すものでなければならない。つまり、登記請求権は、実体法上の裏付けがなければならないが、さらに不動産登記法の精神と登記実務の現実に即して認められ、もしくは制約されるのである。もっとも判例は、後述のように、当事者の任意の申請では受理されない場合にも判決によって登記を実現する例外（中間省略登記の場合）を認めている（〔一三一〕ｃⅱ参照。これを不当とする学説もある。石田（喜）・物権変動論一六三頁以下）。

二　登記請求権の発生原因

〔一二八〕 (1)登記をなすべき場合は多様であり、これを統一的に説くことはいささか困難である。判例は、場合に応じて種々の理由を掲げ、いわば多元的な説明をする。すなわち、あるいは、(i)実体的な権利の変動があれば、それに応じた登記をするために、登記請求権を生ずるといい(買主は目的物を第三者に転売した後にも登記請求権を失わないのはこのため(大判大正五・四・一民六七四頁)。同様に、甲→乙→丙と転売され移転登記がされたが、所有権移転行為がいずれも無効の場合に、乙は丙に対して抹消登記請求権がある(最判昭和三六・四・二八民一二三〇頁))、あるいは、(ii)当事者間の登記をする特約によっても生ずるといい(中間省略の登記をする特約があれば、この特約に基づいて登記請求権を生ずる(大判大正一〇・四・一二民七〇三頁等))、あるいは、(iii)実体的な権利関係と登記簿上の権利関係の符合しない場合に、これを符合させるために、実体的な権利の効力として発生する(一種の物権的請求権)という(買主の売主に対する登記請求権は、買主の所有権の効力として生じ、したがって消滅時効にかからない(大判大正七・五・一三民九五七頁等))。学説には、これを支持するものもある(石田一八二頁等)。しかし、多数の学者は、一元的に説明しようと試みる(中島「登記請求権」民法論文集所収、末弘一四一頁、浅井「登記請求権について」法と経済六巻四号、舟橋・不動産登記法(新法学全集)一一四頁、我妻旧旧版〔一八〕三、柚木・高木一八四頁等。しかし、最近は一元的説明にこだわる必要はないとする説が有力に主張されている—例えば幾代・登記請求権一頁以下)。もっとも、一元的な説明を試みる学説にも、実体的な権利の効力として生ずる(一種の物権的請求権とみることになる(判例のiiiの立場))とする説(前掲の中島・末弘・浅井・我妻旧旧版等)と、実体的な権利の変動に応じて生ずるとする説(前掲の舟橋、末川等(判例のiの立場))とがある。

私は、従来、前説を主張したが、後に改めて後説を採った(判民昭和一二年度一一四四事件(我妻)参照)。けだし、登記をもって対抗要件とする——すなわち、実体的な権利の所在を争っている者(少なくとも取引関係に立つ者)の間では、登記のある者が勝つとする——わが法制の下において、実体的な権利のある者に登記請求権があると説くことは、いささか無理であるのみならず、登記をして、できるだけ、実体的な権利の変動を忠実に反映するものたらしめよう——登記法の精神もそこにある——と考えるに至ったからである。この考えによれば、登記請求権は、実体的な権利関係と登記の上の権利関係とが符合しない場合、すなわち、実体的な権利の変動を生じたのにもかかわらず、それに応じた登記がなされていない場合に、登記を実体的な権利変動の過程と態様とに符合させるために、および、実体的な権利の変動が生じていないにもかかわらず、生じたような登記がある場合に登記を実体的な権利関係と符合させるために、登記制度の理想と技術的制約の下に認められる権利である（案内Ⅲ、〔八一〕参照）。

(2)もっとも、一元的説明といい、多元的説明といっても、そのこと自体からは必ずしも大きな差を生じない。登記請求権が実質的な審査を経た判決によってその存否が判断される場合と、形式的な審査しかうけない申請手続の中で判断される場合との差異に注目しながら、類型的な整理をすることが肝要である（星野四九頁）。以下に問題になる主要な場合について述べる。実体法上の登記請求権とそれを実現するための登記法上の登記請求権との関連に注意したい。

〔一二九〕

(イ)実体的な権利変動を生じたにもかかわらず、それに応じた登記がなされていない場合

(a)甲乙間に売買が行われて、実体的な所有権の移転を生じたという事実の存する限り、乙は甲に対して移転登記請求権を有する（したがって、乙の請求権は消滅時効にかからない（乙の所有権が消滅時効にかからないから、と説く必要はない））。ただし、建物が取壊す目的で売買された場合には、登記を移転しない特約があると見るべきである（〔一四〇〕参照。大判昭和五・二・四民一三七頁—取壊後の材料、すなわち動産の売買だという）。なお、売主がかような登記義務を負う場合には、その義務は、買主をして完全な所有権を取得させるための売主の債務たる性質を帯び、したがって、代金の完済を得ていない売主は、これについて同時履行の抗弁権（五三三条。〔八四〕参照）を有する（この抗弁権は消滅時効にかからない（抗弁権の永久性））と解すべきである。

〔一三〇〕(b)右の場合に、買主乙の実体上の登記請求権は、乙が目的不動産を丙に譲渡した後にも、なお存続する。そして、これは登記を実体上の権利変動の過程に符合させることを理想とする登記法の要請の許容するところでもある。丙から甲に対して直接に移転登記をなすべき旨の請求権は当然には発生しない。けだし、甲と丙との間には実体上直接の契約関係に立たないからである。これを実体的な権利変動の過程と異なる登記を請求する権利は、当然には発生しないといってもよかろう(大判大正一一・三・二五民一三〇頁。〔一二五〕参照)。

〔一三一〕(c)ただし、実体上の権利変動の過程または態様と異なる登記をする(例えば甲→乙→丙を甲→丙として登記とする)旨の関係当事者(甲・乙・丙)間の合意はそれ自体実体法上は有効であり、当事者を拘束する。しかし、その効力の内容については種々の問題がある。

(i)第一に、そのような登記の申請が登記官によって受理されるかどうかは別問題である。先にも述べたように当事者全員が合意して所有権が甲→乙→丙と移転したという証拠書類をととのえて甲→丙の移転登記を申請しても実務上は、受理されない。甲・乙・丙三者の合意によって登記請求権の原因ないし基礎である甲→乙の売買契約を更改し、実体上甲→丙の売買とすれば甲→丙の登記は受理される。また手続的には甲→丙の売買契約書を作って手続をすれば登記官は形式的にそれに制約され、申請は受理される。そのような行為は文書偽造罪になるとした古い判決がある(大刑判大正八・一二・二三刑一四九一頁)が、後には問題とされなくなった。実務上は売買契約書を別に造らなくとも、甲→丙の登記申請書に登記原因を売買と書きその副本を提出すればそれでも受理される(ジュリ法理二〇六頁下段の青木・藤原両氏の発言参照)。

(ii)しかし第二に、丙が甲に対する移転登記請求の訴えを起し、甲・乙ともにこれを承諾していることを立証して勝訴判決を得れば（最判昭和三八・六・一四裁判集民六六号四九頁、最判昭和四〇・九・二一民一五六〇頁）、判決によって甲→丙の移転登記を実現することができる（不登二七条）。裁判所が当事者の実体関係を審理した上で出した結論を尊重する趣旨であり、権利変動過程が判決理由で認定できるから、将来丙を起点として取引関係に入る者の利益を特に害することはないと考えられるからである（東京地判昭和三六・一・一八下民一二・一・三五頁参照）。同様に、甲→乙→丙という転売によって所有権が丙に移転している場合に、丙は前々主である甲に対して登記なくして所有権取得を対抗できると解するならば、甲自身まだ乙から代金の完済を受けていないなどの抗弁権を有しない限り、甲→丙の移転登記を判決を得て実現することは可能であるが、甲・丙の申請によって実現することは認められない（丙は登記なくては甲に対抗できないとする説によれば、判決をえることも不可能である）。

(iii) 第三に、甲→乙→丙と転売された場合に、甲または乙が中間省略の登記に同意しない場合が問題である。甲が同意しない場合には任意の申請は不可能であるから、裁判によるほかはない。そして①甲・乙の間で甲が積極的に中間省略登記に同意している場合に限って丙の請求が認められるか、それとも②甲は丙の請求を拒否することはできないが、まだ代金の全部を受取っていないとか、乙との間に第三者に転売しない特約（甲→乙の登記をすませていない段階では第三者に対しても効力があると解してよかろう）がある場合など、実体上移転登記を拒否する正当の事由がある場合にだけ、丙の請求を拒否できると解すべきであろうか。後説も見受けられるが（幾代四一〇頁）、この段階では前説が妥当であろう。乙が同意しない場合にも同様に解すべきである。判例は甲・丙間で中間省略登記をする旨の契約がなされても無効であって、当事者を拘束しないとして丙の登記請求を認めない（大判大正一一・三・二五民一三〇頁）。しかし、上にも述べたように、甲→丙の登記は乙が関与しないまま申請手続を進め受理されることが手続的には可能である。そこで問題は主として乙の同意なしでなされた登記の効力を乙が争う訴え——形式的には甲↓丙の移転登記抹消の訴え——となって現れる（大判昭和八・三・一五民三六六頁）。この問題は、手続的には違法の要素を含むが、現在の登記が実体関係と符合しているならば——それを抹消して正当の手続を踏んでみても結局現在の登記に到達し、その手続の是正に関係者が特段の利益を持たない場合には——、これを是認するという一般的要請のある一場合である。判例も、中間者乙に何らの利益がないときは甲↓丙の登記の抹消を請求できないとする（最判昭和三五・四・二一民九四六頁）。なお抹消の対象となるような登記も、現に存在する限り、第三者に対する関係では、権利変動の現在の状態（丙の所有）を公示するものとして、有効と見るべきこと前述の通りである（〔一二六〕イ参照。例えば乙が丙と丁に二重に譲渡した場合の乙の同意しない甲↓丙の登記）。

(iv)第四に、中間省略登記に関連しては、所有権を丙に譲渡してしまった乙が、甲に対して甲↓乙の移転登記請求権を有するかが問題とされる（〔一二八〕に引用した大判大正五・四・一の判決参照）。甲・乙間で中間省略登記をするという合意（建売分譲住宅の請負業者と分譲者の間では、冒頭省略登記を含めて、そのような合意がありうる）がされたのでなければ、これを否定すべき理由はない。甲↓丙の登記がされてしまった場合の乙の抹消請求権の有無とは必ずしも同じには論じられない。

〔一三二〕(d)被相続人から譲り受けて所有権を取得したが、移転登記をしなかった者は、相続人に対して登記請求権をもつが、その内容は、——もし相続人が相続登記をしたときは——相続登記を抹消して被相続人からの移転登記をなすべしというのであって、相続人から直ちに移転登記をすべしというのではない（もっとも遺言が債権的効力を生ずるだけのときは別である。〔八二〕イb参照）。しかし、判例は、関係当事者に不利益なしという理由で、直接の移転登記請求を認めている（大判大正一五・四・三〇民三四四頁）。また、未登記不動産の譲受人は、譲渡人が死亡した場合には、死亡者のための保存登記はできないから、保存登記をした相続人に対しては移転登記を請求しうるのみとする（大判大正七・六・一八民一一八五頁。なお不登一〇〇条一号参照）。これらも一種の中間省略もしくは冒頭省略の登記（次段参照）である。ちなみに、生前に作成された書類によって死者名義から直接に譲受人になされた移転登記も有効とされる（最判昭和二九・一二・一七民二一八二頁）。

〔一三三〕（e）未登記不動産の買主は、売主に対して、保存登記をして移転登記をなすべき旨の請求をなしうることはいうまでもない（大判大正一五・一〇・四新聞二六一八号九頁）。ただし、表示登記のされていない不動産の買主は、所有権の取得を立証して（不登八〇条三項、九三条三項参照）、みずから表示の登記をした上で所有権の保存登記をすることができる（同一〇〇条一号）。また、譲渡人に対する判決をえたときは、これに基づいて自分で保存登記をすることもできる（〔九九〕・〔一二六〕ロ、不登一〇〇条二号参照）。したがって売主に保存登記をさせることの実際上の意義は少ない。

〔一三四〕（f）一番抵当権が被担保債権の弁済によって消滅したような場合には、所有者が、実体上も手続上も、その抵当権抹消の登記請求権を有することはいうまでもないが、一番抵当権の消滅によって順位が上昇する次順位の抵当権者も、順位上昇の事実を登記簿に公示するため実体上一番抵当権の登記の抹消請求権を認められるべきである。そして形式的にみれば抵当権の抹消登記に当っては所有権者が登記権利者であり、一番抵当権者が登記義務者であるが、先順位の登記がその実質を失った場合、次順位の抵当権者は登記の抹消について直接の登記簿上の利益を有する登記権者とみることができる（大判大正八・一〇・八民一八五九頁）。実務上もこれを認容している（昭和三一・一二・二四民事甲二九一六号民事局長電報回答）。

〔一三五〕（g）所有者が抵当権を設定して登記をした後に設定行為を取消したような場合には、その抹消を請求することができる。そして、その所有権を第三者に売渡した後にも、この請求権を失わない（大判明治三九・六・一民八九三頁、同昭和一二・一二・二八民二〇八二頁――売主の債務を履行する必要上この請求権を失わないという）。所有者が所有権譲渡行為を取消し、これによって復帰した所有権を第三者に譲渡した場合なども同様に解すべきである。

（ロ）実体的な権利変動を生じていないにもかかわらず、生じたような登記がある場合

〔一三六〕（a）甲所有の不動産について、所有権を取得しない乙のために所有権移転登記がされているときは、――それが登記官の過誤によるにせよ、または乙の文書偽造などによるにせよ――甲は、この実体関係に符合しない登記を改めて実体関係に符合させるために、乙に対する登記請求権を取得する。乙からさらに丙に移転登記がなされたときは、丙に対しても、同様に請求権を取得する。しかし、その請求権の内容は、原則として抹消請求であって、移転登記を請求することはできないと解すべきである。判例は、抹消登記、移転登記のいずれでも請求しうると解しているが（大判大正一〇・六・一三民一一五五頁、同昭和一六・三・四民三八五頁、同昭和一六・六・二〇民八八八頁、最判昭和三四・二・一二民九一頁）、賛成することができない（〔一三二〕参照。後の二つの判決には反対説が多い。判民昭和一六年度二五事件、五八事件の評釈（四宮）および同所引用の諸説参照）。もっとも、甲→乙の通謀虚偽表示による移転登記後に乙が善意の丙のために抵当権の設定登記をした場合に甲→乙の登記が抹消されると、形の上で丙の抵当権も失効することになるので、抹消のために必要な丙の同意または同意に代る判決を得ること（不登一四六条）は不可能である。このような場合には乙→甲の移転登記の便法を認めざるをえない。現行の登記簿の実態からやむを得ないとすべきか（同旨＝広中二九三頁）。

〔一三七〕（b）右の場合に、甲は、その所有権を第三者丁に移転した後にも、乙に対する登記請求権を失わない。判例は――無権代理人の譲渡した移転登記の抹消を訴求した本人が、訴訟中に所有権を第三者に譲渡した事件について――反対の見解を示した（大判昭和三・一一・八民九七〇頁――登記請求権は物権的請求権として丁に移転するという）。しかし、この見解は不当だと思う

(前の〔一三五〕の場合と区別すべき理由がない。同旨＝末川一六六頁)。ただ、かような場合に、所有権を取得した丁もまた登記請求権を有することになる。ただし、その請求権の内容は、抹消請求であって、いかなる場合にも、自分に直接移転せよと請求することはできない。

〔一三八〕 (ハ) 要するに、私は、従来、(i)登記は現在の実体的な権利状態に符合すれば足りるものであり、(ii)登記請求権は現在の実体的な権利関係と登記簿上の権利関係とが符合しない場合にこれを符合させるために法律上当然に生ずる権利だ、という前提をとり、実体上の権利を有する者は、登記をこれに符合させるために、いわば最短距離を通って、任意の態様による請求をすることができると解した(旧旧版〔一八〕一・三参照)。しかし、その後、説を改め、(i)登記はできる限り実体的権利関係の過程と態様を反映するものたらしめるべきだと考え(〔一二五〕参照)、かつ、(ii)登記請求権は、実体的な権利の変動に即して法律上当然に生ずるものと解そうとする(〔一二八〕参照)。その結果、大部分において判例と結論を同じくすることになるが(最判昭和三六・四・二八民一二三〇頁―甲↓乙↓丙と移転登記があるが取引がいずれも無効の場合、乙の丙に対する抹消請求を是認。最判昭和三六・一一・二四民二五七三頁―甲↓乙の取引が解除されたが、登記が乙にある場合に乙からの抹消登記手続の請求を認める)、ただ、登記をして実体的な権利関係に符合させようとする理想を判例より一層強く固執するために、実体的な権利の変動の過程または態様の異なる登記をなすべき旨の請求権は、当然には発生しない、と考える点で見解を異にするわけである。

〔一三九〕 (3) 登記請求権に基づいて被告に登記手続を命ずる給付の確定判決――物権変動を命ずるだけの判決では不可――を得たときは、登記権利者は、その判決によって、単独で登記をすることができる(不登二七条。大判昭和一五・六・一九新聞四五九七号九頁。登記原因を主文に示す必要はない。最判昭和三四・二・一二民九一頁)。この判決の確定によって登記手続申請の意思表示が擬制され(民執一七三条)、執行力ある正本を必要としない。ただし、反対給付のあった後に登記をなすべしとする判決の場合には執行力ある正本を必要とする（民執一七三条一項・二項参照）。なお、判例は、確認判決に基づいて移転登記をすることはできないという（大決大正一一・八・三〇民五〇七頁）。移転登記については正当だと思う（反対説が多い。右の判決に対する鳩山・加藤・山田諸氏の批評（判民大正一一年度七六事件）参照）。しかし、未登記不動産の保存登記（不登一〇〇条二号参照）をなす場合は、もとより確認判決を本則とする。不動産の表示の登記がない場合は申請書に地積、所在図、建物の図面などを添付しなければならない（不登一〇一条二項）。なお、給付判決でもよいとする古い判決がある（大判大正一五・六・二三民五三六頁）。のみならず、実体上生じていない制限物権設定の登記を抹消するためには、確認の判決で足りるというべきではあるまいか（反対＝舟橋一四〇頁）。

〔一四〇〕 (4)登記をしないという特約は有効であろうか。登記請求権は、実体的な権利変動を公示しようとする目的で登記制度から当然に生ずる権利であるから、当事者間の特約でこれを発生しないものとすることはできない。しかし、登記請求権を行使しないことによって生ずる不利益を甘受しようとする当事者の意思を認めることは、必ずしも登記制度の趣旨を紊すことにはならない。判例にはこのような合意を無効とするものがあるが（大判昭和一五・八・二〇新聞四六一七号一二頁）、右のような特約は、登記請求権を行使しないという債権的な効力を生ずるものと解すべきものと考える（同旨＝末川一四七頁）。

第七　対抗要件としての登記の効力

一　以上に述べた範囲の不動産（〔九八〕—〔一〇〇〕）の上の権利（〔一〇二〕・〔一〇四〕—〔一〇七〕）についての得喪変更（〔一一〇〕—〔一二〇〕）は、有効な登記（〔一二二〕—〔一二六〕）がなければ、第三者に対抗することができない（一七七条）。

〔一四一〕 (1)登記は、以上の範囲における不動産物権変動の対抗要件であって、物権変動の効力発生の要件ではない。この理論の最も典型的な適用を示せば、甲所有の不動産を乙が譲り受けて所有権を取得しても（所有権を取得しなければ、そもそもここにいう対抗の問題は起きない）、登記をしない間はその所有権を正当な取引関係に立つ第三者（その詳細は〔一四七〕以下参照）丙に対して主張できない。丙が甲から二重に譲渡を受けて登記をしたとすれば、丙が完全な所有者となり、乙は丙より先に所有権を取得したことを丙に対して主張しえないということである（乙から甲に対して債務不履行の責任を問いうることはいうまでもない）。そこで、この登記の対抗力については、右の例で対抗しえない（結局丙が乙に優先する）というのはどういう意味か、また、第三者に対抗しえないという、その第三者（当該物権変動の当事者以外の者、右の例の丙）とはいかなる範囲の者をいうか、の二点を吟味しなければならない。

なお、登記が対抗要件だというのは、一応有効な物権変動を前提とし、物権を得または物権による負担を免れた者がそのような変動を主張する場合についてである。したがって、例えば甲所有の不動産が甲→乙と売買され登記がされていても、その売買が無効であれば、甲はその登記の抹消を請求することができるし、さらに、その不動産が乙→丙と転売され、登記もされていても、丙に対して所有権が自己にあることを主張できる（実体法上無効をもって乙に対抗できない場合（例えば九四条二項の適用）は別問題である）。甲の所有権取得が問われているのでないから、第一七七条の対抗問題ではない。実体上の所有権に基づいて登記簿上の妨害の排除を求めることができる（〔一五五〕参照）。問題は、甲→乙の売買が取消された場合にも、取消された行為ははじめから無効だったものとみなされるから（一二一条）、無効の場合と全く同じであるかどうかである。私は取消しうべき行為も、取消までは一応有効であり、取消という意思表示によって所有権が乙から甲に復帰すると見る（〔一一二〕d参照）。したがってこの変動について対抗要件を必要とすることになる。これに対して無効の場合と同じであるとする反対説（無効説）のあることは既に述べた通りである（〔一一二〕c3参照）。これに反し、乙が甲から譲り受けた不動産を丙が不法に占拠している場合に、所有権の取得を理由に丙に対して明渡しを求める場合は、対抗問題である。もっとも互に両立しない関係にないから第一七七条にいう対抗関係でないとする説もある。しかし、不法行為者は第一七七条の第三者に該当しない――登記がなくても対抗できる――とするのが通説であるから、結論を異にしない。

〔一四二〕 (2)登記には、対抗要件としての効力だけでなく、登記されている権利の変動は一応有効に成立している――のみならず、それが本登記である場合には当該の権利変動が登記以前に生じている――と推定される、という推定力がある。また、後述の対抗の意義を狭義に解する見解の立場からは権利資格保護要件としての効力もあるとの主張もある。さらに、登記を信頼した者は保護されるという、前に述べた公信力についても、一応の検討を必要とする。しかし、それらの効力については後に述べる（〔二二九〕以下）。

二　登記なしには対抗し得ない、という意味

〔一四三〕 (1)対抗することができない、ということを理論的に構成するのに、およそ三つの説がある。(a)第一の説は、登記のない物権の変動は、第三者においてこれを否認することができると説く。右に挙げた典型的な例についていえば、丙は、自分より前に行われた甲乙間の譲渡行為の効力（所有権の移転）を――登記がないことを理由として――否認することができる。そうすると、意思表示のみによって甲乙間に生じた物権の変動（一七六条参照）は、その効力を失い、所有権は甲に復帰し、したがって、丙はこれを譲り受けることができる（末弘一五四頁、石田一〇八頁、柚木・高木二〇一頁その他多数）と説く。しかし、この説は、丙が甲乙間の物権変動を否認するというような特別

の意思表示をしないとき、ことに、甲乙間に物権変動を生じたことを知らないときなどを、説明するに適しない。(b)第二の説は、登記のない間は、物権変動は、第三者に対する関係では、効力を生じないと説く(川名一四頁)。あるいは、債権的効果だけが発生するに過ぎないと説く(近藤三六頁、山中「権利変動論」名大法政一巻三号二八八頁、川島・民法I六六頁など。不法行為者に対する関係は債権侵害で説明しようとする)。しかし、後に述べるように、登記のない物権変動も、第三者の側から、有効と認めることはさしつかえないのだから(〔一四六〕参照)、対第三者関係で物権変動として全然無効だとすることは妥当でない。第一七六条の解釈としても無理であろう。そこで、私は、(c)第三の説として、登記のない限り、物権変動は完全な効力を生じない、と説く。すなわち、権利の帰属は、――必ずしも物権に限らず、債権でも――本来は排他的なものである(一つの権利が同時に甲乙両人に帰属するということはありえない)はずだが、公示の原則の適用として対抗要件制度が採用されている限り、完全に排他性ある権利変動を生ぜず、したがって、譲渡人も完全な無権利者にはならない。いいかえれば、第一七六条は、意思表示のみによって所有権の移転を生ずると定めるけれども、次条の第一七七条(および第一七八条)によって制限され、対抗要件(登記または引渡)を備えることによって、はじめて排他的に譲受人に帰属する(同旨=近藤三六頁、ほぼ同旨=末川九五頁)。右の私見は不完全説と呼ばれることがあるが、それは誤解をまねきやすい。不動産物権が取引の対象とされた場合に、承継取得しても登記を得ていない乙は、正当の取引関係に立つ第三者に対してそれを主張することが認められず、かえって第二の譲受人が現れて登記を得るとこれに負けるので、これを現象面でとらえて不完全だと説明するのであり、一方不動産物権を譲渡しても登記を保有している甲にはそれを第二の譲受人丙に与えて、第一の譲受人乙の権利を失わせる可能性が残っているから、これを現象的にみて完全な無権利者になっていないと説くのである(舟橋一四四頁の批判は妥当とは思われない）。しかし、この説明についてあれこれの批判や違った見解が主張されている。

その一つは、物権には排他性があるから、甲と乙との両人に帰属することはなく、乙に譲渡した甲が重ねて丙に譲渡できるわけがないという。この点から出発して、登記を得た第二の譲受人丙が所有権を取得するのは登記に一種の公信力が認められるからであるとし、そこから丙の善意を必要とするとの説が主張されている（篠塚・論争民法学一一四頁、石田（喜）・物権変動論一七五頁、半田・不動産取引法の研究二五頁以下）。この後段の、善意を必要とするかどうかはともかくとして（〔一五二〕参照）、前段の考え方では、わが実定法の定める物権変動の「対抗要件」一般を整合的に理解することは不可能であろう。例えば物権変動に限ってみても、不動産に関する一七六条と一七七条の関係は、動産に関する一七六条と一七八条と全く同じであり、しかも動産については一九二条が別に公信の原則を規定しているのである。思うにこの非難の背景には、特に排他性をその特質とする物権が、対立する甲と乙とのいずれにも帰属するとなすことに対する抵抗があるのであろう。所有権に目的物の物質的ないし物理的な全面的支配を内包すると解すればそうなるでもあろう。しかし所有権の観念化した現代では無用の配慮である（於保一二六頁以下参照）。所有権をも含めて、取引関係におかれた不動産物権は登記を備えてはじめて排他的に帰属するのだと考えれば、この非難は当らない（〔一四〕・〔六一〕参照）。この点に関する民法の母法であるフランス民法（一八〇四年）では、当初意思主義の原則を規定する第七一一条（第一七六条に当る）だけがあり、第一の譲受人乙が万人に対する関係で完全な所有権を取得し、第二の譲受人丙は何らの権利を取得しないとされていた。しかし、一八五五年に取引の安全を図るために謄記に関する特別法を制定して、先に買っても謄記をしないと後から買って謄記をした者に負けることにした。これによって現実の問題として二重譲渡が可能になったのであり、わが民法は右の両原則を同時に受継したのである（このことを指摘するものとして星野四〇頁、同・民法論集二巻五〇頁以下参照）。もっともこの点に関するフランス法の沿革と理論を検討し、意思表示だけで所有権は完全に乙に移転するが、後の譲受人丙が登記を備えると、丙は法の定めによって所有権を取得し、その結果これと相容れない限度で乙は失権すると解する説もある（滝沢聿代「物権変動における意思主義・対抗要件主義の継受」法協九四巻七号一〇五四頁以下）。さらに、わが民法の解釈として、不動産の所有権の移転は、意思表示だけで生ずるが、これには第一七七条所定の「第三者」の出現を許容するという意味における法定の制限がついているのだ、という割り切った見解も現れ（広中七〇頁参照）、また登記を一種の法定証拠（債権譲渡における確定日付参照）とみる説などがある（安達「取得時効と登記」志林六五巻三号。なおこの問題および法定証拠説の解説としてジュリ法理八八頁以下参照。なおその他の諸説については原島・注民(6)二四五頁以下参照）。

(2)対抗することを得ずということの理論構成に関し、近時さかんに論議される諸説の見解の相違も、いわゆる公信力説を除けば、そのこと自体からは、実際上は、さまで大きな違いを導いているのではない。第一七七条の第三者から悪意者などを除外すべきかどうかは別個の見地から検討さるべき問題である（一五三参照）。主要な問題を挙げれば——

〔一四四〕 (イ)二重譲渡の場合に、両譲受人（乙と丙）がともに登記をしていないときは、いずれが優先するか。物権変動を生じた時の前後によって定めるという少数の説もあり、判例も以前そういったことがある（大判明治三二・四・一二民四巻二三頁、中島六八頁）。しかし、学説の多くは、両者の地位に優劣なく、どちらからも対抗しえず、——つまり、物権を取得したという主張そのものが抑えられ——早く登記をした者が優先すると解する（石田一一二頁、柚木・高木二〇四頁、末川九九頁、松坂七〇頁等）。判例もそう確定しているといってよい（大判大正八・五・二六民八九二頁、同昭和九・五・一民七三四頁、同昭和一九・一〇・六民五九一頁等）。もっとも、乙への第一の譲渡によって甲は無権利者になると強調する近時の学説によれば、丙は所有権を取得するはずがないから、先に譲り受けた乙が常に優先することになろう。しかし争いが結着しない間に丙が登記またはこれに代る措置、例えば仮登記仮処分をすれば丙が勝つことになり、あまり実益はない。

〔一四五〕　(ロ)訴訟において、登記の有無を主張・挙証する責任はいずれにあるか。物権の変動を生じたことを主張しようとする者は、自分で、それについて登記のあることまでも主張・挙証しなければ、その主張は認められないか。それとも、その者は物権の変動を生じたことを主張するだけで足り、相手方において登記のないことを主張・挙証しない限り、その主張は認められるか。

訴訟の両当事者が物権変動をどのような形で争うかによってその結論を異にする。相手方より当方の登記が優先するかどうかが争点の場合にはその主張・挙証をしなければならないことはいうまでもない。しかし、実体上物権を取得したことを主張して相手方の登記そのものが、例えば文書偽造によるもので有効要件を備えていないとか、相手方が登記に符合する実体上の権利を有していないことを争う場合には、当方の登記を主張・挙証する必要はない。のみならず、甲から二重に譲渡を受けたが共に移転登記を得ていない乙と丙の間で、乙が先に所有権を取得したと主張して争っている場合に、丙が乙の未登記を主張しない限り、乙が勝訴することとなろう（〔一四四〕参照。実質的には丙が登記の伴わない物権変動を認めたことになる（〔一四六〕参照）。乙の買ったと主張する土地の一部が自分の買った地番に属するとの丙の主張は当該の部分について乙に登記の欠陥を暗黙に主張しているのだとする判決がある（広島高裁判昭和二三・七・二一高裁民一五二頁））。このように見てくると、実体上物権の変動を生じたことを主張しようとする者は、原則としてそのことを立証するだけで足り、その者の登記のないことを相手方において主張・挙証しない限り、その主張は認められると言ってよかろう（同旨＝石田一〇二頁、末川九五頁等多数）。登記をもって効力発生要件としなかった民法の趣旨に一層よく合致すると考えられるからである。否認権説（〔一四三〕参照）をとれば、この説になることは当然であるが、相対的効力しか生じないとしても、こう解する妨げとはならない。なお、譲り受けた不動産の賃借人や、不法行為者に対する関係で、登記を必要とするかどうかは問題であるが（〔一五二〕・〔一五六〕参照）、登記がなければ対抗できないとされる場合ないしそう解する説に立っても、主張・挙証の関係では右と同様に解すべきである。この問題に関する判例の態度は一貫しないように見えるが（主張および挙証の責任が権利主張者にありとするもの――大判大正五・一二・二五民二五四〇頁、同昭和七・七・一九新聞三四五二頁。相手方にありとするもの――大判大正七・一一・一四民二一七八頁、同昭和九・一・三〇民九三頁）、具体的事案からみれば、右に述べたところと同趣旨と解される。

〔一四六〕 (ハ)登記の効力は、第三者に主張する要件であるだけである。第三者が登記の伴わない物権変動の効力を認め、例えば乙の譲受人から更に譲り受けることなどは、少しも妨げない。また、物権者としての責任（例えば相隣関係上の責任（〔二七八〕以下参照）、第七一七条の責任など）を生ずることは、登記の有無に関係しない（通説であるが、反対説もある（鈴木〔一一六〕））。ただし、例えば二重譲渡の場合に、譲受人の一人が登記を備えれば、他方については――完全に無権利者となるから――もはや、右のような効果も生じないことはいうまでもない。登記を備えた一方が他方の権利を認めることは、債権関係としてはともかく、物権的秩序の中では許されない。

三　登記なしに対抗しえない第三者の範囲

〔一四七〕 (1)第一七七条に定める第三者とは、その物権変動の当事者（例えば売主甲と買主乙、時効取得者乙とそれによって権利を失う甲。〔一一七〕参照）およびその包括承継人（甲または乙の相続人など）を除いて、それ以外の者を指すことは疑いない。しかし、それ以外の者のすべてを含むのか（後に述べる不登四条・五条の例外は除いて）、それとも、そこにも更に制限が加えられるのか、については、疑問の余地がある。学説は、最初、何らの制限を設くべきでない（無制限説）と主張した（鳩山「不動産物権ノ得喪変更ニ関スル公信主義及ビ公示主義ヲ論ズ」（民法研究二巻所収）を最も有力な主張とするが、当時の学者の多くは同旨）。これに対し、判例は、明治四一年の聯合部判決（大聯判明治四一・一二・一五（明治四一年（オ）二六九号）民一二七六頁―甲→乙と譲渡された未登記の建物を自分が建てたのだと争う丙は、乙が登記を得ていないと主張できないとする）以来、「対抗とは彼此利害相反する時に於て始めて発生する事項」であり、そのような関係にある者、すなわち「登記の欠缺を主張するについて正当な利益を有する第三者」に限り、かような利益を有しない第三者に対しては、登記なしに対抗しうるという態度（制限説）を一貫した（我妻・巡歴Ｉ（第一二話）参照）。その最も手近な理由は譲り受けた土地の不法占拠者に対してまで、登記をしなければ引渡もしくは退去を要求できないとすることに対する疑問である。そして、学説は、末弘博士の物権法（一六五頁（大正一一年））を一転機として、これに賛成し、近時の通説はこれを支持する（末弘前掲の後に無制限説を支持する者に、石田一一七頁、我妻・旧旧版一二四頁等があるが、内容において制限を認める）。学説の変更した根本の理由は、前述のように、わが法制の下において、公示の原則の理想を貫くことが不可能と考えられるようになったことに存すると思われる（〔八八〕参照）。要するに、現在の学説・判例は、登記をもって、個々の取引関係の安全を図る制度と考え、登記を要求することが不適当と考えられる場合には、登記を必要としないと解そうとしている。ただし、その登記を要求することが不適当とする場合を統一的に決定することは、甚だ困難であり、判例の前記の標準も決して明瞭なものではない。したがって、学説としては、判例とは異なる、より一層正確な標準を与えることに努力する（末弘一六五頁は二個の原則を掲げ、舟橋「登記の欠缺を主張し得べき第三者について」（加藤先生論文集所収）はこれを推及して三個の原則を掲げる）。私は、かつて無制限を主張し、ついで制限説に移り、その標準を「当該不動産に関して有効な取引関係に立てる第三者には登記なくして対抗し得ないが、その他の第三者に対しては、登記なくして対抗し得る」と説いた（旧旧版八八頁）。いまこれを改める必要を感じないが、この標準だけで正確に第三者の範囲を決定できるとは思っていない。この大きな標準の下に、できるだけ類型的な場合についての規準を示すことが必要である（多くの学説は、判例の標準を肯認した上で、一層具体的な規準を示そうとしているといってよかろう。柚木・高木二一六頁、末川一〇〇頁、於保一二八頁以下、松坂七一頁以下等）。

(2) 対抗しえない第三者

(イ) 同一不動産について、結局において互いに相容れない権利を有する者

登記制度が最も重要な作用を営む場合であって、次のような諸例が挙げられる。

〔一四八〕 (A) 物権を取得した者　(a) 甲所有の不動産について、乙が所有権を取得しても、登記がないときは、同一不動産について、所有権・地上権・抵当権その他の物権を取得した丙に対しては、乙は所有権の取得を主張しえない。丙がその取得した物権について登記をしていない場合も同様である（〔一四四〕参照）。そして、丙が登記をすれば、丙の取得した物権が所有権であるときは、乙の所有権取得は全然望みがなくなり、丙の取得した物権が地上権・抵当権などであるときは、乙はこれらの権利によって制限された所有権を取得しうるに過ぎないことになる。

(b) 右の場合に、乙の取得した権利が、地上権・抵当権その他の制限物権であるときにも登記しなければ、――丙が登記をしない間でも――丙に対してこれを主張しえないことは、全く同様である。そして、丙が登記をしてしまった後は、丙の取得した物権が、所有権であれば、乙は物権を取得する望みを失う。丙の取得した権利が地上権であれば、乙の取得した地上権は成立する望みを失い、同じく乙の取得した抵当権は地上権の制限を受けた所有権の上に成立することができるだけになる。また、丙の取得した権利が抵当権であれば、乙の取得した地上権は抵当権の実行によって覆されるものとして、また乙の取得した抵当権は二番抵当権として、成立することができるだけとなる（なお登記を必要とする物権変動として述べたところ（〔一一〇〕―〔一二〇〕）はいずれも、この理論の適用である）。地

役権の登記がない場合に要役地の譲受人は承役地の所有者に対抗できないし（大判大正一〇・一・二四民二二一頁判民一二事件（末弘））、また、要役地の所有者は承役地の譲受人に対抗できない（大判大正一〇・六・二四民一二三三頁。もっとも地役権が継続かつ表現のものである場合は未登記でも対抗力を認むべしとの主張がある（〔四九二〕参照））。

（c）右の二つの場合に、乙と丙とに二重に譲渡される間に相続が介在するとき、すなわち、乙が甲から物権を取得し、丙が甲の相続人から物権を取得したときでも、理論は全く同一である。けだし、被相続人と相続人とは、法律上全く同一の地位にあるものだからである（通説）。判例は、以前反対に解したが、後にこれを改めた（大聯判大正一五・二・一民四四頁。我妻・巡歴I（第一五話）参照）。乙が甲から死因贈与または遺贈を受けた場合でも、同様であることはいうまでもない（大判昭和一三・九・二八民一八七九頁—死因贈与に関する）。

（d）取引の対象が未登記不動産（建物）であっても同様である。例えば譲渡人甲が——譲受人乙が（保存）登記をしない間に——勝手に保存登記をして丙のために抵当権を設定したり（大判大正四・一二・三民一九七七頁、同昭和七・五・二七民一二七九頁等）、あるいは丙に二重に譲渡したり（大判昭和一〇・一〇・一民一六七一頁等）すれば、乙は、抵当権または所有権を取得した丙に対抗しえなくなる。

（e）譲渡人が全然無権利者である場合には、譲受人も権利を取得しえないから、真正の権利者は、登記なくしてこれに対抗しうること、後に述べる通りだが、無権利者からの譲受人がとくに権利を取得しうるものとされる場合には、真正の権利者も、登記なくしてこれに対抗できないことになる。例えば、譲渡人と通謀した虚偽の譲受人から善意で取得した者（九四条二項）、相手方を詐欺して取得した者から善意で取得した者（九六条三項）などは、これに該当する（大判昭和一〇・五・三一民一二二〇頁）。

〔一四九〕（B）登記の伴わない物権変動を生じた不動産について賃借権その他特定の債権を有する者　（a）丙が

賃借中の甲所有の不動産を乙が買った場合、乙が丙の賃借権を否定できる事情にあり(例えば賃借権の登記(六〇五条)も建物の登記(建物保護法一条)もない)、明渡しを求めうる場合でも、乙は登記がなくては丙に対抗できない。乙が丙の賃借権を認めて賃料を請求する場合に登記を必要とするかについては対抗問題ではないとする説が多い(〔一五二〕参照)。また甲所有の不動産について乙が所有権その他の物権を取得し、登記をしない間に、丙が甲との契約で賃借権を設定した場合には、乙丙の関係は、丙が地上権を取得した場合と全然同一に見るべきである。丙が先に賃借権について対抗要件を備えれば(〔一〇二〕・〔一〇四〕参照)、乙は後から登記しても賃借権の負担のある所有権を取得することになる(〔一四八〕a参照)。(b)のみならず、丙が単にその不動産の所有権を移転させる債権だけを取得した場合も同様に解すべきものと思う。けだし、丙の右のような債権をして実効あらしめるためには、結局乙の物権取得を否定しなければならないものであるが、乙の登記なき物権取得には債権に優先する権利をも認むべきではないと考えられるからである(〔一一九〕参照。反対=舟橋二〇〇頁)。同趣旨の判例がある(最判昭和二八・九・一八民九五四頁)。立木を買い受けて伐採した丙に対して丙より先に買い受けたと称する乙が損害賠償と伐採木材の残部の引渡を請求したのに対し、判旨は乙の明認方法の欠缺を認定し「丙が右立木の売買によりその所有権を取得したものであるとすれば勿論、立木の所有権を自己に移転させる単なる債権を取得したに過ぎないものであるとしても」、乙の取得について対抗要件の「欠缺を主張すべき正当な利益を有する第三者に該当する」として丙を勝たせた。

〔一五〇〕 (C)登記の伴わない物権変動を生じた不動産を所有する者に対する一般債権者　甲所有の不動産について、乙が所有権または抵当権を取得しても、これについて登記をしない以上、乙は、甲の一般債権者に対しても対抗することができない。すなわち、乙は登記のない抵当権に基づいて競売することはできるが(民執一八一条一項二号参照)、他の債権者が配当加入を申出でたときは、これに対して、優先弁済を受けることはできない(八五〔二〕参照)。また、乙が所有権を取得したときにも、登記をしない間に甲の一般債権者がその目的不動産を差押えれば、乙はこれに対して異議を述べることはできない(大判昭和一四・五・二四民六二三頁。民執三八条参照)。判例は、古くは右の理論を示すに当って、差押または配当加入をした債権者には、登記なくして対抗しえないと述べ(前掲明治四一年の聯合部判決は第三者の例示としてこれらの者を挙げている)、そうでない一般債権者には、登記なくして対抗しうると説いた(大判大正四・七・一二民一一二六頁)。しかし、一般債権者が差押または配当加入をしても、その債権の効力が特に強くなるのではないから、理論としては、一般債権者にも登記なしには対抗しえないといってよい(同旨＝判民昭和四年度九二事件加藤評釈、末川一一〇頁等)。その後、判例もこの考え方を採るに至った(大判昭和一一・七・三一民一五八七頁—登記のない抵当権者が債務者の当該不動産を譲り受けて債権を清算した行為を一般債権者が詐害行為として取消請求をした事件)。未登記不動産の譲渡人の一般債権者は、譲受人が登記をしない間は、自分の債権に基づいて譲渡人に代位して(四二三条参照)保存登記をすることも可能であり(大判昭和一七・一二・一八民一一九九頁—差押える目的でしたのではあるが)、譲渡人が相続の限定承認をすれば、登記のない譲受人は、もはや所有権の取得をもって相続債権者に対抗することができなくなる(大判昭和九・一・三〇民九三頁、大判昭和一四・一二・二一民一六二一頁—未登記抵当権者は相続人に対し限定相続後登記を請求しえない)。強いて、差押または配当加入をした債権者とその他の一般債権者とを区別する必要はない。しかし、これに対しては対抗を狭義に解する見地からの反対説が多い(吉原・注民(6)三三四頁参照)。

〔一五二〕　(D)以上ABCのすべてを通じて、物権取得者が登記なくして対抗しえない場合には、第三者の側で登記を備えている必要はない。実際上は、登記を備えている場合が多いので、判例は、ともすると、「しかも第三者が登記を有する以上は」、という理由を掲げる(大判大正四・一二・三民一九七七頁、同昭和四・四・一二民四一二頁、同昭和六・五・二九民三六一頁等参照)。しかし、そういう必要は少しもない（〔一四四〕参照。第三者が登記を得た必要なしと明言する判決もある。大判昭和九・五・一民七三四頁）。

〔一五二〕 **（ロ）**特定の不動産物権者の地位にある者に対して契約上の権利義務を有する者　例えば、甲の所有地上に借地権を有する乙が、その権利について対抗要件を備えているときは、その土地の所有者たる地位にある者に対してこの権利を対抗しうる。したがって、その場合に、丙が甲からその土地所有権を譲り受けて、乙に対して借地契約上の権利（地代の請求又は解約等）を主張するためには、土地所有権の取得について登記がなければならない（大判昭和八・五・九民一一二三頁、最判昭和二五・一一・三〇民六〇七頁）。この場合は、――右のイの場合のように、乙の権利取得を認めれば丙の権利が存在しえなくなるというのではなく――不動産物権が移転したという事実の確実な証明の問題である。したがって、排他的な権利の状態を登記によって公示しようとする目的からいえば、ややはずれたものともいえる。そこで、第一七七条にいう第三者を互いに相容れない本来の対立関係にある第三者に限るべきであるとする説も少なくない（舟橋・物権法一八九頁、川島Ⅰ一六八頁）。しかし、かような場合にも、登記なしには対抗しえないとすることは、乙の立場を確実にする（二重譲渡がなされ、後に丁が所有権取得の登記をすることもありうる）。したがって、判例はこれを認め（例えば、最判昭和四九・三・一九民三二五頁は賃貸地の譲受人丙が仮登記のままで賃借人乙に対して賃料の支払を請求し、不払を理由に契約を解除した事案において、丙の請求を拒けた）、学説も多くこれを支持する。登記に本来の公示方法としての機能とは異なる権利資格保護要件としての機能を認めるものであることを認識していれば何ら不都合はない。「対抗スルコトヲ得ズ」という文言はそのような意味に使われている場合が少なくないのである（例えば債権譲渡と債務者との関係につき民法四六六条以下の規定参照。なお民法四五条二項、商法二〇六条一項など）。

〔一五三〕 **（ハ）**以上すべての場合に、第三者の善意・悪意を問わない。判例も、甲がすでに目的不動産を乙に売却したことを知っていた第三者丙に対しても、乙は登記なしに対抗することはできないとする（大判明治四五・六・一民五六九頁、大判大正一〇・一二・一〇民二一〇三頁、最判昭和三二・九・一九民一五七四頁)。解除による復帰につき予告登記がしてあっても同様である(最判昭和三五・一一・二九民二八六九頁)。学説はわかれている(不問説＝末弘一五七頁以下、於保一三七頁、松坂七五頁、広中六七頁。悪意者排除説＝舟橋「登記の欠缺を主張し得べき第三者について」加藤還暦(舟橋一八三頁は緩和)、谷口「物権行為の有因・無因」民法演習Ⅱ。その他後述の登記の公信力説の諸家は当然に悪意者を排除する。例えば篠塚・論争民法学一一四頁、半田・不動産取引法の研究三頁以下、なお石田(喜)・口述物権法九〇頁以下)。

(a)近時、不問説に対する反対説が多い。その端緒は、不動産用益権の保護に対する要請にあるように思われる。例えば、建物保護法は土地の登記簿とは別個の建物の登記(建物登記簿への記載)に土地の使用権(借地権)の対抗力を与えているが、その公示力はむしろ当該土地の占有――その地上に借地人所有の建物が現存していること――の公示力に劣る。そこから、取引の目的である土地の上に借地人乙が建物を所有していることを知りながら所有者甲から買受けた丙が、建物の登記のないことを理由に土地の明渡しを求めた事例において何らかの事情が付加されると、権利濫用であるとする判例法が形成された(最判昭和三八・五・二四民六三九頁、同昭和四三・九・三民一八一七頁)。その原型は、戦後の住宅難の際に、現に借家人が居住している建物を買って自分で住む必要があるとして明渡しを求めても、借家法第一条ノ二の「正当ノ事由」に当らないとした判例法にあると思われる。甲から宅地を買い受けたが移転登記を怠ったまま現に引渡を受け、住宅を建てて住んでいる乙があるとすれば、事情は似ている。そのような事実を知りながら登場し、登記を得た第二の譲受人丙を優先させてよいかは問題である。乙を救済する法理論が在って然るべきであろう。しかし、そこから単純な悪意者をも排除するという理論を引き出すことには、にわかに賛成できない。

(b)私法上、善意・悪意は単純にある事実を知っていたかどうかに係わり、訴訟になった場合は裁判官の認定ないし判断にまかされるが、それは登記制度のもつ客観性、画一性の利点を著しくゆるがすもので好ましくない。例えば甲→乙の譲渡が甲→丙の譲渡より先であり、丙がそのことを知っていたと証言する者――極端な場合には甲自身――が現れた場合を想定すれば、それが真実でなくても丙において不知の反証を挙げることは極めて困難である。同様の紛争は債権譲渡についても起りうるが、民法は確定日付による通知を要求して、この種の紛争を絶ち切っている（四六七条二項）。丙の確定日付ある通知より以前に乙が譲り受けていることを確定日付以外の何らかの証拠によって認めることは許されない（債総〔七六三〕参照。ただし、この場合にも丙自身が、乙の債権譲受に仲介などで関与していながら、みずから二重に譲り受けて確定日付ある通知をさせたというような、背信的悪意者であれば別問題である）。不動産取引における登記は一種の確定日付でもある。この見解に対しては、第一の買主乙がすでに引渡を受けて目的不動産を占有している場合、例えば建物を所有し、あるいは立札を立てた場合には妥当しないという反論があろう。つまり第二の買主丙の単純な主観的な悪意だけでなく、客観的な事実が加わるわけで、そのような場合は事情によって丙の背信的悪意を認定すればよい。ただし立札の効果については慎重でありたい。けだし、抵当権の設定をも含めた不動産取引一般について、立札に明認方法と同様の効力を認めることは、決して好ましいことではないからである（なお、その存在そのものが、都市においては山林の明認方法などと違って中断される可能性の高いこと参照）。右の事情とも関連して、転得者丁が現われた後においてもその善意・悪意までが問題になるとしたら、不動産取引は極めて不安なものになる。単純な悪意までは争わせないことが妥当である。

（c）なお、悪意者排除説に立ちながら、社会生活上正当な自由競争と認められる範囲をこえなければ、悪意者でも保護せらるべきであるとする説もある（舟橋一八三頁、広中六七頁以下はその類型化を試みている）が、その判定の基準を立てることは背信的悪意者の認定よりも一層困難であろう。むしろ背信的悪意者の認定を通じて妥当の結論を導びくべきものと考える(一五四イB参照)。

(3)登記なしに対抗しうる第三者

登記なしに物権変動を対抗しうる第三者とは、物権変動に登記のないことを理由として、その物権変動の生じたことを否定しえない第三者の意味である。登記のない実体上の権利者が登記をした第三者の権利を争う場合が多いが、さらに広い範囲の第三者との関係で対抗の能否が問題になる。主要なものを挙げればつぎの如くである。

〔一五四〕　(イ)不公正な手段で、実質上の権利者の登記の取得を妨げた者、またはその登記に協力すべき立場にある者、その他、権利者の登記欠缺の主張を認めることが信義に反すると認められる者。

(A)不動産登記法の定める二つの場合　(a)第一は、「詐欺又ハ強迫ニ因リテ登記ノ申請ヲ妨ケタル第三者」(同法四条)である。例えば、乙が甲からその所有地を譲り受けて登記をしようとしている際に、丙が詐欺または強迫の手段でこれを妨げたときは、後に自分が二重に譲り受けて登記をしても、丙は乙に対して登記の欠缺を主張しえない。すなわち、乙が自分に優先する物権者であることを認めざるをえない(東地判昭和二八・五・一六下民七二三頁)。

(b)第二は、「他人ノ為メ登記ヲ申請スル義務アル者」。ただし、その「登記ノ原因カ自己ノ登記ノ原因ノ後ニ発生シタルトキハ」例外である(同法五条)。他人のために登記を申請する義務ある者とは、法定代理人・破産管財人・受任者などである。例えば前例で、丙が乙の法定代理人であるとすれば、乙のために登記をする義務を怠って、自分のために先に登記をしても、乙に優先しえないことになる(広島高松江支昭和二六・八・二九高民四巻八号二四七頁)。

（B）背信的悪意者　　右の不動産登記法第四条・第五条の文言は、実体上物権を取得した者の登記を積極的に妨げた者、あるいはその登記に協力する義務があるのにそれを履行しない者というように形式的に規定している。しかし右の条文の趣旨を拡張して、第三者が登記の欠缺を主張することが著しく信義に反する場合にこれを敗訴させる判例が現れた（例えば大判昭和一一・一一・一四民八九頁）。他方、社会的実態としては従前は登記をしなくとも問題にならずに過ぎてきた不動産の権利関係——例えば借地上の建物でも登記をしていない（したがって建物保護法の適用を受けない）ものが圧倒的に多かった——が戦後の混乱期に新しい所有権取得者にその地位をゆすられる事例が頻発するに至った（〔一五三〕参照。借地ではあるが自分の建物に住んでいるから安心だと思っていた借地人が新しい土地所有者に追い立てをくったのである）。下級審の裁判官は、建物の登記を怠った借地人を救うために権利濫用とか信義則違反などの法理を採用する苦労を強いられた。このような背景の下で最高裁は「登記の欠缺を主張するにつき正当な利益を有しない場合」とは、不動産登記法第四条・第五条に該当する場合「その他これに類するような……信義に反する」場合であると判示した（最判昭和三一・四・二四民四一七頁）。そして、一般市民が住宅問題を契機に不動産取引関係に入ることが多くなったこともあってか、昭和四〇年代に入ると「民法第一七七条にいう第三者については、一般的にその善意・悪意を問わないものであるが、不動産登記法第四条または第五条のような明文に該当する事由がなくても、少なくともこれに類する程度の背信的悪意者は民法第一七七条の第三者から除外さるべきである」と判示するに至った（最判昭和四〇・一二・二一民二二二一頁）。その後も同趣旨の判決が繰り返され、判例法として確立し、学説もこれを支持する（すでに従前から信義則に反する第三者を除外すべしとする主張があったことにつき舟橋一八二頁以下参照）。そこでどのような状況があれば第三者が背信的悪意者と認められるかの判定基準ないし類型的把握が問題になり、これに関する研究も進められている（吉原・注民(6)三三六頁以下、北川「民法一七七条の第三者から除外される背信的悪意者の具体的基準」判例評論一二〇号―一二三号、深谷「背信的悪意者と対抗力」不動産登記講座Ⅰ一八九頁以下、松岡久和「判例における背信的悪意者排除論の実相」現代私法学の課題と展望(中)六五頁以下）。

甲↓乙の取引について未登記、甲↓丙の取引が行われて丙が乙の未登記を主張する場合に例をとると、第三者丙の側に存する事由として、①丙が甲の配偶者・父母・子など親族または類似の関係にある場合、②丙が甲↓乙の取引ないし紛争に仲介者その他の役割で関与した場合（最判昭和四三・一一・一五民二六七一頁）、③丙に害意ないし禁反言の事情がある場合（最判昭和四三・八・二民一五七一頁―悪質の関与で害意が認められる）、④甲の乙に対する登記義務の不履行に丙が加工している場合、などが挙げられる。また乙の側に存する事由としては、乙がすでに所有者として現実に不動産を占有し使用していること、丙がそれを知悉していることも重要な判断資料となろう（〔一五三〕参照。広中一〇一頁以下はこの点を強調する）。

（C）転得者の場合　登記の欠缺を主張できないとされる右の二つの場合を通じて、その登記についてさらに第三者が関与したとき、例えば上記の丙から譲り受けて移転登記をした丁があるとき、乙はこの丁にも登記なしに対抗しうるであろうか。丙が実体上の権利を得たと認められ（乙、丙ともに登記を得ていない状態を考えよ）、ただ乙と登記の先後を争う事案において登記を得るに当って信義に反する行為があり、そのために、乙に対抗できない場合――つまり民法第九〇条の適用ではなく第一七七条の対抗要件の半面で敗れた場合――には、丙から実体上の権利を得、かつ実体関係に符合する移転登記を得た転得者丁は第一七七条の第三者に該当することは疑いない。上記の不登法第四条・第五条の場合はこれに当る。これに反し、背信的悪意者という概念は事情によっては、甲↓丙の実体上の権利移転が公序良俗に反して無効とされる場合を含む可能性がある。そのような場合は丁は、つぎに述べる実質的無権利者に該当するとみるのが妥当である。

〔一五五〕（ロ）物権を有することを主張する者と相容れない権利を有するような外形があるが、実体上何ら真実の権利をもたない者、一般に実質的無権利者と呼ばれる。

（a）登記そのものが違法になされた場合　甲所有の不動産について、丙が文書を偽造して移転登記をなし、これをさらに丁に譲渡して移転登記をしたような場合には、丁は所有権を有するような外観を呈するけれども、――登記に公信力がない結果、丁はたとい丙の登記を信頼して買ったのだとしても――丁はその不動産の上に何らの権利を取得しない。実質的無権利者である。したがって、甲は丁に対して、所有権を主張することができる。かような場合には、甲に――丁に対して所有権を主張する前に――まず登記をせよと要求することは不可能である（〔一二二〕参照）。甲所有の未登記建物について丙が違法に自己名義の表示の登記ならびに保存登記をして丁に譲渡した場合でも同様である（この場合には保存登記そのものが無効であるとする説もある。しかしその抹消をしないと甲の表示の登記ならびに保存登記はできないから実際上差異はない）。もっともこのような場合に甲は丙に対してだけ所有権を主張することができ（当事者だから）、丁に対しては、丙をして主張させるかまたは丙に代位して主張することができるだけだと解することもできる（徹底した無制限説をとる鳩山前掲〔一四七〕はかように説く。しかし、石田一一七頁、我妻旧旧版一二八頁は甲の直接の主張を認める）。けれども、判例および通説は甲は登記なくして丁に対抗できると解する。もっとも、近時は甲と丁は対抗関係になく甲からの別の譲受人乙が現れてはじめて乙と丙との間に第一七七条の意味における対抗関係が生ずると見る説が強く主張されている。その見解によっても乙から見て、丙も丁も実質的無権利者であり、乙は登記がなくてもこれに対抗して権利を主張できると解される。

（b）処分権限のない者によって処分された場合　右と同様の理論により、相続欠格者（八九一条参照）から相続財産中の不動産の譲渡を受けて登記した者（大判大正三・一二・一民一〇一九頁）、遺言で廃除された者から――廃除の判決の確定する前に(八九三条参照)――譲り受けて登記をした者(大判昭和二・四・二二民二六〇頁)などに対しては、真正の権利者(相続人または相続人からの譲受人)から相続による権利の取得を――登記なしに――対抗することができる(大判大正九・一一・二五民一七九四頁。なお回復のための登記(移転登記でもよいか)につき〔一三六〕参照)。

(c)契約が無効であり、または取消された場合　右に述べたところは、甲↓丙の移転登記が甲丙間の売買契約の履行として為されたが、契約に瑕疵があって無効であり、または有効に取消された場合にも同様であろうか。甲と丙との関係では肯定すべきである。しかし丙からの譲受人丁が現れた場合には、特に取消の効果に関連して学説は大きく分かれる。本書は、無効と取消とを区別し、取消は一度生じた物権変動の遡及的復帰であるから、取消の後に現れた丁とはいわば二重の譲受人と同様の関係に立ち、登記をしなければこれに対抗できないと解する立場をとった(詳しくは〔一一二〕イ参照)。その限りにおいて丁は実質的無権利者ではない。

なお、甲から同一不動産を別途二重に譲り受けた乙が丙もしくは丁と所有権の帰属を争い、丙が先に登記を得た場合でも、上記のような甲↓丙の譲渡行為の実体上の瑕疵を理由に丙もしくは丁を実質的無権利者であると主張することはもとより可能である。ただし、甲自身にその瑕疵を主張できない事由(例えば九五条但書・九四条二項・九六条三項など)があれば、乙も丙もしくは丁を実質的無権利者であると主張することは許されないと解される。

(d)登記手続の過誤によって登記名義人となった者、またはそれらの者からの転得者　甲から丙の取得したのは土地Aであるのに土地Bについて登記がなされ、それに基づいて第三者丁が丙からさらにその土地Bを譲り受けて移転登記をしたような場合にも、登記に示された土地の所有者甲は、丁に対し、その土地が自分の所有であることを主張することができる(大判昭和一〇・一一・二九民二〇〇七頁、同昭和一三・七・七民一三六〇頁)。一筆の土地の一部の所有権を譲り受けたのに誤って全部についての移転登記がなされ、それが第三者に譲渡されて同様の移転登記がなされた場合にも、残部の土地の所有者は、その部分について同様の権利を有する(大判昭和一三・七・七民一三六〇頁)。

(e)被担保債権の消滅により失効した抵当権の登記を得た者　被担保債権が弁済その他の事由で消滅した場合には、抵当権の付従性により登記の抹消の有無に関係なく抵当権は消滅する。したがってその後にその移転登記(付記登記)を得た者に対して、設定者は、抹消登記がなくとも抵当権の消滅を対抗できる。被担保債権と抵当権が甲→丙と譲渡された後に、債務者乙が甲に弁済した場合でも、被担保債権の譲渡について対抗要件(通知または承諾。民四六七条)をふんでいなければ丙は乙の弁済を否認できないから、乙は登記がなくても抵当権の消滅を丙に対抗できる(大判大正一〇・三・一二民五三二頁)。丙からの譲受人丁に対しても同様である(大判昭和七・七・二三新聞三四四九号一四頁)。被担保債権消滅後にその債権の譲受人に対して債務者が異議を留めない承諾をした場合には債務者は譲受人に対して債務の消滅を対抗しえない(民四六八条一項)から、抵当権についてもその消滅をもって対抗できないかの問題を生ずる。一たん消滅した債権が復活する——したがって抵当権も復活する——ことになるので、物上保証人、被担保不動産の第三取得者、後順位抵当権者、差押債権者などの利害関係人との間に困難な問題を生ずる。債権消滅以後その復活までの間に新たに権利関係に入った第三者に対する関係では抵当権は復活しないと解される(詳しくは債総〔七五九〕d参照)。

〔一五五ノ二〕　**(ハ)**民法第九四条二項の類推適用による例外

(A)以上見て来たように登記が不動産物権変動の有効要件ではなく対抗要件とされていることから、また登記に公信力がないことから、実体上の物権変動が登記簿に公示されず、あるいは登記簿上の変動が実体を伴わず、そこから関係者が不測の損害を被る場合が起る。そのうち、甲→乙と実体上所有権の移転があったのだがその登記をしないために、第二の譲受人丙が現れた場合は、第一の譲受人乙が権利の取得を登記によって公示することを怠ったのであるから、丙に対抗できなくてもやむを得ない。正に第一七七条が予定した結果であり、これによって間接に登記の励行がはかられているのである。これに反し、実体上は甲の所有であるが、登記簿上は乙名義となっている不動産を丙が乙から善意で譲り受けて移転登記をしても、登記に公信力を認めない民法の下では、丙は実質的無権利者であり、甲に対抗することはできない。しかし、丙が不実の登記を信頼したというだけでなく、甲の側に自分の権利の存在を登記に如実に公示することを怠り、かつ、乙の権利として公示されていることに何らかの意味で有責である場合には、丙を保護することが妥当であろう。同じ趣旨の規定は民法の中に幾つかある。重過失による錯誤につき表意者に無効の主張を認めず(九五条但書)、欺された者の失態に着目して善意の第三者を保護し(九六条三項)、他人に代理権を与えた者に代理権が消滅した場合の然るべき措置を期待して善意の第三者を保護する(一一二条。一一〇条も権限外の行為をするような代理人を選んだ責任の意味がある)など。そして最も典型的なのが虚偽表示に関する第九四条二項である。何らかの理由で甲が乙と通謀してその所有不動産を登記上乙名義に移しても無効であるが、乙からその不動産を譲り受けて登記をした善意の丙に対しては、その「無効ヲ以テ」対抗できない。ところで、これを上記の諸規定と比較してみると、その本旨は禁反言(estoppel)であり、善意の丙に対する関係では乙が甲と通謀しているという要件は必ずしもこれを厳しく解しなければならないものではない(九四条一項にいう「通謀」は、相手方との関係においては、真意でない意思表示を原則として有効とする九三条(心裡留保）と異なり、常に無効とする要件として加えたものと解される）。そこで、甲が自己の所有する不動産を乙名義で登記をした場合に、それについて社会観念上何らかの責めらるべき事情があれば、その登記を信頼して取引関係に入った丙を保護するという考えが生れて来るのは、自然の成行きとも言えよう（この点につき〔六六〕・〔一五五〕・〔二二九〕参照）。されば こそ、近時判例はいろいろの局面で第九四条二項の類推適用を認めるに至り、学説はこれを支持しているのである（甲→乙→丙と譲渡されたが甲→乙が取消された後に現れた丙と甲の関係を甲対丙の対抗関係でなく九四条二項の類推適用理論で解決すべしとする説については先に述べた。〔一一二〕参照）。もっとも、これは実体法上の救済理論であって、登記の公信力そのものではないことに留意すべきである。以下にその内容を類型別に考察する（これについて川井「民法九四条二項類推適用論」ジュリ法理八頁以下は判例・学説の詳細な分析をした好文献である）。

（B）判例に現れた事例を類型別に示せば、

（a）不動産取引に関連する第九四条二項適用の典型的な例は、甲が債権者による差押を免れるために、乙と共謀してその所有不動産を乙に譲渡したと虚構して登記を移転したところ、乙がこれを善意の丙に転売してしまった型である。同条の類推適用は、当然のことながら、右の要件のどれかが欠けているか、微弱である場合に起る。甲→乙が通謀で仮登記をしたのに、乙が本登記にして丙に売却した場合のように、乙の背信行為が介在する事件も多いが（最判昭和四三・一〇・一七民二二八八頁、最判昭和四七・一一・二八民一七一五頁など）、これはむしろ第九四条二項（例とえば一一〇条）の適用であって、類推というほどのことはあるまい。

（b）甲が第三者から不動産を買い受けるに当って乙に代金を渡したところ、乙は乙名義で登記し、これを善意の丙に譲渡して移転登記をしてしまった（最判昭和二九・八・二〇民一五〇五頁―原審で甲勝訴したが、甲がそれを承認していたかどうかを調べよという）。未登記建物の所有者甲が、金融のため乙の承諾のもとに乙名義の保存登記をした場合（最判昭和四一・三・一八民四五一頁）も右と同様の型とみてよかろう。

(c)右のaと同様の事例で甲はその子乙の承諾なしに、将来の相続税を免れる目的で乙名義で移転登記を受けた。後に乙が悪意の第三者丙に譲渡、さらに善意の丁が転得(最判昭和四五・七・二四民一一一六頁)。乙への移転登記だけみれば、乙との共謀の要件が全く欠けている点で、従来の判例の枠を超えている。

(d)甲はその所有建物を家屋台帳上養母の名義とすることを許容したが、養母は身寄りの乙名義で登録した。乙が台帳をもとにして保存登記をして丙に譲渡し、移転登記をすませた。丙勝訴(最判昭和四五・四・一六民二六六頁)。登記に関する限り、甲は関与していない点で、上述の判例と異なる。

(e)不動産所有者甲女に無断で甲→乙の移転登記がされ、甲は翌日これを知ったが四年間放置した。その間甲乙は同居、結婚し、甲は乙名義のままの不動産に根抵当権を設定して借金したこともある。乙が目的不動産を丁に譲渡(最判昭和四五・九・二二民一四二四頁)。甲が甲→乙の登記に全く関与していないが、後に追認に類する行為があり、かつ四年間放置した点で特色がある。

(f)甲女は、その所有する未登記建物が固定資産課税台帳では夫の乙名義に登録(区役所職員の職権による)されていることを承知しながら納税し、八年間そのまま放置していた。乙の債権者丙が強制執行を申し立て記入登記をした。丙勝訴(最判昭和四八・六・二八民七二四頁)。甲女が登録に関与せずただ乙名義で納税しながら放置したことが承認とみられたこと、乙も何ら、積極的に関与せず、乙丙間の取引はなく丙は差押債権者である点で特異の事例である。ただし、単なる長期の放置をもって承認とみた判例と解することはできない。

(g)甲は乙から不動産を買い受けたが、所有権移転登記をしないで抵当権設定と仮登記担保の登記をした。乙は当該不動産を丙に譲渡して移転登記を済ませた。甲は丙に対して所有権を主張できない（最判昭和四五・一一・一九民一九一六頁）。一種の二重譲渡型である。

〔一五六〕（二）不法行為者

（a）不法行為者は不動産に対する侵害者であり、取引の当事者として登場するわけではない。例えば、甲がその所有地に育成した立木を何らの権限なしに伐採した丙に対して、所有権の侵害による不法行為の責任を問うためには、立木の登記または明認方法を必要としないことはいうまでもない。そこには物権変動を対抗するという関係がない。乙が甲の所有地を立木ごと譲り受けて移転登記をしない場合は、甲→乙の権利変動を不法行為者に対抗するという第一七七条の半面の適用が考えられ、かつ上記Bの場合と異なり、登記を要求することが可能である（もっとも不法行為によって不動産が滅失した場合は別だが）。しかも、不法行為に基づく損害賠償請求権の帰属を決定することが問題なのだから、前記の、当該不動産について契約上の権利義務を有する者に対する場合（〔一五二〕参照）に類似する。したがって、その場合と同様に、登記を必要とすると論ずる余地がある（鳩山前掲、我妻旧版四七頁参照）。しかし、登記をもって不動産物権取引の安全を図る制度と解するならば――第三者を有効な取引関係に立つ者に限るべきで――、不法行為者に対する関係にまで登記を要求することは妥当ではあるまい。判例（大判昭和二・二・二一新聞二六八〇号八頁、同昭和六・六・一三新聞三三〇三号一〇頁）および近時の通説は、右のように解する。もっとも、近時、不動産物権者と不法行為者との間には、真の意味の対抗問題はないという見地から、所有者が不法行為者に対して損害賠償を請求するのに登記を必要としないのは当然であるとする説が主張され（於保一三一頁）、これを支持する学者も少なくない。いずれにしても不法行為者に関する限り結論にかわりはない。なお、不法行為者が登記簿上の所有者を真の所有者と誤信し、これに対して損害を賠償するときは、多くの場合、債権の準占有者に対する弁済として保護されるであろう（四七八条）。

（b）右の理論を推及するときは、建物を新築したが未登記の所有者はもちろん、譲り受けによって不動産所有者となった者が、その不動産の不法占拠者に対して明渡を請求するには、同じく登記を必要としないことになる（大判大正九・四・一九民五四二頁、同昭和六・三・三一新聞三二六一号一六頁、最判昭和二五・一二・一九民六六〇頁等）。

（c）なお、不法行為に関連しては所有権が甲→乙と譲渡されたが登記がまだ甲にある状態で、不動産たとえば建物の存在もしくは設置・保存の瑕疵に関連して、その撤去義務もしくは第七一七条の不法行為上の損害賠償義務が発生した場合に、登記と責任者との関係が問題になる。例えば、第三者X所有の土地に何らの権限なしに建物を有する甲がそれを乙に譲渡したが移転登記をしていない場合に、不法占拠の建物の収去・土地明渡および不法占拠による損害の賠償の責任を負うのは甲・乙のどちらであろうか。判例は、甲は乙への移転登記をしないでも、建物の所有権は乙に移っていることを対抗することができる――したがって、土地所有者の明渡請求および不法占拠に基づく損害賠償の請求に対して、不法占拠者ではないと主張することができると判示して、甲の主張を認めた（大判大正九・二・二五民一五二頁、同昭和一三・一二・二民二二六九頁。なお最判昭和三五・六・一七民一三九六頁参照）。明渡請求の相手方は建物を処分する実質的所有者でなければならないという趣旨であろうが、甚だ疑問である。Xが登記のない譲受人乙を不法占拠者と認めることは、もとより妨げないが、建物による不法占拠者は占有者ではなく現に建物の登記を保有する甲であると認めることもできるというべきではあるまいか。甲が建物を丙に譲渡して登記をすれば乙は遡って所有者たる地位を失う。甲はそのような処分権を保有しているのである（判例支持＝舟橋一九九頁、柚木・高木二三四頁、水本・ジュリ不動産取引判例百選（増補版）五七頁、判例コンメ二二六頁（児玉））。

土地の工作物の設置・保存に瑕疵があって他人に損害を被らせた場合に、所有者として無過失責任を負うのは、当該の土地を売ったがなお登記を保有する売主甲か、買主乙かが問題になる。右に不法占拠について述べたところに準じて同様に解すべきである（鈴木〔九〇〕以下は所有権の段階的移転説を取るが、責任については登記のみを基準とすべしという。同・物権法の研究一一九頁）。

〔一五七〕

四　対抗力を生ずる時期

登記によって対抗力を生ずる時期は登記の時と解すべきである。ただし、判例は一貫せず、競売による所有権の取得（大判昭和一二・五・二二民七二三頁。〔一一四〕参照）、買戻権の相続による承継（大判昭和一一・四・四民五九九頁）などについて、ある程度の遡及的効力の生ずることを認めた（前者は競落許可決定から登記までの間に現れた第三者に対する関係で競落許可決の時まで（しかし、今は競売開始決定があれば直ちに差押えの登記が嘱託される（民執四八条）から遡及の問題は起きない）。後者は相続人が買戻しの意思表示をした後に相続登記をした場合にその意思表示の時まで）。しかし、不動産譲受人の賃借人に対する解約については遡及効を認めない（最判昭和二五・一一・三〇民六〇七頁—移転登記前の解約の意思表示は移転登記をしても有効とならないという）。

五　仮登記の効力

仮登記をなしうる場合については先に述べた（〔九七〕ロ）。ここにはその効力について述べる。

〔一五八〕

(1)本来の効力

(イ)順位保存の効力　(a)「仮登記ヲ為シタル場合ニ於テハ本登記ノ順位ハ仮登記ノ順位ニ依ル」（不登七条二項）。この順位保全が仮登記の効力の本体である。甲所有の不動産について甲→乙の売買契約が締結され、乙のために所有権移転の仮登記がされた場合にも、——不動産登記法第二条一号のいわば手続補完のための仮登記（以下一号仮登記という）であっても、二号の請求権保全の仮登記（以下二号仮登記という）であればむしろ当然に――甲は所有権移転の登記につき登記義務者たる資格を失っていない。したがって、同一不動産につき甲→丙の譲渡契約に基づく、移転登記の申請があれば受理される。その結果、乙の仮登記と丙の本登記とが併存することになる。このような状況の下で、乙の仮登記が本登記に改められると（その手続については〔一五八〕2b参照）、その本登記は仮登記と同じ順位となる。つまり、甲→乙、甲→丙の二重譲渡において、乙が先に登記をしたのと同じ結果になる。不登法第七条二項は一号仮登記と二号仮登記とを区別せず同じ効力を認めているのである。

右の仮登記から本登記になった場合の本登記の順位は仮登記の順位によるという関係は、乙の仮登記と丙の本登記が、右に例示したように、所有権と所有権の場合だけでなく、所有権と制限物権、制限物権と所有権、制限物権と制限物権というどの組み合せについても同じく認められる。例えば乙の所有権の仮登記と丙の地上権の本登記の場合は、乙の所有権の本登記によって丙の地上権は失効する。乙の地上権の仮登記と丙の所有権の本登記の場合には、丙の所有権は地上権の負担付になる。乙の抵当権の仮登記と丙の地上権の本登記の場合は、乙の抵当権が本登記とされ、それに基づく競売があれば、丙は地上権をもって競落人に対抗できない。乙の地上権と丙の抵当権の場合には、丙は地上権の負担のある土地につき抵当権を得たことになる。最後に乙の抵当権の仮登記と丙の抵当権の本登記の場合には丙の抵当権は乙の本登記に優先されて順位は遅れるが、その効力を持続する。

この順位保存の効力について、本登記の対抗力が仮登記の時に遡って生ずるのか、それとも単純に本登記の順位だけが仮登記の順位によるのかで、判例・学説が分かれている。かつては、「仮登記の順位による」というのはそれが本登記に直されると仮登記の時になされたものと見なされる——対抗力が遡及する——と解するのが判例(一号仮登記につき大判大正三・一二・一〇民一〇六四頁、二号仮登記につき大判大正一一・六・二三新聞二〇三〇号一八頁など)であり(対抗力遡及説)、これを支持する学説もあった(末弘一三七頁)。しかしその後、二号仮登記の場合には、仮登記の時にはまだ物権変動が生じていないはずであるから、対抗力の遡及は「早くとも請求権の実現せらるべかりし時(すなわち義務履行期)」ないし物権変動の生じた時期までであるべきだ、ということが意識されるに至った。しかし、丙への中間処分が義務履行期前であっても、本登記に抵触する範囲で効力を失うと解する点は変更されず、その理由は、第七条二項が一号仮登記と二号仮登記とを区別せず規定していることを背景にして、請求権保全の仮登記が本登記の対抗力を超えて「当該請求権の実現を可能ならしむる素地を予め成し置く」という効力を有するものだからである、とされた(リーデング・ケースとしては大判昭和八・三・二八民三七五頁参照)。その後の判例もおおむねこれを踏襲している(大判昭和一二・二・二六民一七六頁、最判昭和三一・六・二八民七五四頁など。同旨＝石田二〇四頁)。

右の対抗力遡及説による二号仮登記の少しく技巧的な説明に対して、近時は本登記の順位だけが仮登記の順位によるとする説(対抗力非遡及説)が有力となった(本書の旧旧版一〇七頁〔一五九〕、杉之原・不登一二一頁、林八七頁、於保七八頁、柚木・高木二六一頁。幾代三九一頁以下は昭和三五年の不登法改正後、承諾の引きのばし(後ロb参照)を考慮して態度留保)。最近の判例は対抗力の遡及という言葉を避けているように見えることが指摘されている(最判昭和三六・六・二九民一七六四頁、同昭和三八・一〇・八民一一八二頁、川島一郎・注民(6)三五三頁参照)。しかし、なおつぎに述べる丙の登記から乙の本登記までの期間に丙のなした目的不動産の使用・収益に関連しては、問題が残っている。

(b) 右に述べた対抗力遡及説と同非遡及説の対立は、丙が登記(A時点)と同時に目的不動産の引渡を受けて使用・収益を継続した後に、乙が仮登記を本登記にした(B時点)場合に丙はその間の使用・収益の利得を保持できないか――乙の本登記による甲→丙の処分の失効の効果も遡及するか――につき、相反する結論をもたらす。対抗力遡及説によれば、一号仮登記の場合には乙は仮登記の時に遡って丙に対抗できるのであるから、丙は遡って所有者でなくなり、得た利得を乙に返還しなければならないことになる。二号仮登記の場合には、まだ請求権にすぎない仮登記の時まで遡らせるわけにはいかないから、丙は義務履行期ないしは物権変動の生じた時期以後の利得を乙に返還しなければならないことになる(一号、二号を区別していない不登法七条二項にかかわらず、このような区別を認めねばならないところに遡及説の弱点がある)。これに反し非遡及説によれば、乙は本登記をしてはじめてその時点で丙に対抗できるのであるから、本登記以前の丙の利得、例えば第三者に賃貸して得た賃料の返還を求めることはできないのは当然である。判例も同じ結論を出している(最判昭和三六・六・二九民一七六四頁―不法行為を理由とする甲の賠償請求を拒ける。最判昭和五四・九・一一判時九四四号五二頁―仮登記を得た乙は本登記までは所有者でないし、本登記を得た丙は乙の本登記までは権原に基づいて占有したのだという)。これは、甲→乙、甲→丙の二重譲渡があり、ともに登記を得ていないが、丙は引渡を受けて目的不動産を使用・収益していた場合、後に乙が登記を得ると丙は乙に対抗できなくなるが、その時までの使用・収益は不法行為にも不当利得にもなるわけではないのと同じ論理である。同様の関係は、他人の所有地上の甲所有の建物を買い受けて一号仮登記をした乙と、その後に同一建物を買って登記をし、丁に賃貸していた丙がある場合にも起る。乙の仮登記が本登記になった場合に、本登記までの賃料は遡及説によれば乙、非遡及説によれば丙に帰属する(大判昭和一二・二・二六民一七六頁参照。乙はこの場合の登記は民法第五七五条の「引渡」に該当すると主張し判旨はこれを否定する。しかし、仮登記の対抗力の非遡及によって判断すべき事件であった(判民一四事件川島評釈))。

(ロ) 本登記のための効力――本登記の手続

（a）昭和三五年以前の判例　仮登記の右に述べた順位保全の効力が現実のものになるためには、それに基づいて本登記がされなければならない。甲↓乙の売買による請求権保全の仮登記がある不動産が、甲↓丙と二重に譲渡されて登記をした例について考えれば、乙は甲に対して契約上の条件がととのえば所有権移転の本登記を請求する権利がある。これは仮登記の効力というよりは、契約その他の実体上の権利に基づく請求権である。ところがそれが実現すると同一の不動産につき所有権の登記が二つ併存することになる。そのような理由もあってか判例は、最初は、所有権移転の本登記（上記の例について言えば丙への本登記）をすることによって登記簿上登記名義人たる地位を失った甲は、乙の本登記に協力する資格がない、という前提をとった。そこで、かような場合には、乙は仮登記のままで――もちろん仮登記を本登記にする条件が充たされた上で――丙に対していきなりその本登記の抹消を請求することができると解し、それをした上で、あるいは、少なくともそれと同時に、甲を登記義務者として、その協力の下に仮登記を本登記に改むべきものだと判示した（大判大正四・五・一四民七五六頁、同大正六・九・二〇民一四四五頁、同昭和三・七・二八民六三五頁等）。また、右の例で、乙の仮登記が制限物権（地上権、抵当権など）の設定である場合には、丙は甲の登記義務を承継するものと解し、乙は丙をして本登記に協力させることができるとした（大判大正四・五・一四民七五六頁、同昭和六・四・一八新聞三二六六号七頁）。ただ、乙の仮登記が所有権の取得であるのに、丙の本登記が制限物権の設定である場合には、甲はなお登記簿上の名義人たる地位をもっているから、乙はまず甲に対して本登記の協力を求めてその仮登記を本登記に改め、しかる後に――あるいは、少なくともそれと同時に――丙に対して、その本登記の抹消を求めなければならないとした（大判大正九・七・一〇民一〇六〇頁）。しかるに、判例は、その後見解を改め、甲は丙に所有権移転の本登記をした後にも、なお乙の仮登記を本登記に改めることに協力する資格を失わないと解し（大決昭和七・八・五新聞三四五三号一五頁）、乙は常にまず甲に対して本登記を請求しうると判示するに至った（大判昭和八・二・一七民二三七頁）。さらに、仮登記権利者は、そのままでその後になされた本登記の抹消——場合によっては更正、または協力——を請求することもでき、また本来の登記義務者に対して本登記に協力することを請求することもでき、そのいずれを先になすも自由だとするのが判例の態度だったと思われる（大判昭和一〇・四・九新聞三八三五号一七頁参照）。

（b）不動産登記法の改正　学説は必ずしも右の判例理論を支持していなかったが、問題は昭和三五年の不動産登記法の改正に当って立法的に解決された。すなわち、所有権に関する仮登記に基づいて本登記を申請する場合には、登記権利者乙と登記義務者甲の共同申請、またはそれに代る判決による乙の単独申請によることを当然の前提として、その登記について登記上利害の関係を有する第三者丙があれば、申請書にその承諾書またはこれに対抗することのできる裁判の謄本を添付することに明定された（一〇五条一項・一四六条一項前段）。そして乙のために本登記がなされたときは、丙の登記は職権で抹消される（一〇五条二項）。この立法措置によって、所有権の仮登記権利者乙に、仮登記のままで中間処分により所有権その他の権利を取得した丙に対して本登記申請への同意を求める権能を認めることとなった。手続は明確になり、登記簿の記載に混乱が生ずることもなくなった。しかし、他方で利害関係人丙に、同意を拒否することによって乙の本登記を遅らせる——その結果本登記まで目的物の使用・収益の利益を収める（上記イb参照）——可能性を与えることとなった（不当に承諾を拒む者に不当利得の返還義務を認めるべきか）。右の改正は所有権の仮登記についてのみ規定している。甲→乙の仮登記が制限物権（例えば地上権・抵当権）の場合には、それが本登記になっても丙の所有権その他の権利を抹消するのは過ぎたるもので不当であり、両者は併存しうるからである。もっとも、乙の仮登記も丙の本登記も抵当権の場合には、乙の仮登記が本登記になれば丙の抵当権より先順位になるだけのことであるが、両者が地上権の場合には両者は併存できないから第一〇五条を準用すべきである。

〔一五九〕 (2)仮登記のままでの効力

仮登記は、いずれにしても、本登記の順位保全という効力をもつだけである。これに基づいて物権変動そのものを第三者に対抗することはできない。しかし、本登記をすることによって優位の順位に立てるという可能性は、合理的な範囲で顧慮されて然るべきである。その意味での積極・消極の効力につき検討する必要がある(担保〔五六〕参照)。

(イ)一般の仮登記の効力

(a)仮登記権利者は本登記をするまでは目的不動産の上に物権的支配権を有しないのが原則である。したがって、実体上所有権を取得しても、正当な取引関係に立つ第三者に対して、仮登記を根拠に所有権確認の訴訟を提起できないし(最判昭和三二・六・一八民一〇八一頁)、登記の欠缺を主張しうる第三者に対して、現実に明渡請求をすることもできない(民訴二二六条、最判昭和三八・一〇・八民一一八二頁参照)。もっとも、本登記を条件とする将来の明渡の判決を求めることができると解されている。なお、実体上の所有権を理由に、不法占拠者に対して明渡・妨害排除・損害賠償等の訴えを提起することはできるが、それは仮登記の効力としてではなく、不法行為者に対しては登記なくして対抗できるからにほかならない(〔一五六〕参照)。

(b)目的不動産について競売が申し立てられた場合に、仮登記名義人は競売申立債権者に対し第三者異議の訴えを提起することはできない（不登法一〇五条が新設されたこととの関連で問題はある。後述f参照）。しかし仮登記担保の場合は重要な例外が認められている（〔一五九ノ二〕b参照）。

（c）抵当不動産について仮登記名義人は滌除（民三七八条）をすることはできるであろうか。判例は肯定するように見えるが（仮登記名義人の増加競売申立を有効とする（大決昭和四・七・六民六三八頁、大決昭和四・八・三一新聞三〇四二号一六頁等））、一般論としては否定すべきである。ただし、仮登記名義人にも民法第三八一条の滌除の通知を為すことを要する（大決大正一四・一・二四新聞二三七五号一九頁。担保〔四八七〕・〔五六六〕参照）。もっとも、停止条件付請求権を有するにすぎない仮登記権利者に対しては、特別の事情がない限り、通知する必要がない（大決昭和六・一・一三民一頁、三八〇条、三八二条二項参照）。

（d）抵当権取得の仮登記は、第三者の請求によって目的不動産が競売に付されると、競落の際に抹消されるから（民執五九条一項・八二条一項）、仮登記権利者は本登記の機会を失う。そこで仮登記権利者のために供託し（民執九一条一項五号）、後に本登記をなすに必要な条件が備わったとき、これを交付すべきものとされる。

（e）抵当権設定後になされた短期賃貸借の仮登記は、抵当権者によって民法第三九五条但書に基づく解除請求の対象となる。けだし、後に本登記がされると競落人に対抗しうるものとなる可能性があり、競落価格の低下をまねくからである（大判昭和一〇・四・二五民六九三頁）。

（f）所有権に関する仮登記を本登記とする手続上、仮登記権利者は登記上利害の関係を有する第三者の承諾を求めることができる（不登一〇五条一項。〔一五八〕ロb参照）。仮登記のままの効力の一つと見ることもできる。

（g）正当になされた仮登記が不適法に抹消された場合には、仮登記権利者はその回復を請求することができる。登記一般に通ずる原則であり（不登六七条以下）、仮登記も例外ではないとされる（昭和三九・二・一七民事三発一二二号民事局第三課長回答（先例集追Ⅳ九頁））。

そのためには、回復登記の登記義務者でない登記上利害関係ある第三者に対して、回復登記手続につき承諾を与えるべき旨を請求することができる。判例も「この場合、第三者の善意悪意、回復登記により受ける損害の有無、程度は、右判断を左右するものではない」という（最判（大法廷）昭和四三・一二・四民二二八五五頁）。

（h）最後に、仮登記も登記の一種であり、当事者の共同申請によった場合も、仮登記仮処分によった場合も（不登三二条、三三条）、その登記内容に関する推定力がある。

（ロ）担保仮登記の効力

〔一五九ノ二〕 近年判例法が形成されていた仮登記担保について、昭和五三年に「仮登記担保契約に関する法律」（法七八号）が制定され、昭和五四年四月一日から施行された。その詳細は担保物権法の研究に譲り、ここでは担保仮登記の特殊の効力について略述する。「金銭債権を担保するため、その不履行があるときは債権者に債務者又は第三者に属する所有権その他の権利の移転等をすることを目的として為された代物弁済の予約、停止条件付代物弁済契約その他の契約による権利について」なされた仮登記（または仮登録）は同法によって特殊の効力を与えられた（同法一条）。

（a）第一に、担保仮登記の場合には、予約完結、停止条件の成就、その他契約で所有権を移転するものとされた日が来ても、債権者が債務者または第三者に清算金の見積額を通知し、それが債務者等に到達した日から二箇月（清算期間と呼ばれる）経過しないと所有権は移転しない（二条一項）。また債務者等は所有権が移転した後でも、清算金の支払を受けなければ、本登記への協力および目的不動産の引渡を拒むことができる（同法三条、民五三三条）。

（b）第二に、仮登記担保よりも後順位の所有権取得、制限物権の設定、賃借権の設定などの登記がある場合に、これらの利害関係人の権利は、仮登記の一般原則に従えば、仮登記が本登記とされることによって、いずれもその効力を失うことになる。しかし、この原則を無条件に認めることは、仮登記担保の本質が担保権であり、常に清算を必要とすることと矛盾する。そこでこれら後順位者との間の利害を調整する対策を設けている。すなわち、仮登記担保より後順位の者が先取特権、質権または抵当権などの担保権者である場合には、仮登記担保の実行手続を開始した債権者はこれらの者にその旨を遅滞なく通知しなければならない（五条一項）。後順位の担保権者はそれぞれの順位によって清算金から優先的に自己の債権の弁済を受けることができる。ただし、清算金の払渡前に差押えなければならない（四条一項・二項）。また、仮登記担保より後順位の者が所有権者・借地権者などである場合にも、これらの者に対して債務者等に実行通知をしたこと、および清算金の額を通知しなければならない（五条二項）。これらの者に代位弁済（民三八一条参照）の機会を与えようとするものである。

（c）第三に、後順位の担保権者は、清算期間内に、被担保債権の弁済期の到来前であっても土地等の競売を請求することができる。この場合は仮登記担保の実行手続は中止され、競売手続に移行し、担保仮登記の権利は仮登記の時に登記された抵当権とみなされ、この手続の中で優先して配当を受けられる（一三条一項）。

右の点は一般債権者による強制競売であっても同じである。ただし、強制競売の場合には、清算金の支払期前もしくは清算期間の経過前にされた申立てに基づいて開始決定があれば、担保仮登記の権利者は本登記の請求をすることができない（一五条一項）。そして強制競売が実行されれば、担保仮登記に係わる権利は消滅する(一六条)。つまり仮登記の順位保全の効力は失われる。しかし、右の決定が清算金の支払の債務の弁済後もしくは清算期間の経過後にされた申立に基づくときは、土地等の所有権の取得をもって差押債権者に対抗することができる(一五条二項)。

第三項　動産物権変動における公示(対抗要件)

第一　引渡を必要とする物

独立に私権の客体となりうる動産の所有権の譲渡は、原則として引渡をもって対抗要件とする(一七八条)。もっとも、貨幣(金銭)については、かりに所有権を問題にするとしても、それは現実の占有とともに移転すると考えられるので、引渡は対抗要件ではなく、有効要件と考えるべきであろう(〔一二二〕参照)。なお、引渡の要否に関連して注意すべきものはつぎの通りである。

〔一六〇〕 (1)無記名債権は動産とみなされるから(八六条三項)、右の原則に従う建前である。無記名債権とは無記名公債・無記名社債・商品切手・乗車切符などである。無記名株式も同様に取扱うべきものである(総則〔一五二〕ノ四a参照)。――これらは、無形の財産に証券という表象を与えてこれを動産化し、動産物権変動の理論を適用し、証券の所有権の帰属によって証券の上の権利(総則〔二五二〕ノ二参照)の帰属を決定することとし、その取引の安全と迅速を図ろうとするものである。しかし、民法の動産物権変動に関する規定は、この目的にこたえるものとして充分ではない。そこで、有価証券についてはこれを蝉脱して独自の理論が構成されている(我妻「無記名債権の動産性と債権性」(田中先生還暦記念・商法の基本問題、民法研究II所収)参照)。(a)その一は、証券の引渡(〔一六八〕以下参照)をもって効力発生の要件とすることである。有価証券たる無記名債権について、引渡を対抗要件とすることは、理論上はなはだ不当であるのみならず、つぎに述べる商法上の特殊の有価証券（貨物引換証・倉庫証券・船荷証券等）が裏書交付をもって譲渡の効力発生要件とされること（商五七四条・六〇七条・六二七条二項・七七六条参照）、とりわけ、記名株式の譲渡が交付をもって当事者間における譲渡の効力発生要件とされるに至ったこと（商二〇五条・二〇六条参照―会社に対しては株主名簿への記載が対抗要件である）などと対比しても、甚だしく権衡を失する。解釈論としても、無記名債権や無記名株式については、証券の交付をもって権利移転の効力発生要件とする取引慣行があるといいうると考えるが、立法論としては、すべての有価証券について、証券の交付をもって権利移転の効力発生要件とすることを明定すべきである。（b）その二は、民法の即時取得に関する規定であるが、それについては、後に述べる（〔二二〇〕・〔二二一〕参照）。

〔一六一〕　(2)船荷証券・貨物引換証または倉庫証券によって表象される商品（商五七三条・五八四条・六〇四条・六二〇条・七七六条参照）にあっては、（a）これらの証券の交付が商品そのものの引渡と同一の効力を有すること（商五七五条・六〇四条・七七六条）、（b）証券の引渡が、動産物権変動の対抗要件たるに止まらず、効力発生要件であること（〔一六〇〕参照）とにおいて、民法に対する例外をなす。海陸の運送に託されまたは倉庫に保管される商品は、大量的に企業組織のうちに収められて、社会的生活関係においてその所在が明確になれば証券による表象を可能にする。したがって、かような商品の取引関係をもっぱらこの証券によって決定することは、取引の敏活と安全との両目的の達成に奉仕することになる。資本主義商品取引制度の偉大な発明である。

〔一六二〕　(3)不動産の上に抵当権が設定されたときは、その不動産の従物たる動産（畳建具など）――少なくとも抵当権設定の当時に存在したもの――は、抵当権の目的となる（八七条二項、大聯判大正八・三・一五民四七三頁。担保〔四〇〇〕参照）。したがって、この範囲において、動産の上に抵当権が成立し、登記が間接の対抗要件となる（設定後の従物にも及ぶかどうかについても肯定に解すべきか。担保〔四〇〇〕参照）。のみならず、家屋の売買において、その家屋について移転登記があれば、その従物たる動産についてとくに引渡がなくとも、買主は、その動産の所有権取得について対抗要件を備えたものと解すべきである(同旨＝末川一六〇頁、舟橋二二三頁、判民昭和八年度二〇〇事件川島評釈(ド民九二六条に明言する))。ただし、判例は一貫しない(同旨＝大判昭和八・一二・一八民二八五四頁、反対＝同昭和一〇・一・二五新聞三八〇二号一二頁)。

〔一六三〕 (4)商法上登記を必要とする船舶(商六八四条・六八六条参照)および既登記の建設機械(建設機械抵当法七条)は、登記をもってその所有権移転の対抗要件とする(商六八七条)。したがって、引渡をもって対抗要件とすることはできないと解すべきである。道路運送車両法(昭和二六年法一八五号)は、運行の用に供する自動車(軽自動車および二輪の小型自動車を除く)はすべて自動車登録原簿に登録すべきものとし(同法四条)、登録を受けた自動車(同法五条。ただし、建設機械であるものは登記。自動車抵当法二条参照)および登録された航空機(航空法三条の三)の所有権の得喪は、登録をもって対抗要件とする。したがって、これも右の船舶と同一に取扱うべきである。もっとも、船舶が沈没して一塊の船骸と化した場合は通常の動産として引渡を対抗要件とする(最判昭和三五・九・一民一九九一頁―海底三五ヒロ以上の引き上げ困難な沈没船)。その他の物についても同様に考えるべきであろう。

〔一六四〕 (5)特別法によって抵当権の設定を認められる特別の動産は、登記または登録をもって、その抵当権についての対抗要件とする。農業用動産(農業動産信用法一三条参照)、自動車(自動車抵当法五条参照(右の登録を対抗要件とするものに限る))、航空機(航空機抵当法五条)、および建設機械(建設機械抵当法七条)などがその例であるが、抵当財団を構成する動産も同様である(担保〔八一四〕以下参照)。

〔一六四ノ二〕 金銭(紙幣を含む貨幣)は、動産の一種であるが、それが通貨として存在するかぎり、金銭が体現する抽象的・観念的な価値は金銭そのものを離れては存在しえない。したがって、金銭という物質の占有者が、その価値の排他的支配者と認められる。そして、金銭が骨董品としてではなく、通貨として取引関係に立ち現れる限り、それが体現する観念的な価値が存在のすべてであるから、金銭はその占有者の所有に属すると言うことができる。判例も、不当利得に関連してであるが、金銭の所有権は、原則として占有の移転に従って移転するものであって、騙取された場合にも騙取者の所有となるという（最判昭和二九・一一・五刑一六七五頁。なお最判昭和三九・一・二四判時三六五号二六頁）。不当利得における因果関係に関連しては別個の問題があるが（債各〔一五一八〕以下参照）、金銭の所有権の移転については、引渡は対抗要件ではなく、成立要件とするもので、近時の通説と言ってよかろう（末川「貨幣とその所有権」所有権・契約その他の研究三八頁以下、川島理論一九七頁以下、舟橋二二四頁）。

〔一六五〕 **第二**　引渡を必要とする権利

第一七八条は、広く「動産ニ関スル物権」と規定しているが、その適用を受けるのは、主として所有権である（通説。多少の反対説があるが結果は同一に帰する）。なぜなら、動産に関する物権のうち、（a）占有権（一八二条・二〇三条参照）・留置権（二九五条・三〇二条参照）および質権（三四四条・三四五条・三五二条参照）においては、占有が権利の発生または存続の要件であるから、いずれも第一七八条よりも一層厳格に占有を必要とする。したがって、その限りで第一七八条の適用をみない。しかし、被担保債権とともに質権を移転する場合には、目的物の引渡を必要とする（担保〔一七三〕、広中一六〇頁参照）。（b）先取特権は対抗要件を必要としない（三一一条以下。もっとも一九二条以下の準用（三一九条）があるためには先取特権者が占有を始めることが必要であるが、ここにいう対抗要件ではない。なお三一七条・三一八条参照）。

第三　引渡を必要とする物権変動

〔一六六〕 **一**　引渡を必要とする物権変動は、第一七八条の文字の示すように、「譲渡」およびこれと同視すべき取消または解除等による権利の復帰（大判大正一〇・五・一七民九二九頁）に限る（通説）。例えば、乙が、甲からその所有の動産を譲り受けたときは、乙は、その引渡を受けなければ、甲の債権者丙に対抗することができない（丙がその動産を甲の所有物として差押えた場合を考えよ）。また、甲が乙にその所有の動産を売って引渡をした後に、その売買を取消しもしくは解除すれば、その動産の所有権は、原則として甲に復帰するけれども、甲は、乙からその動産の引渡を受けなければ、その動産所有権の復帰したことを、甲の取消または解除の後にその動産を乙から譲り受けた丙に対抗することができない。この関係は不動産取引における登記と同じである(取消につき〔一一二〕、解除につき〔一一三〕参照)。もっとも、取消の場合にはその遡及効を理由とする異説があり(〔一一二〕c参照)、それによれば丙が第九四条二項の第三者に該当し、または第一九二条の要件をみたさない限り、甲はこれに対抗できることになろう。——なお、判例は、国が犯罪を理由に没収する場合にも、第一七八条の適用がある——犯人以外の者が解除によって所有権を取得し、引渡を受けた後には、没収しえない——と判示しているが、これは甚だしく疑問である(大判昭和一三・一〇・二四民二〇一二頁—学者は多く反対する。判民一二三事件(林)の評釈および同所引用の諸説参照)。

〔一六七〕 **二** 右に述べたものと異なる原因による動産所有権の得喪変更については、引渡を対抗要件とはしない。

(イ) 動産所有権の原始取得においては、多くは占有を伴う(一六二条(時効)、二三九条(先占)、二四〇条(遺失物拾得)等参照)。そうでない場合にも、占有取得を要件とする必要がない(二四一条(埋蔵物発見)、二四三条(添附)等参照)。問題となるのは、山林を伐採して木材とし、家屋を取壊して建築材料とする場合などであるが、正当な権限に基づいてなす以上、その権限について対抗手段を備えなかった場合(山林につき明認方法もなく(〔一九三〕参照)、家屋につき移転登記のないとき)にも、——これに優先する第三者、例えば伐採、取壊以前に譲り受けて対抗要件を備えた第三者の権利が存在しなければ——なおその動産の取得をもって第三者に対抗することができると解すべきであろう(東高判昭和二三・二・九高民五七頁—立木に明認方法を施さなかった事例。最判昭和三三・七・二九民一八七九頁—立木の二重譲受人A・Bがともに明認方法をほどこさないうちに、第三者が伐採してAに引渡す。B敗訴)。

(ロ) 譲渡以外の承継取得、すなわち相続においては、相続開始と同時に占有も原則として承継取得される

（〔五八五〕参照）。共同相続の場合には当然に共同占有となる。相続動産を現実に所持する共同相続人の一人が、第三者に譲渡し、引渡した場合には第一九二条の適用があることが多いから、不動産の共同相続と登記の関係（〔一一六〕参照）のような複雑な問題を生じない。

第四　対抗要件としての引渡

〔一六八〕 **一**　引渡とは、本来は、その動産の上の現実・直接の支配力を移転することを意味する。第一八二条の一項を同条の二項および第一八三条・第一八四条と比較してみても、引渡という言葉は、いわゆる現実の占有移転だけを指すものといわねばならない。しかし、第一七八条の解釈としては、広く占有権の譲渡を意味するとなすべきである（異説なし）。けだし、(a)動産所有権の譲渡について現実の引渡を要件となし、簡易の方法を認めないことは、いたずらに取引の不便を増すだけで、格別利するところはない。(b)一定の人を介して占有する制度（代理人による占有・間接占有）を認め（一八一条、ド民八六八条参照）、この制度を基礎として、占有権の観念的な——外形の変動を伴わない——移転を可能とすることは、主として動産物権変動の公示の原則を緩和するために発達したことである。したがって、民法第一八二条以下に規定する占有権取得の方法は、いずれも、第一七八条に規定する引渡の方法として充分なものと解することは、沿革上むしろ当然のことである（ドイツ民法は占有取得の方法として規定する（八六八条以下）他に、これらの占有移転の方法を動産所有権取得の要件として詳細に規定する（九二九条以下））。

〔一六九〕 **二**　右の如く解するときは、対抗要件としての引渡には左の四態様がある（なお〔五八〇〕―〔五八四〕参照）。

(1)現実の引渡（一八二条一項）　譲渡人の動産に対する現実・直接の支配力を譲受人に移転することである。これによって譲渡人の直接の自主占有がそのまま譲受人に移転する。いかなる場合に支配力の移転があったと見るべきかは、ひっきょう社会観念によって決するほかはない（大判大正九・一二・二七民二〇八七頁参照）。例えば、物を本人または使用人に交付し、住居に配達し、また、物を保管する倉庫の鍵を交付することなどは現実の引渡となる。現地に積み上げた材木を当事者立会のうえ引渡の意思表示をした場合も現実の引渡とみることができる。なお、実際問題としては特別の留保がない限り、現実の引渡に所有権移転の意思表示が含まれる場合が多いであろう。

〔一七〇〕 (2)簡易の引渡（一八二条二項—traditio brevi manu） 譲受人自身またはその占有代理人が、すでに目的物を所持する場合——例えば受寄者・賃借人・転貸人または所持の機関である被傭者等が目的物を譲り受けるとき——には、占有権譲渡の意思表示だけで、譲受人は占有権を取得し、対抗要件を備える。例えば、甲からその所有の動産を賃借している乙が、その賃借物の所有権を譲受ける場合には、——一度返還して改めて引渡を受ける必要はなく——甲乙間で占有権移転の合意をすればよい。これによって譲渡人は間接の自主占有を失い、直接の他主占有者である譲受人が直接の自主占有権を取得する。そして、かような場合に、占有権譲渡の意思表示は、原則として、所有権譲渡の意思表示に伴って存在すると見るべきことは、物権行為の独自性を認めないことからも、当然であろう（〔七九〕・〔八〇〕、大判明治四四・一二・一六民八一九頁、最判昭和三九・五・二六民六六七頁—ともに不動産に関するが、同旨を示す）。

〔一七一〕 (3)占有改定（一八三条—constitutum possessorium） 譲渡人が、現実の引渡をなさずに、譲受人の占有代理人として占有を続ける場合である（譲渡人が譲受人の占有の機関になる場合、例えば家事使用人から買った動産をそのまま所持させている場合は現実の引渡であって占有改定ではない。〔五八三〕参照）。例えば、甲が所有物を担保の目的で乙に売却し、引続き賃借するとき（譲渡担保）には、譲渡人甲が、爾後譲受人乙のために、その占有代理人として、占有すべき旨の意思表示をすることによって、乙は、占有権を取得し、対抗要件を備える

(大判明治四三・二・二五民一五三頁—判例は早くからこれを認める。最判昭和三〇・六・二民八五五頁)。甲が一度乙に引渡し、改めてこれから受取ることをしなくともよい。かような場合には、譲受人は、譲渡人によって代理占有(間接占有)をすることになるからである。特定動産の譲受人が代金を完済したが、なお売主がその物の占有をつづける場合は、一般に、所有権移転の意思表示のほか、占有改定の意思表示もあったものと認められるであろう。譲渡人が譲受人のために占有するのは、保管・賃借等の契約関係に基づくことが多い。しかし、必ずしも特定の契約関係の存在を必要としない(ドイツ民法は、一定の契約関係を必要とする(同法八六八条・九三〇条参照))。契約関係の存在する場合に、その契約が無効であっても、占有改定は成立する(〔五八三〕参照)。なお、将来取得する物のために予め占有改定を行うこと——例えば、小売商甲の店舗にある商品全部を、譲渡担保として乙に譲渡し、かつ、甲が営業を続ける間に取得する商品は当然に乙の所有に移り、しかもこれについて乙が占有改定による占有権をも取得するという契約——も、可能であると思う(〔七六〕ロ、我妻「集合動産の譲渡担保に関するエルトマンの提案」(民法研究Ⅲ所収)参照)。——占有改定による動産所有権の移転は、目的物を債務者の手許に留めておく動産担保を可能にする。もっとも、この制度は、債務者の一般債権者を害するおそれがあるので、立法論としては、各国で問題とされた。すなわち、ドイツ民法では、第一草案でこれを禁ずる旨を定めたが、結局確定法とならなかった(Protokolle, Bd. 3, S. 196 ff., 200 ff.)。またスイス民法(七一七条)は、目的物を譲渡人の占有に留めることが第三者を害する目的または動産質の規定を潜脱する目的をもってなされたときは、譲渡は第三者に対して対抗力なきものとし、裁判官は自由裁量によってかような場合であるかどうかを判断すべきものと定める。しかし、動産担保について占有質のほかに完全な非占有質制度を認めない限り、かような規定は、いたずらに動産金融の途を閉塞するに過ぎない。もっとも、動産の譲渡担保にも弊害を伴うことは事実である。立法論としては、動産の登録質制度を考案すべきであり、解釈論としては、譲渡人(譲渡担保の債務者)自身およびその一般債権者の利益を甚だしく害しないような理論を考えるべきである(この点について従来の説を大幅に改めたことにつき担保〔八八四〕・〔九三二〕以下参照)。いずれにしても、わが民法の解釈としては占有改定も第一七八条の引渡に該当する——動産物権変動の対抗要件たりうることについては異論を聞かない。もっとも、注意すべきは、対抗要件としての占有改定は他の引渡と異なり、特定の動産の譲受人乙が占有改定によって対抗要件を備え、第三者に対抗できる完全な所有権を取得し、譲渡人甲は無権利者となるが、甲はなお現実に動産を占有していることである。そこで、甲は目的物を第三者丙に現実にまたは占有改定によって引渡すことが可能である。つまり引渡の競合が起りうる。これに反し、簡易の引渡、ならびに指図による占有移転の場合には、理論上そのような競合が起らない。けだし、引渡した者は代理人によって保持していた間接占有を他人(簡易の引渡にあっては直接占有者、指図による占有移転にあっては第三者)に譲渡したわけで(間接)占有者でなくなるから、もはや占有権を重ねて有効に譲渡することはできないからである。そこに占有改定の独自の性格ないし問題点が存する。第一九二条の解釈に関連して後述する(〔一七三〕・〔二〇八〕参照)。

〔一七三〕

(4) 指図による占有移転(一八四条—cessio vindicationis)　譲渡人が占有代理人によって占有(間接占有)する物をそのまま譲渡する場合、例えば、甲が乙に預けている物をそのままで丙に譲渡するときなどには、譲渡人甲がその占有代理人乙に対して、爾後譲受人丙のために占有すべき旨を命じ(占有代理人乙の同意はいらない。〔五八四〕参照)、譲受人丙がこれを承諾することによって、丙は占有権を取得し、対抗要件を備える(大判昭和九・六・二民九三一頁)。甲が一度乙から取戻し、丙に交付し、丙からまた乙に預けるという手続をする必要はない。甲丙間の合意——目的物を占有代理人が占有したままでの売買契約には原則としてこの合意が含まれるであろう——と甲から乙への命令だけでよい。けだし、譲受人丙もまた同一の占有代理人乙によって間接占有をすることになるからである。(a)この場合に、占有代理人乙は、譲渡人甲に対して有した賃借・寄託等の契約関係をもって譲受人丙に対抗しうるであろうか。ドイツ民法は肯定する(同法九八六条二項)。わが民法には規定を欠くが、同様に解することができるであろうか。旧版ではこれを肯定し、次のように述べた。けだし、譲渡人が、占有代理人に対して、爾後譲受人の為めに占有すべき旨を命ずるというのは、占有代理人は、従来譲渡人に対して有したと同様の法律関係において、譲受人のために占有すべき旨を命ずるのだ、と解すべきだからである(同旨＝鳩山・債権各論四七二頁および同所引用の諸著。なお我妻・前掲民法研究Ⅲ一二七頁以下参照)と。この理論は、「売買は動産賃貸借を破らず」という結果になるので、反対説が少なくない(舟橋「寄託又は賃貸動産の譲渡と対抗要件」(民商一〇巻六号・一一巻一号)、石田「賃貸動産の譲渡と対抗問題」(論叢四一巻四号)、鈴木〔一三八〕、広中一七二頁等。本権を基本として解決すべきものとする)。思うに、指図による引渡を返還請求権の譲渡と構成するドイツ民法(九三一条)と異なり、所有権移転の対抗要件とする——その結果丙は所有権に基づく返還請求権を取得する——わが民法の解釈としてはいささか無理であろうか。(b)なお、前に述べたように、貨物引換証などの交付が、占有代理人によって占有される商品の引渡と同一の効力を持つのは(〔一六二〕参照)、指図による占有移転の指図を証券の引渡に代えたような関係に立つが、その理論は、占有論において争われた顕著な問題である。

第五　引渡の効力

〔一七三〕 **一**　引渡は、動産所有権の譲渡を第三者に対抗する要件である(一七八条)。対抗することを得ないということの理論構成は、不動産物権についての登記と同一に考えてよい(〔一四三〕—〔一四六〕)。ただし、上述のように(〔一七一〕)、甲

→乙、甲→丙の二重譲渡があり、甲→乙の占有改定があっても甲→丙の二重の占有改定もしくは現実の引渡がこれと競合する可能性がある。その場合に、従来は先に占有改定を受けた乙は対抗力のある所有権を取得するから、丙は第一九二条の要件を充たした場合にだけ保護されるとされてきた（通説。丙は善意・無過失であることを要する）。ただし、丙の得た引渡も占有改定である場合には、判例は第一九二条の「占有ヲ始メタル」に該当しないと解して同条の適用を否定し、学説は肯定説・否定説に別れている。私は肯定説に多少訂正を加えたが（〔一〇八〕参照。折衷説といわれる）、その結果は、実質的には占有改定の引渡としての効力を他の引渡、なかんずく現実の引渡より弱いものとしていることを注意しておきたい。

〔一七四〕 **二** 引渡は第三者に対抗する要件である（一七八条）。

(1) 第三者の範囲についても、不動産物権におけると同様に解してよい（〔一四七〕参照）。ただし、動産物権においては、対抗問題を生ずるのは、主として所有権の譲渡およびこれと同視すべきものに限られるので（〔一六五〕参照）、その関係は、はるかに平明である。

判例は、理論としては、不動産物権の変動におけると同様に、引渡の欠缺を主張するについて正当な利益、もしくは正当な法律上の利害関係を有する第三者に対してだけ、引渡なしには対抗しえない、とするけれども（大判大正一四・一二・二五新聞二五三五号九頁、大判大正八・一〇・一六民一八二四頁）、その適用においては、引渡なしに対抗しうる第三者の範囲を拡張しているように見える。私は、動産についても、不動産におけると同一の理論によって説明する。すなわち、当該動産に関して有効な取引関係に立っている第三者には引渡なくして対抗しえないが、その他の第三者に対しては、引渡なくして対抗しうる。私は、以前に、動産物権の変動については――引渡は公示方法として極めて不完全であるから——むしろ意思主義を徹底すべきだと説いた（旧旧版一四四頁）。しかし、登記についての説を改めた後は、両者を同一理論で説くことが適当だと考えている。

(2)引渡なしに対抗しえない第三者

(イ)譲受人の取得した動産について、その所有権と結局において相容れない権利を有する者。主要な例は次のようなものである。

〔一七五〕 (a)第一に、二重に譲り受けた者がこれに該当する。すなわち、甲の所有動産を乙が譲り受けて引渡を受けない間に、丙が重ねて譲り受けて引渡を受けたときは、丙が完全に所有権を取得する。いいかえれば、第一の譲受人は、引渡なしには第二の譲受人に対抗しえない（大判大正四・二・二民六一頁（異説なし））。ただし、上述のように乙への引渡は占有改定でもよいのだから（〔一七二〕参照）、甲から現実の引渡を受けなくとも、甲に預けておく等の方法で自分のために占有させることにしてあれば、乙は対抗要件を備えたことになる。そして、甲が乙に譲渡し、所有権が移転したにもかかわらず、甲が依然としてその動産を占有しているときは、多くの場合、特に代金の支払が済んでいる場合には甲乙間にかような関係が成立したと認むべきである。けれども、かようにして、甲が占有を続けているという外形に何らの変更なしに、その所有権が完全に乙に移転したとしても、丙がこれを依然として甲の所有物だろうと誤信して譲り受けるときは、丙は、一般に、公信の原則（一九二条（即時取得））によって所有権を取得するから（〔一九九〕以下参照）、丙は、不測の損害を被るおそれはない。前に、占有は公示方法として不完全なので、公信の原則によって補われるといったのは、このことを指したのである（〔六三〕ロ参照）。

〔一七六〕　(b)つぎに、乙が甲から動産を譲り受けて引渡を受けない間に、丙がその動産を質にとったり、賃借した場合にも、乙は丙に対して、すでに自分の所有になっていることを主張して丙の権利を否認できない。乙が占有改定による引渡を受けた場合に、甲からその動産を質にとって現実の引渡を受けた丙が公信の原則で保護されることは、aの場合と同様である(〔二一〇〕参照)。

〔一七七〕　(c)右の乙の動産所有権の取得が、乙から甲への譲渡契約を乙が解除したために生じたもの——いわゆる復帰的変動——であっても同様であることは、前述の通りである(〔一六六〕参照)。そして、この場合には、右aの場合と異なり、乙が解除しても、それだけでは、甲乙間に保管その他の契約が成立したとは考えられないから、乙が解除に伴って引渡を受けたかどうかを特に審査しなければならない。なお、取消による復帰の場合にも同様と考えるが(ここでも無効説がありうる。〔一一二〕c③参照)、動産の場合は公信の原則が適用されるので、不動産と登記の場合(〔一一三〕参照)のように困難な問題は生じない。

〔一七八〕　(d)乙が甲の動産を譲り受けて引渡を受けない間に、甲の債権者丙が、その動産を甲の所有物として差押えたときは、乙は自分の所有物だと主張して異議を述べることができない(民執三八条参照)。しかし、乙が甲から譲り受けてなお甲に占有させておくときは、前に述べたように、多くの場合、占有改定が成立している(〔一七一〕参照)。そして、その場合には、甲の債権者が差押えても、乙は異議を述べることができ(大判昭和一二・七・六新聞四一五四号一七頁—乙からの転得者丁が引渡を受けていなくても同様とする)、また、甲が破産しても、乙は取戻権(破八七条以下参照)を有する。債権者は、公信の原則によって保護されない。占有改定が債権者を害するといわれる理由である(〔七〇〕参照)。

〔一七九〕

(ロ)譲受人の取得した動産について契約上の権利義務を有する者

(a)例えば、乙が甲から動産を譲り受けた場合に、その動産を甲から賃借し、もしくは寄託を受けている丙があれば、これに対しても、乙は、引渡——指図による占有移転、すなわち、甲から丙に対する、爾後乙のために占有すべき旨の命令(〔一七二〕参照)——がなければ、その所有権取得を丙に対抗できない(反対＝舟橋二二七頁以下、徳本・注民(6)三九七頁—物権対債権の関係であり、物権変動の対抗の問題ではないとする。登記に関する〔一四三〕・〔一五二〕参照)。判例は、丙が賃借人である場合にはこれを肯定する(大判大正四・四・二七民五九〇頁、同大正八・一〇・一六民一八二四頁等)。しかし、受寄者である場合には、——受寄者は、賃借人と異なり、所有者の請求によっていつでも目的物を返還する義務のあること(六六二条参照)を理由として——乙は引渡なしに対抗しうるという(大判明治三六・三・五民三三四頁、同昭和一三・七・九民一四〇九頁判民九〇事件(我妻)、最判昭和二九・八・三一民一五六七頁)。判例が第三者の範囲を、登記の場合よりも縮小する点である。しかし、この見解は誤りだと思う。けだし寄託契約において受寄者の利益のために告知の効力を一定の要件(例えば約定保管料全額の支払)に服せしめる特約は有効であり(債各〔一〇八五〕参照)、また受寄者は契約に基づいて占有しているのであり、何人に返還すべきかについて重大な利害関係を有するものであるから、甲からの指図を必要とするといわねばならない(同旨＝柚木・高木三一二頁、末川一六三頁、反対＝石田・論叢四〇巻三三一頁、川島理論一七五頁)。不動産取引の場合には、何人に損害賠償を支払うべきかに重大な利害関係を有するはずの不法行為者に登記なくして対抗できるとする見解と矛盾するというのが反対説の根拠である(舟橋二二七頁以下)。しかし、不法行為者は受寄者と異なり、正当な取引関係に立っていないのである。丙が正当な契約関係にある場合には、乙は、常に、引渡(甲からの指図)がなければ、丙に対してその所有権取得を対抗しえない。なお乙が丙の賃借権を認めて、賃料を請求する場合には対抗の問題ではないとする見解がある(於保一四二頁)。しかし、賃貸人たる地位の移動を賃借人に対して主張するためには、甲から丙に対する通知が必要であるから、実際上は違いは生じないであろう。

〔一八〇〕 （b）転々譲渡された場合の前々主の地位も右aの場合に類する。すなわち、動産が、甲から乙、乙から丙と転々譲渡された場合に、丙は引渡なしに甲に対抗しうるか。判例は、甲は対抗要件の欠缺を主張する正当の利益を有する第三者でないとして、肯定すべきものという（大判大正一〇・三・二五民六六〇頁判民五三事件（末弘）―外部関係のみ所有権を乙に移転した売渡抵当の譲渡人甲に対し、乙からの譲受人丙は引渡がなくても甲に対抗できるとする。大判大正一四・一二・二五新聞二五三五号九頁）。これまた判例が第三者の範囲を登記の場合より縮小する点である。学説には前々主は第三者でない――常に対抗できる――とするものがある（舟橋二二八頁、鈴木〔一三六〕）。しかし、中間省略登記にまつわる登記制度上の諸問題のような困難はないが、否定すべきであろう。場合をわけて考察すれば、（i）何らかの事情（例えば所有権留保の売買）で甲↓乙の所有権の移転がなく、あるいは乙↓丙の所有権の移転がなければ、丙は債権を取得するにすぎないから、第一七八条の対抗の問題は生じない（債権譲渡の対抗問題もしくはその効力の問題である）。（ii）甲↓乙、乙↓丙と所有権の移転があってはじめて対抗の問題が起るが、甲↓乙の引渡が占有改定である場合には、甲の占有は乙の所有物の受寄者としてのそれとみられるから、上記のaと同視しなければならない――丙は乙をして受寄者である甲に対して指図による占有移転の手続を取らせなければ甲に対抗できない。（iii）甲の所有物を第三者丁が保管していて、甲↓乙の売買の引渡として甲から丁に対し乙のためにする指図が為された場合には、甲は所有者でも占有者でもなくなるから、丙に二重譲渡しても無効であって、対抗の問題は生じない。目的物を乙が占有していて甲↓乙の簡易の引渡があった場合にも同様である。その後、甲がたまたま当該動産を占有するに至っても、丙から見て甲は無権限者である（〔一五五〕参照）。（iv）甲↓乙の引渡が何もされていない場合には、乙↓丙の譲渡によって所有権の移転があっても、丙は直接甲に対して引渡を求めることはできない。丙は乙に代位して甲に引渡を請求するほか甲に対抗する途はないと解すべきである。なお、甲が乙からまだ代金の支払を受けていない場合には、甲は一般に留置権によって保護される（担保〔三八〕参照）。

〔一八一〕（八）以上すべての場合に、第三者の善意・悪意を問わない。このことは、二重譲渡において甲→乙の引渡が占有改定の場合には、微妙な差を生ずる。すなわち、乙が甲から動産を買ったが現実の引渡を受けずにそのまま甲の許に置いた場合に、丙がその後に甲からこれを買って引渡を受けたとすると、これまでの通説によれば、丙は、即時取得すなわち善意・無過失でなければ所有権を取得しない（一九二条）。占有改定がなかったとすれば（極めて稀な場合であろうが）、対抗問題であって丙は悪意でも所有権を取得する。ただし、不動産取引と同様に丙が背信的悪意者であればこの限りでない（なお、二重の譲受人乙・丙ともに占有改定による引渡を受けた場合には、先に現実の引渡を受けた者が勝つと解することにつき〔一〇八〕参照）。

〔一八二〕(3)引渡なしに対抗しうる第三者

乙の譲渡を受けた動産について、（a）第一に、何ら有効な取引関係に立たない第三者、（b）第二に、無権利者からの承継取得者および、（c）第三に、不法行為者に対しては、引渡なくして対抗しうる。第一の例としては、二重譲渡の前の譲渡が無効であるときなどが考えられる。例えば、甲が乙に仮装で譲渡して引渡し、丙が乙からさらに譲り受けて占有している場合に、所有者甲から真実に譲り受けた丁は、引渡なしに丙に対抗しうる（大判大正五・四・一九民七八二頁はかような事例）。このことは理論として正しいが、丙は多くの場合に第九四条二項で（虚偽表示でなければ一九二条で）所有権を取得するであろうから、実際には、右のような結果となることは稀であろう。第二の例としては、甲所有の動産が無権利の占有者丙から丁に譲渡されても、丁は即時取得しない限り、甲から所有権を譲り受けた乙に対して引渡の欠缺を主張する正当の利益を有しない（最判昭和三三・三・一四民五七〇頁参照）。第三の例としては、動産の侵害者、盗人などが考えられる。例えば、甲が盗まれ、または遺失した動産を、そのままで甲から譲り受けた乙は、引渡なしに、盗人または遺失物横領者に対して、所有権の取得を対抗しうる（この場合には対抗要件を備えることは困難である。〔七六〕ロ参照）。

第四項　明認方法による公示

第一　明認方法による公示を認める判例法の意義

〔一八三〕 **一**　前に述べたように、独立の物権の客体となりうるためには、経済取引において独立の直接的支配を認める価値があるとされることと、法律において独立の公示方法を認められることとの二つの要件を必要とする（〔一八〕参照）。しかし、経済取引は不断に発達するのに反して、法律の規定は容易に変更されないから、両者の間には間隙を生ずる。この間隙を補充しようとするものが、明認方法による公示に関する判例法である。登記および占有は、要するに、物権変動に関する公示の原則を実現する手段である。したがって、登記および占有以外の手段であって物権変動を外界から認識させるに充分な価値のあるものをもって公示方法とする慣行が行われる場合には、これを認めて取引界の需要に応ずることは、判例として正に進むべき途である。学説としても、単に物権に関する規定が強行法規であることを理由としてこの判例法の形成を否定すべきではない（〔三八〕ロ参照）。

二　判例が明認方法による物権変動を認めた最も重要なものは、樹木の集団たる立木であるが、その理論は、個々の取引価値ある樹木、温州蜜柑・桑葉・稲立毛などの未分離の天然果実に及ぼされ、さらに温泉源利用権についても拡張されてきた。

〔一八四〕　(1)元来、樹木の集団たる立木は、建物と違って、民法制定の際には、独立の不動産としての登記方法を認められなかったが(一九八参照)、わが国の取引界には、以前から、立木を土地に成育するままで、これに明認方法を施すことによって土地と独立に取引する慣行——山小作などのほかは比較的短期間に伐採を目的とする取引の場合が多かったと思われる——が行われておって、民法施行後も改められなかった(大判明治四一・一〇・二〇民一〇二七頁参照)。けだし、民法上は直接の公示方法がないので、立木だけを譲り受けた者は、地盤の上に地上権または賃借権を設定することによって公示する(これもいわば一種の明認方法であり、独立に取引の対象となった場合の立木そのものに関する権利の表示ではない)より他はなかったからである。この不便を除くために制定されたのが、立木法(正確には「立木ニ関スル法律」明治四二年法二二号)である。立木法は、一定の条件の下に、立木について所有権の保存登記をすることを認め、この登記をした立木を土地から独立した不動産とする。したがって、この保存登記をすれば、立木を土地と分離して譲渡し、または抵当権の目的とすることができるのみならず、地盤の所有権または地上権の処分は立木には及ばないことになる(立木法二条)。しかし、この立木法の適用には三個の条件を必要とした。(i)「一筆ノ土地又ハ一筆ノ土地ノ一部分ニ植栽ニ依リ生立セシメタル」、(ii)「樹木ノ集団ニシテ」、(iii)「其ノ所有者カ本法ニ依リ所有権保存ノ登記ヲ受ケタルモノ」というのである(立木法一条)。そして、右の第一の条件は、天然林に対する立木法の適用を拒むものであって、取引界の需要に応じえなかった。立木法施行後にも明認方法の盛んに行われた理由の一つはここにある。しかし、明認方法は、公示方法として登記のように完全なものではない。ことに、長期の担保権の公示には不充分である。そこで、昭和六年に立木法を改正して、天然林にも適用することとした。明認方法の必要はこれによってある程度まで減少したはずである。しかし取引界ではこの慣行は依然として行われている。

元来、立木の取引の目的には二つある。一つは伐採のためであり（伐採し終るまでそのままにしておく）、一つは管理し生育させるためである。前者の場合、ことに製炭用の目的である場合には、立木法による登記を要求することは無理である。しかし、後者の場合、ことにそれについて長期の金融を得ようとする場合には、明認方法は決して適当なものではない。したがって、明認方法は、伐採を目的とする場合にだけ許されるものとすることも、確かに一つの理論である。判例もかつてそういったこともあり（大判大正五・三・一一民七三九頁）、学説にも、それを主張するものもある（末弘一八八頁）。しかし、実際問題としては、当事者の取引の目的がいずれにあるかを判別することが困難であって、強いて区別することは、取引の安全を害するおそれがある。そこで、判例も、明認方法は立木取引の目的に関係なく常に公示方法たりうるものであって、地盤の上に地上権または賃借権を設定した場合と効力において差異はないと明言し（大判大正一〇・四・一四民七三二頁）、近時の学説は一般にこれを支持する（舟橋二六二頁、柚木・高木二九九頁等）。

〔一八五〕 (2)未分離の果実は成熟までが短期間であり、登記になじまない。成熟期が近づくと、未分離のままで取引する慣行があり、その権利変動の公示方法はもっぱら明認方法によることになる。蜜柑・桑葉などが対象とされるが、その効力など立木の場合に準ずる（〔一九四〕参照）。なお、稲立毛の売買は、農民の窮迫に乗じて不当の利を博する手段に用いられることがあり（例えば青田買）、世の関心を呼んだ時期がある。

〔一八六〕 (3)温泉源を利用する権利、ことに湧出地から引湯して利用する権利は、当該地方の慣行によって、湧出地から分離・独立した物権的な用益権の性質をもつものと認められている場合が多い。しかし、これに関しても特別の法律がない。温泉法（昭和二三年法一二五号）は、泉源を濫掘から保護することと、温泉の公衆利用の取締をはかるだけであって、財産としての温泉利用権については、何も規定していない。そこで、一方では、温泉の湧出する周囲の僅少な土地（一坪の例が多い）を分筆して「鉱泉地」とし（不動産登記法施行令三条参照）、その登記によってその上の権利の変動を公示する方法が行われる。しかし、他方では、泉源利用権は、温泉専用権・原泉権・湯口権などの名で呼ばれ、湧出地の所有権と分離して取引の目的とされ、温泉組合もしくは地方官庁に登録簿を備え、その登録をもって公示方法とする慣行の行われている地方も少なくない。したがって、右二つの取引方法が衝突するときには、あたかも、立木について、立木を含む地盤の所有権の取引と明認方法による立木だけの取引との衝突する場合と同様の問題を生ずる。

これについて、従来、研究も少なかったが（武田軍治「地下水利用権論」は各地の慣行をも述べる優れたもの）、昭和一五年に大審院は注目すべき判決をした（大判昭和一五・九・一八民一六一一頁判民九三事件我妻評釈。武田「独立泉源権の公示方法」志林四二巻一二三二六頁参照）。長野県浅間温泉において、湯口権を取得した者と、源泉地の所有権を取得して登記した者との間の権利の優劣につき（実際はもっと複雑であり、事案の解決として判旨には批判の余地がある）、（i）温泉専用権を土地所有権と離れた独立の物権的な用益権とする慣習法があれば、これを認めねばならない。（ii）ただし、その権利に排他性を与えるためには、何らかの公示方法（前記の登録または標識）を備えることを要件としなければならない、旨を判示した。これは極めて正しい方向を示すものであって、この基本理論を出発点として、――大体において、おそらく立木についての明認方法の理論を範として――判例法の確立に努むべきである（その後の判決例に大分地判昭和二九・六・二八下民九八五頁―（別府温泉）同じ訴外AからXは対人的温泉配給権を得たのに対し、Yは対物的温泉権を得たと認められてX敗訴。前橋地判昭和三一・七・一七下民一九三二頁―（伊香保温泉）屋敷湯と称する土地に附属する分湯使用権の是認などがある）。

さらにその後この領域の優れた研究も発表されている(川島「近代法の体系と旧慣による温泉権」法協七六巻四号四三七頁、川島・潮見・渡辺・温泉権の研究三〇八頁以下)。なお温泉その他地下水と土地所有権との関係は後に述べる(〔一七七〕参照)。

〔一八七〕 (4)流水も、ある程度、流域地の土地所有権から独立した存在を有し、それについて、物権的な利用権の成立することが慣行上認められている(〔三一八〕ロ参照)。その性質には、地役権的なものや入会権的なものがあると推測されるが、これについては、特別の公示方法を要求することはできないし、またその必要もあるまい。判例もそう認めている(〔一九一〕参照)。

第二　明認方法による立木の上の物権変動

〔一八八〕 一　明認方法を必要とする場合　(a)立木の所有者とその地盤の所有者とが同一人であり、立木法による保存登記をしないときは、立木は土地所有権の内容をなし、土地所有権が譲渡されまたは土地所有権の上に抵当権が設定された場合は、その効力は、原則として、立木に及ぶと解すべきである。したがって、これらの処分について登記がなされた後は、譲渡人または抵当権設定者は、立木だけを処分する権限もなくなる。しかし、(b)右の場合に、当事者が、とくに、地盤は譲渡するが立木の所有権は保留するとか、地盤は抵当に入れるが立木はこれからはずすという特約をするときは、立木は、地盤から離れた独立の存在を取得し、地盤譲渡人の所有に残り、または抵当権の効力の及ばないものとなる。その意味で立木に関しては売主または抵当権設定者は実質的無権利者にならない。同様に、(c)当事者が、地盤を譲渡せずに立木だけを譲渡する契約をすれば、立木だけの所有権が移転する。

そして、右のbcいずれの場合にも、立木の所有権の変動――地盤の売主が立木所有権を留保した場合は土地に随伴しないという消極的意味における変動――は、当事者間においては、意思表示のみによってその効力を生ずる（大判大正五・三・一一民七三九頁）。しかし、これを第三者に対抗するためには――立木登記、地上権・賃借権の設定登記、抵当権についての特別の登記（三七〇条、不登一一七条参照）などの公示方法を備えない限り――明認方法を施さなければならない（最判昭和三四・八・七民一二二三頁―上記bに当る）。

〔一八九〕 **二**　明認方法によりうる立木の範囲

(1)樹木の集団たる立木も、立木法によって保存登記をしないものだけが、明認方法によることができる。立木法によって保存登記がなされたときは、その立木は、もっぱら登記簿上の記載をもって公示さるべきであって、明認方法によることはもちろんのこと、地上権または賃借権の設定によって公示することもできない。立木は、この保存登記によって、家屋と同様に全く独立した不動産となるからである（立木法二条。しかし伐採のための譲渡につき明認方法による慣習があれば肯定すべしとする説もある（広中二〇七頁））。

〔一九〇〕 (2)個々の樹木については、一般に、独立の物権変動は認められない。けだし、取引慣行は、普通には、かようなものを生立したままでは独立の取引価値あるものと認めないからである。しかし、とくに独立の取引価値を認められる場合には、樹木の集団と同様に取扱ってさしつかえない。判例もこの理論を認めている（大判大正六・一一・一〇民一九五五頁―根まわししただけで、大根を切断しない場合は動産ではなく、所有権移転を第三者に対抗するためには明認方法を必要とする）。

〔一九一〕 **三**　明認方法によりうる物権変動の範囲

明認方法によって公示しうる物権変動は、立木所有権の移転（または保留）および、これと同視すべき、解除または取消などによる立木所有権の復帰に限る。例えば、買主が特約された伐採期までに伐採し終らないときは、残部は当然に売主に復帰する特約による立木所有権の移転なども、これと同視すべきである(大判昭和一八・七・二三民七二〇頁)。これに反し、抵当権の設定などはできない。けだし、明認方法は、登記簿のように権利の内容を詳らかに公示するには適しないものだからである。もっとも、所有権移転の手段によって譲渡担保をすることは可能である(担保〔八六八〕・〔八七〇〕参照)。

〔一九二〕 **四 明認方法のやり方**

明認方法は、立木の所有権が地盤の上の所有権者その他の権利者以外の者に帰属することを、第三者をして明認させるに足りる手段を講ずることである。普通には、立木の皮を削って現在だれが所有者であるかを明瞭に墨書し、または自己の氏名を表示した極印を打ち込んだり、現場に標識を立てるなど第三者が容易に所有者を認識することができるようにする手段で行われる。立木の所有権を取得した者、もしくは土地を譲渡したが立木の所有権を留保した者が実施するのが普通である。権利取得の原因・前所有者の名称などはこれを明らかにする必要はない(大判大正九・二・一九民一四二頁)。しかし、もっと簡易なものも認められている。すなわち、製炭設備を作って伐採に着手することなどでもよい(大判大正四・一二・八民二〇二八頁—木材と為るべき以外の立木を薪炭製造用として買い受けた場合)。ただし、単に伐採に着手するだけでは、明認方法とはならない(大判大正八・五・二六民八九二頁—二重譲受人のどちらも明認方法を施さず、一方が伐採をはじめた事件)。処分禁止の仮処分命令の執行として立木の占有を執行吏に移し、一切の処分を禁止する旨の公示が為されても、立木が申立人の所有に属することの明認方法とは認められない(最判昭和三八・一一・七民一三三〇頁)。また、伐採した樹木に刻印を押しても立木当時に取引関係に入った第三者には対抗できない(〔一九三〕2b参照)。なお注意すべきは、明認方法は継続することを要し、第三者が利害関係を取得する当時にも存在することを要する(大判昭和六・七・二二民五九三頁、最判昭和三五・三・一民三

〇七頁、最判昭和三六・五・四民一二五三頁）。

〔一九三〕

五　明認方法の対抗力

(1) 地盤の上の所有権・地上権・賃借権等の登記と明認方法との一般的な関係は前述したが（〔一八四〕参照）、その他の点では、登記の対抗力に準じて考えればよい。本来地盤の一部であるものを土地から切り離して処分されるという点に特殊の問題がある。（a）乙が甲から立木だけを譲り受けて明認方法を施さない間に、丙が地盤の所有権を——とくに立木を除外せずに——譲り受ければ、乙は立木所有権の取得を丙に対抗しえない（大判明治三九・一・二九民七六頁）。これに反し、乙が明認方法を施せば、丙が地盤所有権を取得したときにも（大判大正四・一二・八民二〇二八頁）、抵当権を取得したときにも（大判昭和六・七・二二民五九三頁）、乙は、立木所有権の取得を丙に（抵当権の場合には競落人にも）対抗することができる。（b）反対に、丙がまず立木の生立する土地の所有権・地上権・賃借権等を取得した場合にも、丙が登記をしない間に、乙が立木だけを譲り受けて明認方法を施せば、立木の取得をもって丙に対抗することができる（大判昭和九・一〇・三〇民二〇二四頁）。（c）乙が甲から土地を譲り受けて樹木を植えたが、土地の登記も、立木の明認方法もしない間に丙が土地を譲り受けて登記をした事件において、乙は「権原」に基づいて植栽したのだから立木は自分の所有に属すると主張し（二四二条但書参照）、「権原」には対抗要件を必要としないとする判例（稲立毛の差押事件の大判昭和一七・二・二四民一五一頁）を援用したが、「成育に数十年を予想し、占有状態も……明白でない山林の立木」の場合には、「権原」は対抗力を有することを要求されるとして拒けられた（最判昭和三五・三・一民三〇七頁、学説もこの結論を支持する。林・民商四三巻二号二五三頁、舟橋三六七頁。なお〔一三三〕ロa参照）。（d）甲が立木の所有権を留保して地盤の所有権だけを乙に譲渡し、移転登記もしたが、立木について明認方法を施さない間に丙が乙から土地を譲り受けて移転登記を済ませた。この場合、甲は立木の所有権をもって丙に対抗できない（最判昭和三四・八・七民一三・一二二三頁。反対＝幾代（幾代・鈴木・広中編・民法の基礎理論六〇頁））。これに反し甲が土地と立木を乙に譲渡し、土地の登記を済ませた後で、山林だけを丙に譲渡して明認方法を施しても、無権利者の譲渡であって無効である（〔一八八〕a参照。同旨＝最判昭和三〇・九・二三民一三七六頁）。（e）立木の二重譲渡の場合には、先に登記または明認方法を施した者が優先する。両譲受人とも明認方法を施したときには——後の明認方法を施す時に前の明認方法がなお存在しておれば——先にした方が優先する（大判大正九・二・一九民一四二頁、同大正一〇・四・一四民七三二頁）。反対に、存在していなければ後の譲受人が優先する（明認方法は継続を必要とする）。両譲受人がともに明認方法を施さないときは、どちらも優先的地位を取得しない（大判大正八・五・二六民八九二頁）。

(2) 明認方法をめぐって対抗関係に立つ第三者の範囲　登記に準じて判断すべきである。判例に現れた事例についてみると、（a）立木の二重譲受人相互はもちろん、同一の立木につき所有権移転の債権を有する者（最判昭和二八・九・一八民九五四頁）に対しては、明認方法を施さなければ対抗できない。第三者の善意・悪意を問わないが（大判大正九・二・一九民一四二頁）、背信的悪意者の法理の適用を認めるべきであろう。これに反し、土地の所有権だけを譲り受けたが、その上の立木について無権利者である者、その者からの転得者（大判大正八・一〇・三民一七三七頁）、他人の立木を過失で第三者に売却した不法行為者（大判昭和六・六・一三新聞三三〇三号一〇頁）などに対しては明認方法なしに対抗できる。（b）明認方法の積極ないし消極の対抗力は、立木が伐採その他によって動産になった場合にも及ぶかについて、判例は甲から乙と丙が立木を二重に譲り受けたが、どちらも明認方法を施さない間に甲が丙の代理人として立木を伐採し、丙がこれを処分してしまった場合に、丙は伐採によって所有権を取得する（原審は肯定）わけではないが、乙は丙に対して伐木の引渡を主張し、もしくは賠償請求をすることはできないという（最判昭和三三・七・二九民一八七九頁)。しかし、立木の買受人が明認方法を施さない間に伐採し、その後に刻印を施しても、立木当時に対抗できなかった第三者には伐木の所有権を対抗できない(最判昭和三七・六・二二民一三七四頁)。

第三　明認方法による未分離の果実の上の物権変動

〔一九四〕 一　未分離の蜜柑(大判大正五・九・二〇民一四四〇頁)、桑葉(大判大正九・五・五民六二二頁)・稲立毛(大判昭和三・八・八新聞二九〇七号九頁、同昭和一三・九・二八民一九二七頁)などに関しても、判例は、立木に関すると同様の理論を適用し、明認方法による公示を認めた。庭石等についても、譲渡につき公証人役場で確定日付を受けただけでは足りないと判示し、明認方法による公示の可能性を示唆する(大判昭和九・七・二五判決全集一輯八号六頁)。

(1)未成熟の果実の取引は、普通には、債権関係を成立させるだけだが、収穫期に近づき、とくに独立の物として取引される価値を有するに至り、当事者が独立の物権的取引の目的として売買契約を締結し、代金の支払をしたような場合には、樹木または地盤から離れた独立の物として物権変動の客体となる。ただし、この物権変動を第三者に対抗するためには明認方法を必要とする(〔一八〕・〔二二〕参照)。

(2)未分離の果実が独立の物権変動の客体とされる場合には、これを独立の動産とみてよいであろう。ただし、その公示方法は明認方法という特別のものである。判例はこの場合にも「引渡」が必要であって、その他に引渡したことの明認方法を必要とするといっている。すなわち、あるいは果実の定着する地盤または草木の引渡を受けるか、いつでもその果実を収去できる状態を作り、その明認方法を講ずることを要すると言い(前掲大正五年の判決)、あるいは成熟期に近い果実の差押えを許す旧民訴第五六八条(民執一二二条参照。「一月以内に収穫することが確実であるもの」という)を引用しながら、引渡だけでは足りず、引渡のあったことの明認方法が必要であるという(前掲大正九年の判決)。

明認方法は、もともと現実的支配の移転であったものが、権利変動とその公示という民法の体系の中で再構成される際の混乱とみることもできようか（川島理論二七三頁以下）。しかし、立木の明認方法に関する説明との違いは、立木が土地に定着し、必ずしも伐採のためのみに取引されるのでなく、かつ立木その物に明認方法を施すことが可能（かつ普通？）なのに対し、果実は常に樹木もしくは土地から間もなく分離し動産化することを前提として取引されることが考えの中にあってのことであろうか。しかし、無用の配慮であって、立木と同様に扱って差支えない（同旨＝末川一七二頁、舟橋二六六頁）。その後、目的物につき所有権取得の事実を第三者に明認させるに足るものが必要とだけいう判決も現れている（大判昭和八・三・三新聞三五四三号八頁、大判昭和九・七・二五判決全集一輯八号六頁）。

〔一九五〕 **二** 明認方法のやり方（多くは標識を立てる）、その効力などは、すべて立木の場合に準じて考えればよい。例えば下級審の判決では、蜜柑の売買において、番人の氏名を記した小札では不充分であり、買主の氏名、売買の年月日を記載した立札を畑地の諸所に立てるとか（大坂地判大正六・七・一一新聞一三〇九号三〇頁）、稲立毛の場合に買主何某が買い受けた旨を記した木札を各筆毎に立てた場合（宮城控判昭和三・七・一〇新聞二九四一号五頁）は明認方法として認められている。なお、判例に現れる事例は、未分離の果実を債権者が差押えたのに対して、すでに譲り受けて明認方法を施した者から異議を主張する（民執三八条参照）ものが多い（〔一九四〕の桑葉・稲立毛に関する三判決）。しかし、蜜柑の事例（上記大正五年の判決）は、乙が甲から収穫期にある蜜柑を樹にあるままで買って立札を立てた後に、丙が甲から二重に譲り受けて樹から採って占有を取得した（事案では丙の債権者が更にそれを差押えたのだが）場合である。

第四款　公信の原則による物権変動(即時取得)

第一項　序　説

〔一九六〕 一　わが民法は、前に述べたように、動産物権の変動に関してはこの原則を採用したが、不動産物権のそれに関してはこれを採用しなかった(〔六七〕・〔六八〕)。この差異を生ずる典型的な例を挙げれば、甲がその所有物を乙に売り、登記(不動産の場合)または引渡(動産の場合)をなし、乙が更にこれを丙に売って、同じく登記または引渡をした後に、甲が甲乙間の売買が錯誤で無効であると主張するとしよう(無能力を理由として取消しても同じ)。乙は所有権を取得することはできない。しかし、丙の立場は、売買の目的物が動産であるか、不動産であるかによって異なる。すなわち、その目的物が動産であるときは——乙が占有しているから乙の所有物だと信じ、かつそう信じたことについて過失がなければ——丙はその動産の所有権を取得する(甲は乙に対して、不当利得返還その他の請求権を取得する)。これに反し、その目的物が不動産であるときは——乙の登記名義になっているから乙の所有物だと信じかつそう信じたことに過失がなくとも——丙はその不動産の所有権を取得しない(丙は乙に対して売主の責任を問う請求権を取得する)。

動産に関して右のことを定める民法の規定は、第一九二条ないし第一九四条であるが、この規定は、その文字からは、右の意味が充分にはわからない。しかし、これらの規定の沿革および他の立法例との対比の上から、そのことには疑いない。これらの規定は、フランス民法第二二七九条以下・ドイツ民法第九三二条以下・スイス民法第九三三条以下の規定に対応するものであることは明らかであるが、これらの法典における右の規定がおかれている地位はそれぞれ異なっている。フランス民法は、時効の章に規定し、ドイツ民法は動産所有権の得喪の章に規定し、わが民法はスイス民法と共に占有の章に規定する。フランス民法が時効の一態様のように見ているのは、この制度の沿革からいえば、必ずしも不当なものであるまいが、時の経過を要件としないものを時効の一態様とすることは、理論上不正確だという非難を免れない。また、わが民法が、フランス民法と同様に、公信の原則による動産物権の変動をもって、取得される占有の効果のように見る（前例で丙が乙から取得した占有の効果とする）ことは、公信の原則の現代法における意義からいって、正当なものではない。もちろん、この制度は、その沿革において、前に一言したように、一定の動産が第三者の占有に帰すれば原所有者の追及力は及ばなくなるという立場から、すなわち所有権に基づく返還請求権を制限するという立場から発達したものである（〔六七〕参照）。したがって、その立場からは、この制度を第三者の取得する占有の効力と考えることは当然であろう。しかし、近代法においては、この制度は、動産物権の表象（占有）を信頼する者を保護して物権を取得させようとする意義をもつものである。この目的から見れば、前主の許に存した表象（前例で乙の占有）が、これを信頼する者に物権を取得させる効力を有するものと考えねばならない。いいかえれば、即時取得は、取得される占有（上記の例でいえば丙の占有）の効果ではなく、譲渡人に存した占有（乙の占有）の効果だと考えねばならない（近時の通説）。スイス民法は、占有と登記とを併べて規定し、占有をむしろ公示と公信の両原則を中心として規定するものであるから、占有の公信力の規定を占有の章に収めているのは当然である。しかし、占有をむしろ占有訴権中心に規定するわが民法においては、公信の原則を、ドイツ民法と同じく、物権取得の態様として規定するのが適当である。本書においては、この理論に従って、第一九二条ないし第一九四条を本章に説く。

〔一九七〕　二　動産に関する第一九二条ないし第一九四条の規定は、動産の取引を極めて安全にする。しかし、そこに大きな制限が存する。それは、盗品または遺失物については、二年間は、原所有者から返還を請求されるということである（先に述べた例で乙が甲から盗んだ場合に限らない。甲が誰かから盗んだときでも、とにかく盗品であれば、丙は被害者から返還請求を受ける（一九三条））。この制限は、沿革的には、この制度の起源となったゲルマン法の理論自体の中に存する。というのは、前に述べたように、他人を信頼して占有を与えた者は、その信頼を与えた者からだけ、その物の返還を請求することができる、というのがゲルマン法の理論であった。ところが、盗まれるか遺失した物——所有者の意思に基づかずに占有を離れた物(abhanden gekommene Sache)——については、所有者は初めから誰をも信頼して占有を与えることをしていないのだから、どこまでも追及してその返還を請求することができるとされたのである。しかし、近世法が、ローマ法理論をしりぞけて、ゲルマン法理論を承継したのは、動産取引の安全を保護するという近代的理想のためである。そうであるならば、解釈・適用に当って、沿革に盲従すべきではない。前段に、近代法の即時取得は取得された占有の効力と見ずに、信頼された占有の効力と見るべきだといったのも、その立場からである。同様に、盗品または遺失物についての例外も、この理想の下に吟味されなければならない。

盗品または遺失物についての例外が最も大きな弊害を生ずるのは、有価証券についてである。有価証券が、その取引の敏活を必要とすることは、普通の動産の比ではない。しかも、有価証券は全然個性を持たないので、盗品または遺失物を判別することは甚だ困難である。そこで、ドイツ民法制定以前に、各邦の立法で、有価証券には普通の動産についての盗品または遺失物に関する例外を認めないことにされ、ドイツ民法はこれを承継した（同法九三五条二項）。そして、手形法の規定とともに、有価証券については、普通の動産以上に公信の原則を貫徹することにした（我妻「無記名債権の動産性と債権性」（田中記念論文集）・民法研究Ⅱ所収参照）。わが民法には、これに該当する規定がない。解釈上注意すべき点である（〔二三〇〕—〔二三八〕）。

〔一九八〕 **三** 不動産物権の表象たる登記に公信力がないことについては、とくに規定があるわけではない。しかし、真実権利をもたない者から権利を譲り受けることができるというのは、法律理論として全く異例のことだから、公信力を認める規定がない以上、公信力はないと解さなければならない。

第一七七条は登記に公信力を認めるものであるとする説が近時強く主張されている。第一の譲渡によって無権利者となった者からの第二の譲受人が、登記を得ることによって所有権を取得できるのは登記の公信力にほかならないというのである。この説に賛成できないことは先に述べた通りである（〔一四三〕参照）。のみならずこの説は、実体上の権利を得たが登記を得ていない者に対する関係——第一七七条の適用の場合——に限っての説明であって、無権利者がした保存登記を信用した場合まで救済するわけではなく、真の意味の公信力を認めるものではない。

もっとも、民法は、とくに第三者を保護すべきものと考える場合には、特別の規定を設けている。その場合には、登記が公信力をもつような結果になる。例えば、前の例で、甲乙間の売買が無効なのは、その売買が虚偽表示であるためのとき、または、甲がその売買を取消すのが乙の詐欺を理由とするのであるとき、などには、甲はその売買の無効または取消をもって善意の第三者丙に対抗することはできない（九四条二項・九六条三項）。そして、乙の登記を信頼して買った丙は、原則として善意と認められるから（［二〇六］2イ参照）、丙は、乙がその不動産の所有権を取得していないにもかかわらず、所有権を取得することになる。しかし、これは、虚偽表示——近時は自分の所有する不動産が登記上他人名義になっているのを永年放置している者について、第九四条二項の類推適用を認めようとする説も主張されているが（［一五五ノ二］参照）、それには少なくとも真実の所有者の有責の要素が不可欠である——または詐欺にかかった（不覚にも欺されたのだから第三者に迷惑をかけるな）という行為の特質からくる効果であって、不動産の取引についてとくに登記に公信力を与えようとするものではない。目的物が動産であるときにも、丙はあえて第一九二条を援用しなくとも、所有権を取得する（善意でさえあればよい点で善意・無過失を要件とする一九二条の場合と異なる）。

登記に公信力を認めないことは、すでに述べたように、不動産の取引を不安にし、いわゆる動的安全を害する。しかし、公信力を認めることは、反対に、いわゆる静的安全を害するだけでなく、不動産の商品化を促進する。立法論としても慎重に考慮すべき問題である（［二二九］—［二三四］参照）。

第二項　動産の即時取得（占有の公信力）

第一　即時取得の要件

第一九二条の文字は甚だ不明であるが、この規定が動産の占有に公信力を与えたものであることは明らかである。同条が「即時」にその動産の上に行使する権利を「取得」すると規定しているので（フランス民法が時効の一態様のように見ていることに影響されたものである）、その効果に着眼して、一般に「即時取得」と呼ばれている。しかし、近時は取得者の善意の信頼が保護されるという観点から、「善意取得」と呼ばれることも多い。いずれにしても、この規定の沿革と存在理由から、つぎの諸要件を必要とする、と解すべきである（〔一九六〕参照）。

〔一九九〕　一　動産であること

(1)普通の動産には、すべて、民法の即時取得の規定が適用される。動産が直接・間接に登記または登録によって公示される場合にも同様である。すなわち、（a）立木法によって登記された立木が、土地から分離（伐採）されてなお抵当権の効力に服する場合にも、その分離された樹木は即時取得の目的となる（立木法四条五項に明文がある）。しかし、分離前の稲立毛を、一種の動産として取引の目的となるとして第一九二条の適用を認める判例・学説があるが（大判昭和三・八・八新聞二九〇七号九頁、末川二三三頁）賛成できない（同旨＝林一〇一頁、舟橋二三三頁、於保二〇一頁）。（b）工場抵当権の効力の及ぶ工場備付動産（〔一六四〕参照）も即時取得の目的となる（工場抵当法五条二項に明文がある。大判昭和六・一・一四新聞三二二四号一一頁参照）。財団を組成する場合、したがって財団目録に記載されたものについても同様に解すべきものと思う（大判昭和八・五・二四民一五六五頁（判民一一〇事件我妻判例評釈Ⅰ所収）、最判昭和三六・九・一五民二一七二頁）。（c）家屋の譲渡に際し、登記によって対抗要件を充たすとされる家屋の従物も、家屋から分離して取引されればもちろんであるが、家屋を譲り受けて引渡を得ていれば、家屋所有権の移転の対抗要件と関係なく即時取得が認められる（なお〔一六二〕参照）。抵当権の効力の及ぶ抵当不動産の従物なども同様に解すべきことはいうまでもない。（d）農業動産信用法によって登記された動産は、もっぱら登記をもって対抗要件とするものであって、右の諸場合のように不動産についての登記の効力が及ぶのとは、趣を異にする。しかし、この場合にも、その動産と登記との関係は、普通にそれほど密接なものとは考えられていないので、なお即時取得の目的となるものとされている（同法一三条二項に明文がある）。（e）貨物引換証その他の証券によって表象されている商品についても――証券によらずにその運送ないし寄託の関係から離脱した場合には――なお、即時取得を認むべきである(大判昭和七・二・二三民一四八頁判民一五事件(小町谷))。

〔二〇〇〕 (2)右に反し、(a)登記を対抗要件とする船舶(商法六八七条)および既登記の建設機械(建設機械抵当法七条)は、即時取得の目的とならない、と解すべきである(通説)。けだし、完全に登記によって表象され、占有を信頼した取引を保護する余地がないからである。(b)登録を受けた自動車および航空機は登録をもって対抗要件とするので(道路運送車両法五条、航空法三条の三、航空機抵当法五条)、右の船舶と同様に解すべきものと思う。ただし、無権利者から善意・無過失で譲り受け、引渡と登録を得た場合には即時取得を認める余地がある(自動車に関して下級審判決は分かれている。我妻・判例コンメ一八一頁(児玉)、鈴木〔一五七〕参照)。なお、判例は二〇トン未満の無登記の船舶(最判昭和四一・六・九民一〇一一頁)、未登録の自動車(最判昭和四五・一二・四民一九八七頁)については即時取得の適用を認める。取引慣行の実態を慎重に検討して、取得者の善意・無過失の認定をすべきであろう。(c)権利変動につき明認方法をもって対抗要件とする立木、未分離の果実は、分離を前提として取引された場合にも、取引の際の現状においては不動産たる土地の一部である。したがって第一九二条の適用はない(明認方法に占有承継と同様の効果が認められるかについては〔二〇二〕参照)。これらの物が伐採され、採取されて動産となった後の取引には同条の適用があることはいうまでもない。(d)無記名債権は動産とみなされるが、後に述べるように、有価証券たる性質を有するものは、商法および小切手法の適用を受けるから、第一九二条以下の適用を受けない(〔二二〇〕参照)。ただし、有価証券たる性質をもたないもの、例えば、乗車切符、劇場観覧券などは、なお民法の規定に従う(同旨=末川二三〇頁、舟橋二三三頁)。

二　取引によって占有を承継すること

〔二〇一〕 (1)即時取得は、取引の安全を保護する制度である。したがって、この制度の保護を受けるためには、動産について取引行為——後に述べるように、所有権または質権の取得を目的とする行為(一時預所から他人の外套を受け取った場合は、ここにいう取引行為に当らない)——をなし、これによってその占有を承継することが必要である。他人の山林を自分の山林と誤信して伐採し、動産たる材木を取得する場合のように、動産を原始的に占有する場合には、即時取得の適用はない。また、相続によって相続財産中にある他人の動産を包括承継した場合にも適用がない。このことは、制度の沿革から見るも、その存在理由から見るも、疑問の余地はない。近時の学説にもほとんど異説がない。ただし、その取引というのは広い。売買や贈与(ただし、無償契約の場合の効果については〔二一二〕参照)などに限らず、代物弁済(大判昭和五・五・一〇新聞三一四五号一二頁—運送を委託された玄米を自己の債務の代物弁済とした)、または弁済として給付し(大判大正元・一〇・二民七七二頁等多数—ただし、これらの判決の多くが金銭について一九二条を適用していることは、後に述べるように不当である)、または消費貸借の成立のために交付する(大判昭和九・四・六民四九二頁—ただしこの判決も金銭に関する)場合を含むことはいうまでもない。また競売による取得を含むことも疑いない(最判昭和四二・五・三〇民一〇一一頁)。

〔二〇二〕 (2) 問題となるのは、立木や未分離の果実の取引についていわゆる明認方法が施された場合である(〔一八四〕—〔一八六〕)。古い判例には、無権利者から山林を買って伐採した事案について、伐採によって動産を取得する場合にも即時取得の適用があるとしたものがある(大判明治四〇・一二・六民一一七四頁)。これは、即時取得を、取得する占有の効力と考えるものであって、明らかに誤りである(〔一九六〕参照)。その後、他人の山林から何らの権限なく雑草木を採取した(取引行為のない)事案について、即時取得は動産を動産として承継的に取得する場合に限ることを明言している(大判大正四・五・二〇民七三〇頁)。しかるに、その後、一度は、山林を無権利者から買うこと自体は、即時取得の保護を受けうるものとし(大判大正一〇・二・一七民三二九頁—ただし、買主は登記簿を検べなかったから過失ありという)、後に、明瞭にこれを否定した(大判昭和七・五・一八民一九六三頁)。その間にも伐採という事実行為によって立木の占有を得ても、それだけでは即時取得の適用はないとする判決が見られた（大判昭和三・四・四新聞二九〇一号五頁、大判昭和四・二・二七新聞二九五七号九頁など）。しかも、他方で、稲立毛の売買については、即時取得の適用ありとする（大判昭和三・八・八新聞二九〇七号九頁）。思うに、判例の態度を合理的に整理するときは、（i）山林や稲立毛等について全然取引行為がないときには、即時取得の適用を認める余地はない（右の大正四年の判決の趣旨）。しかし、（ii）無権利者から譲受けたときは――あえてこれを採取して動産とすることをまたずに――即時取得を認めることができる。けだし、これらのものは、明認方法という、登記よりもむしろ占有に類似する公示方法をもって取引されるものだからである（もっとも、判例は、稲立毛は動産だが、立木は不動産だとして区別しているようでもある）。学説としては、立木についてもかような理論を認むべしとするものもあり（判民大正一〇年度一二二事件末弘評釈）、稲立毛について認むべしとするものもある（末川二三三頁）。しかし、明認方法という特殊の公示方法について、そこまでの取引保護を認むべきものか、甚だ疑問である。私はむしろ右のすべての場合に否定するのが妥当だと考える（同旨＝林一〇一頁、舟橋二三三頁。広中二一八頁以下はこの点に関して判例の詳しい分析をしている。第三者の保護のためには明認方法に、登記と同様、九四条二項の類推適用を認むべしとする）。

三　動産を処分する権限のない者から占有を承継したこと

前主の無権限を即時取得の要件として挙げることには、積極的な意味はない。したがって即時取得を主張する側で前主の無権限を主張し、立証するという問題はおきない。完全な処分権限がある場合には、第一九二条の適用はないというほどのことであり、後の(2)の場合を除外することに意味があるにすぎない。

〔二〇三〕(1)即時取得の規定の適用されるのは、（a）取引の相手方が所有者でないのに――すなわち、単なる借主・質権者・受寄者であるとき、または買主として所有しているがその売買が無効であるために単なる占有者に過ぎないときなど（後に取消されれば遡及的に所有者でなくなるから、無効の場合と同一である）に――これを所有者と誤信して取引をする場合が最も多い。(b)甲が乙に譲渡し占有改定による引渡をすませ、無権利者になった後に、占有が自分にあるのを利用して丙に譲渡し、現実の引渡をすませば、対抗問題ではなく、即時取得の適用がある(大判昭和一九・二・八新聞四八九八号二頁)。(c)他人の動産を自己の名において処分する権限のある者、例えば問屋・質権者・執行吏などが、その権限に基づいて処分する場合に、当該の動産を処分する権限が欠けているのにこれを欠けていないと誤信して取引をしたときにも適用されると解すべきである(大判昭和七・一二・二六裁判例(六)民三六一頁―執行吏が債務者の所有でない動産を差押えて競売した事件。なお最判昭和四二・五・三〇民一〇一一頁参照)。ドイツ民法は、右aの場合に限り(同法九三二条)、商法でcの場合に拡張する(同法三六六条)。スイス民法は両方を含める(同法九三三条)。さらに、(d)代理人がその権限に基づいて処分した動産が本人の所有に属さない場合にも、即時取得の規定の適用があるといわねばならない。つぎに述べるように、代理権のない者(無権代理人)を代理権があると誤信しても、即時取得の保護を受けることはできない。しかし、ある動産を処分する権限を与えられた代理人が、その動産を本人の名において処分した場合に、その動産が本人の所有に属さなかったときは、代理権に瑕疵があるのではなく、代理人の処分権限に瑕疵があるのだから、相手方がこれを本人の所有であり、したがって、代理人にその物の処分権限があると誤信したときは、即時取得の保護を受けると解すべきである。実際問題としては、不在者の財産管理人(二五条以下参照)・相続人未確定中の相続財産管理人(九一八条・九二六条・九四〇条参照)・相続人不存在の相続財産の管理人(九五二条参照)・遺言執行者(一〇〇六条参照)などのように、他人の財産を管理処分する権限のある者がその管理する財産の中に混入している第三者の動産を処分した場合に多く適用を見るであろう。しかし、理論としては、右のような特殊の代理人に限るのではなく、本人が処分すれば即時取得の適用のあることを本人に代ってする権限を与えられた代理人が処分したときは、常に適用があるというべきものと考える（同旨＝舟橋二三八頁、柚木・高木三八五頁）。(e)なお、例えば工場抵当の目的たる建物に備え付けた物の所有者甲は、抵当権者の同意なしにこれを分離することはできない。あえて分離した物に対しては抵当権が及んでいる（工場抵当法五条一項）。しかし、このような備付物を所有者から譲り受けて引渡を受けた第三取得者乙が第一九二条の要件を具備したときは（同条二項）、その物につき抵当権は消滅する（福岡高判昭和二八・七・二二民三八八頁―有過失として否定された事例）。その意味で甲は備付物に関し、抵当権の負担のない所有権の処分権限のない者に該当する。

〔二〇四〕　(2)右に反し、相手方が、無能力者であったり、錯誤があったり、代理人として処分したが代理権がなかったりして、そのために物権変動の効力を生じない場合には、たといこれらの事由を知らず――能力者だと思い、錯誤がないと思い、または代理権があると思い（表見代理の適用がある場合はその方で保護されることがあるのはいうまでもない）、――かつ、その知らなかったことに過失がなくとも、即時取得の規定によって保護さるべきではない。けだし、この制度の沿革上そうであるのみならず、そう解さなければ、無能力者の保護・意思の欠缺・無権代理などに関する民法の規定はほとんどその意義を失うに至るからである（通説・判例）。ただし、これらの者からさらに瑕疵のない契約に基づいて譲り受けた者は、即時取得の適用を受けることはいうまでもない。

四　平穏・公然・善意・無過失であること

〔二〇五〕　(1)相手方が無権利者でない（処分する権限がある）と誤信し、かつ、そう誤信するについて過失のないことを要する（最判昭和二六・一一・二七民七七五頁）。占有の取得が占有代理人によって行われる場合は占有代理人の悪意・有過失は即時取得の成立を妨げる（一〇一条が類推適用される）。また、取引は平穏・公然に行われねばならない。なお、これらの要件は、取引の時、すなわち占有承継の時に存すれば足りる。それから後に悪意となっても権利を失うのではない（判例・通説）。

〔二〇六〕 (2)右の要件の挙証責任はいずれにあるか。(イ)第一八六条の規定によって、占有者は、善意・平穏かつ公然に占有するものと推定される。この規定は、本来は取得される占有の状態に関するものだから、取引の際の要件に関するものとしては、必ずしも適切ではない。しかし、この規定の趣旨からいって、即時取得の場合にも、平穏・公然・善意に取引がなされたと推定してよい（判例・通説ともに結果を同じくする）。(ロ)第一八六条は、無過失を推定していない。したがって、時効取得を主張する場合などには、無過失を挙証しなければならないのは当然である（〔五七五〕参照）。しかし、即時取得の場合には別に解釈しなければならない。即時取得は処分の権限のない占有者を処分の権限があると誤信する場合だが、占有者は、第一八八条によって正当な権利行使の推定を受ける。すなわち、処分権があると称して取引をする占有者は、その処分権があるものと推定される。したがって、これと取引をする者は、そう信じても過失がないといわねばならない。いいかえれば、即時取得の場合には取得者の無過失も第一八八条によって推定されることになる（旧旧版の説を改める。ドイツ民法では九三二条の規定の上から、相手方が過失を証明することになる。しかし、このことは、同法一〇〇七条（わが一八八条に該当）の趣旨に適するといわれている(Staudinger, Komm. II 2 z. §932)）。——学説においては通説と言ってよかろう（末川二三八頁、於保二一四頁、林一〇三頁。ただし、舟橋二四二頁・二九八頁は一八六条は無過失をも推定しているとする）。判例は、無過失は即時取得を主張する者において挙証すべしといっていた（例えば大判明治四一・九・一民八七六頁、最判昭和二八・五・二四民一五六五頁）。しかし、最近判例も通説に従うようになった（最判昭和四一・六・九民一〇一一頁—無登記船舶に関する。同昭和四五・一二・四民一九八七頁—未登録の自動車に関する）。もっとも、判例で過失ありとされた事例は、比較的少なく、右のように挙証責任を反対に解しても、同一の結果に達する場合のように思われる。過失ありとされた二、三の例を挙げれば、立木を買い受けるに当り地盤の所有権につき登記簿の調査を怠った者（大判大正一〇・二・一七民三二九頁判民二二事件（末弘））、運送人から玄米を代物弁済として受取った債権者（大判昭和五・五・一〇新聞三一四五号一二頁―運送人は他人の米を運送するのが通例）、運転手業者から、月賦代金を完弁しないのでまだ自分の所有にならない古自動車を買った運転手業者（大判昭和一〇・七・九判決全集二輯二〇号一四頁―運転手仲間ではよく知られた取引事情である）、紺屋から白木綿を質にとった質屋（大判大正七・一一・八民二一三八頁―紺屋の白木綿は染色を頼まれた他人のものであることが通例）などである。

五　相手方の占有を信頼して、みずからもまた占有を取得することを要する。

〔二〇七〕(1)相手方の占有を信頼することを必要とするのは、制度の本質からいって、当然のことである。みずからもまた占有を取得することを要する。けだし、上述のゲルマン法の伝統からすれば当然のことであるが（〔一九七〕）、近代法の立場に立っても対抗力のない即時取得を認めることは、いたずらに法律関係を紛糾させるだけで、実益はないからである。しかし、相手方の占有と取得する占有のそれぞれの態様によって関係はいささか複雑である。

〔二〇八〕(2)相手方が現実の占有を有する場合に、これを信頼することが最も普通であろう。（a）もっとも、占有の本質に関連して、占有者、所持者、所持の機関などが区別される（〔五三七〕参照）。しかし、これは、主として占有訴権で問題となることである。即時取得に関しては、右の区別にかかわらず、これらの者が取引の目的物の処分権限を有すると誤信した者が即時取得の保護を受けうることはいうまでもない。（b）取引する者の取得する占有が現実の占有であるとき、すなわち現実の引渡（一八二条一項、〔一六九〕参照）を受けたときは、格別問題はない。（c）問題となるのは、譲受人が占有改定（一八三条、〔一七二〕参照）をしたとき、例えば、甲の所有動産を賃借する乙から、丙が、乙を所有者と誤信して譲り受け、引きつづき乙に賃貸するような場合である。判例は、最初やや動揺したが（大判大正五・五・一六民九六一頁は否定、同昭和五・五・一〇新聞三一五三号一四頁は肯定）、その後、否定に確定した（大判昭和七・二・一八法学一巻七号一〇七頁、同昭和七・一二・二二新聞三五一七号一三頁、同昭和九・一一・二〇判決全集二輯一三号一一頁、同昭和一二・一・二六新聞四一〇九号六頁、最判昭和三二・一二・二七民二四八五頁)。その理由とするところは、①乙がなお占有を継続する間は、占有の外観に変化がなく、甲の乙に対する信頼は裏切られていない、ということと、②乙丙間で譲渡・賃貸の契約がなされても、甲の乙による占有(代理人による占有)は消滅しないから、乙丙間に占有改定は生じない(二〇四条参照)ということを主とする(例外的に占有改定でよいとする判決があるが、特殊の事案に関し、判例とするに足りない。好美・注民(7)一一一頁参照)。学説は分れている(否定説＝中島一八四頁、三潴二九六頁、末川二三五頁、舟橋二四四頁。なお川島理論一八二頁参照。肯定説＝末弘二六七頁、石田三五〇頁、柚木・高木三八九頁、松坂一〇四頁)。私は、占有改定でもよいと解する(我妻「占有改定は民法第一九二条の要件を充たすか」(民法研究Ⅲ所収)参照)。右の事例は、先に対抗要件としての占有改定について述べたところ(〔一七二〕)と異なり、本来の権利者甲と、実体上の無権利者乙から権利の譲渡を受け、占有改定によって「占有ヲ始メタ」丙との対決である。まさに即時取得の要件としての占有の取得が占有改定でよいかどうかが問題であるが、近代法における即時取得をもって、相手方の占有の信頼にありとする以上、取得者側の占有を区別すべきではない(代理人による占有ないし間接占有でよい)からである(これに対して、広中一八九頁以下は一九二条は取得者に現状維持的保護を与えるものであるとして間接占有しか取得しないものを除外すべしとする)。判例の挙げる理由はいずれも決定的なものではない。ただし、私は従来は、占有改定によって完全に所有権を取得すると解したが、今はこれを多少訂正しようと思う。けだし、肯定説によると、甲所有の動産の受託占有者乙がこれを丙に譲渡して占有改定をすると、そのようなことを知らない甲が、乙からその物の返還を受けた後にも、丙の所有権に基づく引渡請求にやぶれることになる。この場合乙→甲の取引があるわけではないから、甲は第一九二条を援用することもできない。のみならず、乙丙が共謀すればたやすく乙→丙の譲渡と占有改定の事実を創出する可能性がある。このような事情を考慮して丙は占有改定によって所有権を取得するが、現実の引渡を受けるまでは、その所有権の取得は確定的ではなく、後に現実の引渡を受けることによって――その時に改めて所有権譲渡行為をしなくとも、また悪意であっても（この点で否定説と異なる）――確定的に所有権を取得する。その反射的効果として甲もまた、乙が占有する間は、所有権を確定的に喪失せず、丙より早く現実の引渡を受ければ、完全に所有権を回復し、丙の所有権取得は確定的に消滅すると解するのである（折衷説と呼ばれる。同旨＝鈴木〔一六〇〕、川井・設例物権法一〇二頁、松坂一〇四頁、石田（喜）二一一頁。なお諸説とその長所短所につき、好美・注民(7)一一一頁以下、星野七四頁参照）。

この説の適用を具体例について考えれば――

（i）X所有の動産をPに占有させておいた（原因は賃貸でも寄託、所有権留保売買、譲渡担保などいずれでもよい）ところ、Pがこれを Y に売却して占有改定をした。動産はPの占有下にある。否定説によればYは所有権を取得しない。後にYが現実の引渡を受けてもその際に新たに第一九二条の要件を充たさなければならない。肯定説によれば、《引渡》を受けたのだからYは確定的に所有権を取得し、Xは所有権を失う。折衷説によればYは一応《引渡》を受けたと認められるが、確定的でなく、後に現実の引渡を受けなければXに対抗できない。例えばPの債権者が差押えた場合には、異議を述べられるのはXである（兼子・増補強制執行法五五頁、近藤・執行関係訴訟五二一頁以下）。

（ii）E所有の動産をXに譲渡して占有改定し、その後Yに譲渡して同じく占有改定し、現にEが占有中。否定説によればXが勝つ。Xは第一七八条の対抗要件を備えているが、Yは第一九二条の要件である《引渡》を受けていない。肯定説によればYが勝つ。無権利となったEから譲り受けて、《引渡》を受けたのだからXは所有権を失う。折衷説によればYは《引渡》を受けたと認められるが不確実であり、現実の引渡を受けて――その際悪意であってもよい――はじめて確実に所有者になる。

(iii)Eの所有動産を無権利者Pが占有していて、これをXに譲渡し、ついでYに譲渡したが、いずれも占有改定の場合。否定説によれば所有権はEにあり。XもYも所有権を取得しない。肯定説によれば後から譲り受けたYが勝つ。折衷説ではX、Yのうち、どちらか早く《引渡》を受けた者が勝つ。Eが占有を回収すればXもYも所有権取得を主張できなくなる。

右の考え方は、遡って占有改定のような公示力が弱く排他性のない公示方法については、それが重複して行われ、競合したときは、一般に、それらの者の間では相対的な効力を生じ、現実の引渡と結合することによって確定的なものになると解することに帰する。例えば右の例で無権利者乙が丙と丁に二重に譲渡し、いずれも第一九二条の要件を充たすが、ともに引渡は占有改定である場合は正にそれに当る(〔一七二〕参照)。同様に乙によって裏切られた甲の地位は、その限りにおいて、丙らと同等とみることができよう。この点に関する見解の相違は、実際問題としては動産の譲渡担保や抵当不動産の従物たる動産(担保〔四〇一〕参照)と即時取得との関連で重要であることを注意すべきである。なお、占有改定は即時取得の要件を充たすかどうかは、各国においても争われる問題である(例えばド民九三三条は現実の引渡の際に適用されるとする(我妻前掲参照))。

〔二〇九〕 (3)処分者が占有代理人によって占有をしている間接占有者である場合にも、即時取得の適用がありうる。(a)占有代理人(直接占有者)が譲り受けるときには、簡易の引渡(一八二条二項。〔一七〇〕参照)によって所有権を取得する(ド民九三二条一項二段は多少制限を加える)。しかし、第三者から預かった動産について、それは自分の所有であると称する無権利者が現れ、それを信用して譲渡契約を締結しても即時取得はしないと解される(好美・注民(7)一一〇頁参照)。(b)第三者が譲り受けるときは、指図による占有移転(一八四条。〔一七二〕参照)によって所有権を取得する(ド民九三四条は多少制限を加える)。この場合には、処分者は指図によって占有を失うから、二重の《引渡》は起りえない。a・b両場合を通じて下級審の判決で否定するものもあるが、学説としては肯定説が多い(末川二三五頁)。

第二　即時取得の効果

〔三一〇〕一　「即時ニ動産ノ上ニ行使スル権利ヲ取得ス」ることが即時取得の効果である。

(1)動産の上に行使する権利とは、取得者が占有を承継する取引行為によって、その動産の上に外形上取得する物権である。なお善意取得者への所有権移転が譲渡担保のためである場合——占有改定によることが多いであろう——には、譲渡担保権が取得されるにすぎない。そこで無権利者甲がまず乙に対して、つぎに丙に対して譲渡担保権を設定した場合に、順位(丙が第一、乙が第二)を認めるべきことが示唆されている(星野三二〇頁)。

(2)法文には動産の上に行使する権利と規定されているけれども、実際は、所有権と質権とに限る。けだし、動産の上に成立する物権のうち、(a)留置権は、法律上当然に生ずる権利であり、しかも目的物が債務者の所有に属するかどうかによって影響を受けないものである(担保〔四二〕参照)。また、(b)先取特権も、当事者の意思に基づいて発生するものではない。したがって、ともに、本条を適用すべき余地はない(三一九条はこれらの先取特権がいわゆる法定質権の性質を有することに基づく特殊のものである)。さらに、(c)占有権が問題とならないことは、説くまでもない。(d)やや問題となるのは、賃借権である。判例はこれを否定する(大判昭和一三・一一・二八民一頁)。動産賃借権についてそれほど取引の安全を保護する必要もないと思われるから、判例を支持すべきであろう(大判昭和一三・一一・二八民一頁判民一事件(四宮)参照)。

〔三一一〕二　即時取得による所有権または質権の取得は、原始取得である。占有は承継されることを必要とするが、これに基づいて取得される本権は、原始取得である。けだし、取得者は、譲渡人の権利に基づいて権利を取得するのではなく、譲渡人に権利がないにもかかわらず権利を取得するのだからである。その結果、前主に存した制限は、原則として消滅する(ド民九三六条はやや異なる)。もっとも即時取得者が制限物権の存在、例えば従物として抵当権の効力が及んでいること、について悪意であった場合には制限つきの所有権を取得する余地がある(工場抵当法五条、鈴木・物権法の研究二八七頁参照)。

〔三一二〕 三 無権利者乙から動産を譲り受け、即時取得の規定によって権利を取得した丙は、原権利者甲に対して、不当利得返還の義務を負うであろうか。判例・通説はこれを否定する。しかし、この制度の趣旨は、取引の安全を保護して、善意取得者に取引の目的である権利を取得させようとするものであるが、その利得が不当利得との関連で法律上の原因に当るかどうかは別個の観点から検討する必要がある。乙丙間の取引が有償の場合には、無権利で処分した乙が甲に対して不当利得の返還義務を負うことは自明である。しかし、無償の場合には、乙に利得は生じていないから、損害賠償義務を負うことは格別、不当利得返還義務を負うことはない。ところで、社会観念によれば、右の場合に甲の所有権喪失と丙の取得との間に因果関係があると認めるのがむしろ当然であって(因果関係における単一性説によらなくても)、丙に利得が生じている無償取得の場合には丙を返還義務者とすべきかは、もっぱら丙の取得が法律上の原因を欠くかどうか——無償取得を法律上の原因を欠くことと同視すべきかどうか——によって決するのが適当であると考える。そこで、問題は遡って丙の利得(所有権取得)の原因となる権利の外形(取引の安全)を保護する即時取得制度は、丙の有償の取得のみならず無償の取得をも保護する趣旨とみるべきかどうかによって定まる。不当利得が、関係当事者間の財産価値の移動を公平の原則によって調整しようとするものであることを重視するときは、無償取得者まで保護する趣旨でない――丙の利得は法律上の原因を欠く――と解するのが正当であろう（債各〔一四六六〕・〔一五〇九〕参照）。旧版では、通説に従いつつ、取得が無償行為に基づく場合につき、利得を返還すべきものと規定するドイツ民法第八一六条に言及して、「当事者間の利害の公平なる解決としては、或いはこの主義を優るというべきであろうか」と述べるに止まったが、今は肯定説に改める（同説＝岡村・債権各論六一三頁、松坂一〇五頁、同・事務管理・不当利得一七一頁（乙丙間に存する原因はこれをもって甲に対抗することを得ないから、と説く）、広中一九七頁）。判例には添附に関する民法第二四八条を引用しながら同じ趣旨を説くものがある（大判昭和一一・一・一七民一〇一頁判民七事件（川島）参照）。しかし、事案は金銭に関し、その結論も妥当とはいえない。

なお、甲所有の動産を占有する乙が、乙丙間の売買契約の履行としてこれを丙に引渡した場合に、実はその原因である契約が無効であったとすれば、即時取得の適用はない。かりにその物が乙の所有であったとしても丙は所有権を取得しないからである（〔二〇四〕参照）。しかし、無因行為の場合には原因が無効であっても丙は即時取得によって所有権を取得し、不当利得の返還が問題になる（債各〔一五〇八〕以下参照）。例えば乙は丙に対する債務がないのに弁済として甲所有の動産を引渡した場合に、丙は所有権を取得するけれども、なお不当利得としてさし当り乙に対して返還義務を負う（鈴木・物権法の研究二八九頁参照）。これに反して債務が存在すれば不当利得は成立しない（大判昭和一三・一一・一二民二二〇五頁参照）。

第三　盗品および遺失物に関する特則（一九三条・一九四条）

〔二一三〕　**一**　盗品または遺失物については、原権利者の追及力は、直ちには消滅しない。

(1)前に述べたように、即時取得は、所有者が他人を信頼して占有を与えた場合に、その所有者の追及権を制限する制度として発達したものである（一九六参照）。したがって、所有者の意思に基づかないでその占有を離れた動産は、どこまでも追及してその返還を請求することができた。現在の諸国の民法においても、この主義が承継され、盗品または遺失物は即時取得の例外をなすものとされている（フ民二二七九条二項、ド民九三五条、ス民九三四条）。第一九三条の規定もそれである。

(2)しかし、この特則は、近代法の理想から見れば、必ずしも適当なものではない。取得者の立場からすれば盗品または遺失物に限って公信力を弱くすべき理由はなく、また、盗品または遺失物に限って原所有者の静的安全を保護すべき理由がそれほど強いものでもない。有価証券のように取引の安全を保護する必要の特に大きなものについて、この特則が不当とされる理由はここに存する（一九七参照）。

〔三一四〕 二　適用範囲　第一九三条の適用されるのは盗品または遺失物に限る。

(1)盗品とは、窃盗または強盗によって所持を奪われた物である。詐取されたり、横領された物などは盗品ではない。遺失物とは、占有者の意思によらないでその所持を離れた物であって盗品でないものである。遺失物の拾得者は遺失主が知れないときはその物件を警察署長に差し出すべきであり（三一五以下参照）、遺失物法の規定に従って、六箇月後にその物の所有権を取得する（二四〇条）。しかし、拾得者が右の手続をふまず、かつ原所有者に返還されないで処分されたときは、遺失物として第一九三条の適用を受けるのである。盗品・遺失物、ともに、盗みまたは拾得した者から直接に取得した者についてだけ第一九三条が適用されるのではなく、その者からさらに転々譲渡または質入された場合にも適用される。ただし、第一九四条の制限のあることは後に述べる。

(2)第一九三条の規定は、上述のように、現代法の理想に適さないものだから、盗品または遺失物以外の物に拡張すべきではない（通説。判例は以前からこの趣旨を認め、横領（委託物消費）または詐欺などの目的物に適用すべきではないという）。他人の物の所持者、例えば店員が店の物を持ち出した場合（刑法上は窃盗になる場合でも）にも本条の適用はないと解すべきである（同旨＝舟橋二五一頁、鈴木・物権法の研究二九〇頁）。しかし他方、取引の安全の一面的強調は妥当でなく、盗品・遺失物は例示にすぎないとする説もある（広中一九八頁、好美・注民(7)一四六頁）。

三　効果　「被害者又ハ遺失主ハ盗難又ハ遺失ノ時ヨリ二年間占有者ニ対シテ其物ノ回復ヲ請求スルコトヲ得」（一九三条）。この回復請求権は事実上の支配（所持）を奪われることを要件とする点で占有回収の訴権と類似する。しかし、後者が奪われた占有を回収するものであるのに対して、本条の回復請求権は本権の回復を目的とし、善意の特定承継人に対しても請求できる点でこれと異なる。そして、一般には、無償ですることができるが、第一九四条の適用される場合には、「代価ヲ弁償」しなければならない。なお、この請求権はその性質をどのように解するにせよ（〔二一七〕参照）、物が現存していることを前提とする。物が滅失し、加工されまたは没収された場合には本条の適用はなく、不当利得もしくは不法行為による請求権の存否の問題が残るだけである（最判昭和二六・一一・二七民七七五頁—他の物と共に加工された場合に不当利得返還請求もできないという）。

〔二一五〕　(1)回復請求権を有する者は、盗難の被害者または遺失主である。(a)被害者または遺失主は、所有者であるのが普通であろう。しかし、(b)必ずしも所有者であることを必要としない。寄託してある物または賃貸してある物などが盗まれまたは遺失されたときは、受寄者・賃借人なども被害者または遺失主として回復を請求することができる（判例・通説）。それなら、この場合に、所有者自身も回復を請求することができるであろうか。回復請求権の存する期間盗品または遺失物の所有権は原所有者に属すると解すれば、所有者は、別に、所有権に基づく返還請求権を有することはいうまでもない（判例はこの立場をとる）。しかし、私は、つぎに述べるように、所有権は取得者に帰属すると考える。しかもなお回復請求権は、原所有者もまたこれを有すると解する。けだし、民法は、被害者または遺失主が所有者である普通の場合に着眼して規定したものであって、両者が同一人でないときは、両者に回復請求権を認めることが制度の目的に適するからである。ただし、（c）質権に関する第三五二条・第三五三条は第一九四条を制限するものと解さなければならない。すなわち、質権者が質物の占有を失ったときは、占有回収の訴えによって質物を回復することができるだけであって――遺失したときはそれもできない――、質権自体は対抗力を失うのだから、第一九四条によって認められる回復請求権もないものといわねばならない（担保〔一八二〕参照。反対＝広中二〇〇頁注(30)）。

〔二二六〕 (2)回復請求の相手方は、盗難または遺失の時から二年間に、盗品または遺失物を取引行為によって取得し、「前条」すなわち第一九二条の要件を充たして占有している者またはその承継者である。盗人または拾得者から直接取得した者に限らない（通説）。反対説（石田三六一頁）もあるが、それでは第一九四条が無意味になる。

〔二二七〕 (3)所有権の帰属　被害者または遺失主が回復を請求しうる期間、その動産の所有権は原所有権者に帰属するか、それとも、取得者に帰属するか、については、民法には規定がなく、学説が分かれている。判例は前説を採っている（大判大正一〇・七・八民一三七三頁、大刑判大正一五・五・二八刑一九二頁、大判昭和四・一二・一一民九二三頁等。これと同旨＝富井七〇八頁、三潴三〇〇頁、石田三六六頁、川島民法Ⅰ一八三頁、好美・注民(7)一五一頁以下、広中一九九頁）。もっとも、かつては甲所有の動産を窃取した乙がこれを丙に売り、さらに情を知っている丁が転買した場合に、所有権がなお甲にあることを理由として丁について贓物《ぞうぶつ》故買罪の成立を認めたが（大判大正一五・三・二八刑一九二頁）、その後最高裁判所は、甲に回復請求権がある以上は、所有権の所在にかかわらず贓物罪が成立すると判示している（最決昭和三四・二・九刑七六頁）。私は後説を採る。判例は、理由として次のようにいう。回復を請求するとは、即時取得者の取得した権利を回復するということでなければならない。したがって、もし、即時取得者が盗品または遺失物の所有権または質権を取得すると解すれば、――回復請求権を有することについて疑問のない――被害者または遺失主たる賃借人・受寄者などは、最初からもっていない権利を回復して取得することになって不合理だ。だから、即時取得者は、占有だけを取得し、回復者は、占有だけを回復すると解すべきだ、と。しかし、(i)判例の理論の前提は独断である。この回復請求権は、第一九三条によって特別に認められたもので、占有の回復とともに盗難または遺失の時の本権関係――賃借権者は賃借権――を復活させるものと解することもできる。その意味では物の引渡の請求（占有回収の訴えではない。二〇〇条二項参照）と合体して行使される一種の実体上の形成権である（この点旧版の説明を補充した）。したがって、目的物が相手方の手中にない場合には回復請求権もなく、物に代る損害賠償の請求もできない（最判昭和二六・一一・二七民七七五頁）。この論理は技巧的にみえるかも知れないが、判例のように、二年を経過した時に当然に所有権が移転し、それまでは原所有者に帰属する、と解するよりも、はるかにすなおな解釈であろう。それよりも、実質的に、(ii)第一九二条の原則の意義を重く見て、所有権は常にこれによって取得され、ただ第一九三条によって回復が請求された場合には、所有権が復帰すると解することが、即時取得の制度の有する意義に一層適切であろう。のみならず、(iii)回復者の請求権を物権的に保護せず、例えば取得者の破産の場合などは原所有者の取戻権はないとすることが、結果においても妥当だと思われる。そうでないと、回復請求を受けないときでも、二年間は善意取得者は他人の所有物を占有していたことになるし、盗難または遺失の時期が不明のため、いつから所有者になったかわからないという不都合が起る（その他の説明につき我妻・判例コンメ一九九頁（児玉）参照）。ただし、判例に現れた事案は、いずれも、この点に関する理論によって結論を異にするものではない（同旨＝末弘二七二頁、末川二四二頁、林一〇五頁、於保二一八頁、松坂一〇七頁等。判民大正一〇年度一一八事件末弘評釈、同大正一五年度四二事件末弘評釈、同昭和四年度八八事件我妻評釈（判例評釈Ⅰ所収）参照）。

〔二一八〕 (4)第一九四条の場合には、即時取得者は保護される。

(イ)即時取得者が、盗品または遺失物を、（a）競売（民事執行法一二二条以下参照）・（b）公の市場（広く店舗の意味）または（c）その物と同種のものを販売する商人（例えば行商人。中古自動車も扱っている自動車会社はこれに該当するが、古物商から羽二重生地四十ぴきを買ってもこれに該当しない）から善意で買い受けたときは、被害者または遺失主は、即時取得者が支払った代価を弁償しなければ、その物を回復することができない。この制限を設けた趣旨は、かような取引においては、占有の公信力を強くして、取引の安全を保護すべき必要が絶対的であって、所有者の静的安全はもはやこれを顧慮すべからざるものだからである。

(ロ)判例は、右の場合の回復者の相手方は、回復を請求されたときに代価を弁済せよという抗弁権を有するに過ぎないとして、一度回復者に交付した後は――もっとも、事案では、警察が窃盗被疑事件として即時取得者から任意に提供させ、被害者に仮下渡をしたのだが――代価の弁償も物の交付も請求できないと解している（前掲の大判昭和四・一二・一一民九二三頁）。しかし、これは不当であろう。被害者は、目的物を回復するか、それを断念するかを選択することは自由だが、目的物を回復する以上は、必ず代価を弁償すべきである。したがって、即時取得者は、一度任意に交付した後でも、代価を弁償するかこれを欲しないなら目的物を返還するか、いずれかをせよと請求する権利を失わないと解すべきである（同旨＝末川二四四頁、前掲判民昭和四年度八八事件我妻評釈（判例評釈Ⅰ所収）参照）。

(ハ)第一九四条の規定は、古物商・営業質屋・公益質屋については、一年間は重要な制限を受ける。すなわち、これらの者が盗品または遺失物を同種の物を取扱う営業者から質にとりまたは買受けた場合や、公の市場から買った場合でも、被害者または遺失主は、一年間は無償で返還を請求することができる（古物営業法二一条、質屋営業法二二条、公益質屋法一五条一項）。適法な許可を受けないでこれらの事業を営むものについても類推適用を認めるべきである（最判昭和三一・六・二九民七六四頁―古物商の事件に係わる）。これらの者は、盗品または遺失物については、特に周到な注意を払うべきものであるのみならず、これらの者にも第一九四条を適用すると、回復が著しく困難となるおそれがあるからである（前掲昭和四年の事件は、この種の事例であって、古物商同士の通謀の疑いがつよい。古物営業法（昭和二四年）はかような弊を防ごうとしたものでもある）。

〔二一九〕 (5)二年の期間は、除斥期間であって、時効期間ではない。その間に裁判上の請求をしなければならない（総則〔四三九〕・〔四九九〕三参照。反対＝舟橋二五五頁）。盗難または遺失の時とは占有を失った時である。他人の山林を伐採してしばらく山に置き後に搬出して売却した事案につき、判例は伐採の時から二年とするが、いささか疑問である（大判大正一五・三・五民一一二頁判民一六事件平井（末延）参照。柚木・高木三九八頁、舟橋二五三頁）。

第三項　特殊の動産および有価証券の即時取得

第一　無記名債権および無記名株式

〔二二〇〕 (1)無記名債権は動産とみなされる（八六条三項）。したがって、公信力においても、動産と同様に、第一九二条以下の適用を受ける。しかし、有価証券たる無記名債権についてもこの理論をとり、有価証券が盗品または遺失物である場合に第一九三条を適用すると、有価証券たる価値が減殺される。そこで、ドイツ民法（同法九三五条二項）およびスイス民法（同法九三五条）は、公信の原則における盗品または遺失物に関する例外は、無記名有価証券（Inhaberpapier）に適用されないものと定めている（〔一九七〕参照）。わが民法には、かような規定がない。この欠陥を補うために、判例は、無記名債権が商法第五一九条の性質を有するもの――「金銭其他ノ物又ハ有価証券ノ給付ヲ目的トスル有価証券」――である場合には、その公信力は小切手法第二一条によって定められ、民法第一九二条以下の適用はないものとした(大判大正六・三・二三民三九二頁―盗品たる無記名公債を銀行が質にとった事例)。極めて正当であって、近時の通説はこれを支持する(判例は明治三二年の商法により、同法二八二条(現行法五一九条)により四四一条(手形編)(現行小切手法二一条)を準用したのだが内容に差はない)。その結果、有価証券たる無記名債権は、普通の動産よりも、二点において公信力が強い。(a)第一は、盗品または遺失物に関する例外がないことであるが、(b)第二に、普通の動産では、善意・無過失を必要とするのに反し、有価証券では、悪意または重大な過失がない限り、即時取得をする(挙証責任は同一に帰する―〔二〇六〕ロ参照。ドイツ民法は普通の場合に悪意または重過失とする―同法九三二条二項参照)。

〔二三一〕 (2)無記名式の株券は、公信の原則については、従前から無記名債権と同様に取扱うべきものと解されていたが、昭和一三年の商法改正によって、株券には直接に小切手法第二一条が準用されることになったので、解釈上の技巧を用いずに、右の有価証券たる無記名債権と同一の結果となった。なお、昭和二五年の改正によって、所持人が権利を証明するいわゆる(白紙委任状でよい)記名式株券に拡張され(昭和二五年の商法二〇五条・二二九条参照)、昭和四一年の法改正で、さらに一歩を進めて記名・無記名を問わず株券には同じく小切手法第二一条が準用されることになった(商二二九条、〔二二六〕参照)。

〔二三二〕 **第二　貨幣(金銭)**

貨幣の占有に対して公信力を認むべき必要は、有価証券よりもさらに一層大である。前に述べたドイツ民法およびスイス民法の規定は、貨幣と無記名有価証券とを同一に取扱って、ともに盗品・遺失物に関する例外から除外する。わが民法には規定を欠く。(a)貨幣については、商法第五一九条を適用することはできないであろう。しかし、これを一般の動産と同一に取扱って民法の規定に従わしめ、例えば盗品または遺失物である貨幣については、被害者または遺失主は善意の取得者からも無償で返還を請求することができると解することは、甚だしく貨幣の性質に反する。ことに、貨幣について第一九四条が適用される場合は考えられないから、その点では、貨幣は普通の動産よりも、原所有者の権利が強くなる。少なくとも、公信の原則に関しては、貨幣の流通性を保護すべき理想と有価証券に対する権衡とから、商法第五一九条・小切手法第二一条の規定を類推適用することが考えられる（松本「金銭の即時取得について」（私法論文集所収）はこの趣旨を主張する）。ただし、判例には第一九二条の適用を認めたものが多く（例えば大判大正九・一一・二四民一八六二頁など）、かつて、貨幣について第一九三条を適用したことがある（大刑判明治三五・一〇・一四刑九巻五八頁）。学者はこれを非難した（松本前掲、末弘二六一頁等）。（b）しかし、さらに進んで考えれば、貨幣は、抽象的な価値の化現者として存在するだけで、全く個性をもたない――どの貨幣でなければならないということは全くない――ものであるから、貨幣については、所有権を問題とせずに、貨幣によって化現される価値は貨幣の占有とともに移転すると考え、したがって、返還請求についても、特定の貨幣の返還請求を認めることなく、もっぱら不当利得の返還請求で問題を解決すべきものであろう（末川二二九頁、判民昭和九年度四四事件（川島）参照）。判例も背任罪の成立に関連してであるが、「金銭の所有権は特段の事情のないかぎり金銭の占有の移転とともに移転する」――騙取された場合にも騙取者の所有となる――と判示するに至った（最判昭和二九・一一・五刑一六七五頁）。これは民事事件においても踏襲されている（最判昭和三九・一・二四判時三六五号二六頁）。これらの判例の変化によって、金銭を媒介とする不当利得の成立要件――利得と損失との間の因果関係――の存否を認定するに当って金銭の所有権の帰属を重要な標準とした従来の判例――AからBが騙取した金銭でCが利得した場合にAに金銭の所有権があったかどうかでCに対する不当利得の請求権を認めるかどうかをきめた――がどのような影響を受けるかは、なお不明である。統一的に研究されなければならない問題である(債各〔一五一七〕以下参照)。

〔二二三〕

第三　証券によって表象される動産

船荷証券・貨物引換証または倉庫証券などの証券によって表象される動産(〔一六二〕参照)についての公信力は、これらの証券の公信力によって定まる。そして、これらの証券は、商法第五一九条・小切手法第二一条の適用を受けるから、つぎに述べる有価証券化した債権と同様に、民法の適用を受ける普通の動産以上に公信力を有する。しかし、この証券の即時取得が直ちにそれに示された動産の即時取得となるかどうかに関しては、商法学者の間で説が分かれている。(a)証券が証券として独立に商品の表象たる価値を有すると見るいわゆる絶対説は、証券の即時取得はそのまま商品そのものの所有権または質権の即時取得を導くと解するのに反し、(b)証券は商品の占有たる効力を有するに過ぎないとするいわゆる代表説は、証券の即時取得は商品の占有の即時取得に過ぎないから、これに基づいて商品の所有権または質権を取得するためには、民法第一九二条以下の規定に準拠しなければならないと解する。両説は、証券が盗品または遺失物である場合に重大な結果の差異を生ずる。ドイツ学者の間に論争された著名な問題の一つである。

第四　証券的債権

〔二二四〕

一　指図債権　指図債権もまた、証券を要件とし、その裏書交付によって譲渡されるものであって、証券に化現した債権である(四六九条・四七〇条・四七二条参照)。しかし、動産とみなされるものではなく、第一九二条以下の適用されないことはもちろんである。のみならず、民法は、譲渡の対抗要件(四六九条)、債務者の弁済の保護(四七〇条)および譲受人の債務者から受ける抗弁に対する保護（四七二条）について規定しただけで、無権利者からの取得（即時取得）については、何らの規定をしていない（債総〔七八六〕参照）。しかし、わが国の経済界に見られる指図債権は、すべて有価証券であって、商法第五一九条・小切手法第二一条が適用ないし準用されるものであるから、その公信力の点では、無記名債権に関する前記の判例と同一の結果となる。

〔二二五〕 二　記名式所持人払債権　この債権もまた証券に化現した債権である（四七一条参照）。民法にはこれを動産とみなす規定はない。しかし、この種の形式の証券は無記名式と同一に取扱われるものであるから（小切手法五条二項参照）、公信の原則に関しても、無記名式と同一に見て妨げない（商五一九条は右の小切手法の規定も準用している）。判例がかつてこの種の債権について、動産とみなされないことを理由として、民法第一九二条の適用を否定しただけで、何ら公信を保護することを考えなかったのは不当である（大判大正元・九・二五民七九九頁参照）。

〔二二六〕 三　白紙委任状付記名株式　記名株式にあっては、以前は、株券は株主権の表象とならず、その処分の対抗要件は、もっぱら、株主名簿の名義書換とされた（商(旧)一五〇条）。したがって、この規定が遵守されている限り、記名の株券について公信力を与える必要はない。しかるに、わが国の取引界では、記名の株券に名義書換の白紙委任状を添付して、無記名株券のように自由に転々流通させる慣行を生じたので、この白紙委任状付記名株券に対して無記名株券と類似した公信力を与える必要を生じた。そこで、判例は、この必要に応じ、早くから、商慣習法を理由として、民法が動産に対して認めるのとほぼ同様の公信力を与えた。しかし、他の有価証券は、前述のように、商法の規定によって、民法以上の公信力を与えられるのだから、これに対比すれば、判例の態度は――ことに白紙委任状が交付者の意思に基づかなかった場合、すなわち民法第一九三条に対応する場合に公信力を認めないことについて——なお狭小だと非難されていた（判民大正一二年度四七事件および同一三年度一〇八事件の田中評釈参照）。ところが、その後、まず昭和一三年の改正で、記名株式の裏書譲渡を認め（商二〇五条旧規定）、かつ、これについて、多少の制限を加えつつ、小切手法第二一条を準用し（商二二九条旧規定参照）、次いで、昭和二五年の改正で、白紙委任状付記名株式の譲渡の慣行を考慮して譲渡証書という新しい制度を設け、裏書譲渡の場合とともに、小切手法第二一条の規定をそのまま準用することにし、さらに下って昭和四一年の改正によって株式の譲渡はすべて株券の交付によって成立し、また株券の占有者は適法の所持人と推定されることとなった（商二〇五条・二二九条参照）。その結果、白紙委任状付譲渡の慣行は消滅し、裏書も不要となり、記名株式も小切手と同様に完全な公信の原則の適用下におかれることになった。株式という、最も迅速・安全な取引を要求する財産についての右の変遷は、公信の原則の現代における存在意義を物語るものとして、注目すべき現象である。

第五　その他の債権

即時取得の適用範囲を明らかにするために、以上に述べた以外の債権を概観しておこう。

〔二三七〕 (1)白紙委任状付債権　記名の社債に白紙委任状を添付して流通させる慣習は存在しないようである。指名債権証書、ことに定期預金証書に白紙委任状を添付して流通させることもそう多くないと思われる（銀行の場合には譲渡には通常その承諾を必要とする旨定めている）。しかし、いずれも、その流通を保護するためにこれに公信力を与える必要はあるまい（ただし一一〇条等によってある程度の動的安全は保護される）。判例が、定期預金証書を「見せ金」とする目的で——他に流用しない約束で——借りた者が、白紙委任状を偽造添付して、他人に質入した事件につき、第一九二条の適用を否認したのは正当であろう（大判昭和二・二・一民三五頁参照）。ことに、この判決は、預金債権が取得されない以上、預金証書だけが即時取得の目的となるものではないと判示する点は、極めて妥当である（総則〔二五〕参照）。しかし、問題は、単にこれらの債権が動産とみなされるかどうかという形式的なものではなく、動産化する債権についての公信の原則の拡張という根本的のものであることを理解して、民法・商法の両制度を統一的に考察する用意がなければならない。

〔二二八〕　(2)　証券に化現しない一般の債権　これについて公信の原則を認むべきでないことは、いうまでもない。第二〇五条の規定を理由として、債権の準占有一般に関し第一九二条以下の規定を準用しようとする説（中島二七三頁）は、公信の原則の本質を理解しないものである（通説）。判例は、かつて、電話加入権に関して、第一九二条以下の規定を準用すべきでないと判示しているが（大判大正八・一〇・二民一七三〇頁等）、もとより正当である。電話加入権の譲渡は現在では電電公社の承諾によって効力を生じ、加入原簿への登録は対抗要件でもない。質権の設定はできない建前になっている（公衆電気通信法三八条以下）が、電話加入権質に関する臨時特例法によって認められ登録を対抗要件としている（同法五条）。電話加入権の性質が判例のいうように一種の債権であるかどうかは問題だとしても、それが帳簿上の表象を有する点において、むしろ不動産物権に類する。したがって、この帳簿の性質、その取引界における意義等を考察して、これに対し公信力を与える制度を考えるはともかく、単に占有または準占有を根拠として第一九二条の規定を準用すべきではない。この理は、鉱業権および特許権などについても同様である。

第四項　不動産物権の変動における公信の原則（抵当証券）

第一　登記の公信力

〔三二九〕 一　わが国の登記簿の記載に公信力のないことは、解釈論としては異論がない（ただし対抗要件の性質を公信力で説明しようとする説のあることは上述した。〔一九八〕参照）。問題は立法論であるが、この問題を解決するには、つぎの諸点を考慮しなければならない。

(1)登記に公信力を認めることは、不動産の取引、ことにその金融取引を容易にし、不動産の商品化を促進する。このことは、一面、資本主義の円滑な進展に役立つことはいうまでもないが、他面、不動産の現実の使用と離れて価値的集中を促し、用益権を脆弱にする欠陥を含むことも否定しえない（〔六八〕参照）。――わが国の現状において、いずれに重きを置くべきか、またいかにして、弊害を防止しながら長所の伸長をはかることができるか、慎重な考慮を要する問題であろう。

〔三三〇〕 (2)登記に公信力を認めることは、静的安全を害する。したがって、真実の権利者の損失を最少限度にくい止めるために、登記簿の記載をして、できるだけ真実に合するものたらしめる用意が必要である。そして、そのためには、第一に、登記簿における不動産の表示（権利変動の出発点となる一筆の土地、一箇の建物そのものについての表示）を正確にしなければならない。――わが国では、地図の作成や土地の測量は極めて不完全であり、筆（分筆・合筆）は甚だしく錯綜しているために、登記の記載は明瞭を欠く。ことに、家屋を独立の不動産とし、土地と別に取扱うことは、関係を複雑にする。のみならず、家屋の状況を表示することは困難であって、その表示登記は、しばしば実際と符合しない。家屋台帳制度の創設からさらに一歩進めて、表示の登記制度を採用し、また公図を備えることとなって、この点は大いに改善されたが、なお完全なものでないことは、すでに述べた通りである（〔九一〕―〔九五〕参照）。

〔二三一〕 (3)つぎに、登記される権利の変動をして、できるだけ真実に即したものとする制度が必要であるが、これは、不動産の表示を真実に符合させるよりもさらに困難な問題である。登記官をして、登記に先だって、原因たる行為の効力を判定させることは、不可能である。そこで、ドイツ民法は、前に述べたように、物権行為を原因行為(売買、贈与等)から絶縁し、登記官をして、物権的合意だけについてその効力を審査させることにしているのだが、それも、所有権譲渡の合意(Auflassung)についてはかなり確実性があるようだが、その他の場合には、――書類に現われたこと以上の審査は行い得ないから――確実性に乏しい(〔七六〕イ・〔七七〕参照)。スイス民法は、物権行為を無因とはしないから、原因行為に瑕疵があれば、登記は真実に符合しないことになる。そこで、登記をするためには、原因行為について、公正証書を必要として、その確実性を保持しようとしている。フランスでも一九三五年および一九五五年の改正でこの制度を導入した。――わが国では、この制度を採用すべきかどうかが、さし当り問題となる。しかし、登記をするには、必ず公正証書を作成しなければならないとすることは、果してわが国の実情に適するか、これまた、慎重な考慮が必要である。なお、わが国では、権利者の同一性を確認するために、印鑑証明という制度が用いられている(例えば、不動産を買うには印鑑証明はいらないが、売るには必要である(不登法施行細則四二条参照))。この制度は、わが国の不動産取引その他の実務にかなり定着しているが、確実な法律的根拠がない。一層整備し、合理化する必要があると思われる。

〔二三二〕 (4)いかに登記の記載を真実に符合するような配慮をしても、登記に公信力を認めることは、結局において、真実の権利者に損害を与えることを免れない。しかも、この損害は、動的安全を保護することから生ずる犠牲なのだから、当該事件に関係した個人の責任とすべきものではなく、制度自体の責任だと考えられる。そこで、登記の公信力によって生じた真実の権利者の損害を国家が補償するという制度が考えられる。さらに進んでは、登記をする際の手数料の中から何割かを別に積立てて基金を作り、この基金の中から補償をする、いわゆる「トーレンス・システム」（オーストラリアで創始されたもの。英米法系の諸国で採用され、仕組みとしては、わが国のように登記済証ではなく、登記簿の完全な副本としての内容を有する権限証明書を当事者に所持させる）の存在意義が認められるわけである。――しかし、わが国の現在では、国家が補償することも、当事者がそのために多額の手数料（登録税）を支払うことも、いずれも、大きな問題である（私企業による保険制度の普及でまかなえという説もあるが（後述＝幾代八頁）、さらに大きな困難が伴うであろう）。もっとも、現在の登録税は手数料としては甚だ高額であるから、この中から、手数料だけを国家の収入として、残りを基金にすることは考えられるかもしれない。しかし、それにしても、問題はそれだけで解決しうるものでもない。

二　以上の諸問題について、ここに結論を与えることはできない。登記を物権変動の対抗要件とし、登記官の形式的審査制をとる現状のままでも公信力それ自体を独立に採用すべきであるとする詳しい分析もあるが（幾代「不動産登記と公信力」、同「補論」不動産登記法の研究所収）、必ずしも説得的ではない（その批判として例えば鈴木〔一六四〕以下参照）。今後の研究に期待しなければならない。ただ、わが国に特有の問題を追加して、考慮のうちに加える必要のあることを注意しておこう。

〔二三三〕　**(イ)**　一つは、わが国の不動産は、長く充分に近代資本主義的な性格を備えず、その金融取引も、その点が障害となって合理的に行われない傾向があった。他方、登記によって公示されない用益権の保護が要請され、登記の公示力を弱める結果となっている。いいかえれば、わが国の不動産には、なおあれこれの拘束が事実上残存していて、それが不動産の自由な取引を妨げてきた。その意味で、近代の自由な所有権になり切っていないふしがある。だから、登記に公信力を認めても、それだけで不動産金融を円滑にし、金利を引下げることにはならない。そうだとすると、登記に公信力を認めることは、一部の金融業者の便利になるだけで、わが国の不動産金融の全般的な合理化という結果を導くかどうか、甚だ疑問である。

〔二二四〕　(ロ)他の一つは、右と反対の要因である。それは、身分関係の変動を前提とする不動産物権の変動は極めて不確実だということである。前に、民法は、とくに第三者の地位を保護する必要があるときには無効または取消の効果は善意の第三者に対抗しえないという制限を設けているといった(〔一九八〕参照)。しかし、例えば虚偽表示や詐欺に関する第三者保護の規定(九四条二項、九六条三項)なども、身分関係には適用されない。身分関係については、あくまでも当事者の真意に即した効果を認むべきだからである(総則〔三〇九〕・〔三一二〕・〔三一五〕・〔三二三〕参照)。その結果、虚偽の離婚が行われ、それを前提として、仮装の財産処分や相続がなされると、第三者は甚だしい損害を受けることになる(大判大正一一・二・二五民六九頁はかような例)。また、表見相続人の財産処分が第三者に損害を及ぼす例は極めて多い(〔一五五〕b引用の判決その他多数)。共同相続人の一人が単独の相続登記をして処分する事例も同じ現象である。かような場合に、登記に公信力を認めれば、身分上の関係はあくまでも真実に従って解決し、財産上の関係は、それとは切り離して——あたかも表見相続人が遺産の中の動産を処分した場合に第三者は即時取得で保護されるように——処理することができる。戦後の身分法に関する改正によって、家と家督相続の制度が廃止されたので、右の弊害はかなり減少したように思われる(仮装の分家や違法な相続人の選定などから問題を生じたことが非常に多かった)。しかし、改正法の下においても、問題は決して消滅したのではない。いな、すべての子が——氏を異にし、したがって戸籍を異にしても——相続権があるとされることは、相続関係を複雑にし、遺産の中の不動産の取引の安全を害する例は、別な意味でかえって増しさえする。このような見地からすると、登記に公信力を認めることは、真実に従うべき身分関係と取引の安全を顧慮すべき財産関係との調和をはかる作用をも有するものであることを記憶すべきである。

(ハ)なお、真実の権利者が実体と合致しない登記を放置している場合に、第九四条二項を類推適用して登記を信頼した善意の第三者を保護しようとする学説・判例が形成されつつあることは前述の通りである(〔一五五ノ二〕参照)。不実の登記の存続について真実の権利者に何らかの懈怠があるという要件を全く削り去ることは無理であろうが、そのような登記の成立の原因(特に登記名義人との通謀)を問わない方向に行きつつあることは注目すべき現象である。

〔二三五〕 **第二　登記の推定力**

(1)登記があれば、これに伴う実質的な権利があると推定すべきである。例えば、ある土地が甲から乙に譲渡された旨の登記があれば、乙は真実の所有者だと推定すべきであり(ただし、甲に対する関係では推定されない。〔五九三〕3参照)、ある家屋が甲の所有に保存登記されておれば、甲が真実の所有者だと推定すべきである。ドイツ民法はこれを明言する(同法八九一条)。民法には、規定がないけれども、学者は一般にこれを認め、判例もこれを是認している(大判明治四〇・六・一八民六七二頁―もっとも登記原因たる債権行為の有効を推定するものではない。登記簿の記載を信じた場合には過失なしというのはこの前提に立つ。大判大正二・六・一六民六三七頁、大判大正一五・一二・二五民八九七頁等。なお最判昭和三四・一・八民一頁―登記簿上の所有名義人を所有者と推定)。推定力は、公信力と異なって、これを認めても静的安全を害するおそれはない。そして、登記の表象としての作用から見れば、当然これを認むべきものである(判例には家屋台帳の記載に推定力を認めたものがある。最判昭和三三・六・二四新聞一〇一号一二頁)。

(2)第一八八条は、占有に推定力のある旨を規定している。この規定は、不動産にも適用されるものであろうか。法文の文字は動産に限らないが、登記に推定力を認める以上、登記のある不動産(未登記不動産は除外して)については、占有による推定を排斥する。しかし、登記の推定力がやぶれた場合には占有の推定力が浮上すると解すべきである（同旨＝柚木・高木三五八頁、石田(喜)二九頁、鈴木〔五五〕。旧版の記述を補正した。〔五九二〕参照）。なお、借家権・借地権のように不動産の使用権について対抗要件として特別の公示方法——借家権につき占有、借地権につき借地上の建物所有の登記——の定めがあるものについては、その推定力に優先的な効力を認めるべきであろう（同旨＝於保一四四頁）。

〔二三六〕 **第三**　抵当証券

抵当証券法は、抵当証券の流通性を保障するために、これに対して、ある程度の公信力を与えた。その結果、間接に、登記簿の記載にも公信力が与えられるようになっていることは注目すべき点である。すなわち、登記官は、抵当証券を発行するに当って、一定の者に対して異議を申立つべき催告をなし（同法六条・七条）、この者が正当な異議を申立てず、かつ二箇月内に訴えをも提起しないときは、爾後、この者は、抵当証券の善意取得者に対しては、右の事由を主張しえないことになる（同法七条・一〇条）。したがって、右の事由が、登記簿の記載事項に関するものであるときは（同法七条、ことに3号参照）、その記載は、これに対して異議を主張しえなくなった者に関する限りにおいて、公信力を取得する結果になる。この制度は、わが国の現行登記簿制度の下において、できる限りの公信力を創設しようとするものであろう。しかし、果してよく、真の権利者の静的安全を害しないで証券流通の動的安全の保護を完うしうるかどうかは問題である（詳細は担保〔八六〇〕参照）。

第五款　物権の消滅

〔二三七〕 **第一**　序説

物権の消滅とは、物権そのものがその存在を失うことである。物権者が物権を他に譲渡した場合には物権の移動はあるが、物権の消滅ではない。

所有権は、目的物の物質的な滅失——焼失ばかりでなく、建物が解体されれば不動産としては滅失して動産になり、附合または加工によっても独立の存在を失う——のほか、放棄により、目的物は無主物あるいは国有となって存続しても、元の所有権は観念的にその存在を失って消滅する。さらに広義に解すれば、同一物の上に第三者が原始的に所有権を取得する（公用徴収、第三者の時効取得、即時取得など）ことによって、その反射的効果として従前の所有者がその所有権を失う場合をも、前後の所有権に同一性がないので、消滅と呼ぶ場合がある。これに対して制限物権の場合は右のほかにさらに所有権との混同、存続期間の経過、消滅時効などによる消滅が考えられる。

民法は、これらのうち、物権編には混同だけについて規定し、総則編に消滅時効を規定するが——ただし他の権利と共通のものとして——、その他については規定がない。もっとも各種の物権について特有の消滅原因は、必要な場合それぞれの章に規定している（例えば地役権に関する二八九条、抵当権に関する三九六条—三九八条）。

〔二三八〕 **第二　目的物の滅失**

(1)物が滅失したと認むべきかどうかは、社会観念によって定める。例えば、家屋が地震で倒壊し、火災で一部が焼けた場合に、復原されて同一性があると認められれば滅失に当らない。しかし、修復によって同一性が失われれば、従前の不動産所有権は消滅する。しかし、この場合には、家屋の所有者は、所有権の効力によって、材木や破片もしくは復原された家屋などの上に、動産所有権もしくは不動産所有権を取得する(これを物上代位の一種であるとする説につき於保一五九頁参照)。なお個人の所有地である河川の敷地(流水以外は私権の目的となりうる—河川法二条二項・〔一〇〇〕・総則〔一四一〕2参照)が、常時水面下にある流水敷になった場合には、私所有権の客体としては滅失したものとして扱われる(不登八一条四項・八一条ノ八第二項参照)。しかし、自然海没地については、「所有者が当該土地に対して社会通念上自然の状態で支配可能性を有し、且つ財産的価値がある」場合には滅失に当らないとする判決例がある(鹿児島地判昭和五一・三・三一判時八一六号一二頁、名古屋地判昭和五一・四・二八判時八一六号四頁—土地は陸地と同義ではないとする。広中一四四頁)。

(2)債権の担保を目的とする担保物権は原則として債権の消滅とともに消滅する(担保物権の付従性)。もっとも、担保物権の実質は交換価値の把握にあるので、経済的にみて滅失した目的物の代りとなるものがあれば——焼失した家屋の火災保険金など——一定の条件でその上に存続する。担保物権の物上代位性という(三〇四条・三五〇条・三七二条、担保〔一二四〕・〔一九四〕参照)。

〔二三九〕 **第三　消滅時効**

所有権以外の物権は原則として二〇年の消滅時効にかかる(一六七条二項)。なお、占有権は消滅時効にはかからない。また担保物権は、原則として、債権と一緒にでなければ消滅時効にかからない(詳細は総則〔四九七〕—〔五〇〇〕参照)。

〔二四〇〕 **第四　放　棄**

(1)物権を消滅させることを目的とする単独行為である。(a)所有権および占有権(二〇三条)の放棄は、特定の人に対する意思表示を必要としない(承役地の所有権を地役権者に対して委棄する場合は例外である。二八七条、〔五〇〇〕参照)。占有の放棄その他によって、放棄の意思が表示されればよい。ただし、不動産所有権の放棄は、登記官に申請して登記の抹消をしなければ第三者に対抗しえないといわねばならない(ド民九二八条は不動産所有権につき登記所に対する表示と登記の抹消とを要件とする)。(b)その他の権利は、放棄によって直接利益を受ける者に対する意思表示を必要とする。例えば、地上権を放棄するには、土地所有者に対する意思表示を必要とする（大判明治四四・四・二六民二三四頁）。また、不動産の上の他物権の放棄は所有者に対する意思表示で成立するが、登記されている場合は抹消登記を対抗要件とする（〔一二〇〕参照。ド民八七五条は不動産の制限物権につき、登記所に対する表示でもよいという）。

(2) 物権の放棄も公序良俗に反してはならない（例えば危険な土地の工作物の放棄。七一七条参照）が、さらに、これによって他人の利益を害さない場合にだけ認められる。地上権の放棄に関する第二六八条一項、抵当権の設定された地上権または永小作権の放棄に関する第三九八条（立木法八条、工場抵当法一六条三項も同旨）、などの趣旨は、すべての権利の放棄に類推適用されるべきである。判例は、借地権の上の家屋に抵当権が設定されたときは——借地権自体が抵当権の目的ではないから、第三九八条に該当しないが、家屋の上の抵当権者に損害を与えることは全く同様だから——その借地権を放棄しても、これを抵当権者に対抗しえないと判示しているが（大判大正一一・一一・二四民七三八頁、同大正一四・七・一八新聞二四六三号一四頁）、極めて正当である（担保〔六四八〕参照）。

第五　混　同

〔二四一〕 (1) 併存させておく必要のない二個の法律上の地位が同一人に帰することを混同という。債権（五二〇条）および物権に共通した消滅原因であり（一七九条一項本文・二項前段）、混同を生ずる法律上の原因（売買、相続など）の如何を問わない。しかし、例えば、債権が有価証券化した場合のように、債務者自身に帰属してもなお独立の財産としての価値を認めうるときには、混同によって消滅しないものとされることが多い（手形法一一条参照）。物権についても、趣旨は同一である。そして、近時、担保物権においてはもとより、用益物権においても、この傾向のあることは前述した（〔五〇〕参照。ドイツ民法は他物権が混同によって消滅しないことを原則としている（ド民八八九条））。

(2) 混同によって消滅しない例外

〔二四二〕 (イ) 同一の物について、所有権と他の物権（例えば、抵当権、地上権など）が、——例えば、抵当権者が抵当不動産を取得するとか、所有権者が地上権者を相続したために——同一人に帰した場合には、抵当権または地上権は消滅するのが原則だが、つぎの場合には消滅しない（一七九条一項但書）。

(a) その物が第三者の権利の目的であるとき　甲乙が借地権を共有しているとき土地所有権が甲に帰属しても甲の借地権は消滅せず、乙との借地権の共有関係は継続する（東高判昭和三〇・一二・二四高民集七三九頁）。また例えば、甲が乙の土地の上に抵当権を有し、丙が同一の土地の上に後順位の抵当権、または丁が甲の抵当権に対抗しえない（抵当権設定の後に設定された）地上権を有している場合に、甲がその土地の所有権を取得すると、甲の抵当権は消滅せず、自分の土地の上に抵当権を有する状態になる。そして、その不動産が丙によって競売されたときにも、丙の抵当権に優先して弁済を受けることができ、また、甲の抵当権によって競売されたときは、丁の地上権は消滅する。ただし、この例外は、甲のために抵当権を保留することに特別に利益がある場合に限るのだから、(i) 甲が抵当不動産を取得することによって抵当債権も消滅する場合には、適用がない。債権をもたない甲のために抵当権だけを保留することは無意味だからである（したがって、甲が乙以外の者に対する債権のために乙(物上保証人)の土地に抵当権を有し、後に、その土地の所有権を取得したような場合に適用される）。のみならず、(ii) 右の混同した甲の抵当権が二番抵当権で、丙の方が一番であるとき（大決昭和四・一・三〇民四一頁）、または、丁の地上権が甲の抵当権に対抗しうる（抵当権設定の前に設定された）ものであるときにも、例外とはならないと解すべきである。また、(iii) 例えば、甲が乙の土地の上に地上権を有し、丙が同一の土地の上に抵当権を有する場合に、甲がその土地の所有権を取得したときに、もし、その地上権が丙の抵当権に対抗しうるものであれば、甲の地上権は混同によって消滅せず、丙が競売をしたときにも、甲は地上権だけは保留する。右の甲の権利が建物保護法によって対抗力を認められる賃借権であっても同様である(最判昭和四六・一〇・一四民九三三頁)。しかし、もしその地上権もしくは賃借権が丙の抵当権に対抗しえないものであれば、混同の例外とならずに消滅すると解すべきである。

(b)混同した物権が第三者の権利の目的であるとき　例えば、乙の土地の上の甲の抵当権が丙の転抵当権(三七五条参照)の目的であったり、被担保債権とともに丙に質入されているときは、甲の抵当権は混同によって消滅しない(この場合には被担保債権も混同によって消滅しない)。また甲の有していた地上権が丙の抵当権または権利質の目的であったときも同様である。第三者丙の権利の目的を消滅させてはならないからである。なお、不動産ＡＢの上に共同抵当権を有している甲が、Ａの競売代価から債権の全部の弁済を受けた場合に(三九二条二項前段)、同じく次順位の抵当権を有する乙はＢの競売代価につき、ＡＢ同時にその代価を配当すべき場合に甲が受くべき額に満つるまで甲に代位できる(同項後段。五二〇以下参照。担保〔六〕)。甲がＢの所有権を取得した場合にこの代位権を保護するために、甲がＢの上に有した抵当権を消滅しないと解すべきかが問題になる。肯定すべきであろう(同旨＝舟橋五六頁)。

〔二四三〕(ロ)所有権以外の物権(例えば抵当権、地上権など)と、これを目的とする他の権利(例えば、抵当権の上の質権、地上権の上の抵当権など)が同一人に帰した場合には、他の権利は消滅するのが原則だが、つぎの場合には消滅しない(一七九条二項後段)。

(a)所有権以外の物権が第三者の権利の目的であるとき　例えば、甲が乙の(戊の土地の上の)地上権の上に抵当権を有し、丙がその地上権の上に後順位の抵当権または賃借権を有している場合に、甲がその地上権を取得しても、甲の抵当権は、原則として消滅しない。また、例えば、甲が乙の地上権の上に賃借権を有し、その後、丙がその地上権の上に抵当権を有するに至った場合に、甲がその地上権を取得しても、甲の賃借権は、原則として消滅しない。その関係は右のイaと全く同様である。

(b)混同した権利が第三者の権利の目的であるとき　例えば、乙の地上権の上の甲の抵当権の上に丙が転抵当権・質権などを有する場合には、甲がその地上権を取得しても、甲の抵当権は、消滅しない。また、乙の地上権の上の甲の賃借権が丙の質権の目的となっている場合には、甲が、その地上権を取得しても、甲の賃借権は消滅しない。その関係は右のイbと全く同じである。

〔二四四〕(3)権利の性質によって、混同によって消滅しない権利もある。(a)第一に、占有権は混同によって消滅しない(一七九条三項)。占有権は、占有の事実を保護する権利であるから、他のすべての権利に対して、独自の存在意義を有する。所有権者にとっても、占有を有すると否とでは、その所有権を有することの意味が全く異なることは、容易にわかるであろう。(b)第二に、鉱業権のように土地所有権から完全に独立した特殊の用益権は、混同によって消滅しない。旧鉱業法はこのことを規定したが(旧鉱業法二五条但書)、当然のことである(新法には規定がない)。

〔二四五〕(4)混同を生じさせた法律要件が遡及的に効力を失うときは、混同によって一度消滅した権利も復活する。例えば、地上権者甲が土地所有者乙から買戻約款つきで所有権を譲り受けたが、その後乙が買戻権を行使した場合に甲の地上権は復活する。したがってその後甲から地上建物を譲り受けた丙は、地上権を取得する。

第六　公用徴収(収用)

〔二四六〕 (1)公共の利益のために所有権その他の財産権を強制的に取り上げる制度である。これによって、収用者は、原始的に権利を取得し、その反面において、被収用者の権利は消滅する。ただし、例えば鉱業権や水利権などを収用する場合には、収用によってその権利を消滅させるだけの場合もある(消滅収用)。

〔二四七〕 (2)公用徴収は、所有権の神聖不可侵な権利であることに対する一大例外として、憲法の規定をもってその要件を定めるのが現代法の特色である(〔四〕イ参照)。しかし、ワイマール憲法は、経済生活の社会化のために公用徴収の範囲を拡張し、企業の公用徴収もできるものとした(同法一五三条・一五六条、〔九〕参照)。そして、学者は、所有権その他私有財産権が公共の利益のために収用されることは、その私有財産の社会的本質から見てむしろ当然のことだと論ずるようになった。わが憲法も公用徴収を認めることはいうまでもない(憲二九条三項(旧憲二七条))。ただし、近代法は、公用徴収には正当の補償を与えることを必要としていることを注意しなければならない(〔二七三〕参照)。

〔二四八〕 (3)土地および土地に関する権利の収用については、土地収用法(昭和二六年法二一九号(旧法は明治三三年法二九号))がある。詳細な手続を定め、かつ、収用することのできる「公共の利益となる事業」を列記する(同法三条参照)。しかし、この他にも収用を認められる場合がないではない(例えば、鉱業法一〇四条・一〇五条、農地法九条以下など参照)。収用を認められる範囲は、厳格な意味の公益から次第に拡張されて、国民経済上とくに重要な意義のある私企業のためにも認められようとしていることも注目すべき現象である(〔二七二〕参照)。

第二章　所有権

第一節　総説

第一　所有権の社会的作用と統制

〔二四九〕 一　近代法の所有権観念が成立するまでは、社会の経済組織は、もっぱら所有権によって維持されていた。家族的農業時代および封建時代においては、土地に対する支配力たる所有権は、その土地を利用する人に対する直接・間接の支配力を伴った。社会の経済関係はもとより、社会構成そのものは、もっぱら土地に対する支配関係の反映と見ることができた。その後、中世都市の手工業の発達と共に、生産設備に対する所有権が、土地に対する支配権と併んで、社会の経済組織における重要な地位を占めるに至った。しかし、この場合にも、生産物の取引に対しては、社会的統制が行われたから、社会の経済関係は、なお生産設備に対する所有権を中心とする静的状態を示した。このような状態の下における所有権は、近代法のいわゆる「自由なる所有権」とは甚だしく異なるものであって、普通に「封建的所有権」と呼ばれる。ゲルマン法の物権概念は、大体において、このような性格のものであったといってよいであろう（〔二〕・〔五〕―〔九〕参照）。しかし、その法律的性質を糾明することは、今後の重要な研究課題である（戒能・入会の研究はこの試みとして優れたもの）。のみならず、明治初年の土地所有関係は、現在でも裁判所の問題となることがあるから、その意味でも研究の必要がある（大判大正七・五・二四民一〇一〇頁、同昭和一二・五・一二民五八五頁、判民昭和一二年度四一事件我妻評釈および同所引用の諸説参照）。

〔二五〇〕 **二**　近代法の所有権観念の成立とともに、社会の経済組織は、所有権と、これを利用するための契約関係との結合によって維持されることになった（〔二一〕参照）。そして、この結合においても、所有権は、なおしばらく、契約関係を手段としてその支配力をふるった。すなわち、土地を貸与して地代を徴収し、生産設備の運転のために労働者を雇用するに当って、所有権は、契約の自由を自己に有利に利用した。この意味で、社会の経済組織は、なお所有権によって維持されたといいうるものであった。そして、近代法の「自由なる所有権」の成立は、このことを可能ならしめる基盤であった。けだし、封建的所有権に結びついている身分的な関係——例えば農地の領有と身分的に農地に拘束された農奴——を排斥し、所有権をして純粋に物的な支配権能としたことは、一面その取引を自由にするとともに、他面、各種の契約と結合すること——身分から契約へ——を容易にしたからである（〔三〕・〔四〕参照）。しかし、契約を通して、所有権の支配力の行きすぎが生ずるに及んで、賃貸借契約、労働契約への法の規制をよびおこすに至る（借地法・借家法、遅れて農地調整法、工場法、後の労働基準法、労働組合法など）。

〔二五一〕 **三**　一方、資本主義経済組織の発達はさらに進み、社会の経済組織は益〻複雑な企業組織となり、所有権は、この企業組織の一構成分子——物的構成分子の法技術的表現——に過ぎなくなった。その結果、所有権がこの企業組織そのものの運営のために拘束を受けることは、必然の運命となる。そして、この企業組織の運営に当って最も決定的な力をもつものは、今日ではいわゆる金融資本の形をとる金銭債権である。

資本主義の現下の発達段階においては、社会の経済組織を維持する主役は、もはや、所有権ではなくて、金銭債権である（金銭所有権そのものであるという説もあるが（舟橋三三八頁）、法律的な意味において金銭が裸のままで存在することはほとんどない）。資本の法律的構成の重点は、所有権から金銭債権に移った。社会の経済関係は、所有権を中心とする静的状態から、契約関係を中心とする動的状態に推移した（〔一〇〕参照）。このことを明らかにするためには、「資本」の法律的構造を糾明するとともに、「企業」の法律的構成を明らかにしなければならない。その場合に株式会社制度を通じての企業所有と企業経営の分離という現象にも留意しなければならない。企業の所有は株式——それも一種の債権と見られるが——という形を通じて証券市場に公開され、経営は株式と深い関係を持ちながら、別の組織にゆだねられているのである。他方、農地所有について見れば、戦後の改革によって自作農が創設され、さらに維持が計られている（農地法一条・六条—一七条参照）。ここでは所有が正に農業経営の基礎とされているのである。これらの現象の究明は法律学徒に与えられた重要な課題である。

〔二五三〕　**四**　右の所有権の社会的作用の変遷は、われわれが所有権の内容を考察し、またその統制を考えるに当って常に念頭に置くべきことである。けだし、**(イ)**所有権の物質的利用権能を制限するときは、所有権の内容の直接的制限となるが、この他に、商品取引・企業経営・金融関係等の統制ないし制限によって、所有権は、その内容を間接に制限されることになる。しかも、物権法は、主として前者だけを取扱う。所有権の真の内容は、他の法律領域の研究と相俟ってはじめて明瞭となるものであることを注意しなければならない。**(ロ)**所有権の社会的統制を必要とすることは、今日では疑いのないことである（〔七〕—〔一〇〕参照）。しかし、所有権は、企業組織のためまたは金銭債権のために、すでに間接に強力な統制に服している場合が少なくない。物権法の立場だけから考える所有権の社会的統制は、時にあるいはこの所有権を一構成要素とする企業組織の破壊となり、時にあるいは他の構成要素、ことに金銭債権の不当な強大化を助長する結果となりかねない。所有権の社会的統制は、今日の経済組織の下においては、企業の社会的統制という立場から考えなければ事の本体に正しく触れることができないものであることを注意しなければならない。これらのことは、物権法の規定を一通り解釈するためには、必ずしも必要のないことかもしれない。しかし、物権法の中の各制度の本質を理解し、進んで財産法の全般的構成を吟味するためには、案外重要なことである（川島・所有権法の理論、同「所有権の観念性」（法協六〇巻一〇号以下）、戒能「所持と所有」（法律社会学の諸問題所収）、我妻「近代法における債権の優越的地位」、同「所有権」（岩波法律学辞典の項目）、同「土地所有権」（同上）、加藤正男訳・カール・レンナー「法律制度、とくに所有権の社会的機能」等は参考に値する）。

第二　所有権の性質

現代法の所有権は、物資を全面的に支配する権能であることを特色とする（〔三〕・〔四〕参照）。これを分析すると左の諸性質となる。解釈論としては、今日なおこれをもって所有権の性質とすることは正しい。しかし、前に述べたように、この特色は、最近の法律現象において次第に変遷する傾向を示していることを念頭に止めておく必要がある（〔五〕―〔一〇〕参照）。

〔二五三〕　(1)所有権は、客体を一般的・全面的に支配する物権である。これに反し、地上権・永小作権などの所有権以外のすべての物権は、客体を、一定の範囲において、一面的に支配する権利である。土地に対する支配権を、優劣のない二つのものにわけ、一方は耕作する権利、他方は貢納を徴収する権利とし、前者を下級所有権（Untereigentum）、後者を上級所有権（Obereigentum）とすること――分割所有権（geteiltes Eigentum）ともいう――は、封建的所有権の一特色とされることだが、現代の所有権観念とは相容れないものである。わが国にも、耕作者の権利を「上土権《うわっち》」と呼び、地主の「底土権《そこっち》」に対立する独立の所有権とみる慣行があったといわれるけれども、現代法の下では、容認することはできないであろう（大判大正六・二・一〇民一三八頁。〔四四〇〕参照）。――ただし、近時における「利用」の確保、用益権の強化の傾向は、所有権のこの性質を変更しようとする（〔八〕―〔一〇〕・〔三九三〕以下参照）。

〔二五四〕　(2)所有権は、客体に対する種々の権能の束ないし総合ではない。法令の制限内においてどのようにでも利用することのできる渾一な内容を有する。所有権に基づいて地上権や抵当権を設定するのは、所有権の内容を構成している一権能を分けてやるのではなく、渾一な内容の一部を具体化して譲与するのである。所有権と他の物権とが同一人に帰属すれば、混同によって後者が消滅するのもそのためである（〔二四一〕参照）。

〔二五五〕　(3)所有権は、地上権または永小作権によって制限されるときは、物権そのものとしては所有者にとってほとんど何らの権能のない「空虚な所有権」(nuda proprietas)となる。しかし、この場合にも、その制限は建前としては有限であり、所有権は、一定の時期において当然に円満な状態に復帰する。これを所有権の弾力性という。――ただし、この性質も、利用権が極度に強化されると（例えば永久の地上権を考えよ。〔三八六〕参照）、全く名目だけのものとなり、事実上は殆んど否定され、地代徴収権としてだけ残ることになる。

〔二五六〕　(4)所有権は、恒久性を有し、存続期間を予定して――一定の期間の後に当然消滅するものとして――成立することはできない（特許権などのいわゆる工業所有権と異なる）。また消滅時効によって消滅しない（一六七条二項、総則〔四九七〕参照）。

〔二五七〕　(5)所有権の客体は物である（〔一五〕―〔二三〕参照）。債権その他すべての権利の上に所有権が成立すると主張する学者もあり、また、物の上の権利（他物権）の上には所有権が成立すると主張する学者もある。また、そういう主義をとる立法例もあった。しかし、そうする必要は全くない（我妻「権利の上の所有権という観念について」（法協五四巻三号）参照）。

〔二五八〕 (6)所有権は、その本質上、絶対不拘束性をもつといわれることがある（„an sich schranken-loses Recht"）。しかし、現時の法律論としては、(a)「立法によっても制限し得ない権利」という意味で是認し得ないのはもちろんのこと、(b)「明瞭な法律のない限り無制限なものと解すべきだ」という意味でも是認することはできない。所有権も、社会共同生活において妥当な作用を営む限りにおいて是認される権利であることは、他の権利と全く同様である。それは民法第一条「私権ハ公共ノ福祉ニ遵フ」にいう私権の典型なのである（〔二六六〕参照）。

第三　所有権から生ずる物上請求権

わが民法には規定がないが、物権の円満な内容を侵害する状態を生じたときは、物権者はその侵害状態を排除するために、物上請求権（物権的請求権）を取得すると解すべきことは、すでに述べた（〔三二〕—〔三三〕）。所有権は、最も典型的な物権であるために、それに基づく物権的請求権も最も完全な姿で現れる。左にその内容を詳説する。

一　所有物返還請求権(rei vindicatio)

〔二五九〕 (1)要件　三個の方面から考察しなければならない。

(イ)この請求権の主体は、典型的には現に占有すべき権利があるのに、占有を失った所有者である。占有を失った所有者からの譲受人を含む。(a)占有を失っているかどうかは、この請求権の存否を確定すべき時（事実審の口頭弁論の終結の時）を標準として定める。(b)所有権は、請求権の相手方に対抗しうるものでなければならないことは、いうまでもない。ここに対抗とは不動産については登記、動産については引渡の対抗要件を備えることである（相手方に留置権等の実体上の抗弁権がある場合については後述ハ参照）。しかし、一般に不法行為者に対して対抗要件を必要としないことを注意すべきである（〔一五六〕。盗まれた物を所有者から譲り受けた者は引渡（指図による占有移転）なしに盗人に対抗できる—〔一八二〕参照）。動産所有権の場合にはいわゆる追求権があるわけであるが（占有回収の訴えは特定承継人に及ばない（二〇〇条二項）ことと対比せよ）、相手方が即時取得（一九二条以下）または時効取得（一六二条）によって所有権を取得すれば、従前の所有者は所有権を失うから、この請求権もなくなることは言うまでもない。

（c）法人の代表者が法人のために所持する物を奪われたときは、法人の名において訴えるべきである（占有回収の訴えにつき最判昭和三二・二・二二判時一〇三号一九頁は同旨であるが、むしろこの場合には占有の事実関係如何によっては代表者の名でよいとすべきか。好美・注民(6)五二頁参照）。なお、破産管財人（破一六二条）、更生管財人（会社更生九六条）、債権者代位権行使者（四二三条）、遺言執行者（一〇一二条）などの法定訴訟担当者の場合には、いずれも訴訟当事者たる適格を有する。（d）契約、例えば賃貸借によって相手方乙に占有権原を与えた所有者甲は、乙の権原が存続している間は乙に対してこの請求権を有しない。正当な権原ある占有代理人乙によって間接占有をしているので、占有を失ったことにならないと見ることもできる。（i）乙がこれを丙に転貸した場合にも二重の間接占有が生じているのであって同様である。もっとも無断転貸の場合には甲は丙に対して第六一二条一項違反を理由に、丙に占有権原がないとして、目的物を乙に返還すべきことを請求できる。甲が無断転貸を理由に甲乙間の賃貸借契約を解除（六一二条二項）すれば、甲は直接占有を為すべき状態を回復し、したがって直接占有者の丙に対する返還請求権を回復する（乙に対する請求についてはロ参照）。（ii）丁が乙からその物を奪った場合には――乙には占有回収の訴権が認められるが（二〇〇条一項）――甲も間接占有を失うので、丁に対して所有権に基づいてその物の返還を請求することができる。その場合に直接に自分に返還を求めうるかの問題がある（古い判例に肯定するものがある。大判明治三三・一〇・三一民録九巻一一一頁、大判大正三・一二・一八民一一一七頁。なお次のロ参照）。（iii）遡って、甲乙間の契約が終了し、乙の占有権原が消滅すれば、甲はこの請求権と契約に基づく返還請求権とを競合して有することになり、その間の調整が問題になる(例えば前者は消滅時効にかからないが、後者には適用があるなど)。

(ロ)この請求権の相手方は、現に所有物に対する所有者の占有を妨げている者である。典型的にはその物の占有者であるが、物の所持者を含む。しかし所持の機関、例えば家族団体の中の少年を含まない(〔五四五〕・〔五四六〕参照。同旨＝鳩山「所有権より生ずる物上請求権」論文集三七二頁)。所持の機関によって占有する者、例えば家族団体の長を相手方とすべきである。代理人によって占有する間接占有者については問題がある。(a)占有を妨げているかどうかは、この請求権の存否を確定すべき時(事実審の口頭弁論の終結の時)を標準として定める。乙がかつて占有していても、請求の時点で占有していなければこの請求権の相手方とはならない(大判大正六・三・二三民五六〇頁―原告の年金証書が被告によって第三者に譲渡され、引渡された事件。最判昭和三五・六・一七民一三九六頁―甲の所有地にある乙の建物につき、甲の仮処分申請に基づく保存登記がされていても、登記前の未登記の間に乙が当該の建物を第三者に譲渡し、敷地を占拠していないとされた事件)。現に占有する者丙を相手方とすべきである。もっとも乙が請求者甲との間に契約上、例えば受寄者として返還義務を負う場合には、現に乙が占有しているかどうかに関係なく返還請求ないしそれに代る損害賠償請求の相手方となるが、所有物返還請求権ではない。(b)第三者の名において占有する者――例えば、正当の権限なしに法人の名で個人的占有をしている法人の代表者――も、もちろんこの請求権の相手方になりうる(大判昭和四・四・二〇新聞二九九五号一五頁―合資会社の事例)。(c)第三者を占有代理人として間接占有をする者、例えば甲の所有物を丙に賃貸している乙もこの請求の相手方となる。この場合の返還請求権の内容は場合によって異なる。相手方乙が現実の占有を返還することができる場合――寄託しているとき、または貸しているが直ちにその返還を請求できるときなど――には、現実の引渡を請求することができる(受寄者または借主から取り上げて返還せよと求める)。

そうでないときは、乙が丙に対して有する返還請求権の譲渡を請求することができるだけだと解すべきであろう。けだし、後の場合には、それが相手方の実際上なしうる最大のことだからである(大判昭和九・一一・六民二一二二頁、同昭和一三・一・二八民一頁)。もっとも、訴訟上は、乙に対し引渡を命ずる判決によっても、その具体的執行方法として乙の丙に対する返還請求権を差し押え、乙に代って自分への引渡を請求しうることになる(民執一七〇条・一四三条・一四五条)との指摘がある(好美・注民(6)一一一頁)。なお、右のように乙に対する請求権を認めることは、実際上も丙が誰であるかや、その所在などが不明の場合、あるいは丙(例えば倉庫業者)にそのまま預けておこうとする場合などに実益がある(鳩山「所有権より生ずる物上請求権」論文集三六八頁以下)。(d)右の場合に、所有者は、直接占有者である占有代理人丙に対して、直接自分に返還するように請求することもできる(大判大正一〇・六・二二民一二二三頁)。もっとも、相手方乙は正当な占有すべき権利を有し、その占有代理人丙だけが所有者に対抗する権利をもたないとき——例えば、賃借人が所有者(賃貸人)の承諾を得ないで転貸した場合(六一二条参照)——には、所有者は、占有代理人(不法な転借人)に対して、占有関係の本人(賃借人＝転貸人)に返還するように請求しうるだけだと解すべきであろう。けだし、直接に返還を受けると、甲は本来あるべき地位以上の地位を得、また乙に引渡すべき義務を負うことになるからである(無断転貸を理由として賃貸借そのものを解除すればもちろん別である。判例反対。解除を必要としないという。最判昭和二六・四・二七民三二五頁)。ただし、乙がみずからその物の返還を受ける意思を有しないか、受けることができない事情にある場合には、——無断転貸の場合などそのような事情が存在すると解されることが少なくないであろう——所有者甲への直接の返還請求を肯定すべきであろう(最判昭和二六・五・三一民三五九頁判民三〇事件(星野)。同旨＝林三七頁以下、東孝行「所有権の私法的制限の一考察」(続)神戸法学一一巻三号三五五頁以下、好美・注民(6)七五頁)。

以上を通じて間接占有者乙と直接占有者丙を同時に共同の相手方として訴えることはもとより差支えな

い。

(ハ)相手方が正当な占有権原を有しない限り、占有を取得した理由を問わない。甲の所有物を侵奪した乙を善意で信じて賃借した丙も、甲の直接の返還請求を拒むことはできない。相手方に故意・過失のあることを必要としないだけでなく、相手方が自分で占有を取得したのでない場合(例えばボールが相手方の家に飛び込んだ場合、第三者が奪取して相手方の家に置いていった場合など)でもよい。要するに、相手方が所有者に対して自分の占有を正当ならしめる権利をもたないときは、常にこの請求権を生ずる。そしてこの占有を正当ならしめる権利(占有権原)は、相手方が質権・留置権・地上権・永小作権などを有することから生ずる場合(物権的なもの)もあり、また、賃借権・同時履行の抗弁権などを有することから生ずる場合(債権的なもの)もある。さらに占有を留保した譲渡担保の設定者、所有権留保約款付の買主なども占有権原を有する。

〔二六〇〕 (2)内容　(イ)所有物返還請求権の内容は、目的物の占有の移転を請求することである。目的物が動産である場合には引渡請求、不動産である場合には明渡請求と呼ばれる。

(ロ)所有者自身に占有を移転することを請求することである。所有者が目的物を占有代理人によって占有(間接占有)していた場合にも同様であること、右に述べた通りである(二五九イc参照)。目的物の占有そのものの引渡を請求することを原則とするが、相手方が占有代理人によって占有する場合には、相手方の占有代理人に対する引渡請求権の譲渡を求めうるに過ぎないことがあることも、前述の通りである(二五九ロb参照)。

(ハ)問題となるのは、この返還請求権は、あるべき状態の回復のために相手方に積極的な行為を請求するものなのかどうか、具体的には相手方の費用で返還することを請求しうるかどうかである。前に述べた通り、物権的請求権の内容は、相手方の忍容を請求しうるだけだ（費用は別に不法行為・不当利得等の債権法上の原因があるときにだけ請求しうる）となし（忍容請求権説または純物権説と呼ばれている）、または、相手方がその行為で占有を取得した場合にだけ、あるいはその取得に故意・過失がある場合にだけ相手方の費用で返還すべき旨の請求をなしうるとする有力な説がある（責任説と呼ばれている。その批判につき於保「物権的請求権の本質」論叢七〇巻二号〔三五〕参照）。この問題は、つぎに述べる妨害排除請求権についても争われることだが、右のような主張をする学者も、そこでは、相隣関係の規定を類推して、多くの場合に、相手方の費用で妨害の排除をさせることができると説く。思うに、物権の本質は目的物に対する直接の支配であり、物上請求権は、目的物が他人の支配内にある事実によって直接的支配が妨げられる場合に生ずるものであることからいえば、物上請求権の内容は、相手方に対して、物権の直接的支配に対する障害の排除、すなわち、物権者の自助行為を忍容することを請求するに止まり、それ以上に及ぶべきではない、という説は、極めて有力である。しかし、この理論を貫くときは、所有権の妨害が他人の所有物から生じている場合などには必ずしも妥当な結果を期することはできない。例えば、甲の土地に丙が何らの権限なしに建物を所有する場合の、甲の土地所有権に基づく明渡請求権の内容は、甲自身その費用で建物を取除くことを丙において忍容することだと解しても、あるいは、丙が甲の費用で建物を取除くことだと解しても、その結果は妥当ではない。むしろ、丙がその費用で除去することは、丙の建物所有者としての責任だと解することが妥当である。けだし、この場合は土地所有権と建物所有権が相互にその効力の障害となっているのであるが、土地が建物を妨害しているのではなく、建物が土地を妨害しているのである。したがってこのような場合には、甲丙間に他に特別の事情がなければ、甲は土地所有権の妨害を理由に丙にその費用で建物を収去するよう請求しうると解すべきである。一般的に言って、本来物に対する直接の支配を内容とする物権も、他人との関係を生ずることによって、その他人の行為を要求する権利に変更すると解することは、決して悖理《はいり》ではない。相隣関係にその例が多い。そこで、私は、所有物返還請求権の内容は、やはり原則としては、相手方の費用で返還することを請求することだとする通説を支持しようと思う。ただ、相手方が目的物に対する自分の支配を解き、所有者が自分で目的物を持ち去ることを忍容しただけで、所有者の目的を達する場合――例えば庭に飛びこんだ物や盗人が置き去りにした自動車の場合など――には、相手方は、それ以上の義務を負わないと解すべきものと考える。けだし、かような場合には、所有権者の直接的支配の障害はこれによって完全に除去されたと見るべきだからである（同旨＝舟橋四五頁）。

(二) 所有物返還請求権の相手方が、目的物を滅失もしくは毀損したことによって、または単に目的物を保留することによって、所有者に損失を及ぼした場合には、所有者は、損害賠償を請求しうることがあるであろう。また、相手方が目的物を使用・収益して利益を得たときは、所有者は利得の償還を請求しうることがあるであろう。さらに、相手方が目的物に費用をかけたときは、相手方から所有者に対してその償還を請求しうることがあるであろう。ドイツ民法（九八七条―一〇〇三条）およびスイス民法（九三八条―九四〇条）は、所有権に基づく物上請求権と関連して、これらの点について詳細な規定を設けている。わが民法の解釈としては、占有に関する規定（一八九条―一九一条）に従い、その不充分なところは、不法行為・不当利得等の規定によるべきものと考える（〔五九五〕参照。なお、これらの付随的請求権と本来の返還請求権との関係につき四宮・請求権競合論一二四頁以下参照）。

二　所有物妨害排除請求権（actio negatoria）

（1）要件　所有物返還請求権と大体同様である。主として不動産について生じ、動産について生ずることは稀である。注意すべき点だけを挙げる。

（イ） この請求権の主体は、所有権者であって、その所有権内容の実現が占有の喪失以外の事情によって妨げられている者である。占有の喪失以外の妨害には違法な登記による妨害を含む（大判昭和三・一一・八民九七〇頁―仮登記による妨害の事件であるが、請求者が所有権を第三者に譲渡し移転登記をしたので敗訴した）。

（ロ） この請求権の相手方は、現に妨害を生じさせている事実をその支配内に収めている者である。妨害を生ずることに故意・過失があることを必要としないだけでなく、その者の行為によって妨害を生じた場合である必要もない。妨害が自然力で生じた場合（例えば、松の木が風で隣地に倒れたとき）や、第三者の行為で生じた場合（例えば、ある土地の前所有者が土砂を取ったために隣地が崩壊したとき）にも、その妨害物を所有する者は、この請求権の相手方となる（大判昭和一一・三・一三民四七一頁―甲の所有地上の乙の家屋を競売によって取得した丙が、甲から土地明渡の請求を受け、現在乙が居住しているので自分は不法占拠者でないと抗弁。丙敗訴。なお後に述べる妨害予防請求に関する昭和七年度および昭和一二年度の判決参照）。

〔三六一〕 **（ハ）** 所有物妨害排除請求権が成立するためには、所有権の円満な状態に対する客観的に違法な侵害がなければならない。（a）所有物が滅失したときは、この請求権は生じない。もっとも、他人の土地の溝をほしいままに埋めた場合などは、その溝の原形が判明する限り、なお妨害排除として溝の復旧を請求することができる（大判大正四・一二・二民一九六五頁）。（b）所有権、とくに土地所有権の内容は、相隣関係の規定をはじめ多くの特別法で制限されている。その結果、形式的には所有権の侵害があるような場合でも、所有者がそれを忍容しなければならないものであるときには、この請求権を生じないことはいうまでもない（〔二六九〕・〔二七〇〕参照〔二〕）。（c）

のみならず、妨害排除を請求することが所有権の濫用となる場合にも、この請求権は認められない（一条、総則〔二七〕参照）。例えば、土地がすでに公園の一部とされたとき（大判大正五・二・一六民一三四頁）、原野と畑地の下に発電用水路が貫かれたとき（大判昭和一一・七・一七民一四八一頁）、山林地の一部を温泉を引く木管の一部が通っているとき（大判昭和一〇・一〇・五民一九六五頁）、原野の一部が鉄道線路敷築堤となったとき（大判昭和一三・一〇・二六民二〇五七頁）などには、たといそうすることが正当な権限に基づかなかったとしても、その撤去を求める所有者の利益と、撤去することによって生ずる社会経済的な不利益を比較考量して、所有者の主張が所有権の濫用と認められる場合には、この請求権は生じない。判例は、このような場合には、除去を求めることは経済的に不能となったということを理由とする（右の昭和一〇年判決を除く他の三判決）。理論として誤りではないであろうが、判断の標準として、権利行使の社会的不当という価値判断を伴うことは否定しえないであろう。のみならず、判例は、右の理論の下に、損害賠償請求はできるという（右の昭和一一年の判決参照）。それも正しい。しかし、権利濫用の理論によっても、同一の結果を認めることはできる。けだし、所有権の制限は、形式的に一律に許否が決せられるのではなく、所有権内容そのままの主張は許されないが、それに対する補償は請求することができるというのが、むしろ普通だといってもよいものだからである（〔二六九〕参照）。のみならず、右の事例では、地方団体や公企業体が正規の手続を経ないで勝手に他人の土地に施設をしてしまったものもある。このような場合には、――所有者の復旧請求は拒否するとしても――違法を敢えてした者の責任が強く追及されなければならない。

〔二六二〕

(2) 内容　相手方の費用で妨害を除去することを請求することである。費用の点については、前に返還請求権について述べたと同様の争いがある。判例は、妨害を生じさせている物の所有者は、その妨害の発生に全く関知しない場合にも、自分の費用で妨害を排除すべきだと判示している。例えば、甲の家屋の賃借人乙が丙からその所有の砕石機を借りて借家に据え付け、家屋の賃貸借関係が終了して立ち退いた後にも砕石機を除去しないときは、甲は所有者丙に対して、その除去を請求することができるという（大判昭和五・一〇・三一民一〇〇九頁。なお同昭和一一・三・一三民四七一頁参照）。前述の理由で判例を支持する（丙から甲に対して、引渡請求をすることも考えられる。この場合には、甲は丙が自由に取り去ることを忍容するだけでよい。〔二六〇〕ハ参照）。なお、このような場合に丙は所有権を放棄して除去の責任を免れることはできないと解すべきである。

三　所有物妨害予防請求権

〔二六三〕 (1) 要件　この請求権の主体と相手方については、とくに問題とすべきものはない。重要なことは、第三の要件、すなわち、所有権の侵害を生ずるおそれがあることである。右に述べた二つの請求権は、いずれも、所有権の侵害のあった後にこれを除去することを目的とする。しかし、それだけでは、所有権の保護に充分ではない。侵害を生ずる可能性が極めて大きい場合には、これを予防する請求権を認むべきである。ただし、侵害を生ずるおそれがあると認むべきかどうかは、各場合について、この制度の目的に照して決しなければならない。ただ、形式的な標準として問題となるのは、一度現実の侵害が生じ、この侵害に基づいて将来さらに侵害を生ずるおそれのある場合でなければならないかどうかである。ドイツ民法は、これを要件とする（同法八六二条）。妨害予防請求権の範囲を不当に拡大しまいとする配慮であろう。しかし、それでは妨害予防請求権を独立のものと認めないことになる。わが民法の解釈としては、必ずしも侵害が一度生じたことを必要とせず、その可能性が客観的に見て極めて大きければ、それで充分だと考える（ドイツ民法は占有訴権についても要件とする（同法一〇〇四条）。しかしわが民法は占有について右の要件を掲げない（一九九条））。通説であって、判例もそうである。例えば、甲地から土砂を採取したために、隣接する乙地との間に約一五メートルの断崖を生じ、土質の関係上乙地が崩壊の危険にさらされたとき（大判昭和七・一一・九民二二七七頁参照）、甲地を水田にするために地盤を七五センチメートルほど下げ、隣接する乙地との間に垂直の崖を生じ、しかも乙地には境界線から僅か一・八メートルの所に家屋があるとき（大判昭和一二・一一・一九民一八八一頁参照）などには、一度も侵害を生じないのだが、なお、この請求権を認める（大判大正九・五・一四民七〇四頁は、甲の所有地を乙が自分の所有と主張して開墾植樹する場合で、すでに一度侵害を生じた事例である）。

〔二六四〕 (2) 内容　この請求権の内容は、侵害のおそれを生ずる原因を排除して侵害を未然に防ぐ措置を請求することである。相手方の不作為（例えば、侵害を生ずるおそれある工事や事業をしないこと（前掲大正九年の判決参照））を請求する場合が多いが、適当な作為（例えば、崩壊のおそれある建物に支柱を施し、崖に崩壊を止める工事をすること（前掲昭和七年・同一二年両判決参照））を請求することもありうる。ここでも費用の負担が問題とされる。判例は、一貫して、妨害を生ずるおそれある物の所有者は、たといそのことに関知しない場合でも、自分の費用で予防工事をなすべきだとする（右の昭和七年・同一二年両判決は、いずれも、前所有者の行為で崖が生じたのであるが、その買主が予防工事をする義務を負わされた事例）。学説は分かれているが、判例を支持する（判民昭和七年度一八〇事件内田評釈、同昭和一二年度一三二事件川島評釈および両評釈に引用された諸説参照）。

第二節　所有権の内容

第一款　序　説

第一　所有権の内容一般

〔二六五〕 一　所有権の内容は、法令の制限内において、自由に目的物を使用・収益・処分することである(二〇六条)。(a)使用・収益とは目的物を物質的に使用しまたは目的物からの果実を収取することであるが、所有者が自分でやっても、貸借関係を設定して他人にその権限を委譲してもよい。貸借関係を設定して所有者が対価(地代・家賃・利息など)を収受するときは、法定果実を取得する意味で収益の一態様となる。(b)処分は目的物を物質的に変形・改造・破壊することと、法律的に譲渡・担保設定その他の処分行為をすることを含むと解してよいであろう。しかし、重要なことは、所有権の内容は、使用・収益・処分の三権限に尽きるものでもなく、また多くの権限の集積でもなく、所有者の意思によって、どのようにでも利用することができるという点に特色をもっていることである(〔二五四〕参照)。

〔二六六〕 二　すべての権利は、法律の規律を受ける。その内容が法律によって定まることは、決して所有権に限るのではない。また、権利が、その内容とする権能の範囲において、その主体をして自由にその権能を行使させることも、所有権に特有なことではない。第二〇六条が、とくに所有権について、この自明の理を宣言しているのは、所有権を絶対な自然の権利、すなわち国法以上の、そして国法以前の権利だとする理論に対して、国法による制限の可能と必要とを言明することが必要だと考えた時代の思想の痕跡である。フランス民法(五四四条)は、所有権は客体を la manière la plus absolue に利用し処分する権利だと規定する。ドイツ民法(九〇三条)は、第一草案に nach Willkür に利用する権利と規定したのを改めて nach Belieben と定めた。スイス民法(六四一条)はこれにならっている。その間に法律思想の進化を認めることができる。同様の進化をとりわけ明瞭に示すのは、後に述べる土地所有権についての規定である。フランス民法(五五二条)は、単に、「上下に及ぶ」旨を規定し、わが民法(二〇七条)は、「法令ノ制限内ニ於テ」という条件を加えている。しかるに、ドイツ民法(九〇五条)は、さらに、「土地所有者は、これを禁止するに何らの利益のない高所または深所における侵害を禁ずることはできない」という条項を付加し、スイス民法(六六七条)は、観念を転換して、「土地の所有権は、その行使について利益の存する限度において空中および地下に及ぶ」と定めた。絶対的なものを予定して制限する立場から、一定の制限された範囲においてだけ認める立場への進化が、明瞭に看取されるであろう(所有権の社会性については〔八〕・〔九〕参照)。

〔二六七〕 **三**　第二〇六条は「法令ノ制限内」と規定するので、所有権の内容を命令によっても制限することができるようにみえる。これについて旧憲法は直接に規定していなかった(旧第二七条は、日本臣民はその所有権を侵されないことと、公益のための必要な処分は法律の定める所によるとだけ規定していた)。しかし、現行の憲法第二九条第二項は、財産権の内容は法律で定めるものとしている。のみならず、憲法は、政令以下の命令によって規定しうる範囲を厳格に制限しているのだから(四一条・七三条六号参照)、所有権の内容を制限するには、必ず法律の規定によるべきであって、命令(政令・省令・条例など)によりうるのは、法律から委任された場合に限ると解すべきである。——このことは、旧憲法時代にも問題とされたが、国民の権利義務に重要な関係のある事項は原則として法律によるべきだと考える多数の学説は、旧憲法の下でも、第二〇六条の定める命令は、法律から委任された場合の命令を指すと解していた(美濃部・憲法精義三八八頁、末弘三二五頁等)。しかし、民法第二〇六条の規定そのもので所有権の内容を制限することを命令に委任したのだと解する反対説もあった(富井・総論七九頁、中島三〇三頁等)。

第二　所有権制限の態様

〔二六八〕 一　民法は、土地所有権の上下における範囲(二〇七条)と、隣接する不動産所有権相互の範囲(二〇九条—二三八条)とについて、詳細な規定を設けている。それは、要するに、所有権者の利用を完うさせると共に、社会公共の利益のためにその内容に調節を加えるものである。この他、現行法上、所有権の制限と見るべき規定は極めて多い。左にその態様の大綱を述べる。所有権の内容は、これらの制限によって認められた範囲内における全面的支配権に過ぎないと考えるべきである。もっとも、前に述べたように、現代の法律制度の下においては、所有権を直接に制限する規定をみただけでは、所有権制限の実体をとらえることはできない(〔二一五〕〔二一二〕参照)。したがって、つぎに述べることは、右の意味で所有権の制限の一部分に過ぎないことを注意していなければならない。

二　所有権の制限は、種々の立場からこれを分類することができる。権利一般に共通のものとしては公共の福祉に遵い、信義則を重んじ、権利濫用にわたらないという制限を受ける(民法一条)。しかし制限の態様によって区別することが、最も重要であり、民法との関係も深い。

〔二六九〕 (1) 他人の侵害を忍容すべき義務を伴うことは極めて多い。いいかえれば、一定の場合には、たとい形式的には所有権の侵害のような外観を呈しても、所有権はもはやこれを排斥する力をもたない。

(イ) このことは、土地所有権の上下ならびに水平の関係においても現れるが(〔二七四〕・〔二七五〕)、ことに相隣関係においてその例が極めて多い。例えば、土地は隣地と相互に水平支持(lateral support)によって成り立っているのだから、自分の所有地だからと言って勝手に掘り下げて隣地の水平支持を侵害することはできない(民法に直接の規定はないが当然である。大判昭和七・一一・九民一二二七頁、同昭和一二・一一・一九民一八八一頁参照)。また境界を接して居住する者の生活上の必要のために自分の土地に立ち入ることを忍容し(二〇九条)、自分の土地を通行することを忍容し(二一〇条)、排水を通過させることを忍容し(二二〇条)、また自分の造った施設を利用することを忍容しなければならない(二二一条・二二二条)。さらに、近隣の土地の使用によって生ずるガス・臭気・媒煙・熱・音響・震動なども、形式的に見れば、ことごとく所有権の侵害だといえる。ドイツ民法は、これに関して、それらのものが社会共同生活において普通に生ずる程度のものならば、所有者はこれを忍容しなければならない旨を定めている(同法九〇六条)。わが民法でも同様に解すべきことはもちろんであろう。近時は日照権・環境権などが強く主張されているが、その場合も普通に生ずる程度の侵害は忍容しなければならないという同じ原則の適用があると解される。

(ロ) 特別法による所有権の制限の事例は、無数に存在する。土地収用法によって所有権をとり上げられ、または強制的に使用権を設定されるのは、その最も強度のものであるが(同法二条)、同様の趣旨のものは、土地改良法をはじめ都市計画法(五三条以下)、都市再開発法(一四条・二〇条・六〇条・六六条)、国土利用計画法(一四条)、自然公園法(一七条—二一条)、自然環境保全法(一七条)、都市緑地保全法(五条・六条)、消防法(二九条)、道路法(四四条)、航空法(四九条—五一条)、電波法(一〇二条—一〇二条の四)、下水道法(一〇条・一二条・三二条)、河川法(二六条・二七条・五五条・八九条)、森林法(四五条・四九条―六七条・一八八条)、漁業法(一二〇条―一二三条)、鉱業法(一〇一条―一〇八条)、採石法(三五条―三七条)などにもその例がある。

(ハ)民法は、右の場合、多くは、相手方の権利の行使に対して、補償または償金を支払うべきことを命ずる(二〇九条二項・二一二条・二二一条二項・二二二条)。また権利の行使は、権利者に必要であって、かつ相手方に最も損害の少ない方法でなすべきことを命ずる(二一一条一項・二二〇条)。特別法においては、特に強くこの趣旨が示されている場合が多い。そして、このことは、所有権の内容は、社会の共同生活の理想によっておのずから限界を画されるけれども、その限界は、「許容」か「禁止」かの一律的・形式的なものではなく、損害の分担・利益の分配という具体的衡平に立脚することを示すものである。

〔二七〇〕

(2)権能を自由に行使しない義務を伴うことも少なくない。いいかえれば、たとい形式的には所有権の内容であることも、一定の場合には、所有権者はもはやこれをする力をもたないことになる。

(イ)この理論も、土地所有権の上下の関係において現れるが、相隣関係にその例が多い。例えば、境界線の近傍で工作物を設置するには一定の空地を保留すべき義務(二三四条一項・二三六条―二三八条)、他人の宅地を観望するような建物を建設する場合についての制限(二三五条)、建物の建設によって他人の土地に法令で定める基準以上の日影を落してはならないとする制限(建築基準法五六条の二)などがその適例である。なお近時、分譲マンション等に見られるように、一棟の建物を区分した部分がそれぞれ別個の所有権の目的とされた場合(建物の区分所有等に関する法律一条)は、相互に一般の相隣関係よりももっと密接な関係に立つばかりでなく、区分所有者相互間で定める規約によっても規制されるのである(詳しくは〔補一〕以下参照)。さらに、他人の違法な建築に対してさえ、一定の場合には、相手方および一般社会経済上の利益のためにこれを排斥し得なくなること（二三四条二項）は、注目すべき事例である。

(ロ) 特別法にも、この種の制限は少なくない。農林政策の上から、農地を潰廃することを制限され（農地四条・五条）、また森林の管理方法に一定の制限を受けること（森林四条―二四条・三四条・四四条）をはじめとして、温泉地帯の掘削の制限（温泉法三条・九条・一一条）、古都における歴史的風土の保存のための土地利用制限（いわゆる古都保存法）、重要文化財の管理の制限（文化財保護法三〇条―三四条）、予防衛生の見地からの利用の制限（伝染病予防法一〇条・一九条、医療法二四条）、健康で文化的な都市生活および機能的な都市活動を確保するための都市計画、特に各種の地域地区制による利用制限（都市計画法）、これと連繋して都市の保安のための建築の制限（建築基準法）などが顕著な例である。さらに近年は消費者の安全を保護するための規制（例えば消費生活用製品安全法、家庭用品品質表示法など）が幅広く行われている。産業廃棄物による公害を予防するための諸規制も所有権に対する制限たる実質を有する。なお、経済政策の立場からする取引そのものないし取引価格の制限も、その時々の必要に応じて相当広範囲の物資について行われるが（食糧管理法、物価統制令、地代家賃統制令等。もっとも、現在ではほとんどが有名無実になっている）、これらは、一面からみれば、取引（契約）を制限するものであるが、同時に、他面からみれば、所有者の処分の自由を制限するものといわねばならない。

〔二七一〕 (3) 積極的な行為をする義務を伴うこともある。もっとも、この例は比較的少ない。しかし、侵害の忍容と権限の不行使の右の二つの消極的な制限から、この積極的な制限に至る中間的な事例の少なくないことを注意すべきである。例えば、流水を共同に利用すべき義務（二一九条）・同一の設備の共同利用とその費用の共同負担の義務（二二一条・二二二条）などにおいては、すでに相互扶助の思想の萌芽を認めることができる。共同の費用をもって、界標を設置し（二二三条）・囲障を設置する（二二五条）義務に至って、益〻その色彩が鮮やかになる。そして、判例が、「土地所有者ハ、其権利ノ安全ヲ確保スルニ必要ナル限リハ、土地所有権ノ効力トシテ隣地所有者ニ対シ適当ナル共助ヲ請求スルコトヲ得ルヲ当然ノ法則ナリトス」という理由の下に、相隣者に対して土地台帳記載の坪数更正手続に協力すべき義務を認めたことは(大判明治四四・一二・二三民八八六頁)、この理論の適用として注目に値する。特別法の中では、土地改良法(旧耕地整理法)がこの色彩の強いものである。建築基準法が一定の設備を命ずる(同法八条・一九条以下等参照)のもこの例とすることができるであろう。なお、土地の工作物の所有者が、その設置または保存に瑕疵があるために生じた損害について、一種の無過失責任を認められること(七一七条)は、民法の損害賠償理論において重要なものであるが、これは、土地所有者に対して、間接に損害防止の義務を認めたものとも考えることができるであろう。

〔二七二〕　三　右のような、形式的な分類の他に、実質的な分類を試みることも極めて重要である。けだし、これによって、はじめて、現行法における所有権の制限を統一的に把握し、進んで批判をする基礎が明らかとなるからである。もっとも、このことは、前段に指摘した多数の特別法の内容を吟味することであって、ここに尽すことはできない。ただ研究の指針を暗示するに止めねばならない。

(イ)第一に、制限の理由となる利益の種類に従って分類を試みねばならない。この点からみると、防火・防水・防疫その他の保安を目的とする制限が最も強い。公害予防関係の諸立法もこれに属する。ついで、道路・河川・水道・鉄道・空港・電力・通信施設などの維持・管理のための制限も相当に強度に及ぶ。しかし、教育・文化・厚生等を目的とするものが、比較的近時に至って重要視されること、農林政策・水産政策、さらには鉱業政策の立場からするものも、次第にその範囲を拡張しつつあることなどは、とくに注目すべきことである。そして、この種の制限は、最初は、公共の災害の除去・予防という消極的な目的か、直接に社会全体の利益となる場合（例えば、交通・運輸・通信・教育・文化・厚生等）に限られたが、近時に至り、特殊の産業の合理的発展という積極的な目的のためにも加えられることになり（農林水産業のためのものがその例）、しかも、その直接の受益者が私人である場合（例えば、前述の鉱業・採石業・電気事業などのための制限がその例）にも及ぶようになったことは、とくに注目すべき点である。

(ロ)第二に、制限される所有権の目的物の種類に従って、制限の異なることを検討すべきである。不動産と動産、前者のうち、さらに、森林・原野・河沼・農耕地・鉱山・工場・住宅地・建物その他の種類により、後者のうち、さらに、生産器具・材料・原料・生産品・個人の使用する物――近時一般の消費者保護のために、危害の防止、適正な計量および表示等についての規制がきびしくなっている（消費者保護基本法、消費生活用製品安全法など）――その他の種類によって、法令の制限は極めて区々である。そして、ここでは、その物の代替性（他に代る物を求めることができるかどうか）、わが国の全体としての経済の上で占める重要性などが考えられなければならないことはいうまでもないが、同一の物、ことに土地の上に、右に述べた各種の利益が錯綜して互いに矛盾する場合には（例えば鉱業と農業・文化・治山治水など、発電と漁業・鉱業・林業など）、総合的な計画の下に、所有権の制限をできるだけ少なくして、その効果を最大に発揮するように努めなければならない（国土総合開発法、国土利用計画法など参照）。

〔二七三〕

第三　所有権の制限と補償

(1)現代の法律思想の下では、所有権は、もはや絶対不可侵の権利ではありえず、社会公共の利益のためには譲歩を強いられる、ということは、所有権者の恣意によって公共の利益を阻害することはできないということである。所有権が譲歩を強いられる場合に、補償を要求しえないかどうかは、また別問題である。

しかし、このこともまた、民法以外の法律に関係する相当に複雑な問題であるから、研究の指針を示すに止めなければならない。

(2) 第一に、財産権の内容は、「公共の福祉に適合するやうに、法律でこれを定める」と憲法が明言している(憲二九条二項)。したがって、所有権をも含めて、すべての財産権について、一定の制限を受ける旨を、法律で定めることは、さしつかえない。しかし、このような法律を制定した場合に、既存の権利も当然その制限を受け、これについて何らの補償を請求しえないものかどうかは、おのずから別問題である。その制限が公益のため、すなわち、国民全体の利益のためである場合でさえ、国民全体すなわち国家が補償を与えることが考えられる。いわんや、前述のように、直接の受益者が私企業である場合には、そのことは一層強く要請されるであろう。

(3) 第二に、憲法は「私有財産は、正当な補償の下に、これを公共のために用ひることができる」と明言する(二九条三項)。その「公共のために用ひる」という意味は、個人の私有財産をとり上げて、それを他の公共的事業がそのまま利用する場合に限るのではなく、公共の事業に支障になる個人の私有財産を制限しただけで誰もこれを利用しない場合(消滅収用)(例えば、発電のダムに障害を与える流木水利権を消滅させるだけで、発電事業のためにその水利権を利用するのでないとき)をも含むものであることは、疑いないであろう(土地収用法五条参照)。そうだとすると、所有権その他の財産権の内容を法律で制限することと、それらの権利を公共のために用いることとの差異は甚だ微妙なものとなる。この意味で、財産権の内容の制限と収用との関係(憲法二九条二項と三項の関係)は検討を要する問題である。

(4) 第三に、現行法制を見るに、土地収用法は、補償について極めて慎重な態度をとっている(同法六八条以下)。

その他の法律でも、自然公園法（同法三五条参照）・文化財保護法（同法三八条以下参照）・森林法（同法三五条参照）、鉱業法（同法五三条の二）、航空法（同法四九条・五〇条）などは、それらの法律の目的を貫徹するために加えた財産権の制限に対しては、通常生ずべき損害を国または地方公共団体等が補償すべきものとしている。

第二款　土地所有権の上下における範囲

第一　土地の上下に対する土地所有権の効力

〔二七四〕 一　土地の所有権は、土地の完全な利用を保障するものであるから、この目的のために必要な範囲において、上は空中に、下は地下に及ぶものである。第二〇七条は、一見すると、形式的に上下無限にその効力を及ぼすことを本質とするように見える。しかし、結局、スイス民法第六六七条に「土地の所有権は、その行使について利益の存する限度において空中および地下に及ぶ」というのと大差ない意味に解釈すべきである（〔二六六〕参照）。ドイツ民法第九〇五条が「土地所有者は、これを禁止するに何らの利益のない高所または深所における侵害を禁ずることはできない」と制限の側面から規定しているのも同じ趣旨である。のみならず、土地を利用するといっても、必ずしもその地表を現状のままで利用する意味とは限らないから、地表に近く特殊の鉱物がある場合に、その鉱物を土地所有権の効力からはずして別個の鉱業権の目的とすることも――社会経済上とくに必要であるときには――妨げないことである。鉱業法が、石灰石等の地表に近く存在する鉱種を法定鉱物の中に加えたことは、この意味で合法的である。ただし、土地所有者は地表の利用を妨げられることによって生ずる損害の補償を受けうることはいうまでもない。鉱業法は、その点について、特別の考慮を払っており、土地収用法の規定を適用することとしている（同法二五条・一〇四条・一〇七条参照）。

〔二七五〕　二　法令の制限内という意味は、第二〇六条について述べたのと同様である（〔二六七〕参照）。現行法のうちでこの制限を規定するものとしては、民法の相隣関係の一、二の規定（二三七条・二三八条）のほか、鉱業法・狩猟法・航空法・建築基準法などが最も主要なものである。

第二　土地の構成部分および独立性のない定着物に対する効力

土地所有権は土地に対する物権であるから、いわゆる土地の構成部分に対する支配を内容とすることはもちろんであるが、さらに土地の定着物の中で独立存在を有しない物に対する支配をもその内容とする（〔一九〕、総則〔二四九〕1参照）。これに関連してとくに問題となるものが二つある。

〔二七六〕　一　採石法の規定する岩石　土地にある岩石のうちの一定の種類のものは、採石法の適用を受ける。そして、他人の土地からこれを採取する権利は、採石権という特別の物権とすることができ（賃借権でもできるが）、また、これを採取する事業は採石業として特別の規律を受ける。しかし、採石法は、鉱業法の鉱物とは異なり、岩石を土地所有権の内容をなすものと見ている。したがって、同法によって採石権を強制的に設定する場合にも、採石権者は、対価として、土地の使用料のほかに、いわゆる岩石代を支払うべきものとする（同法一九条一項四号・二三条一号参照）。しかし、地表に近く存在する鉱物と岩石との間の区別は相当に微妙である（例えば石灰石は鉱物で、花こう岩は岩石であること）。両者を区別する標準は、少なくとも土地所有者の立場から見れば、両者それぞれの有する社会経済上の重要度の差異に求めなければならないであろう。

〔二七七〕　二　地下水　地表を流れる水については、不充分ながらも、相隣関係に関する規定の中に、多少のものがある。しかし、地下水に関しては規定がない。判例は、もっぱらこれを土地の構成部分と見るという立場から、これを規律している。その大要はつぎの如くである。

(1)自然に湧出した地下水　　湧出した地下水がその土地に浸潤してまだ溝渠その他の水流に流出しない間はその湧出した土地の所有者の専用に属する（大判大正四・六・三民八八六頁）。しかし、継続して他人の土地に流出する場合には、流水となり、湧出地の所有権の内容から独立するものとなる。したがって、土地所有者は下流沿岸の土地所有者の流水利用権を害してはならない（大判大正六・二・六民二〇二頁参照）。

(2)土地を掘削して地下水を利用すること　　このことも、一応は、土地所有権の内容と考えてよい。しかし、その結果、近隣の土地の井戸または温泉が枯渇し、その土地所有者がこれによって従来の利用を妨げられる場合は問題である。判例は、以前に、かような場合にも、なお土地所有権の内容として自由になしうるという原則をとり（大判明治二九・三・二七民一一一頁、同昭和四・六・一評論一八民九五一頁）、隣人は、ただすでに地下水（温泉）の専用権を有している場合にだけ、これを禁ずることができると判示した（大判明治三八・一二・二〇民一七〇二頁）。しかし、私は、地下水の人工的利用についても、流水の利用に準ずべきものであろうと考える（〔二九二〕参照）。すなわち、（a）一定の者が、法令または慣習によって、専用権を有する場合には、他の者は、自分の土地を掘削してこれを利用することもできない。ただし、これによって専用権者の権利を害さない場合には、専用権者は、その利用を禁ずることはできない。（b）何人も専用権をもたない場合には、あたかも多数の者の所有する土地を貫流する流水についての各沿岸地所有者の利用権と同様に、各土地所有者は、平等に利用する権利を有するものと解すべきである。したがって、一人の掘削によって他の所有地における利用が不可能となる場合には、各自の協定によって、平等に分配する途を講ずべきであろうと考える。もっとも、地下水については、その泉源ないし地下の流水の状況は容易にわからないから、特別の法律を必要とするであろう。――ただし、判例・通説は、現行法制の下においては、かような協定は、和解によるは格別、裁判によっては実現することはできないと考えているようである。泉水を利用して料理屋業を営んでいる甲の泉水が、乙の養鱒業のための井戸の掘削によって枯渇した事案について、右の趣旨を述べて乙に損害賠償を命じた判決がある（東京地判昭和一〇・一〇・二八新聞三九一三号五頁―この判決は東京控訴審でも上告審でも権利濫用を理由に支持された。大判昭和一三・六・二八新聞四三〇一号一二頁。ところがその直後に地下水の汲み上げが他の土地の湧水に影響しても、それだけでは、これを妨げることはできないとされた―大判昭和一三・七・一一新聞四三〇六号一七頁）。なお、戦後に制定された温泉法（昭和二三年法一二五号）は、温泉を湧出させる目的で土地を掘削するには、都道府県知事の許可を受けなければならないものとし、その他都道府県知事の権限によって温泉源を保護する途を講じた（同法三条―一二条）。しかし、既存の権利を保護することに偏し、温泉の公共的利用の目的に適うかどうか、甚だ疑問である。なお、近時は都市において工業用水や水洗便所などの建築物用に地下水が汲み上げられ、地盤の沈下を来す例が多いので、それについて許可制が採用されたことは注目に値する（工業用水法（昭和三一年法一四六号）、建築物用地下水の採取の規制に関する法律（昭和三七年法一〇〇号）参照）。

第三款　相隣関係

第一　序　説

〔二七八〕　一　民法は、第二〇八条ないし第二三八条に、隣接する不動産所有権相互の権利関係を規定した。これを相隣関係と呼ぶ（但し二〇八条を相隣関係としない説も少なくなかったが、後述のように区分所有権法に置きかえられ、相隣関係を超えるものであることが明確になった）。隣接する不動産のすべてが、それぞれしかるべく利用されるようにするためには、各所有権の内容を一定の範囲において制限し、各所有者をして一定の範囲において協力させることが必要である。したがって、所有権の内容は、一面から見れば、この範囲において消極的の制限を受けるだけでなく、積極的の義務を包含することになる。同時に、他面から見れば、所有権の内容は、その目的不動産(土地)の範囲外に及び、かつ他人に対して積極的の行為を要求する力を有することとなる。この隣接する不動産所有権の共存の目的のために生ずる所有権内容の拡張と制限とが、相隣関係の内容である。

〔二七九〕 **二** 相隣関係の内容は、地役権の内容に酷似する。しかし、相隣関係は、所有権内容の当然の拡張・制限であるのに反し、地役権は、原則として所有者間の設定契約(時効取得もあるが)によって生ずる所有権の拡張・制限である点に、両者の差異がある。したがって、法律的性質においても、前者は、所有権の内容そのものの拡張・制限とされるのに反し、後者は、所有権が他の物権によって一時的に制限されるものと見られるのである。

〔二八〇〕 **三** 相隣関係の主体は誰であろうか。第二〇九条以下は所有権に関して規定するものであることは疑いない。そして、この関係は地上権に準用される(二六七条)。永小作権および土地の賃借権については規定がない。思うに、相隣関係は、隣接する不動産の「利用」の調節に基づくものであって、「所有」の調節に基づくものではない。地上権に準用される根本の理由もこの点にある。しからば、永小作権および土地賃借権についても必要な範囲において準用すべきものであろう。ことに、後者については、土地賃借権の物権化的傾向によって地上権との間の差異が次第に抹消されてきた今日、地上権についてだけ準用して、土地の賃借権について準用しないことは甚だしく片手落ちな結果を導くことになる（同旨＝柚木・高木四七六頁、舟橋三四七頁、松坂一四六頁、広中三七七頁など通説）。判例もこれを肯定するに至った（最判昭和三六・三・二四民五四二頁―二一三条を農地の賃借人に準用した―）。

第二　区分された建物所有者間の相隣関係等

〔二八一〕　一　従前の民法の規定　民法は一棟の建物を区分して数人で所有することを認め、その相互の関係につき第二〇八条一箇条を設けていた。その内容の一つは共用部分の所有関係につき「数人ニテ一棟ノ建物ヲ区分シ各其一部ヲ所有スルトキハ建物及ヒ其附属物ノ共用部分ハ其共有ニ属スルモノト推定ス」と規定し（同条一項）、他の一つはその維持費等につき「共用部分ノ修繕費其他ノ負担ハ各自ノ所有部分ノ価格ニ応シテ之ヲ分ツ」とする（同条二項）ものであった。典型的には棟割建物を対象として、共通の壁や共用の門、井戸、便所などの附属物が右の共用部分と解されていた。

共用部分が共有とされることの効果は共有に関する規定（二四九条―二六二条）が一括して適用されることである。ただし、これには二つの例外が定められていた。一つは右の共有物を分割するには、共有者の一方の請求ではなく全共有者の合意を要したこと（二五七条による二五六条の排除）、二つは共用部分の費用の分担が持分でなく、上述のように所有部分の価格によったことである（二〇八条二項、二五三条参照）。この規定は、建物が縦に区分されている場合（棟割）に限らず、横に区別されている場合（階層割）をも包含しているので、アパートなどの各階や各室を区分して分譲することが普及して来ると、必ずしも構造上厳格な意味で独立の建物と認めうるかどうかにとらわれず、区分された部分の所有権を移転することが認められ（大判昭和四・二・一五民一二四頁。〔一一〇〕c・e参照）、その登記も行われるようになった（旧家屋台帳法三条三項参照）。その際に区分の認定が少しゆるみすぎた観があり、このような状況が広く行われるようになると、民法の規定だけでは解決できない問題が生ずるであろうことが予測された（旧版〔二八二〕末尾参照）。

〔二八二〕 **二**　区分所有権法　　ところで、戦後も昭和三〇年代の復興期に入ると人口が都市に集中し、その住居対策の一つとして中高層のアパートやマンションが簇出した。一方で貸家経営のむずかしいこともあり、他方で市民の持家志向に応えて、多くのマンションが分譲を目的として建設されるに及んで、大規模の区分所有関係が広く普及することになった。民法第二〇八条一箇条と、従来からの不動産登記法の枠組みによっては、到底処理しきれない状況になった。そこで昭和三七年に民法二〇八条を削除し、別に建物の区分所有等に関する法律（法六九号。以下単に区分所有権法という）を制定し（その立法経過ならびに立法例については玉田・注解建物区分所有法一頁以下参照）、同時に不動産登記法に所要の修正（一五条但書・九一条二項三項・九九条ノ二―四）をほどこした。その内容は従来の相隣関係をはるかに超えるものであるが、全体としては物権法の領域の問題である。なお同法施行後十数年の経験により、あれこれの点で問題のあることが明らかになったので、その改正の仕事が進められ、昭和五八年五月に国会を通過し（法五一号）、昭和五九年一月一日から施行されることになった。本書刊行と競合したので、便宜上、同法の解説ならびに主要な問題点と改正法の内容について巻末に「補」として掲げることとした。

第三　隣地使用権（立入権）

〔二八三〕 **一**　要件　　境界またはその近傍において、牆壁《しょうへき》もしくは建物を築造し、またはこれを修繕するという目的のために必要なときには、隣地を使用しまたは隣家に立ち入ることができる。ただし、つぎに述べるように、隣人は、土地の使用は、結局、拒絶することはできないが、住家への立入りは拒絶することができる。住家の立入りについては、右の目的の他に、隣人の任意の承諾を得ることがその要件となる。

〔二八四〕 **二**　内容　(1)第一に、右の目的に必要な範囲内において、隣地の使用を請求することができる(二〇九条一項本文)。この請求は、文字通り請求であって、承諾を得ることができない場合には、裁判所に訴えて、承諾に代る判決(四一四条二項但書)を求めねばならないと解釈されている。承諾を求むべき相手方は、現に隣地を利用している土地所有者・地上権者または借地人などである。

(2)第二に、隣人の住家に立入ることができる。ただし、このためには、必ずその隣人の承諾を必要とする(二〇九条一項但書)。隣人は、自由に拒否することができる。判決をもってこの承諾に代えることはできない。隣人というのは、現にその住家に居住する所有者または借家人を指す。

(3)右の両場合において、隣人が損害を受けたときは、隣人は、その償金を請求することができる(二〇九条二項)。一方で権利を認めながら、他方で償金を支払う義務を負わせているのは、損害分担の思想の現れである。そのような意味合いで償金という言葉が使われたのであろう。

第四　隣地通行権

〔二八五〕 **一**　要件　(1)袋地・準袋地の原則　ある土地が他の土地に囲繞されて公路に通じないとき(袋地)およびある土地が池沼・河渠もしくは海洋によるのでなければ他所に行くことができないか、または崖岸があってその土地と公路とが著しい高低をなすとき(準袋地)は、公路に至るために隣地を通行する権利がある(二一〇条)。法文の文理は、いやしくも人の通行しうる径路があれば、袋地または準袋地ではないとするように見えるけれども、判例は、その土地の利用方法をも考慮し、田地であるときは、肥料その他収穫物の運搬に支障があれば袋地となすべきであり(大判大正三・八・一〇新聞九六七号三一頁)、石材を産出する山林であるときは、産出物の運搬が甚だしく困難であれば、同じく袋地となすべきだという（大判昭和一三・六・七民一三三一頁）。極めて正当であって、相隣者間の互助の思想を拡張するものとして注目に値する。なお、森林法が木材等の搬出などのために必要な場合に、袋地に限らず、地方長官の認可を得て他人の土地を使用することを認めている（同法五〇条以下）のは同じ趣旨である（通行地役権との関連につき〔四九二〕・〔四九四〕参照）。

(2) 特別の袋地・準袋地についての例外　元来袋地または準袋地でなかった土地が、分割されまたは一部が譲渡されたために袋地または準袋地となった場合には、分割された他方または譲渡された他方だけを通行することができる（二一三条）。たといそうすることが不便であっても、他人の土地を通行する権利はない。けだし、かようなる事情は、分割または譲渡の際に、当然予期すべきことだからである。一筆の土地を数筆に分割の上、全部を同時に数人に分譲したために生じた袋地の譲受人は、分筆前に一筆であった他の土地についてのみ通行権が認められる（最判昭和三七・一〇・三〇民二一八二頁。なお最判昭和四四・一一・一三判時五八二号六五頁鈴木評釈、ジュリ法理一四四頁参照）。

〔二八六〕 二　内容

(1) 通行権を有する者（袋地の賃借人を含む。最判昭和三六・三・二四民五四二頁―農地の賃借人の事例）のために必要であって、かつ囲繞地にとって損害の最も少ない場所および方法において囲繞地を通行することができる（二一一条一項）。ただし、必要があるときは、通路を開設することもできる（二一一条二項）。建築基準法は、都市計画区域内において建物を建築するには原則として敷地が、四メートル以上の道路に二メートル以上接しなければならないと定めている（四二条一項・四三条一項）。この条件を備えていない土地の所有者が、袋地の通行権を理由に右の条件を充たすための通路の開設を隣地の所有者に請求できるかは問題である。これが認められないと都市区域に建物を新築もしくは改築することのできない土地が生ずることになる。通行権という範疇をはみ出し、民法の予想しないところであり、肯定することはむずかしい(最判昭和三七・三・一五民五五六頁—増築に当って公道に通ずる従来からある路地が、東京都条例で要求される広さがないので民法二一〇条によって隣地への拡幅を要求したが敗訴)。

(2)通行権者は、通行地の損害に対して償金を払わなければならない。その支払方法は、(a)通路開設のための損害に対しては、一時に支払わなければならないが、(b)その他の損害に対しては、一年毎に支払ってもよい(二一二条)。この償金の支払を怠っても通行権が消滅するわけではない。けだし通行権は公益の配慮から法律上当然に認められたものだからである(末弘三五六頁、末川二九〇頁、舟橋三五〇頁)。なお、分割または譲渡のために生じた袋地または準袋地の所有者が、他の一方の土地を通行する場合には、償金を支払う必要はない(二一三条一項後段)。

第五　水に関する相隣関係

一　自然的排水

〔二八七〕(1)要件　水が自然に高地から低地に流れるときは、高地の所有者は、自然に低地に排水することになるが、低地の所有者は、これを忍容する義務(承水義務)がある(二一四条)。自然に流れて来るのではなく、隣地が地盛されたために水が流れて来るようになったのである場合には、承水義務はない。したがって、さような場合には、低地の所有者は高地の所有者に対して、排水施設をするように請求することができる(大判大正一〇・一一・二四民二二二頁)。なお、流れて来るというのは、地表を流れて来る場合だけでなく、地下を透過して来る場合を含む。

〔二八八〕(2)内容　(イ)隣地の所有者は、水の自然に流れて来るのを妨げてはならない(二一四条)。これを妨げる設備をしたときは、高地の所有者は、損害の賠償および設備の除去または排水施設をすることなどを請求することができる。けだし、低地所有者のこのような行為は、高地所有権の侵害となり、右の請求は、結局妨害の排除または予防を請求することだからである(〔二六一〕・〔三〕六二〕参照)。

(ロ)自然の排水の場合に、水流が事変によって低地で阻塞したときは、高地の所有者は、自費でその疎通に必要な工事をすることができる(二一五条)。ただし、費用の負担について別段の慣習があるときは、その慣習に従う(二一七条)。高地の所有者は、右の工事に必要な範囲において、低地に立ち入る権利があると解すべきである。

〔二八九〕 **二　人工的排水**

(1)人工的排水のために隣地を使用する権利は、原則として存在しない。したがって、――

(イ)土地の所有者は、雨水を直接に隣地に注瀉《ちゅうしゃ》させるような屋根その他の工作物を設けてはならない(二一八条)。屋根自体は、境界線を越えてはならないだけでなく、後に述べるように、境界線から一定の距離を隔てなければならない(〔三〇六〕参照)。しかし、この距離を存する場合にも、なお雨水を直接に注瀉させてはならないというのである。

(ロ)甲地において、貯水・排水または引水のために設けた工作物の破潰または阻塞によって乙地に損害を及ぼし、または及ぼすおそれがあるときは、乙地の所有者は、甲地の所有者をして、その修繕もしくは疎通をなさしめ、また、必要があるときは、予防工事をなさしめることができる(二一六条)。ただし、費用の負担について別段の慣習があれば、これに従う(二一七条)。

〔二九〇〕 (2)例外的に人工的排水を認められる場合がある。それは、高地の所有者が、浸水地を乾かすため、または、家用もしくは農工業用の余水を排泄するために、公路・公流または下水道に至るまで、低地に水を通過させる場合である（二二〇条本文）。この場合には、——

(イ) 排水権者は、低地のために損害の最も少ない場所および方法を選ばなければならない（二二〇条但書）。

(ロ) また、排水権者は、高地または低地の所有者が設けた工作物を使用することができる（二二一条一項）。ただし、その利益を受ける割合に応じて、工作物の設置および保存の費用を分担しなければならない（二二一条二項）。

〔二九一〕

三　流水の使用

(1) 流水は、その利用の方面と治水の方面とにおいて重大な問題を含んでいる。旧河川法（明治二九年法七一号）がこれに関する重要な法源であったが、灌漑・漁労・発電・飲料・工鉱業など河川の利用が近代的大規模なものとなり、しかも治水の技術も進歩した今日では、この古い時代の立法は甚だ不充分なものになった。そこで、新河川法が昭和三九年に制定、同四〇年に施行された（法一六七号、その後も部分的に改正されている）。流水の使用に関しては、占用を河川管理者（一級河川は建設大臣、二級河川は知事）の許可制とし（二三条）、また水利調整について規定している（三八条以下）。しかし一方、河川法は比較的大きな河川に適用されるだけであり（河川法三条一五条参照）、他方、民法は相隣関係中に二、三の規定を設けているが、民法の規定の適用されるのは、その水流地（河床・敷地）の所有権が私人に属しているものに限られる（通説）。そのため、民法の適用を受けない公川であって河川法の適用をも受けない中小の河川がすこぶる多い。しかもこれらの河川についても、必ずしも土地所有権と直接に結合はしないが、農耕地の灌漑または水車用の引水などにおいて、多くの人々の利益に関係し、幾多の問題を生ずる。判例は、もっぱら、慣習法を援用して問題の解決に努めている。略言すれば、流水には、特定の者のために専用権が成立しているものと、そうでないものとの二つの場合があるとなし、前者においては、その特定の者は、物権的な独占的利用権を有し、他人に使用させなくともよいのを原則とし、後者においては、各自の需用に応じてできる限り平等に使用すべきものとする。そして、独占的な使用権の存在は容易に認めず、多くの場合、慣習に従って（法例二条参照）沿岸の者がしかるべく共同利用をする権利があるものとする（大判大正四・六・三民八八六頁、同大正五・一二・二民二三四一頁、同大正六・二・六民二〇二頁、同昭和六・一〇・九新聞三三二九号一六頁、同昭和一二・一二・二一判決全集五輯一号六頁、最判昭和三七・四・一〇民六九九頁等。なお柚木・高木四八七頁参照）。判例のとる理論は、大体において正当なものであろう。しかし、実際の関係は極めて複雑であり、利害の対立ははなはだ深刻なのだから、慣行の徹底的な調査と適当な立法と、そして公正な管理機構の設立を必要とするであろう（慣行水利権につき渡辺・注民(7)六〇〇頁以下参照）。

〔二九二〕 (2) 水流変更権

(イ) 境界線を流れる溝渠または水流の敷地が一方の岸と同一の所有者に属する場合にも、対岸が他人の所有に属するときは、敷地の所有者は、その水路または幅員を変えてはならない（二一九条一項）。対岸の所有者の有する流水利用権を害するのみならず、対岸の土地に影響を及ぼすおそれがあるからである。

(ロ) 両岸の土地および敷地が同一の所有者に属する場合には、水路および幅員を変えることができる。ただし、下口、すなわち水流が自分の所有地から隣地に流れ込む点においては、自然の水路に復さなければならない（二一九条二項）。下流の沿岸地の所有者の利用権と下流沿岸地そのものの安全との二つの点を顧慮したものである。

(ハ) 右イ・ロ両場合について、別段の慣習あるときは、その慣習に従う（二一九条三項）。

〔二九三〕 (3)堰の設置および利用

(イ)一方の岸および水流地(河床・敷地)を所有する者は対岸を所有しない場合にも、堰を設ける必要があるときは、その堰を対岸に付着させることができる。ただし、これによって生じた損害については、償金を支払わなければならない(二二二条一項)。

(ロ)対岸地の所有者は、水流地(河床・敷地)の一部がその所有に属するときは、右の堰を使用することができる。ただし、利益を受ける割合に応じて、堰の設置および保存の費用を分担しなければならない(二二二条二項)。この規定によれば、対岸地だけを所有し、水流地の一部をも所有しない者は、単に償金を得て堰を付着することを忍容するだけである。しかし、このような所有者もまた流水の利用権があるのが普通であろう。そして、そうである以上は、水流地所有者の使用を妨げない範囲において堰を使用することもできると解すべきものではあるまいか。

第六　境界に関する相隣関係

一　界標設置権

〔二九四〕 (1)土地の所有者は、隣地の所有者と共同の費用で境界を標示する物を設けることができる(二二三条)。界標設置権と呼ばれるものである。この権利は、確定している境界線の上に界標を設置することだけを目的とする。もし境界そのものに争いがあり、または不明な点があるときは、いわゆる境界確認の訴えによってこれを決しなければならない。界標設置権も、相手方が任意に協力しないときは、結局裁判によらなければならないが、その裁判は、境界確認の訴えとは全く別のもので、この裁判だけでは、何人に対する関係においても、所有権の範囲ないし境界そのものを確定する効果を生じない（最判昭和三一・一二・二八民一六三九頁―相隣者間でこの線と定めた事実があっても、一筆の土地の固有の境界自体は変更されるものでないとする）。

〔二九五〕 (2)界標設置権の内容は、相手方に対して協力を求め、応じないときは、まず協力を訴求することなのか、それとも、協力しないときには、単独で界標を設置し、しかる後に費用の分担を訴求することなのか。多少疑問であるが、事の性質はそれほど緊急を要するものではないから、前者に解すべきであろうと思う。ただし、この場合にも、隣地所有者の費用をもって第三者に界標設置の工事をさせることを訴求しうることはいうまでもない（四一四条二項本文）。

〔二九六〕 (3)界標の種類は、これについてまず協議をし、協議が調わない場合には、地方の慣習に従って適宜なものを選ぶべきである。界標の設置および保存の費用は、相隣者が平分して負担する。ただし、測量の費用はその土地の広狭に応じて負担する（二二四条）。

二　囲障設置権

〔二九七〕 (1)二棟の建物が別々の所有者に属し、かつその間に空地があるときは、各所有者は、他の所有者と共同の費用でその境界に囲障を設けることができる（二二五条一項）。建物所有者間の関係であって、土地所有者間の関係でないことを注意すべきである。

〔二九八〕 (2)この囲障設置権の内容も、界標設置権と同様に、協力すべきことを請求することだと解する（〔二九五〕参照）。

〔二九九〕 (3)囲障をどんなものにするかは、まず協議して定めるべきだが、協議が調わないときは、板塀または竹垣にして高さ二メートルとする（二二五条二項）。もっとも、相隣者の一人は、費用の増額を自分で負担して、高さを二メートル以上とし、または良好な材料を用いることができる（二二七条）。普通の場合の囲障の設置および保存の費用は、相隣者が平分して負担する（二二六条）。

〔三〇〇〕　(4)囲障設置に関して右と異なる慣習があるときは、その慣習に従う（二二八条）。

三　境界線上の工作物とその所有関係

〔三〇一〕　(1)境界線の上に設けられた界標・囲障・牆壁《しょうへき》および溝渠などの所有関係は、契約によって定めることができるけれども、民法は、一般に、相隣者の共有に属するものと推定した（二二九条）。普通の事例に適するからである。ただし、この原則に対して二個の例外がある。

(イ)境界線の上の牆壁が一棟の建物の部分であるときには、この牆壁は右の推定を受けない（二三〇条一項）。その建物の一部として、建物所有者の所有に属する。

(ロ)高さの不同な二棟の建物を隔てる牆壁の低い建物を越える部分も、共有の推定を受けない（二三〇条二項本文）。この部分は、むしろ高い建物の所有者の専有に属するものと推定される。しかし、防火牆壁は、たとい高さの不同な二棟の建物を隔てるものであっても、全部について共有の推定を受ける（二三〇条二項但書）。けだし、この場合には、相隣者は、牆壁の全部について防火という共通の利害関係を有するからである。

〔三〇二〕　(2)右に述べた境界線上の工作物が共有である場合には、その権利関係については、共有に関する規定に従う。ただし、各共有者は分割請求権を有せず（二五七条）、また共有者の一方が単独に牆壁の高さを増すことについては、つぎに述べる特則がある。学者は第二二九条に定める物の共有を特に互有(mitoyenneté)という。旧民法（財二四九条以下）の用例にならうのである。

〔三〇三〕 (3) 相隣者の一人は、共有の牆壁の高さを増すことができる。ただし、その牆壁がこの工事に耐えないときは、自費で工作を加え、または、その牆壁を改築しなければならない（二三一条一項）。隣人は、これによって損害を受けたときは、その償金を請求することができる（二三二条）。なお、相隣者の一人が共有の牆壁の高さを増した場合には、その増した部分は、その工事をした者の専有に属する（二三一条二項）。

第七　竹木剪除に関する相隣関係

〔三〇四〕 **一**　竹木の枝　隣地の竹木の枝が境界線を越えるときは、その竹木の所有者――賃借人などの占有者ではない――をしてその枝を剪除させることができる（二三三条一項）。相隣者が自分で剪除してはならない。相手方に植えかえの機会を与える趣旨である。相手方が剪除せよという請求に応じないときは、裁判所に対し、相手方所有者の費用で第三者をして剪除させることを請求しうることはいうまでもない（四一四条二項本文）。竹木の枝が境界線を越えていても相隣者に何らの害を与えない場合に、剪除を請求するのは、権利の濫用となる。多少の損害を与える場合にも、剪除することの損害がさらに大きいときは、第二〇九条を類推して、償金を請求することができるだけと解すべきではあるまいか（ス民六八七条二項参照）。

〔三〇五〕 **二**　竹木の根　隣地の竹木の根が境界線を越えるときは、相隣者は自分で截取することができる（二三三条二項）。枝に比して根は重要でないと考え、また、根の場合は移植の機会を与えるほどの必要はない、と考えて、枝と根との取扱いを異にしたのであろう。したがって、根の場合にも、何ら特別の利益がないのに截取することは、権利の濫用となる。なお截取した根の所有権は、截取した者に属すと解されている（ス民六八七条一項参照）。

第八　境界線付近の工作物建造に関する相隣関係

一　境界線から一定の距離を保つべき義務

〔三〇六〕 (1) 建物　(イ) 建物を築造するには、境界線から五〇センチメートル以上の距離を保たなければならない(二三四条一項)。ただし、この距離に関して別段の慣習があれば、それに従う(二三六条)。(旧)東京市京橋区には相互に境界線に接着して建物を建設する慣習があると判示した判決がある(東地判大正一三・一〇・二四新聞二三二九号一九頁)。しかし、品川区の一画につき、繁華街に比し地価も低く、繁華街のような慣習は存在しないとする判決もある(東京地判昭和三六・一一・三〇下民一二・八九五頁)。なお建築基準法は防火地域または準防火地域にある建築物で外壁が耐火構造のものはその外壁を隣地境界線に接して設けることができる旨定めているが(六五条)、これを民法を修正するものと解することは無理である。しかし状況によっては、そのような慣習が成立したと認められる場合が多いであろう。

右とは反対に、境界線付近の建築基準法違反の建築物によって、日照や通風を侵害された者は、私法上その是正を訴求できるかが問題となったが、いわゆる日照権判決で是認された(東地判昭和四〇・一二・二四判時四三三号一九頁)。これにつづいて、中高層の建物が住居地域にも建てられるようになり、建築基準法上は合法の場合にも地域住民の強い反対運動を誘発し、立法による対応が要請された。このような状況から、一方で違反建築の防止と是正に関する規制が強化され(同法六条以下)、他方で地方公共団体が条例で指定する地域内においては、所定の高さ以上の建築物は、隣地に所定以上の時間、日影を落してその日照を妨げてはならないという規制が新設された(同法五六条の二、別表第三参照)。その結果、高さ一〇メートル以上または三階以上の中高層の建築物は、北側境界線との関係で、この規制に従って高さをおさえるか、必要な後退距離をおかねばならないこととなった。

(ロ)保つべき距離を保たずに建築をしようとする者があるときは、隣地の所有者は、その建築を廃止しまたは変更させることができる(二三四条二項本文)。しかし、この権利を無制限に認め、建築完成の後にもこの主張をすることができるとしては、建築者個人の不利であるばかりでなく、社会経済上の不利でもあるから、これに制限を設けた。すなわち、建築着手の時から一年を経過し、または——一年経過しなくとも——その建築が竣成した後は、建築の廃止・変更を請求することはできず、ただ損害賠償を請求しうるだけである(二三四条二項但書)。一年内に、かつ未完成の間に請求すれば、口頭弁論終結時に完成していても廃止・変更させることができる(大判昭和六・一一・二七民一一一三頁)。

(ハ)第二三四条は、建物が境界線を越える場合に関する規定ではない。ドイツ民法は、これについて詳細な規定を設けている(Grenzüberbau 九一二条以下)。その内容は、一言にしていえば、隣地所有者は、直ちに異議を述べない限り、故意または重大な過失なしに建設された境界踰越《ゆえつ》の建物を取除かせることはできず、ただ償金を請求しうるだけである。これは、社会経済上の立場からする所有権の重大な制限である。所有権内容に関する今日の法律理想から見るときは、わが民法の解釈としても、その部分の除去が軽易である場合を除いて、ほぼ同様の結果を認めてよいと思う。

〔三〇七〕

(2)建物以外の工作物　(イ)井戸・用水溜・下水溜または肥料溜を穿つには、境界線から二メートル以上、(ロ)池・地窖《ちこう》・または厠坑《しこう》を穿つには、境界線から一メートル以上の距離を保つことが必要である(二三七条一項)。(ハ)水樋を埋めまたは溝渠《こうきょ》を穿つには、境界線から、その深さの半分以上の距離を保つことが必要である(二三七条二項本文)。ただし、一メートル以上にする必要はない(二三七条二項但書)。

なお、境界線の近傍で右の工事をするときには、土砂の崩壊または水もしくは汚液の滲漏を防ぐに必要な注意を払わねばならない(二三八条)。

二　観望の制限

〔三〇八〕 (1)境界線から一メートル未満の距離において、他人の宅地を観望することのできる窓または縁側を設ける者は、目隠をつけなければならない(二三五条一項)。この一メートルという距離は、窓または縁側の最も隣地に近い点から直角線で境界線に至るまでを測算する(二三五条二項)。五階建の建物の階段室の窓であっても右の条件が存する限り目隠をつけねばならない(京都地判昭和四二・一二・五判タ二一五号一〇八頁)。なお、宅地とは、土地登記簿に地目を宅地と表示されているかどうか(不登法七八条参照)に関係なく、実際に住家の建設に利用されている土地の意味である。

〔三〇九〕 (2)右と異なる慣習があるときは、その慣習に従う(二三六条)。

第三節　所有権の取得

第一款　先占・拾得・発見

〔三一〇〕 **第一**　所有権の取得原因と民法の規定

民法第二三九条ないし第二四八条は、「所有権ノ取得」と題し、無主物先占・遺失物拾得・埋蔵物発見・附合・混和・加工について規定する。これらは、いずれも、所有権の原始的取得原因である。しかし、現在の社会において、所有権取得の最も主要な原因は、売買その他の契約と相続とである。農業・漁業などの原始産業および製造工業においては、先占・附合・加工などによって所有権を取得する関係を生ずるけれども、これらの場合にも、後に述べるように、その産業に従事する労働者と雇主との契約関係が主として問題となり（〔三一三〕・〔三二八〕参照）、先占・附合・加工などの規定そのものが問題となることはほとんどない。要するに、民法のこれらの規定は、——附合の規定が他の規定との関係でかなり重要な意義をもつのを除いては——所有権取得の原因としては、作用的に極めて僅少な意義をもっているに過ぎない。

第二　無主物先占

〔三一一〕 一　要件（二三九条）　(1)無主物、すなわち現に所有者のない物であること。野生の鳥獣、海洋の魚介類などはその典型である。地中から発掘したものでも、かつて何人かに所有され、現在でもその相続人の所有に属すると認められるものは、後に述べる埋蔵物であって、無主物ではない。これに反し、かつて何人にも所有されなかったと考えられるもの（例えば古生物の化石類など）、および、かつて何人かに所有されたとしても、現在その相続人の所有とは考えられないもの（例えば古代人類の遺物など）は無主物である。なお、未採掘の鉱物は国家の独占的支配権に服するから、先占の目的とならないが、分離したものは無主物となる場合がある（鉱業法八条二項参照）。また、一度所有されたものも所有者が放棄すれば無主の動産となる（大判大正四・三・九民二九九頁—鉱業権者の放棄した鉱滓に関する）。

〔三一二〕 (2)動産であること。無主の不動産は国庫の所有に属し（二三九条二項）、先占の目的とならない。

〔三一三〕 (3)所有の意思をもって占有すること。(a)占有の取得は、所持の機関（〔五四六〕参照）または占有代理人（〔五六六〕参照）によってすることもできる。漁夫を雇って漁労をする場合などは、所持の機関による先占と見るべきである（雇主の所有となる）。そして、雇主と漁夫との雇用契約は、漁労に関する限り、先占についての機関となる関係を設定することをも内容とすると解すべきである。(b)占有が取得されたかどうかは、各場合について、その者の支配に属したと認められるかどうかを標準として定める（大刑判大正一四・六・九刑三七八頁―岩穴に追い込み入口をふさいだ狸の先占を認めた事例。同昭和一〇・九・三民一六四〇頁判民一〇五事件（山田）―貝殻の払下許可の公示標杭を設け、監視人をおいた海岸に打ち上げられる貝殻の先占を認めた事例。なお〔五七七〕参照）。(c)漁業法や狩猟法は魚・鳥・獣の捕獲等に種々の制限や禁止を加えているが、それに違反した先占も私法上の効果は妨げられないと解される。鉱物については鉱業法に特則がある（同法八条。未採掘の鉱物は鉱区内で分離したときは鉱業権者に属し、鉱区外で分離したときは無主物になる）。

〔三一四〕 **二**　先占は、意思を要素とする準法律行為中の非表現行為と呼ばれるものである。けだし、私法的自治を達成するための制度ではなく、法律が一定の意思行為について所有権取得の効果を認めた制度だからである（総則〔二六六〕参照）。したがって行為無能力者による先占も可能である（末弘二八三頁、林一二四頁、五十嵐・注民⑺二七三頁。なお最判昭和四一・一〇・七民一六一五頁参照―十五歳当時からの占有を取得時効の期間に算入できるとする）。

第三　遺失物拾得

〔三一五〕 **一**　要件（二四〇条）　⑴遺失物またはこれに準じた取扱いをされる物であること。ただし、漂流物および沈没品を除く。(a)遺失物とは、占有者の意思によらないでその所持を離れた物であって、盗品でないものである。しかし、遺失物法は、この他「犯罪者ノ置去リタルモノト認ムル物件」（同法一条）および「誤テ占有シタル物件他人ノ置去リタル物件又ハ逸走ノ家畜」（同法一二条）を遺失物に準じている（逸走した家畜以外の動物については一九五条が適用される。〔六〇四〕参照）。(b)「漂流物」および「沈没品」も性質上は遺失物である。しかし、その拾得に関しては、もっぱら水難救護法（明治三二年法九五号）の規定（同法二四条以下）による。

〔三一六〕 (2)拾得すること。遺失物の占有を取得することである。先占とちがって所有の意思を必要としない。

〔三一七〕 (3)特別法の定めるところに従い公告をした後六箇月内にその所有者の知れないこと。特別法は遺失物法（明治三二年法八七号、昭和三三年の改正で六箇月となる）である。（a）拾得の場所と拾得者の性格によって取扱いを異にする。（i）一般公衆が通行する場所での拾得者は、原則として、遺失物をすみやかに「遺失者又ハ所有者其ノ他物件回復ノ請求権ヲ有スル者ニ其ノ物件ヲ返還シ又ハ警察署長ニ之ヲ差出ス」べきである（同法一条。七日以内にこの手続をしないと拾得者としての権利を失う。九条）。（ii）「船車建築物其ノ他ノ施設」の中で、その占有者のために施設を管守する者が拾得した場合は、施設の占有者に差出し、占有者が拾得者としての地位に立つ（同法一〇条一項）。（iii）「船車建築物其ノ他本来公衆ノ一般ノ通行ノ用ニ供スルコトヲ目的トセザル構内」（例えば国鉄の駅）で他人の物を拾得した者は、すみやかに管守者に交付し、管守者はこれをその施設の占有者に差出すべきである（同法一〇条二項）。二四時間内にこの手続をしないと拾得者としての権利を失う（九条後段）。この場合には占有者が拾得届出の手続をする（同法一〇条三項）。（b）届出を受けた警察署長は、物件の返還を受くべき者を知ることができたときは、これに返還するのであるが、その氏名または居所を知ることができないときは、遺失物法施行令、同施行細則の定めるところに従って公告をする（同法一条二項）。この公告後六箇月内に所有者を知ることができないときは、拾得して届出た者（iの場合は拾得者、iiの場合は施設の占有者、iiiの場合は拾得者）がその遺失物の所有権を取得する。——遺失物の拾得者が、自分の物として占有を続ければ、横領罪に当り、拾得者としての権利を失うが（同法九条前段）、二〇年経過すれば時効でその物の所有権を取得する（民一六二条一項）。また、これを自分の物として他人に譲渡すれば、譲受人は即時取得の保護を受けて所有権を取得することになる（民一九二条―一九四条）。しかし、いずれも本条と直接の関係はない。

〔三一八〕　**二**　効果　(a)右の要件を充たすときは、所有権は、当然に拾得者に帰属する。ただし、所有権取得の日から二箇月内に物件を警察署長から引取らないときは、所有権を喪失する（遺失物法一四条）。そしてその所有権は、当該警察署の属する都道府県に帰属する（同法一五条）。ただし、いわゆる禁制品は国に（八条三項）、国鉄の構内での拾得物（上述〔三一七〕aiii参照）は施設の占有者である国鉄（一〇条ノ二第一項によって指定された唯一の法人である）に帰属する。(b)遺失物の所有者と拾得者との関係は、普通に事務管理となる。しかし、遺失物法は、遺失物の返還を受ける者は、原則として、遺失物の価格の五分以上二割以下の報労金を拾得者に――ただし第一〇条二項の場合には拾得者と占有者に二分の一ずつ――給与すべきものと定めている（同法四条以下）。五分以上二割以下の範囲でその額を決定するには、拾得・届出の難易、その遺失物の種類など諸般の事情を考慮して定められる。当事者に争いがあれば、結局裁判所が決定する（大判大正一〇・一二・二六民二一九九頁、同大正一一・一〇・二六民六二六頁は小切手の拾得に関する興味ある事例）。

〔三一九〕　**三**　遺失物拾得の法律的性質は先占と同じである（〔三一四〕参照）。

第四　埋蔵物発見

〔三二〇〕　**一**　要件（二四一条）　(1)埋蔵物であること。埋蔵物とは、土地その他の物（包蔵物）の中に埋蔵されて、外部から容易に目撃できない状態におかれ、その所有権が何人に属するかを容易に識別できない物である（最判昭和三七・六・一訟務月報八巻六号一〇〇五頁―終戦直後に保管のためドック内に沈めておいた銀塊につき否定）。(a)無主物、例えば発掘された古生物の化石は、埋蔵物ではない（〔三一一〕参照）。(b)所有者を容易に識別しえなくなった原因は、人為的な事実であると自然の出来事であるとを問わない。(c)包蔵物は、土地である場合が多いであろうが、必ずしも土地に限らず、建物はもとより、動産でもよい。(d)埋蔵物は、実際上ほとんど常に動産に限るであろう。しかし、理論としては動産に限る必要はなかろう。建物のこともありうる。

〔三二一〕 (2)発見したこと。発見は物の存在を明確に認識することである。拾得と異なり、占有を取得することを必要としない。埋蔵物発見のため他人を使用した場合には、被用者が発見しても発見者は使用者であるが、他の目的、例えば建築のために発掘し、被用者または請負人が発見した場合には、発見者は当該被用者または請負人である（舟橋三六二頁、石井「銀座の小判」ジュリ一一二号七〇頁、高島「小判は誰のもの」時報二三五号四二頁参照）。

〔三二二〕 (3)特別法の定めるところに従い公告をした後六箇月内にその所有者が知れないこと。特別法は遺失物法である。その手続その他はすべて遺失物に関すると同様である（同法一三条一項）。ただし、いわゆる埋蔵文化物（わが国にとって歴史上・芸術上価値が高いかまたは考古資料となる埋蔵物）については、文化財保護法（昭和二五年法二一四号）の規定（同法五七条―六五条）が、特別法として適用される。

〔三二三〕 二 効果 (1)所有権が当然に発見者に帰属する点は、遺失物拾得と同様であるが、つぎの点に差異がある。(a)包蔵物が発見者の所有物であるときは、発見者は、埋蔵物の全部を取得する。(b)しかし、包蔵物が他人の所有物であるときは、発見者と包蔵物の所有者とが折半してその所有権を取得する（二四一条但書）。すなわち持分二分の一ずつの共有になる。(c)埋蔵物の所有者が現れて返還を受ける場合に発見者の取得する報労金は、遺失物の場合と同様である。包蔵物所有者には報労金の請求権はない。

〔三二四〕 (2)土地に埋蔵されている埋蔵文化財については、その発掘に制限があるほか、その所有者が知れないときは、その所有権は国庫に帰属し、国庫は発見者および土地所有者に対して、相当額の報償金を、両者が異なるときは折半して支給することになっている（文化財保護法六三条・六四条参照）。

〔三二五〕 三 埋蔵物発見の法律的性質は先占・拾得と同一である（〔三一四〕参照）。

第二款 添附

第一 総説

〔三二六〕 **一** 附合・混和・加工の三者を合して、普通に、添附という（旧民法の財産取得編では第二章の章名に使われていたが、現行法では採用されていない。しかし講学上は広く使われている）。所有権取得の原因とされる理由およびその法律効果に共通点があるからである。添附が所有権取得の原因とされる根拠は物権的秩序と物の経済的価値を維持するにある。所有者の異なる数個の物が結合して社会経済上一個の物とみられるようになり（例えば甲所有の家屋に乙が水道施設を加えたとき）、または所有者以外の者に加工されて別な物が生じたとき（例えば木棉が綿布となったとき）は、これを原状に復することは、たとい不可能でない場合にも、社会経済上の立場から見てはなはだしく不利益なことだから、一つの物として、何人かの所有に帰属させようとすることである。

二 しかし、右の根本の目的を達するために、法律は、関連する他の問題をも解決しなければならない。したがって、添附は、つぎの諸点に関する規定を包含する。

〔三二七〕 (1)添附によって生じた物を一つの物として存続させて、復旧請求を認めないこと。――いかなる要件の下に添附が生ずるかを定める規定は、この問題に関する。その内容は、次段以下に説く。なお、この点における添附の規定は、これを強行規定と解すべきものであることは、疑いがない。

〔三二八〕 (2)添附によって生じた物を、何人の所有に帰属させるべきか。――その内容も、次段以下に説く。ただ、注意すべきは、この点に関する添附の規定は、これを任意規定と解すべきことである。かつて、学者は、一般に、添附の規定を強行規定だと解したけれども、何人に帰属させるべきかは、現行法の下においては、契約自由の原則によって自由に定めることができる。すなわち、例えば人を雇い材料を与えて食卓を作らせた場合、さらに製造工場において労働者を組織して物を製作させた場合には、加工による所有権の帰属に関する規定の適用はない。この種の雇用契約には、一般的に製作品の所有権は雇主に帰属すべき旨の合意が含まれていると見ることができる（同旨＝柚木・高木四九九頁、末川三〇一頁、末弘三九三頁。大判大正六・六・一三刑六三七頁―依頼者の材料に加工することを営業とするものにつき同旨）。さらに正確に言えば、加工者が製作労働を特定の者（使用者）への給付として行なった場合には、仮に雇用契約が何らかの理由で無効であり、あるいは中断（例えば労組による生産管理中）していても加工の法理の適用はないと考える。加工者は不当利得として給付した労務の価値の返還を請求しうるにすぎない。なお、製造工場における製作については、労働者は使用者によって組織に組み込まれ、その指揮に従って労働するので、加工に関する限り使用者の機関と見られ（例えば流れ作業の場合には加工の法理が問題になる条件が全くない）、加工者は使用者自身であると見るのが実態に近いであろう（林一三〇頁、舟橋三七二頁、鈴木〔二四〕、五十嵐・注民(7)二九七頁）。しかしその説明として、労働時間内の労働力はすべて雇主に買い取られたもの、と見ることには賛成しがたい（例えば労働時間中に全く無価値の材料で私物を作って持ち帰っても窃盗罪にはなるまい。職務発明をした従業者の権利は保護されている（特許法三五条）ことなど。なお広中四一四頁(7)参照）。

〔三二九〕 (3)添附によってある者が所有権を取得し、他の者が所有権を喪失する場合における当事者間の利益の衡平を図ること。――この点に関する規定も、任意規定と解すべきである（近時の通説といってよい）。その内容は、添附の規定の適用によって「損失ヲ受ケタル者ハ第七百三条及ヒ第七百四条ノ規定ニ従ヒ償金ヲ請求スルコトヲ得」ることである（二四八条）。相手方の違法な行為を要件としないので償金という言葉を使い、不当利得の規定に従うべきものとしたのは、形式的には「法律上ノ原因」によって所有権を取得するのであるが実質において不当利得に他ならないからである。

〔三三〇〕(4)添附の結果消滅する物の上に存した第三者の権利の保護を図ること。――この点に関する添附の規定は強行規定と解すべきである。その内容はつぎの通りである。

(イ)添附の結果所有権の消滅した物の上に存した他の権利は消滅する（二四七条一項）。物権法の理論からみて当然のことである。ただし、――

(ロ)右の物の所有者が、添附の規定によって合成物・混和物または加工物の単独所有者となったときは、右の権利は、爾後、その合成物・混和物または加工物の上に存続する（二四七条二項前段）。また、

(ハ)右の物の所有者が合成物・混和物または加工物の共有者となったときは、右の権利は、その持分の上に存続する（二四七条二項後段）。物上代位（三〇四条）とその理論を同じうするものである。さらに、

(ニ)右の物の所有者が単独所有者とも共有者ともならないときは、右の権利は、物上代位の規定（三〇四条・三五〇条・三七二条）によって、旧所有者の受ける償金（二四八条）の上に行使されるに過ぎない。

第二　附合

一　不動産の附合（二四二条）

〔三三一〕(1)要件　(イ)不動産に動産が附合する場合だが、その附合される不動産は土地でも建物でもよい。附合する物は動産に限るというのが通説であるが（いわゆる「寄洲」も土という動産が附合するのである）、建物の工事の進め方によっては不動産が附合することも起りうる（旧版の説明を改める。同旨＝富井一四二頁、後藤「末弘博士の論文『不動産の附合について』を読む」論叢二九巻二号二六一頁、舟橋三六六頁）。

〔三三二〕(ロ)附合するとは、それまで独立に所有権の対象となっていた物が不動産に付着して独立性を失い、社

会経済上不動産そのものと見られるようになること(附合した物が不動産の観念の中に吸収されること)である。これを分離復旧することが社会経済上不利益な場合であって、必ずしも分離復旧が困難であることを必要としない。もっぱら取引上その独立性を失ったかどうかによるべしとする見解もあるが(石田四一三頁、末弘「不動産の附合について」法協五〇巻一一号二〇三九頁、川島理論一三〇頁など)、そこから附合の強行性(〔三二七〕参照)を導くことはむずかしかろう。

(a)第八六条の定着と類似した観念であるが、独立の不動産と認められる定着物(例えば建物)は、本条の適用を受けないこともちろんである。

(b)不動産の構成部分となった物、例えば土に蒔かれた種子、建物に施設された水道管なども附合した物と考えてよい(ただし二四二条但書の適用はない。〔三三三〕ロc参照)。もっとも、例えば種子が成長して立稲となり、分離を前提として独立に取引の客体となりうるに至った場合には、その所属について困難な問題が生ずる(〔三三三〕ロc参照)。

(c)附合の原因は、人為的であっても、そうでなくても差異はない。

(d)附合の成否について具体的にはつぎの場合が問題になる。(i)播かれた種子、植えつけられた苗木など。播種され、植えつけられた当時は、独立の存在を失い、土地に附合する。しかし成熟すれば独立の存在を取得し——その時期については問題があるが、取引慣行を重視すべきである(未分離の果実についての明認方法はこのことを前提とする。〔一九四〕参照)——収益権者の所有となる(〔三三三〕ロa参照)。しかし、正当な収益権限のない者が播種し、植えつけたときは、成熟してもなおその所有権は土地所有者に帰属すると解すべきであろう(大判大正一〇・六・一民一〇三二頁、同昭和六・一〇・三〇民九八二頁判民一〇三事件(川島)—権限のない転借人の植えつけた稲に関する。最判昭和三一・六・一九民六七八頁—返還義務ある者が播種し、二、三葉に成長した甜瓜を権利者が鋤き返した事件)。ただし、反対説が少なくない(末川三〇二頁(稲立毛は常に独立の存在を有し、附合しないという。なお末弘・法協五〇巻一一号参照))。(ii)植栽された樹木。他人の土地に権限なく植えられた樹木は土地に附合する(最判昭和三八・一二・

（一三民一六九六頁—しかし土地の一部分についてと同様に、樹木の占有者に二〇年の取得時効の成立を認める）。仮り植えの場合は附合しないことは言うまでもない。（iii）建物の改良・増改築等。建物の造作は一般に建物に附合しないが、借家人が設置した水道設備は建物に附合する（大判昭和一二・二・二民二〇五頁—ただし借家契約終了の際に造作に準じて買取請求権を認める）。増改築された部分は原則として附合する（大判大正五・一一・二九民二三三三頁、最判昭和二八・一・二三民七八頁、同昭和三八・五・三一民五八八頁等多数）。その基準としては、今日では、増改築部分が区分所有権の対象となりうる場合を除いては、附合が生ずるとすることが妥当であろう（新田「借家の増改築と民法二四二条」法学研究（慶大）三九巻一号四〇頁、五十嵐・注民(7)二八五頁。なお最判昭和三八・一〇・二九民一二三六頁—賃貸人の承諾をえて改築し賃借部分を店舗とした—参照）。増築のやり方によっては、建物と見られる風呂場を建設した上であるいは既存の建物を移動させて、独立性を失う程度に主屋と接着させることも皆無ではあるまい（最判昭和四三・六・一三民一一八三頁—新しく築造された部分が独立性を失って主屋部分に附合するかについて、接着の程度が高く構造上一体として利用され、取引されるべき状態にあれば肯定されるという）。

〔三二三〕　(2)　効果　（イ）不動産の所有者は、原則として、附合した動産の所有権を取得する（二四二条本文）。

（ロ）ただし、動産が権原に因って附属させられた物であるときは、不動産所有者の所有に帰することなく、附属させた者の所有に止まる（二四二条但書）。

（a）「権原」ある者とは、他人の不動産に動産を附属させてその不動産を利用する権利を有する者の意味であって、地上権・永小作権・賃借権等が「権原」に当る。これらの権利について対抗要件を必要とするであろうか。あるいは附属させた物、例えば立木についての対抗要件（明認方法）を必要とするであろうか。附合の当時の当事者間では対抗の問題はおきないが、第三者に対する関係では原則として肯定すべきものと考える（旧版の説を改める）。判例は、土地の買主乙が移転登記をしないで耕作した稲立毛に対して売主甲の債権者丙が強制執行を進めた事件において、乙の第三者異議の訴えを認めた（大判昭和一七・二・二四民一五一頁判民一一事件（川島））。しかし、その後最高裁は、土地の二重譲渡で第一の譲受人乙が未登記のまま立木を植栽した事件においては、登記を得た第二の譲受人丙に対して立木の所有権を主張するためには、立木について対抗要件(明認方法)を備えなければならないと判示する(最判昭和三五・三・一民三〇七頁)。そして前記昭和一七年の判決について、「稲は、植栽から収穫まで僅々数ヶ月を出でず、その間耕作者の不断の管理を必要として占有の帰属するところが比較的明らかである点で、成育に数十年を予想し、占有状態も右の意味では通常明白でない山林の立木とは」違うと説明する。つまり、「権原」について対抗要件を要するかどうかに直接には言及していない。しかし、稲の場合に占有を強調するのは乙が農地の賃借人であれば引渡をもって丙に対抗できるのに、未登記の買主であるために現に引渡を受けていてもそれができない、そのアンバランスを正し、賃借人と同一程度の保護を与えるための論理かと思われる(近時の学説は悪意の丙には登記なくして対抗できるとするでもあろうか)。この点から判例の態度を推論すれば、第一に、農地法の適用がある場合には引渡に対抗力があり、附合させた稲立毛についても対抗しうるが、立木植栽の場合には引渡に「権原」についての対抗力が認められないから、立木そのものについても対抗できない。しかし第二に、附合物の立木について明認方法があればその所有権を主張できるということになろう(これらの点につき倉田・法曹時報一二巻五七〇頁参照)。

(b) 権原によってその物を附属させた者の「権利を妨げない」というのは、その者が所有権を保留する、という意味であって、単に除去または復旧の権利を有するという意味ではない(通説。反対=判民昭和六年度一〇三事件川島評釈)。

(c) したがって、附属させた物が不動産の構成部分となり、独立の所有権の存在を全然認めることができないような場合には、この例外の適用がない(大判大正五・一一・二九民二三三三頁は賃借人が湯屋の洗場を改築した場合についてこの趣旨を示す。なお同昭和八・二・八民六〇頁、最判昭和三四・二・五民五一頁、同昭和三五・一〇・四判時二四四号四八頁など）。もっとも、独立性があるかどうかは、社会経済的な観念だから、附合させた時には独立性がなくとも、後に独立性を取得することもありうる。例えば、播種した種子や植えつけた苗は、後に成熟した時に独立性を取得する（大判大正九・五・一二新聞一八二六号二〇頁、同昭和七・五・一九新聞三四二九号一二頁）。また請負人の建設する家屋についても同様である（大判大正三・一二・二六民一二〇八頁参照）。

（ハ）附合した動産の所有権を取得した不動産所有者に対して、動産所有者は償金――不当利得の返還――を請求することができることは前述した（〔三二九〕。債各〔一五六三〕）。なお、この点に関し、善意の占有者には植栽した動産の収去を選ぶ権利を認めるべきであるとの説がある（林・民商三五巻八〇頁、石田（喜）「無権限者の植栽と附合」ジュリ三〇〇号一三六頁）。

二　動産の附合（二四三条）。

〔三三四〕 (1)要件　（a）各別の所有者に属する数個の動産が附合して、毀損しなければ分離することができなくなったこと、または、（b）分離するために過分の費用を要するようになったこと。この要件は不動産の附合よりも厳格である。しかし、最後の標準となるものは社会経済上の観念であるから、発動機が漁船に据えつけられた場合などには、附合となりうるが、取り外しの容易な場合は否定すべきである。また、船と発動機それぞれの価格その他の事情によって決しなければならない（大判昭和一二・七・二三判決全集四輯一七号四頁―肯定の例、同昭和一八・五・二五民四一一頁―発動機が船と比較して高価であることを理由に否定した。判民昭和一八年度二六事件川島評釈は反対）。刑事判例には自転車の車輪とサドルを取りはずし、他の車体に取り付けても附合にはならない――贓物性はなくならない――とするものがある（最判昭和二四・一〇・一〇刑一六六〇頁）。

〔三三五〕 (2)効果　（イ）附合した動産の間に主従を区別することができるときは、主たる動産の所有者が合成物の所有権を取得する（二四三条）。主従を区別する基準をどこにおくかは諸般の事情を考慮し、社会通念に従って決すべきである（指輪の台と宝石で常に台が主であるとはいえない。上記昭和一八年の判決参照）。

（ロ）しかし、主従の区別をすることができないときは、各動産の所有者は、附合の当時における価格の割合に応じて合成物を共有する（二四四条）。

（ハ）利得の償還関係は不動産の附合と同様である。

第三　混　和

〔三三六〕一　混和とは、穀物・金銭などのような固形物の混合すること、および、酒・醤油などのような流動物の融和することの併称である。混和を生ずる要件は、「各別ノ所有者ニ属スル物カ混和シテ識別スルコト能ハサルニ至」ることである（二四五条）。判例は金銭についても混和を認め、二人の金銭が混合すれば、二人で全部の金銭を共有するという（大刑判明治三六・二・二〇刑二三二頁、同昭和一三・八・三刑六二四頁―賭博のため同額の金銭を出し合って一つの容器に入れたのを一方がひそかに抜き取れば窃盗になるとした）。

〔三三七〕二　効果は、主従の区別の有無によって区別し、動産の附合と同じである（二四五条）。

第四　加　工

〔三三八〕一　加工とは、文字通りには「物に工作を加える」ことである。そして第二四六条は、加工される動産（材料）の所有者と加工者が異なる場合に、加工された動産の所有権を、二者のいずれに帰属させるかについて規定する。（a）従来の通説は、同条にいう加工を新たな物が生じた場合に限定し、原則として材料の所有者がその物の所有権を取得するが、加工によって新たな物が生じ、かつ加工によって生じた価格が著しく材料の価格を超えるときは、加工者がその物の所有権を取得すると解した（末弘二九六頁、林一二九頁、川島理論二一七頁、鈴木〔一二三〕）。けだし、新たな物が作られたのでなければ、その所有権が材料の所有者に属することは当然であり、特に第二四六条一項本文で規定するまでもないからであるという。そして、できた物が原料または材料とは別な新たな物と認められるかどうかは、もっぱら社会経済上の観念によって決すべきであると説かれた（旧版〔三三八〕、大判大正六・六・二八刑七三七頁—反物から着物を作った）。これに対して近時は、加工に新たな物という要件を加えることに反対する説が多く主張されている（舟橋三七一頁、五十嵐・注民(7)二九五頁、広中四一四頁、なお星野一三〇頁も同旨か）。第二四六条一項を、新たな物が生じたかどうかにかかわらず、加工物は原則として材料の所有者に属し、新たな物を生じない場合でも、加工によって生じた価格が著しく材料の価格を超えるときは、加工者がその物の所有権を取得する趣旨と解するのである（ド民九五〇条が新たな物を生じたことを要件に原則として、加工者に帰属させているのと異なることが指摘される。これに関連して、民法起草者の一人である富井政章が法典調査会で（旧民法財産取得編二〇条の）「製作ト云フ言葉ヲ加工ト改メマシタ」と言っているとの指摘がある（広中四一五頁））。両説の違いは、例えば古美術品の修理によって著しく価格が増加した場合に加工者の所有権取得を認めるかどうかに現れる（大修繕について加工にならないとした判決がある。大判大正八・一一・二六民二一一四頁）。加工物の所有権を加工者に移すかどうかは、加工が独自の価値ないし存在を持つかによって決すべきで、新たな物になったかどうかはその一指標と解すべきものと考える（旧版の説を修正した）。なお、加工者が他人の依頼を受けてその者から預かった材料に加工した場合には、第二四六条の適用のないことはいうまでもない（大判大正六・六・一三刑六三七頁—預かった小麦を製粉して他に売却し、横領罪に問われた）。

（b）所有権取得の問題となる加工は、他人の動産に加工する場合に限る。ただし、自分の材料をも加えることは、加工の観念に反しない。——自分の材料だけで新たな物を製した場合（例えば自分の材木で家屋を建設）にも所有権は別個のものとなるから、材料の上の他人の権利（例えば先取特権）が製作物の上に効力を及ぼすかどうかという問題を生ずる。しかし、これは加工の直接の問題ではない。

（c）第二四六条は動産の加工についてだけ規定する。不動産に加工した場合には、加工物の所有権は常に不動産の所有者に属し、一項但書および二項の適用はない。もっとも他人所有の、まだ不動産たる建物になっていない鉄骨に加工して建物に仕上げた場合に、本条二項の類推適用を問題とした判決がある（大阪地判昭和二八・一二・一八下民一八九七頁―鉄骨の価格の方が高いとされ加工者敗訴。最判昭和五四・一・二五民二六頁―二四六条二項に該当するとして加工者勝訴。この種の事件では土地用益権の価格を被加工物の価格に算入すべしとの批判がある（新田「附合・加工における建物所有者の決定基準」法学研究五三巻八九四頁）。すでに不動産と認められる未完成建物の場合は否定されている（東京地判昭和三四・二・一七下民一〇巻二九六頁）。

〔三三九〕 **二　効果**　(1)製作物の所有権は、すでに述べたように、原則として、材料の所有者に帰属する（二四六条一項本文）。

(2)しかし、例外として、(a)工作によって生じた価格が著しく材料の価格を超えるときは、製作物の所有権は、加工者に帰属する（二四六条一項但書）。民法は加工物が新たな物であることを要件としないで、加工による増価と材料の価格との比較を尺度にしている。思うに、加工によって出来た物が材料と違った個性を持つことは、加工者への所有権の帰属を認める場合の重要な手掛かりとなろう。そこから上述のような加工そのものの意義についての通説が生れるわけである。しかし、上述のように「工作ニ因リテ生シタル価格カ著シク材料ノ価格ニ超ユル」という要件のほかに、新たな物という要件を無条件に付け加えることの可否は疑問であり、むしろ否定すべきものと考える。

(b)加工者が自分の材料をも供したときは、その材料の価格に工作によって生じた価格を加えた額が他人の材料の価格を超えるときに限り、その所有権は加工者に帰属する（二四六条二項）。

(3)加工による製作物の所有権の帰属、それと雇用契約ないし労働契約との関係、ならびに利得の償還関係については前述した（〔三三八〕・〔三二九〕）。

第四節 共有

第一款 序説

第一 共同所有の諸態様

〔三四〇〕 一 近代法は、数人が種々の態様において同一物を利用するときは、一方を全面的支配である所有権となし、他方を一面的支配権として、外界の物資をできる限り個人的所有権の支配の下に置こうと企てたことは、前述した〔四〕。しかし、それにもかかわらず、多数人が同一物の上に均等な支配権を有する現象は、ことごとく排斥されたのではない。共同所有の制度は近代法にも存在する。ただ、近代法は、この共同所有の性質をできるだけ個人的所有権の性質に近いものとして構成しようとする点にその特色を有する。

所有権の内容を実質的に観察すると、その中には、目的物の管理権能——目的物をいかに維持・改善し、いかなる方法で収益し、あるいはいかに処分するか等のことを決定する権能——と、目的物からの収益権能——目的物から現実に利益を収受して自分の利得とする権能——との二つの権能が含まれている。さきの二つの権能は、単独所有の場合には、それほど明瞭に意識されないが、共同所有の場合には、はっきり現れてくる。なぜなら、共同所有の場合にも、収益権能は、各共同所有者に分属するのを常とするが、管理権能は、多かれ少なかれ、共同所有者全員の協力を必要とするので、収益権能と管理権能とは、形の上でも分離を示すからである。もちろん、この共同所有の管理における共同所有者全員の協力には、強弱種々の態様がありうる。あるいは全員の同意を必要とし、あるいは頭数もしくは所有の分量に応じた多数決を必要とし、あるいは共同所有者中の一部の者の意思によって定められる。しかし、いずれの場合にも、共同所有者間における団体的規則がこのことを決定する。いいかえれば、共同所有においては、主体の間に、常に多少なりとも団体的結合関係が存在し、その結合関係が、目的物の管理権能を決定する。したがって、主体間の結合関係の強弱に応じて、各共同所有者の管理権能に対する団体的拘束の強弱が違ってくる。そして、共同所有の形態において、個人的色彩が強いか団体的色彩が強いかは、主として、この目的物の管理に対する団体的拘束の強弱によって定まる。もちろん、共同所有における収益権能の実現に対しても、団体的拘束が全然加えられないわけではない。収益の割合、方法、時期などは、すべて管理権能によって定められるのだから、その限りでは、拘束を受ける。しかし、管理権能によって各自に割当てられた範囲内では、各自の収益権能は、なお個人的収益権能として、各共同所有者に分属しているといえるのである。

二　右の立場から共同所有の諸態様を観察すると、およそ三つの理想型を区別することができる（川島理論二〇〇頁以下参照）。総有 (Gesamteigentum, propriété collective)、共有 (Miteigentum〔nach Bruchteilen〕, copropriété) および合有 (総手的共有) (Eigentum zur gesamten Hand) である（債権者が多数ある場合にも、かような三種の関係が成立することにつき債総〔五四二〕以下参照）。

〔三四一〕
(1) 総有は、ゲルマンの村落共同体の土地を中心とする所有形態にその典型を見出すものである。ゲルマンの村落共同体は、村民がその「個」たる地位を失わずにそのまま「全一体」として結合した団体、すなわちいわゆる実在的総合人(Genossenschaft)だといわれる。そして、その村落団体の所有においては、この団体結合関係がそのまま反映し、管理権能は、もっぱら村落そのものに帰属し、村落共同生活を規律する社会規範によって規律され、収益権能だけが、各村落住民(Genosse)に分属した。したがって、総有における各共同所有者の権利は、単なる収益権であって、近代法における所有権の実をもたない。しかも、その収益権能に対する部落の統制も非常に強く、各村落住民は、村落住民たる資格を取得することによって、当然に収益権能を取得し、その資格を失うことによって、当然収益権能を喪失する。そして、村落住民たる資格の得喪の要件は、もちろん村落共同生活を規律する規範によって定まる。したがって、村落住民の収益権能は、村落住民たる資格を離れて独立の財産権たる性質をもたない。要するに、総有においては、所有権に含まれる管理権能と収益権能とは全く分離し、各共同所有者は、共有における持分権をもたない。最も団体的色彩の強い共同所有形態である。

かような共同所有形態は、近代的所有権の成立する前は、農村共同生活においてむしろ普通であったと想像されるが、現在でも、各国に残存するであろう。わが国の入会権もこの性質のものだといわれている(〔五一一〕参照、なお石田「土地総有権史論」は詳細な研究である)。

〔三四二〕　(2) 共有は、ローマ法の共同所有の形態である。共同所有の各員は、なお目的物に対する管理権能と収益権能とを保留する。もちろん、目的物自体についての管理は、多数決によって決する場合もある。その他、各共同所有者が目的物の維持について特に重い責任を認められることもないではない。しかし、各共同所有者は、縮限されたものではあるが、なお管理権能と収益権能とを結合した一個の所有権(持分権)を有し、これを自由に処分することができ(持分処分の自由)、また、何時でも共同所有を終止して単独所有に移行する権限(分割請求の自由)をもっている。要するに、共有においては、主体間の団体的結合は極めて微弱であり、したがって、各共同所有者の権利は、なお縮限された所有権たる性質を失わない極めて個人的なものである。近代法の共同所有はかような形態を原則とする。民法物権編の共有もこれに属する。

〔三四三〕 (3)合有(総手的共有)は、右の総有と共有の中間に位し、むしろ共有に近いものである。ここでも、各共同所有者は、目的物に対する管理権能と収益権能とを保留する。すなわち、持分権を有する。しかし、主体の間に、例えば共同して一つの事業を営むというような、共同の目的があり、共同所有は、この共同目的達成の手段とされている。したがって、各共同所有者の管理権能は、この共同目的達成のための規則によって拘束され、その共同目的の存続する限り、各共同所有者は、持分権を処分する自由もなく、分割を請求する権利もない。各共同所有者の持分権は、共同目的の存続する限り、いわば潜在的なものとなり、共同目的が終了したときに、はじめて、現実的なものとなる。

ドイツ民法は、組合財産(同法七一八条以下)・夫婦共有財産(同法一四三七条以下)および共同相続財産(同法二〇三二条以下)について、これを合有と定めた。わが民法ではこの観念を認めていないが、信託法(大正一一年法六二号、昭和二二年および昭和五四年に一部改正あり)は複数の受託者がある場合には信託財産はその合有とする旨規定する(同法二四条一項)。近時の学者は、組合財産その他について、これを認むべきだといっている(石田「合有論」(民法研究所収)、来栖「共同相続財産について」(法協五六巻二号以下)参照)。

合有の内容について一言すれば、個々の合有物の処分は、合有者全員の同意を要する。各合有者は個々の合有物の上の持分権を処分することはできない(大判昭和一七・七・七民七四〇頁は信託法上の合有の場合は、別段の定めがないと、全部として不可分的に受託者全員に帰属し、各受託者は持分権を有せず、信託財産の使用収益管理処分については、保存行為も総員共同で為すことを要するという。信託法二四条二項参照）。合有財産が包括的な財産を構成するとき（例えば、組合財産・共同相続財産のように）は、各共有者は、その全部の上の持分権を、合有団体の一員たる地位とともに処分することができる。ただし、この地位の処分が可能かどうかは、その合有団体を規律する規則によって定まる（六七六条・九〇五条参照）。合有的債権および債務についても、基本的な理論は同一だが、具体的な関係は一層複雑である（債総〔五四五〕・〔五四六〕参照）。

〔三四四〕　三　共同所有における右の三つの態様は、はじめに述べたように理想型であって、社会に現実に存在する共同所有形態、あるいは実定法の定める共同所有形態がぴたりとこれに当てはまるわけではない。特別法においてこのことが顕著である（例えば鉱業法四四条、特許法七三条、森林法一八六条等の共有者に対する規制の厚薄を比較せよ）。したがって、具体的にある所有形態をそのいずれかであるときめて、そこから理想型の持つ諸効果を引き出すことは無理である。ただ、所与の共同所有形態がどの理想型の類型に入るか、しかし理想型とどのような差異があるかを検討することは、講学上および実務上必要でもあり、有用でもある。判例も法人格のない労働組合の財産は組合員の総有に属するとなし、脱退組合員の持分権の主張を否定する（最判昭和三二・一一・一四民一一九四三頁）。

右の見地から民法が共有だとしている主要なものについて一べつすれば次の通りである。

(イ) 組合財産　分割を禁じ、持分の処分を制限する（六六八条・六七六条）。したがって、近時の学説はこれを合有とする（債各〔一一五三〕参照）。なお、数人が共同して一個の物を譲り受けたときは、原則として共有となるが、その数人の間に共同の目的があるときは、組合関係が存在し、その共有も合有となる場合が多いであろう。しかし判例は容易に合有を認めない。例えば数人が財団法人設立の目的で共同出資して土地を購入しても、法人が設立されるまでは共有だとし（大判大正六・四・一八民七九九頁）、漁民たちが網干場に共同使用する目的で土地を買っても普通の共有であって、組合的共有（合有）だとはいえないとする（最判昭和二六・四・一九民二五六頁。もっとも、上記昭和三二年の判例は労働組合の財産につき総有を認めている）。

（ロ）相続人が数人ある場合の相続財産（八九八条）　包括遺贈を受けた者がある場合にも同様である（九九〇条）。この共有財産は、諸事情を考慮して、相続人の協議で分割することを本則とするものだが（九〇六条以下参照）、分割前の処分は制限され（九〇五条）、またその分割の効果は相続開始の時に遡及する（九〇九条）。したがって、近時の学説の多くはこれを合有とする。しかし、相続財産中の物について共同相続人がその持分権を譲渡できる（九〇九条但書参照）という意味では合有とは言えないとする主張が有力である（川井・注民(7)三〇五頁）。

（ハ）民法第二二九条の共有物　分割請求を禁じられる（二五七条）。しかし、これは特殊の理由に基づくもので、共有の性質を変更するほどのものではあるまい（〔三〇二〕参照）。なお、建物の区分所有等に関する法律第一一条は共用部分を原則として区分所有者全員の共有に属するとしているが、その管理等につき第一二条以下に諸種の制約を定めている（〔補四〕以下参照）。

（ニ）数人が共同で先占・拾得・発見した物、および他人の物の中における埋蔵物の発見（二四一条但書）、または主従を区別しえない動産の附合（二四四条）・混和（二四五条）、共有物の果実（八九条）等、法律の規定によって共有となるものは、もっぱら第二四九条以下の規定によって規律される。

（ホ）入会権のある種のもの（二六三条）　これは共有ではなく、総有と解すべきこと上述の通りである。なお、後に詳しく述べる（なお〔五一〇〕以下参照）。

第二　共有および持分の法律的性質

〔三四五〕　一　共有の法律的構成に関しては、学者の説くところは一致しない。しかし、理論的な差異であって、具体的な適用については、ほとんど差がない。私は、各共有者は各一個の所有権を有し、各所有権が一定の割合において制限し合って、その内容の総和が一個の所有権の内容と均しくなっている状態だといってよいと思う（同旨＝末弘四〇八頁、舟橋三七五頁）。前に述べた個人的な共同所有形態たる共有の性質に最もよく適合するからである。もっとも、一個の所有権を数人で量的に分有する状態だと説く学説（末川三〇八頁、柚木・高木五一六頁）も、その所有権の量的一部は、性質・効力において全く所有権そのものと同一に取扱うべきものだというから、また、共有者の一人の持分権が放棄などにより消滅した場合については他の共有者に帰属すると定められている（二五五条）から、結果は異ならない。

〔三四六〕 **二**　共有持分、すなわち、共有において各共有者の有する権利の性質に関しても、右の共有の理論と対応して説が分かれる。右に述べた私の説明に従えば、持分は、同一物の上に成立する他の所有権によって制限された所有権だということになる。しかし、他の説明によれば、持分は一個の所有権の分量的一部分だということになる（判例は互いに制限されているものだともいい、分量範囲だともいう。大判大正八・一一・三民一九四四頁、同大正一三・五・一九民二一一頁）。いずれにしても、例えば農地の共有持分が自作農創設の要件を備えるかぎり、買収の対象となり、性質上買収に適しない抽象的権利だということはできない（最判昭和三〇・三・八民二四五頁）。もっとも、さらに別の説を唱え、共有関係の効果として生ずるすべての権利義務に着眼して、持分は権利義務の源泉だというものもある（三潴一一六頁）。しかし、持分から生ずる効果を持分そのものの性質の中に入れる必要はあるまい。

なお、民法は、「持分」という語で、各共有者の制限された所有権、ないし部分的所有権――すなわち右に述べた持分――の互いに制限し合う、ないしは分属した割合を意味することもあることを注意すべきである。例えば第二四九条・第二五〇条・第二五三条・第二六一条などがそうである。私は、前の意味では持分権と呼び、後の意味では持分の割合もしくは持分率と呼ぶのがよいと思う。

第二款　共有の内部関係

第一　共有持分の割合

〔三四七〕　一　持分の割合は、法律の規定（二四一条但書・二四四条・二四五条・九〇〇条―九〇四条）、または共有者の意思表示によって定まる。しかし、その不明な場合のために、民法は、持分の割合は相均しいものと推定している（二五〇条）。もっとも不動産については共有の登記をする場合に必ず各自の持分を書くことになっているから（不登三九条、昭和三五年改正）、共有関係が登記された場合にはこの推定のはたらく余地はない。

〔三四八〕　二　持分権は、制限された所有権だから、所有権と同一の性質を有する。すなわち、いわゆる弾力性（〔二一五〕参照）があるから、共有者の一人が、（a）その「持分ヲ抛棄シタルトキ」は、その持分は――無主物となるのではなく――他の共有者に、その持分の割合に応じて帰属するのは当然である（二五五条）。共同相続人の一人が相続を放棄した場合も個々の遺産についてみれば、観念的に生じた持分の放棄に当り、他の相続人に帰属するが、民法は特殊の取扱いをしている（九三九条参照）。（b）持分権者である被相続人が「相続人ナクシテ死亡シタルトキ」（同二五五条）も同様である。しかし、相続法上は被相続人が死亡し（X時点）相続人のあることが明らかでないときは、相続財産は法人とされて、持分権も一応これに帰属し、相続人の出現を待つ手続が進められるのであるが（九五一条以下）、一定の時点で打ち切られ（Y時点）、相続人ならびに管理人に知れなかった相続債権者および受遺者はその権利を行うことができないものとされる（九五八条の二）。この手続を経てはじめて「相続人ナクシテ死亡」したことになり、持分権は他の共有者に帰属するのである。ところで問題が二つある。その一つは第九五八条の三の特別縁故者は第二五五条の相続人かである。他の共有者と縁故者のいずれを重視するかの問題であるが、文理的にはY時点で相続人の不存在は確定し、被相続人の持分は他の共有者に帰属し、それ以後に相続人の現れる余地はないと解される（反対＝川井・注民(7)三三二頁）。その二つは、持分権が他の共有者に帰属するのはどの時点かである。判例は相続人不存在に確定したY時点だとする（大決大正六・九・六民一一五三頁）。死亡からそれまでの間は相続財産は債務とともに相続法人に帰属し、清算の対象とさるべきだと見るわけである。判旨に賛成する。相続人が現れた場合と異なり、第二五五条による帰属を死亡と同時だ（八八二条）と言うほどのことはない（反対＝川井前掲）。なお、右による不動産の持分権の帰属の登記は、当該持分権の抹消登記ではなく、他の共有者への移転登記をすべきものとされる（大判大正三・一一・三民八八一頁）。

第二　共有物の利用関係

〔三四九〕 一　各共有者は、共有物の全部について、持分に応じた使用をすることができる（二四九条）。収益も、同様に解すべきである。ただし、使用方法・収益分配の方法などについて協議をしたときは、その取り決め——例えば共有地を持分の割合で区別して耕作する——に従わねばならないことはいうまでもない。なお、この協議は、共有物の管理にあたるから、管理に関する第二五二条本文に従ってなすべきである（〔三五〇〕ロ参照）。もっとも、一度共有物を事実上分割して各自が専用することを定めたような場合には、その者の同意なしに変更することはできない場合もありうるであろう（大判昭和九・七・一二民一三七二頁—ただしこの事例は真の共有であるかどうか疑問である。判民昭和九年度一〇一事件戒能評釈参照）。

〔三五〇〕 二　共有物の維持については、(イ)保存行為は、各共有者が単独ですることができる(二五二条但書)。例えば共有建物について必要な修理をするとか、共有物に関する債権の消滅時効の中断をするなどである。また、共有物の侵害に対する妨害排除請求、不法占有者に対する返還請求などがそれである(ただし、共有者の一人が自分に全部を引渡せと請求できるかどうかには問題がある。〔三五八〕ハ参照)。一番抵当権が消滅した場合に、二番抵当権が(準)共有であるときは、共有者の一人が、一番抵当の登記の抹消を訴求することもできる(大判昭和一五・五・一四民八四〇頁。なお〔三五八〕ハ参照)。もっとも、この後の類型の請求は持分権に基づいても為しうるので、共有者一人の行なった請求がそのいずれであるか明らかでないことが起りうる(後者とすればその費用は当該の共有者が負担することになろう)。

(ロ)管理、すなわちいかに利用・改良すべきかは——共有物の変更(二五一条)に至らない限り——持分の価格に従って過半数で決する(二五二条本文)。土地、建物の賃貸は、不動産賃借権が強化された現在、特に地価の六割以上にもなる高額の権利金を収受しての借地権の設定は問題であるが、判例は、変更ではなく管理に当るという(最判昭和三八・四・一九民五一八頁)。また、使用貸借の解除は管理であるとする(最判昭和二九・三・一二民六九六頁)。

(ハ)共有物の変更は、共有者全員の同意を必要とする(二五一条)。共有山林の伐採は変更に当る(大判昭和二・六・六新聞二七一九号一〇頁)。共有者の一人が伐採すれば、他の共有者は禁止の請求ができ(大判大正八・九・二七民一六六四頁)、損害賠償を求めることもできる。処分も同様に全員の同意を要すると解すべきであるが、それは変更に該当するというよりは全員の持分権の処分に当るから当然である(川井・注民(7)三二一頁参照)。借地上の共有建物に係わる、借地法第四条二項もしくは第一〇条による買取請求権の行使は、一応処分に当るが、収去か買取請求かの選択をせまられての措置であるから、管理として過半数で決定しうると解すべきであろう(同旨＝大阪地判昭和四一・一二・九判タ二〇八号一八八頁)。

〔三五一〕 **三**　共有物の管理費用・公租公課などの負担は、**(イ)**持分に応じて各共有者が負担する（二五三条一項）。**(ロ)**共有者が、立替払をした者から催告を受けたのに、一年内に右の義務を履行しないときは、他の共有者は、相当の償金を払って、その者の持分を取得することができる（二五三条二項）。ただし、その者の持分権全部であることを要し、一部の取得は許されない（大判明治四二・二・二五民一五巻一五八頁）。この場合の、他の共有者とは、義務の不履行者に代って履行した者だけではなく、義務の不履行者以外の共有者は誰でもよい意味である。そして、償金を支払った者だけがその持分を取得する。

〔三五二〕 **四**　共有者の一人が、共有物について、例えば管理費用の立替えなどの原因によって、他の共有者に対して債権を有する場合に、その債権を確保するために、つぎの二つの手段が認められている。

(イ)この債権——金銭債権に限らず、分割方法に関する特約などに基づく債権をも含むが、それについては後述する（〔三五五〕）——は共有持分の特定承継人（例えば譲受人など）に対しても、行うことができる（二五四条）。この債権は、共有物分割または共有物管理に関する特約など、共有と不可分の権利関係にあるものに限ると解される（大判大正八・一二・一一民二二七四頁—共有物買入の資金についての契約上の債権は含まないとする）。この制度は、共有持分の譲受人に不測の損害をかけるおそれがある。立法論としては、不動産の持分の場合には、登記しなければ対抗しえないとするのが正しいであろう（〔一二九〕参照。ド民一〇一〇条二項は登記を要件とする）。

(ロ)分割に際し、債務者たる共有者に帰すべき部分をもってその弁済をさせることができる（二五九条一項）。その必要のためには、債務者に帰すべき共有物の部分の売却を請求することもできる（二五九条二項）。

第三　内部関係における持分権の主張

〔三五三〕 一　持分権は、対内的にも（他の共有者に対する関係でも）普通の所有権と性質を同じくする。他の共有者との間において、一定の割合による調節・制限を加えられるけれども、この点を除いては、一の独立の所有権である。各共有者は、単独に、各共有者に対して、その存在を主張することができる。敢えて共有者全員の協議を必要としない。そして、その要件・効果などは、ことごとく、所有権と同一である。

〔三五四〕 二　主要な問題を挙げれば、（イ）他の共有者が自分の持分権を否認するときは、この否認する者だけを相手として持分権確認の訴えを提起することができる（大判大正一三・五・一九民二一一頁、大判昭和三・一二・一七民一〇九五頁）。同様に、持分権の登記を請求しうる（従前の登記を抹消して改めて共有の登記をしてもよいし（大判大正八・一一・二五民二三九二頁）、更正登記の手続によってもよい（大判大正九・一二・一七民二〇四三頁））。持分権の登記をしない共有者が多数ある場合にも、共同する必要はない。主張した者の持分権だけの登記の請求権が認められる（大判大正一一・七・一〇民三八六頁判民五六事件（我妻）参照）。

（ロ）他の共有者が、持分の割合に応じた使用をさせないときは、この者に対して持分に応じた物上請求権を行使しうることはもちろんだが（〔二五九〕以下参照）、さらに、一部の共有者が協定違反の利用行為をするような場合（例えば、同意を得ないで立木の伐採をするなど）には、持分権に基づいて、その侵害行為全部の禁止を請求することができる。けだし、持分権は、共有物の全部に及ぶものであって、どの部分の侵害も持分権の侵害となるからである（大判大正八・九・二七民一六六四頁）。

第四　持分権譲渡の自由と譲渡の効果

〔三五五〕 一　各共有者は、その持分権を自由に譲渡することができる。けだし、持分権は一個の独立の権利であり、共有者全員が何ら団体的統制に服さないことが共有の本質だからである（〔三四二〕参照）。したがって、持分権を（大判大正譲渡担保の目的とすることもできるし、抵当権の設定も可能である。しかし、目的物の引渡を要件とする質権の設定および用役権の設定は、各共有者がこれをすることは許されない（最判昭和二九・一二・二三民二二三五頁―法定地上権に関する三八八条の適用を否定する）。共有者間で持分権を処分しない特約をした場合にも、それは債権的効力を持つにすぎない（末弘四一八頁、林一三五頁、川井・注民(7)三〇九頁）。しかし、持分権の特定承継人が共有物につき共有者間に存する債権関係を承継すること（二五四条）は別問題である。判例は土地の共有者間で、特定の部分を共有者の一人甲の所有とし、分筆登記が可能になったら直ちに登記する特約がある場合に、他の共有者乙の持分を譲り受けて登記をした丙は特約に基づく乙の債務を承継し、甲は未登記でも丙に対抗できるという（最判昭和三四・一一・二六民一五五〇頁）。学説は民法第二五四条の特定承継人を拘束する債権の中に分割に関する物権的合意を含むとして賛成するもの（この判決の批評＝乾(昭)・民商四二巻四号五一〇頁、三淵・法曹一二巻一号八七頁）と、特約の登記がなければ特定承継人に対抗できないとするもの（村上・法協七八巻一号一二九頁）が対立する（〔三五二〕イ参照）。一般論としては登記を必要とすると解すべきである。

〔三五六〕 **二**　共有者が何らかの共同目的のために統制され、共有関係がこの共同目的を達成するための手段であるときには、共有持分権の譲渡も一定の拘束を受けることになる。民法は、組合財産および共同相続財産などについても、これを「共有」と呼んでいる。しかし、その持分の譲渡に対しては、一定の制限を設けた（六七六条一項・九〇五条参照）。組合財産は組合運営の手段であり、共同相続財産は共同相続人の協議によって適当に分割すべきものだからである。なお、これらの特殊の共有については、その本質はもはや純粋の共有ではなく、いわゆる「総手的共有」・「合有」ないしそれに類するものと見るべきものであることは前述した（〔三四四〕）。

第三款　共有の外部関係

第一　持分権の対外的主張

〔三五七〕 **一**　持分権は、対外的にも（共有者以外の者に対する関係でも）普通の所有権と性質を同じくする。各共有者は、第三者に対して、単独に、その権利を主張することができる。敢えて共有者全員の共同を必要としない。そして、その要件・効果などもすべて所有権と同一である。これに対して持分権ではなく共有関係を対外的に主張していると認められる場合がある。

〔三五八〕 **二**　主要な問題を挙げれば、**（イ）**第三者が自分の持分権を否認するときは、自分だけで、その否認する者だけを相手として、持分権の確認を求めることができる（大判大正一三・五・一九民二一一頁、同昭和三・一二・一七民一〇九五頁、最判昭和四〇・五・二〇民八五九頁）。後述の共有関係の確認と異なる。また、持分の正当な登記が妨げられているときは、持分権者は単独で不法登記の抹消もしくは更正の登記（第三者が単独所有の登記を有するときは、持分権者は、自分との共有に更正登記をなさしめる（大判大正一〇・一一・二七民二〇四〇頁、最判昭和三八・二・二二民二三五頁））を請求することができる。

（ロ）第三者が、共有物に対して妨害をするときは、共有物全部に対する妨害の除去を請求できることも明らかである。けだし、持分権は共有物の全部に及ぶものであり、その円満な状態を回復するためには、物の全部の上の妨害の全部を除去すべきだからである（大判大正七・四・一九民七三一頁）。妨害が違法な登記・登録による場合にも同様である。このような場合に、判例は保存行為（二五二条但書）を理由とする場合が少なくないが（大判大正八・四・二民六一三頁、同大正一二・四・一六民二四三頁—共同鉱業権の移転登録が無効で、その抹消を共有者の一人が訴求した事件。その他最判昭和三一・五・一〇民四八七頁、同昭和三三・七・二二民一八〇五頁など）、持分権に基づいて請求している場合にはそういう必要はない。

(八) 第三者が共有物の占有を奪った場合に、返還請求をなすに当り、各共有者は、持分の割合だけの占有の返還を請求することができることは明らかであるが、さらに、自分に全部の返還をなすべきことを請求しうるかどうかは多少疑問である。ドイツ民法は、不可分債権の規定に従って、各共有者は、全員のために供託させるか——供託に不適当な物は——裁判所の選任する管理人に引渡すべきことを請求しうるだけだと規定する（同法一〇一一条・四三二条）。思うに、この場合の引渡請求権は、理論的に見て一の不可分債権に類する。したがって、わが民法の解釈としても、不可分債権の規定（四二八条）を類推するのが適当である（右のドイツ民法の規定は同法の不可分債権の規定に準拠するのである（債総〔五六九〕参照）。同旨＝林一三六頁、末川三一二頁、舟橋三八一頁など）。そうであれば、ドイツ民法と異なり、各共有者は、単独に、自分に引渡すべきことを請求しうることになる。そして実際上も、この結果は妥当であろう。けだし、実質的に見れば、右の引渡請求は、なお一の保存行為（二五二条但書）と見ることができるからである（通説。判例も同旨。ただし大判大正一〇・三・一八民五四七頁は不可分債権に準じ、同大正一〇・六・一三民一一五五頁は保存行為とする）。学説としては持分権の本質上当然とするものもある（川井・注民(7)三一五頁）。

第二　共有関係の対外的主張

〔三五九〕 (1) 同一物を一定の者で共有していること（共有関係）を共有者全員で対外的に主張できることは疑いない。各共有者は、単独で、共有関係そのものを主張しうるであろうか。各共有者は、自分の持分権を主張して、第三者によるその持分の時効取得を中断したり（大判大正八・五・三一民九四六頁）、その持分の登記の請求などをなしうることは、前段に述べた通りである。しかし、これらの場合にも、それによって中断される時効は、持分の範囲に限り、登記も持分に限る。例えば、A・B・C三人の共有の土地が、Yの所有名義に登記され、Yによって時効取得されそうだという場合に、A・BだけがYに対して共有関係を主張しても、結局は、A・B・Yの共有となるだけである。かような場合に、共有者の一部の者が全員のために時効を中断し、または全員の共有関係の登記を請求することができるとすれば、便宜である。ことに多数人の共有の場合に、少数の共有者が共同行為を欲しないか、またはこれをなすことができない場合に実益が多い。

〔三六〇〕 (2)判例は、この便宜を認めない。右のような共有権確認の主張は、共有者全員の共同を必要とするという（大判大正五・六・一三民一二〇〇頁、同大正八・五・三一民九四六頁、同大正一一・七・一〇民三八六頁等多数―これに賛成＝山田・論叢九巻四号一一七頁。なお大判大正一三・五・一九民二一一頁は持分権確認の主張との違いを明らかにしている）。この問題は、右のような一部の者の主張を認める場合に、それによって得られた判決の効力（既判力）が他の者に及ぶかどうか、と密接な関係をもつ。すなわち、既判力が及ぶとすると、勝訴した場合はよいが、敗訴したときは、他の者に不当に不利益を及ぼすおそれがある。また、既判力が及ばないとすると、一部の者で主張することができるといっても、その実益はあまり多くない。さればといって、勝訴のときは既判力が及び、敗訴のときは及ばないと解することも困難である。学説としては、主張を認めて既判力は常に及ばないというもの（鳩山研究一三〇頁以下）、勝訴のときにだけ及ぶというもの（加藤・判例批評集一巻七二頁・二巻二六頁―勝訴は保存行為で敗訴はそうでないという）などがある。私は、以前は判例に反対した（鳩山説と同旨、旧旧版二三五頁）。しかし、今は判例を支持する（同旨＝末川三五四頁、舟橋三八六頁、松坂一七二頁、鈴木〔一一九〕、広中四三八頁）。けだし、（i）判例理論の不都合は、部落の共有のような場合に主として現れる（数十名の共有者のうちに未成年が混っていたり、相手方に買収されたらしい者があったりしたとき）。しかし、そうした場合には、むしろ部落としての訴訟能力を認めることが正道であろう。そして、（ii）民法の個人的な共有においては、判例の理論の方がかえって適切であろう。共有者の間に不和を生じて共同の訴訟ができないときは、むしろ共有の終了を望むべきであろう。（iii）各共有者に右のような主張をする権利を認めても、その判決の既判力が全員に及ばないとすると、その実益は必ずしも多くない（加藤説の結果は妥当だが、行為の結末によって保存行為であるかないかを決することには賛し難い）。右の考え方に対しては「持分権の主張」が所有権の主張と本質を同じくするとされた現在では「共有関係の主張」は単なる形骸として判例法上傍論的地位を占めるにすぎないとし（川井・注民(7)三二七頁）、また実質的に見て、一人の持分権者が不法占有者に対して全部の返還を求めうるのに、登記の回復はできないとする区別に意義があるかを疑う見解（川島理論一三九頁）が述べられている。しかし、例えば甲所有の土地を乙に譲渡し、移転登記もしたが、乙が死亡したので現在A・B・Cの共有登記になっている場合に、甲が甲→乙の所有権移転の無効を主張して登記を回復しようとすれば、A・B・Cを共同被告にしなければならない。逆に乙→甲の譲渡によって甲が登記を有するが、乙の共同相続人A・B・Cが乙→甲の所有権移転を争って登記の回復を求める場合にはA・B・Cは共同で乙→甲の登記の抹消を求めねばならないと解すべきであろう（同旨＝大判昭和五・一二・一三評論二〇巻民訴一九頁）。

第四款　共有物の分割

第一　分割の自由と分割の禁止

〔三六一〕　一　民法の共有は、各共有者がいつでも分割を請求して共有関係を終了させうることを本質とするものである（二五六条一項本文）。もっとも、共有物の性質に由来する制限がある（二五七条。〔三四四〕ハ参照）。また、共有者の間に共同の目的による団体的結合があり、共有がその目的到達の手段であるときには、民法は、これをも共有と呼びながらも、分割の自由を認めない。これらのことはすでに述べた（〔三四二〕・〔三四三〕・〔三四四〕イ・ロ）。なお森林法は森林の共有の特殊性（計画植林の中途解体をふせぐ必要など）を認めて民法第二五六条一項の適用を排除し、各共有者の持分の価格に従いその過半数をもってした場合にだけ分割の請求を認めている（森林法一八六条）。この分割請求権は、共有関係の存在することから当然生ずるものであって、時効によって消滅すべきものではない。

〔三六二〕 **二** 分割の禁止の特約　普通の共有においても不分割契約によって、分割を禁止することはできる。**（イ）**不分割契約は、五年を超えない期間内においてだけ有効である（二五六条一項但書。なお遺産の分割につき九〇八条参照）。**（ロ）**この契約は、更新することはできるけれども、その期間も、更新の時から五年を超えることはできない（二五六条二項）。**（ハ）**不分割契約の効力は、持分権の承継人をも拘束する（二五四条）。ただし、不動産の共有にあっては登記を必要とする（不登七八条）。なお、分割禁止の特約は共有者の中に破産の宣告を受けた者があれば失効する（破六七条。なお会社更生法六一条も同旨）。また、第三者の権利を侵害しない限り、全員の合意によって失効させることもできると解される。

第二　分割の方法

〔三六三〕 **一** 分割請求　「各共有者ハ何時ニテモ共有物ノ分割ヲ請求スルコトヲ得」（二五六条一項本文）。ここにいう請求は、形成権と解すべきである。すなわち、共有者は、分割請求権という形成権を有し、これを行使することによって、各共有者間に何らかの方法で具体的に分割を実現すべき法律関係を生じさせることができる。判例は、すでに事実上分割されているときは、それに符合するように分筆登記の請求権があるとする（大判大正四・一〇・二二民一六七四頁、大判昭和二・一二・一七新聞二八一一号九頁）。かような法律関係を生じたときは、各共有者は、分割の協議をなすべき義務を負担することになる。もし協議が調わないとき（一部の者が応じないために協議のできないときも同様である）は、裁判所にその分割の実現を訴求することができる（末弘四三〇頁参照）。

〔三六四〕**二**　協議による分割の実現　協議によって分割するときには、その方法に制限はない。

(イ)現物分割が最も普通であろう。その場合、甲乙共有の土地と建物を、土地は甲、建物は乙という分割ももちろん可能である(その場合には乙のために地上権が設定されたものと推定した判決がある。大判大正一五・一一・三評論一六巻諸法二三五頁)。協議が成立する限り、持分の割合に厳格に対応する必要もない(大判昭和一〇・九・一四民六一七頁)。現物分割の協議が調った後に、自分の取得すべき部分について、これを占有する者に対して引渡を求める訴えは、もとより給付の訴えであって(大判大正一〇・六・八民一一〇八頁)、いわゆる分割請求の訴えとは異なる。占有者だけを被告とすべきである(〔三六五〕2参照)。

(ロ)代金分割、すなわち共有物を売却してその代金を分割する場合には、――それには共有者全員の同意を要する(大判明治四一・九・二五民九三一頁、同大正一二・一二・一七民六八四頁)――売却と同時に、各共有者が、代金債権を分割して取得するのが原則である(四二七条)。しかし、共有者の一人が売却の権限を有する場合には、この者だけが代金債権を取得し、受領のうえ各共有者に配分すべきである。

(ハ)価格賠償による分割、すなわち、共有者の一人が単独所有権を取得し、他の者がその者から価格の支払を受ける場合には、持分の売買が行われるのであって、持分の移転と価格の支払は、すべて売買の理論に従って解決すべきである。

〔三六五〕**三**　裁判所による分割の実現　分割について「共有者ノ協議調ハサルトキハ之ヲ裁判所ニ請求スル」ことができる(二五八条一項)。一部の共有者が協議に応じないときは、協議による分割は不可能なのだから、他の者と協議せず直ちに訴求してよい(大判昭和一三・四・三〇新聞四二七六号八頁)。

(1)この分割の訴えは、右に述べた理論に基づき形成の訴えと解すべきである(通説。判例も大判大正三・三・一〇民一四七頁の聯合部判決以来そう解する。

この判決は共有地の収用代金を一人が取得したとき、他の者が分配請求するのは分割の訴えではないとする事案である）。したがって、分割の方法を主張することは、訴えの要件でないのみならず、当事者がこれを主張しても裁判所を拘束しない。裁判所は、実質を審査し、民法の規定に従って、分割を実現する。

(2)この訴えは、分割請求をする共有者以外の他の全員を相手方としてこれを提起すべきだというのが判例である（大判大正一二・一二・一七民六八四頁、同大正一三・一一・二〇民五一六頁—訴訟の中途で被告である共有者の一人が持分権を第三者に譲渡した場合には、その第三者を別訴で加えた場合は可（前の判決）、加えない場合は不可（後の判決）とする）。これに賛成する。ただし反対説もある（判民大正一二年度一二三事件山尾評釈（賛成）、同大正一三年度一〇四事件加藤評釈（反対））。

(3)裁判所が分割するには、現物分割を原則とし、その不可能なとき、またはこれによって著しく価格を損するおそれがあるときは、競売を命じ、その代金を分割すべきである（二五八条二項）。判例は、協議による場合と異なり、価格賠償による分割は許されないと解している（最判昭和三〇・五・三一民七九三頁参照）。ただし、家庭裁判所による遺産分割の審判においては、債務負担の方式をもって現物分割に代えることが認められている（家審規則一〇九条）。

〔三六六〕 **四**　分割についての利害関係人の保護　「共有物ニ付キ権利ヲ有スル者及ヒ各共有者ノ債権者ハ自己ノ費用ヲ以テ分割ニ参加スルコトヲ得」（二六〇条一項）。しかし、分割に当って、これらの利害関係人に通知する必要もなく、またその効果としても「参加ノ請求アリタルニ拘ハラス其参加ヲ待タスシテ分割ヲ為シタルトキハ其分割ハ之ヲ以テ参加ヲ請求シタル者ニ対抗スルコトヲ得ス」というに止まる（二六〇条二項）。したがって、裁判上の分割において、訴訟に参加して（民訴七一条）詐害的分割を監視し、裁判所に意見を述べる機会を持つ以外には、実益が少ない。

第三　分割の効果

〔三六七〕 一　共有者間の担保責任　理論的にみれば、分割は、各共有者の間に、共有物の各部分について、その有する持分の交換または売買が行われることである。例えば、甲乙二人の共有の土地を二分して各自がその一方を取得する場合には、甲の取得する部分の上の乙の持分と、乙の取得する部分の上の甲の持分とを交換することになり、甲が一人でその土地を取得し、乙に五百万円支払うという分割方法をとるときは、乙の全部の上の持分を甲に売ることになる。したがって、各共有者は、他の共有者が分割によって得た物について、売主と同じく、その持分に応じて、担保の責に任ずるものとされる(二六一条)のは当然である(五五九条参照)。しかし、売主の担保責任の内容とされるもの(五六二条以下)のうち、代金減額と損害賠償は常に可能であるが、解除については疑問がある。協議によって分割したときには解除はできるが(第三者には影響がない。五四五条一項但書参照)、裁判所による分割の場合には、これを許さないと解すべきであろう。解除によって裁判の結果を覆すことを認めることはできないからである(同旨＝舟橋三九二頁、林一四一頁、松坂一七五頁)。

〔三六八〕 二　分割の効果は遡及しない。分割が、右に述べたように、売買または交換という有償行為であることからいっても当然である。ただし、民法は、遺産の分割を、共有の分割としながら、これに遡及効を認めている(九〇九条)。遺産の共有が特殊なもの(合有)であることとの一つの根拠であるとされる。

〔三六九〕 三　証書の保存　共有物を分割した後においても、各共有者は、他の共有者の取得した部分について、その権利関係を証明する必要に迫られる場合が多い。したがって、民法は、まず、(イ)共有物に関する証書を保存すべき者を定め、これにその保存義務を負わせる。すなわち、(a)各自は、分割によって自分の受けた物に関する証書を保存しなければならない（二六二条一項）。また、（b）数人に帰属した物に関する証書は、その物の最大部分を受けた者（同条二項）、（c）最大部分を受けた者がないときは、協議によって定めた者、協議が調わないときは、裁判所の指定する者（同条三項、非訟八〇条）が、保存すべきである。そして、**（ロ）**証書の保存者は、他の分割者の請求があるときは、これを使用させなければならないものとする（同条四項）。

〔三七〇〕 **四** 分割が持分の上の担保物権に及ぼす影響については疑問が多い。分割が権利の相互的移転であるから、混同の規定（一七九条）を類推して、つぎのような結果を認むべきであろう。

（イ）その共有持分権者が共有物の全部を取得したときは、持分は消滅せずに存続して、担保物権の客体となる（同旨＝柚木・高木五三六頁）。

（ロ）共有物の一部を受けたるときは、この部分についても、他の者の受けた部分についても、それぞれ持分権が消滅せずに存続して、この多数の持分権の上に担保物権が存在すると見るべきであろう（同旨＝大判昭和一七・四・二四民四四七頁、昭和一七・一一・一九新聞四八二五号一四頁、末川三二〇頁、反対＝末弘四四三頁）。

（ハ）共有物が全部他人（甲）に帰属し、その共有持分権者（乙）は価格を取得するときは、担保物権者は物上代位の規定（三〇四条・三五〇条・三七二条）に従ってこの価格の上に権利を行使しうることはいうまでもないが、それと共に、担保物権は甲に帰属した物の持分権の上に存続すると解すべきであろう。この場合、その甲は物上保証人と同じ地位に立たされ、これに対して乙は第二六一条による担保責任（五六七条）を負うことになろう。

第五款　準共有

〔三七一〕 一　数人が共同して、所有権以外の財産権を有する場合には、その法律関係は、共有に類似する。したがって、民法は、かような場合には、共有の規定を全部的に準用することにしている（二六四条本文）。もっとも、特定の権利の共有について、別段の規定があれば、その規定が優先的に適用されることはいうまでもない（同条但書）。これらの所有権以外の財産権の共有を準共有と呼ぶ。

〔三七二〕 二　準共有が認められる主要な権利は、地上権・永小作権・地役権・抵当権などの民法上の物権の他、株式・特許権・実用新案権・意匠権・商標権・著作権・鉱業権・漁業権などである。慣習上の物権とされる水利権・温泉権等についても準共有が認められる（もっとも総有である場合もあろう）。債権についても準共有が成立すると考えてもよい（大判大正一二・七・二七民五七二頁—売買予約完結権は二六四条によって共同して行使すべしとする）。賃借権、とりわけ借地権のように目的物に対する共同使用という実体を伴うものについても準用される（大判大正一一・二・二〇民五六頁—他人の山林を四〇名共同で借り受けた場合に、権利者間の相互の権利確認、妨害排除等は、争う者だけを相手としてよい—共有の規定を準用する）。ただし、この場合には、不可分債権の規定（四二八条以下）をまず適用することになることを注意すべきである。

民法の共有の規定は、前に述べたように、甚だしく個人的である。したがって、特別法による財産権の共有については、その点で、なかんずく持分権処分の自由、分割請求の自由を認める点で、不都合を生ずる場合が少なくない。特別法にそれぞれの財産権の共有について特則を設けているのは、多くはそれらの点の修正を目的とする。鉱業法が、鉱業権を共有する場合には、共有者間に組合契約があるものとみなしているのは（同法四四条五項）、最も顕著な例であり、区分所有権の目的となる建物の共用部分の共有関係も特殊の例である（区分所有権法一二条以下、〔補四〕参照）。その他の特別法にも、持分の処分や分割の請求に対して一定の制限を加え、または共有者の共同責任を加重するものが多い（漁業法三二条・三三条、特許法七三条、著作権法六五条等参照）。なお商法第二〇三条は株式の共有につき、権利の行使、義務の履行を簡易にするよう配慮している（社債（商三一八条二項）、有限会社の社員の持分（有二二条）に準用）。

第三章　地　上　権

第一節　総　説

第一　地上権の社会的作用と賃借権

〔三七三〕 一　地上権は、家屋を築造し、トンネル・溝渠・架橋などを建設し、植林をするなどの目的で、他人の土地を使用する物権である。現行法の体系では、土地所有権を一時的に制限する権利であり、その制限は、原則として、所有者の意思に基づいて成立する（〔四〕ハ参照）。したがって、土地所有者は、その経済的に優勢な地位を利用して、民法の許す範囲においてできるだけ地上権の内容を薄弱にしようとする。しかし、物権法定主義（〔二二九〕参照）の結果、地上権を設定する以上、所有者の留保ないし獲得しうる有利な地位にもおのずから限度がある。そこで、所有者は、自分の土地を他人に使用させるという地上権と同様の目的を、賃貸借によって達成しようとする。賃貸借においては、賃借人の使用権は、土地に対する直接の支配権としてではなく、賃貸人に対する債権（土地を使用させるように請求する権利）を介して、間接に生ずる権能として、構成されている。したがって、賃借人の使用権は、地上権に比して、あたかも、債権がその効力において物権に劣る点だけ、弱いものとなる（〔二二八〕―〔二三〇〕参照）。のみならず、賃貸借は、契約であるから、その内容は、当事者が自由に定めることができる。地上権のように法定主義による最小限度の保障もない。したがって、土地所有者は、その経済的に優勢な地位を賃貸借によって遺憾なく利用することができる。今日、わが国の住宅地の使用関係は、民法施行前から継続しているものを除き(〔三八三〕参照)、その他のほとんどすべてが、地上権でなくて賃貸借であることの根本の理由はここに存する。なお、問題を賃貸借の社会的作用の側面からみた検討は債権各論で詳論する(債各〔五六七〕以下、特に〔五七四〕―〔五八七〕参照)。

〔三七四〕 **二　土地所有権の優勢――他人の土地を使用する者の地位の脆弱**　その弊害の最も強く現われたのは、建物の所有を目的とする土地使用関係においてである。借地人が家屋を建設し、その上に生活関係と企業組織とが成立する。使用権を脆弱にすることは、正に借地にたよる生活関係と企業組織とを脆弱にすることになる。土地所有権に対して、その上に成立する社会の生活関係と企業組織とを破壊するような力を認めることは、決してその社会的作用に適合したことではない。ここにおいてか、民法制定以来、多くの立法によって、建物所有を目的とする賃借権を強力にして地上権に接近させ(賃借権の物権化)、かつ地上権そのものについても、その強化が計られた。主要な立法は左の如くである(なお債各〔五七八〕―〔五八六〕参照)。

(1)明治三三年、地上権ニ関スル法律(法七二号)　従前からの借地関係には、地上権か賃借権か不明なものが多かった。これを一律に地上権と推定する。建物所有を目的とするものに限らない。施行区域は初めから全国。

(2)明治四二年、建物保護法(法四〇号)　日露戦争後の地価の暴騰に伴って、地代値上げの目的のためにする(多くは仮装の)土地の売買(地震売買)が盛んになり、そのために借地人が建物を取壊さなければならない場合が多くなった。この法律によって、建物の登記があれば、建物の存在する限り、地上権または賃借権は新地主に対して対抗力をもつものとする。建物所有を目的とするものに限る。施行区域は初めから全国。

(3)大正一〇年、借地法（法四九号）
第一次大戦後の好況による住宅難を緩和することを主たる目的とし、借家法と共に制定された。地上権と賃借権とを一括して「借地権」と呼び、その存続期間の延長を主とし、併せて、権利内容の強化をはかる。建物所有を目的とするものに限る。施行区域は、最初、住宅難の著しい一定の都市に限ったが、その後、漸次拡張して、昭和一六年に、内容に重大な修正を加えるとともに、全国に施行。

(4)大正一一年、借地借家調停法（法四一号）
各個の場合における特殊の事情を考慮し、貸借内容のすべてに亘り、互譲的解決を企図する。施行区域は上述(3)と同じ一定の都市の在る府県に限ったが、昭和一六年に全国に施行。大正一二年の関東大震災には、とくに効果を収めた。昭和二六年民事調停法（法二二二号）に吸収された。

(5)大正一三年、借地借家臨時処理法（法一六号）
大正一二年の関東大震火災に基因する問題の解決を企図する。施行区域は震災地に限る。施行期限も限られていたが、しばしば延期され、結局、次の(7)に吸収されるまで存続。

(6)昭和二〇年、戦時罹災土地物件令（勅四一一号）
戦争の末期、空襲による都市の罹災が甚だしくなった時に、戦時緊急措置法（昭和二〇年法三八号）に基づいて制定。罹災地の緊急的利用をはかる。終戦後、戦時緊急措置法の廃止に伴い、失効。

(7)昭和二一年、罹災都市借地借家臨時処理法（法一三号）
終戦後、(6)の土地物件令の失効後の措置をかね、あわせて、戦災地の借地・借家関係を調整する。(5)の臨時処理法の重要な規定を承継している。戦災地の善後措置を講ずる点では、現在適用されなくなった規定が多い。しかし火災・震災・風水害などが起きた土地に（はじめその都度の法律によったが昭和三一年の改正以後は政令によって）その主要な条文が準用されることがあるので、現在もなお存在意義がある。

(8)昭和四一年、借地法の改正（法九三号）　借地権の譲渡が賃貸人に不利とならない場合、裁判所に賃貸人の同意に代る許可を与える権限を認め、これに関連する事件等に非訟事件手続法を準用することとした。

〔三七五〕　**三　民法における賃借権と地上権との差異とその後の立法による変更とを表示すれば左の通りである。**

	地上権	賃借権	その後の変更
(イ)対抗力	あり（登記を要するが地主に登記義務がある）。	なし（登記すれば対抗力を生ずるが（六〇五条）、地主に登記義務がない）。	建物保護法により両者共に建物の登記（地主の協力なしに可能）だけで対抗力を生ずる（〔四〇六〕参照）。臨時処理法は建物のない場合にも一定の対抗力を認める（〔四一一〕参照）。
(ロ)存続期間			
(a)契約によるときは	自由（〔三八七〕参照）。	二〇年を超えられない（六〇四条）。	借地法により両者共に二〇年または三〇年未満となしえない（〔三九二〕参照）。
(b)約定がないときは	二〇年以上五	一定の猶予期間をおいて告知しう	三〇年または六〇年とする。なお、

○年以下に定める(〔三八九〕参照)。	る(六一七条)。	消滅後も多くの場合に更新することにして存続をはかる(〔三九三〕以下参照)。
(ハ)投下資本の回収		
(a)地上権者の収去権(〔四一五〕参照)と地主の買取権(〔四一七〕参照)。	支出費用償還請求権(六〇八条)と収去権(六一六条・五九八条)。	借地法は両者について借地権者の建物買取請求権を認める(〔四一八〕参照)。
(b)地上権は譲渡性あり、建物と共に譲渡しまたは担保に供することができる(〔四一二〕参照)。	賃借権は譲渡または転貸しえない(六一二条)。建物は材木値段にしかならないことになる。	借地法は賃借地上の建物の取得者から地主に対する買取請求権を認める(一〇条)。一定の条件の下で裁判所に借地権譲渡の承諾に代る許可を求めうる(九条ノ二以下)。
(ニ)その他の権利義務		
(a)特約がない限り、地主には使用収益を容認する消極的義務のみ(〔四〇一〕参照)。	賃貸人に使用収益に適する状態におく積極的義務あり(六〇六条)。	立法なし。
(b)地代・敷金・権利金等すべて契約による(〔三八一〕参照)。ただし現在は地代家賃統制令の制限を受ける。	上と同じ。借賃の支払は要件である(六〇一条)。同上の制限を受ける。	借地法により、両当事者に事情変更による地代の増減請求権を認める(一二条、〔四二六〕参照)。

ける。		臨時処理法は著しく不当な約款を変更することを認める（一七条、〔四二八〕参照）。
（c）一回の不払によっては告知し得ない（〔四三三〕参照）。	一回の不払によって告知の手続がとれる（五四一条）。	立法なし。

〔三七六〕 **四** 以上を通覧するに、**(イ)**第一に、賃借権が次第に地上権に接近させられてきたことがわかる。債権として、賃貸人の給付を介して間接に土地を使用する権利だとされた本質が、次第に変更して、土地を直接に支配する権利たる内容を与えられている。賃借権の物権化といわれるのは、このことである。**(ロ)**第二に、地上権と賃借権とは、ともに強化され、所有権の移転によって影響を受けず、長期に亘って利用を継続しうる地位となり、地代は最初の協定だけによらず、継続中の客観的事情に応じて定まるものとなりつつあることを見出す。利用権の独立による所有権の分解的傾向といわれる現象である（〔八〕・〔四八〕・〔三九三〕参照）。**(ハ)**右の傾向に対して、所有権の機能を弱くし、土地の利用・改良を等閑にさせるといって反対した学者もある。しかし、それは、土地所有権の機能が、実際上、すでに以前から、単なる地代徴収権と化していることを理解しない空論である。社会経済上の立場からいえば、かえって利用者の地位をこそ確保する必要がある。この見地からすれば、昭和四一年の借地法の改正によって賃借権である借地権にもかなりの譲渡性が与えられ、借地上の建物の担保化が容易となったことは（同法九条ノ二・三参照）、社会経済の実態に適合するものであり、注目に値する。

〔三七〕

第二　地上権の法律的性質

(1) 地上権は、他人の土地の上の権利である。

(イ) 全面的支配権である所有権を制限して、土地を一面的に支配する権利である(〔四〕ハ参照)。

(ロ) 地上権の目的たる土地は一筆でなく、その一部であってもよいであろうか。これを肯定する古い判例がある(大判明治三四・一〇・二八民一六二頁)。一筆の土地の一部について所有権の取引が可能であるのと同様に(〔一九〕参照)、実体法上否定すべき理由はない。もっとも、昭和三五年の改正前の不動産登記法は地上権につき「目的及ヒ範囲」を記載すべきものとしていたが、改正によって「範囲」が削られたため、一筆の土地の一部の地上権を登記することができなくなった(同法一一一条参照)。土地に関する権利のうちで地上権の比重が大きくなったこともあって、権利の範囲を明確に登記面に表示する趣旨に出たものと思われる。したがって、一筆の土地の一部について地上権を設定することは可能であるが、これに対抗力を与えるためには、分筆した上で登記するほかはなくなった(一部の上の地上権設定の合意に基づいて一筆全部につきこれを登記した場合の効力には問題がある。幾代・不登法二五〇頁参照)。もっとも、地上権が一筆の土地の一部について設定された場合でも、本来の登記によってではなく、建物保護法第一条による対抗要件を具備する場合がありうることを注意すべきである(鈴木・注民(7)四一六頁参照)。土地の一部について地上権を時効取得することが可能であることはいうまでもない。この場合、時効取得者は所有者に対して当該の一部の分筆とその上の地上権の登記を請求することになる。

(ハ) 地上権は、右に述べたように、他人の土地の上の権利であり、工作物または竹木を所有するという目的の範囲内で土地の上下を排他的に使用することを内容とする。これに対して近時二つの場合に右と異なる内容を持つ地上権を認めるべきかどうかが問題となった。その一つは他人の建物の上に自分の建物を所有するための地上権を認めるべきかどうかである。一棟の建物の各階層またはその一部が区分されて独立の建物として取引され、所有される実情から提起された問題である。建築技術が進歩して、例えば土地所有者甲が二階建の事務所用建物を建設した後で、乙がその上に三階として住宅用建物を建設するような場合に、二階までを土地の一部とみて、乙のために地上権を設定することが考えられる（建物を土地と同視するという現象は土地区画整理法に基づく、いわゆる宅地の立体化ないし立体換地にも現れている（同法九三条参照））。その二つは、土地（所有権の効力は地表の上下に及ぶ）を上下の階層によって区分し、その一部について地上権の設定を認めるべきかどうかである。他人の所有地の地下にトンネルを作り、または上空にモノレールの設置をする必要などから提起された問題である。後者は区分地上権と呼ばれるもので、民法第二六九条ノ二（昭和四一年法九三号により追加）によって認められた。これについては別に説明を加えるが（〔四三七ノ二〕以下参照）、これによって前者の問題もある程度解決されたが、現行の「建物の区分所有等に関する法律」は敷地使用権の問題に関し特別の規定をおいていない。借地上に区分所有の建物が建設された場合には借地権は区分所有権者たちの準共有であると解されている（同法の改正案につき〔補五〕以下参照）。

〔三七八〕 (2)地上権は、工作物または竹木を所有することを目的とする権利である。(イ)工作物とは、建物をはじめとして、橋梁・溝渠・池・銅像・記念碑・地窖《ちこう》・トンネルその他地上および地下の一切の設備である。ただし、建物の所有を目的とする地上権は、借地法の適用があり、他の地上権と多くの点で異なる取扱いを受けることは、すでに述べた通りである（〔三七五〕参照）。(ロ)竹木には制限がないが、植栽することが耕作と見られる植物、例えば稲・桑・野菜・茶・果樹などの所有は、耕作として、永小作権の目的となり（二七〇条・〔四〇四三〕参照)、地上権の目的とはならないと解すべきである。ただし、農地に農業用の工作物を設け、または竹木を所有するために地上権を設定することは妨げない。この場合の地代は小作料として農地法の適用がある(農地二条九項、二一条以下参照)。また建物の所有を目的とする場合に、その周囲の附属地を耕作することは、居住の附属行為と見られる限り、地上権の範囲を逸脱するものでないことはいうまでもない。――なお、採石法は他人の土地で一定の岩石を採取する権利を採石権とし、地上権の規定を準用している(同法四条参照)。

〔三七九〕 (3)地上権は、右の目的で土地を使用することを本体とする権利である。したがって、(イ)工作物の所有に必要な範囲において、敷地のみならず、周囲の空地をも含みうることはもちろんのこと、(ロ)まだ工作物または竹木の存在しない土地に地上権を設定することもでき、また、工作物または竹木が滅失しても地上権は消滅しない。「地上物は土地に属す」(Superficies solo cedit.)というローマ法の理論を承継した法制(ドイツ・オーストリア・スイス・フランスなど)では、地上権は、他人の土地において土地とは別個に工作物を所有することを本体とする。しかし、わが国では、建物および山林は、土地と独立の存在を有するものと考えられてきたので、民法は、地上権の本体を土地の使用に置いた。この点に、わが民法の地上権の一特質が存在する(三潴一五〇頁参照)。(ハ)使用権であることの結果として、土地を占有すべき権利を包含する。また、相隣関係の規定が準用される(二六七条)。これらの点は後に述べる(〔四〇二〕・〔四〇三〕)。

〔三八〇〕 (4)地上権は、相続性および譲渡性を有する。物権として当然のことだが、譲渡性において賃借権と異なることは、すでに一言した。詳細は後述する(〔四一二〕―〔四一四〕)。

〔三八一〕 (5)地上権は、定期に地代の支払われるものが多いが、必ずしも地代を伴うことを必要としない。いいかえれば、地代は地上権の要素ではない（二六五条・二六六条、〔四二〇〕参照）。この点では、賃借権のみならず永小作権とも異なる（二七〇条・六〇一条参照）。

第二節　地上権の取得

〔三八二〕

第一　地上権取得の事由

一　地上権は、土地所有者との設定契約（設定行為ともいう。二六八条・二六九条ノ二参照）によって取得されることが最も多い。しかし、この他、遺言（九六四条）によって設定することもでき、取得時効（一六三条）で取得されることもある。またすでに成立している地上権が譲渡または相続で承継されることはいうまでもない。特殊のものとして注意すべきは、(a)罹災都市借地借家臨時処理法の認めた、罹災建物の賃借人の借地権優先譲受権である。借地人が建物を所有してこれを賃貸している間に、その建物が、戦災またはこの法律の適用される災害で滅失した場合に、借地人が自分で建物を再築しないときは、その借家人は、一定の期間内に申出でて、その借地権を優先的に譲り受けることができる（同法三条参照）。借地人が怠っている場合には、借家人によって災害の復興をはかろうとする趣旨である。(b)都市再開発法は一個の施設建築物の敷地が複数である場合、これを整理して一筆の土地とし、その上に施設建築物の所有を目的とする地上権を設定するという手法を用いている（同法七五条以下）。(c)さらに民法第三八八条の「法定地上権」の取得があるが、詳しくは後述する（〔三八五〕）。

問題となるのは、設定契約で取得された場合に、その契約が賃貸借か地上権の設定かを判別することである。結局は、契約解釈の問題であるが、前記の明治三三年の法律による推定が重要な作用をする。

〔三八三〕

二　地上権の推定を受ける場合

(1)明治三三年三月二七日の「地上権ニ関スル法律」の施行の日（法例一条により同年四月一六日である。大判明治三七・七・四民九九七頁参照）以前から他人の土地において工作物または竹木を所有するためにその土地を使用する者は、地上権者と推定される（同法一条）。その使用を始めた時が民法施行の前であると後であるとを問わない（判例）。そして、今日でもなお地上権者と推定される（判例）。民法施行前に他人の土地を借りて使用する権利の性格は必ずしも明確でなかったが、民法はこれを物権である地上権と債権である賃借権に振り分けた。そこで従前からの借地権が地上権と賃借権のいずれに該当するかについて争訟が頻発したので、これを地上権と推定したのである（山田卓生「借地法の生成と展開」社会科学研究一八巻二号一四八頁）。

他方、民法施行前には登記制度がなかったので借地人は借地権の登記がなくとも第三者に対抗できたが、民法が施行された結果、地上権も賃借権も一年の猶予期間内に（民法施行法三七条）登記しないと第三者に対抗できないことになった（一七七条・六〇五条）。その後、上記地上権の推定を規定する法律が施行されたので、あらためてその施行の日から一年の猶予期間が認められたのである。

(2)右の推定地上権の第三者に対する効力については、場合を分けて考えねばならない。

(イ)同法施行前にすでに善意の第三者――例えば、地上権の存在を知らずに土地の譲渡を受けた者――が生じていたときには、これに対しては、推定地上権をもって対抗する手段がない（同法二条二項）。

(ロ)しかし、同法施行前の悪意の第三者および同法施行後一箇年内に取引関係に入ったすべての第三者

（善意悪意を問わず）に対しては、登記をしなくとも地上権をもって対抗しうる（同法二条一項―民法施行法三七条を修正したことになる。大判明治三八・四・二八民六二一頁）。右の一箇年内に地上権の移転が行われた場合には一年以内に登記しないと一年内の所有権の譲受人に対しても対抗できない（大判明治三七・七・四民七七二頁。この点、旧版の説明を修正した）。なお、右の一年内に取引関係に入った第三者に対しては、その後登記をしないで今日に至った場合でも対抗力を失わないことは、注意を要する（大判明治四三・一二・二三民九七六頁）。

（ハ）同法施行後一箇年以後に生じた第三者に対しては、民法第一七七条の原則どおりに、その第三者が利害関係に入る以前に登記をしていなければ、これに対して対抗することができない（〔一四七〕以下参照）。この一年内に、土地使用者が、登記をするについての地主の承諾を得られないために、地上権の仮登記をした例が多かった（例えば上記明治三七年の判決）。仮登記でも、もちろん対抗力を生ずる。しかし、地主から地上権でないことの反証が挙げられれば、仮登記の効力もなくなることはいうまでもない。

〔三八四〕 **三** 明治三三年の法律による推定を受けない借地関係について、地上権であるか賃借権であるかを決定するには、借地人の地位の移転性の有無、期間の長短、地主の土地補修義務の有無（〔四〇二〕参照）などが重要な標準となる。しかし、このうちのどれも決定的なものではない。両当事者の事情、当該地方の慣習、借地の目的その他すべての事情を考慮して、慎重に決定する他はない。右の地上権に関する法律が施行された当時、地主側から、地上権でないと主張する多数の訴えが提起された。これについて、判例は、大体右に述べたと同様の趣旨を判示した（大判明治三二・一・二二民三一頁（譲渡性の有無）、同明治三三・一〇・二九民九七頁（期間の長短）、同明治三七・一一・二民一三八九頁（費用負担））。しかし、これらの判決は右の法律による推定を覆すだけの事情であるかどうかを判示するものだから、普通の場合の標準としては、必ずしも適切だとはいえないであろう。なお、都会地の宅地の貸借は、一般に借地権の設定として契約され、場合によると地上権とか地代などという言葉が使われていることもあるが、多くの場合に当事者は無条件の譲渡性を認識していないので、賃借権であるように思われる。

〔三八五〕

第二　法定地上権の成立

土地とその上の建物とが同一人の所有に属する場合にも、所有者は、その一方だけの上に抵当権を設定することは、もとより可能である。そして、かような場合に、抵当権に基づいて競売が行われると、土地と建物の所有者が別々になることが多い。そのときに建物所有者が建物を所有するためにその土地を使用する権利を持たないと不都合を生ずる。しかし、抵当権設定の際に予め地上権を設定しておくことは――自分の土地に自分で地上権を設定することになるから、民法の理論では――不可能である（一七九条参照）。そこで、民法は、右の競売の結果、土地と建物の所有者が別々になったときは、当然に、地上権が成立する旨の規定を設けた（三八八条）。これを法定地上権という。この規定は、建物を土地と独立の価値あるものとするわが国の取引観念に応じた、極めて重要なものである。判例はある程度までこれを拡張解釈してその作用を完うさせている（詳細は担保〔五二六〕参照）。これと同一の趣旨を定めるものに立木法第五条の規定がある。これらの規定は抵当権設定者の意思を擬制するという手法を採ったのであるが、問題はむしろ、同一所有者に属する土地とその上に存する建物が、競売によって所有者を異にすることになった場合に通ずるものである。そこで強制競売の場合にも同様の結果を認めよとの主張がなされていた。これを受けて、昭和五四年に制定された民事執行法第八一条前段は「土地及びその上にある建物が債務者の所有に属する場合において、その土地又は建物の差押えがあり、その売却により所有者を異にするに至つたときは、その建物について、地上権が設定されたものとみなす」と規定した（同時に立木法五条にも同趣旨の第二項が加えられた）。当事者の意思を離れて、公の立場から地上権の成立を認めたのである。

これらの場合を通じて、「地代は、当事者の請求により、裁判所が定める」ことになっている。

なお、例えば土地と建物が同一所有者甲に属する二階建の建物の二階部分が独立の建物として区分され、抵当権が設定され、競売された場合（〔三七七〕八参照）に、競落人乙は自分の建物を所有するために甲の土地・建物を使用する権利を当然に認めらるべきである（法定区分地上権とでも言うべきか。区分所有権法一〇条参照）。

第三節　地上権の存続期間

第一　民法の規定（借地法の適用のない場合）

一　設定行為で期間を定めるとき　地上権の存続期間は、設定行為によって定めることができる。その長短について、民法は、永小作権（二七八条）や賃借権（六〇四条）のように特別の規定を設けていない。しかし、解釈上、最長期と最短期とに関して問題を生ずる。

〔三八六〕(1) 地上権の最長期　地上権の存続期間を永久と定めることができるか。判例は肯定しているけれども（大判明治三六・一一・一六民一二四四頁、同大正一四・四・一四新聞二四一三号一七頁）、多数の学者はこれを否定した（横田・志林一〇巻三号、三潴一五七頁、末弘四八八頁その他。判例賛成＝中島五〇二頁、末川三二七頁）。思うに、現行法の理論的構成においては、あるいは否定するのが正当であろう（〔三七七〕イ参照）。しかし、(i) 地上権の社会的作用から見て、問題を否定すべき何らの必要もない。永久の地上権は所有権を虚有権となし土地の利用・改良を阻止するという議論は、今日の経済状態に適さないものである（三七六参照）。永久の地上権者は所有権者と同じく利用・改良を計るであろう。(ii)問題はむしろ経済状態の変容に対応する地代の調整にある。永久の地上権は地代の額を不当にするという議論もあるが、地代を一定の標準に従って増減するように約定することも可能であり、また特約のない場合にも事情の変更に応じて増減させることも不可能ではない（四二五参照）。しかも、ひるがえって考えれば、(iii)社会の実際においては、所有権は次第に事実上永久の地代徴収権と化し、賃借権の物権化と借地権の確立とによって土地所有権の分解的傾向を示している。今日においては、永久の地上権を認めても、敢えて民法の物権体系を崩壊するというべきものでもあるまい。かような考えの下に、私は判例を支持したいと思う（今は支持説が多くなっている。舟橋四〇〇頁、鈴木・注民(7)四二四頁など）。――ただし、「無期限」と登記されたものは、反証のない限り、永久ではなく、期間の定めなきものと解するのが相当であろう（大判昭和一五・六・二六民一〇三三頁）。もっとも、例えば、運炭車道用レール敷設のためというように目的が定められておれば、その場合の「無期限」は、炭坑経営の継続する限りと解すべきことは当然であろう（大判昭和一六・八・一四民一〇七四頁。なお大判昭和一六・九・一一新聞四七四九号一一頁は炭坑営業中と定めた地上権は炭坑と運命を共にするという）。

〔三八七〕　(2)地上権の最短期　宅地の貸借でありながら、建物を所有するという経済的な目的と全く両立しない三年、五年というような短期の契約をした場合に、これをどう解釈すべきかは、借地法の施行以前に、大いに争われた問題である。多くは宅地の賃貸借に関するものであったが、地上権に関するものもなかったわけではない。これについて、判例は、多くの場合に、かような短期間の約定は、地代据置期間であって、賃借権または地上権そのものの存続期間ではないと解すべきだとなし、また、時には、かような約定は、いわゆる例文であって、拘束力がないと判示した。思うに、判例のこの態度は、借地法制定以前における紛糾した住宅問題を解決するために、一面において、後に述べるように、地主の一方的な行為による地代値上げの慣習を認めるとともに（〔四二五〕参照）、他面において、借地期間の延長を試みたものであって、極めて時宜に適したものというべきである。法律理論から見ても、契約の解釈は、当事者の達成しようとする経済的目的を中心として、信義誠実の原則（条理）に従ってこれをなすべきだという根本原理に適するものであって――個々の判決にはその適用に妥当を欠くものがあったとしても――判例の態度そのものは、正当なものであると信ずる（総則〔二八七〕・〔二九二〕参照）。このことは、借地法が全国的に施行された後は歴史的意義を有するに過ぎなくなったようだが、宅地の貸借以外の借地関係にも、この根本理論は、なお適用されるものであることを注意すべきである。

二　設定行為で期間を定めないとき

〔三八八〕　(1) 設定行為で地上権の存続期間を定めなかった場合には、第二六八条の規定によってその期間を定める（設定当時に定めなくとも後に協定して定めるときはその協定に従うことはいうまでもない）。民法施行前からのものは、極めて稀であろうが、次段に述べる。

(イ) 慣習があれば、慣習によって定まる（二六八条一項。大判明治三二年一二月二二日民五輯一一巻九九頁）。

(ロ) 慣習がないときは、当事者の請求により裁判所が、「工作物又ハ竹木ノ種類及ヒ状況其他地上権設定ノ当時ノ事情ヲ斟酌シテ」、二〇年以上五〇年以下の範囲でその存続期間を定める（二六八条二項）。この二〇年以上五〇年以下とは、設定の時からか、または裁判の時からか。多数説は前者に解する（反対＝中島五〇五頁）。これに従う。もっとも、その結果、裁判によって定められる期間がすでに終了した旨の裁判をしなければならなくなるおそれがある。しかし、そのような場合には、定められた期間が黙示の更新によって、存続していると認めてさしつかえないであろう（賃貸借に関する六一九条の類推解釈）。

〔三八九〕 (2)民法施行前に設定された地上権であって存続期間の定めのないものについては、工作物等の存否の区別に従って民法施行法第四四条に存続期間（同条二項三項）もしくは決定基準（同条一項）が定められている（大判明治三六・二・九民一二八頁参照）。

(イ)この地上権者が民法施行前から建物または竹木を所有するときは、地上権の存続期間は、その建物の朽廃またはその竹木の伐採期に至るまでである（民施四四条二項）。建物の朽廃とは、自然の朽廃であって、水害・火災などによる滅失を含まない（大判明治三五・一一・二四民一五〇頁、大判明治三七・二・一五新聞一九五号一六頁）。ただし、建物に修繕または変更を加えたときは、地上権は、原建物の朽廃すべかりし時において消滅する（同条三項）。ここに原建物とは施行当時の建物を指す。したがってそれ以前の改良・修繕を問わない（大判明治四〇・一一・一五民一一三四頁）。この規定は地上権の存続期間を建物もしくは竹木一代という考え方に合せたものである。したがってここにいう修繕とは、普通に建物の保存として必要な程度のものを含まず、特別重大な修繕だけを指すと解すべきである（判例）。

(ロ)民法施行前に設定された地上権で建物または竹木がない場合には、当事者の請求により、裁判所が、第二六八条第二項の標準に従って、設定の時から二〇年以上、民法施行の日から五〇年以下の範囲内で、その地上権の存続期間を定める（民施四四条一項）。

第二　借地法の規定（建物の所有を目的とする地上権の場合）

一　設定行為で定めるとき

〔三九〇〕 (1)借地法は、借地権の最短期間を定めた。前述のように、三年、五年というような、あまりにも短い期間が定められる実情に鑑みたものであって、本段に述べることは、借地法の最も重要な点である。その定める最短期間の制限とは、「堅固ノ建物」（石造・土造・煉瓦造またはこれに類するもの）の所有を目的とする借地権につき三〇年未満、その他の建物の所有を目的とする借地権につき二〇年未満の存続期間を約定しても、その約定は効力を生じないことである（同法二条二項・一一条）。契約で建物の種類を定めなかったときは、堅固な建物以外の建物の所有を目的とするものとみなされる（同法三条）。

〔三九一〕 (2)借地法は、地上権の最長期を制限するものであろうか。借地法第二条第一項を解して、特約をもってするも六〇年以上の地上権の設定を許さない趣旨だと解する学説がある（三潴一六〇頁）。しかし、借地法は、借地権の確立を目的とする法律であることと、同条第二項が特約をもってする場合の最短期だけを規定することとを考えれば、民法の許す六〇年以上の長期地上権を借地法によって禁ずるに至ったと解すべき何らの理由もない（同旨＝末弘四九二頁その他）。

〔三九二〕 **二**　設定行為で定めないとき　当事者が借地権の存続期間を定めないときは、借地法によって、「堅固ノ建物」の所有を目的とするものは六〇年、その他の建物の所有を目的とするものは三〇年と定められる（同法二条一項本文）。ただし、建物がこの期間の満了前に朽廃（滅失ではない）したときは、借地権は、これによって消滅する（同法二条一項但書）。原則として、堅固な建物の所有を目的とするものでないとみなされることは前段に同じ（同法三条）。

三　借地契約の更新

〔三九三〕 (1)借地権についての法定または約定の期間が満了したときは、当事者は、その契約を更新することができることはいうまでもない。ただ、借地法は、この場合にも、その期間は更新の時から、原則として、堅固な建物につき三〇年、その他の建物につき二〇年未満とすることはできないものとする(同法五条)。しかし、借地法の最も重要な内容は、このように当事者が更新の契約をしない場合にも、建物が存在し、借地権者が更新を欲するときは、ある程度まで地主を強制して、更新を認めることである。その場合は、(a)借地権の消滅の際に借地権者が更新を請求したとき、(b)借地権の消滅後に借地権者が依然として土地の使用を継続するとき、(c)借地権の存続中に建物が滅失し、借地権者が建物を新築するとき、の三つの場合である。元来、継続的な契約関係は、初めに定められた存続期間が満了しても、当事者がなお従前の関係を継続することを欲する場合が多いものである。したがって、民法は、この当事者の意思を推測して、さような場合には、契約は更新されたものと推定している(賃貸借に関する六一九条、雇用に関する六二九条等参照)。黙示の更新と呼ばれるものである。ところが、借地法では、存続期間の満了した借地関係を、ある程度まで、地主の意思に関係なく更新させようとするのである。もっとも、借地法も、最初は、地主の更新拒絶の意思を正面から制限することをせず、ただ、地主が更新を拒絶するときは建物を時価で買取らねばならないとして、建物を取壊す社会的不利益を避けるとともに、地主の承諾を間接に強制するに止めた(借地法旧四条)。しかし、それだけでは不充分なので、昭和一六年の改正で、地主の更新拒絶の自由を正面から制限することにした。これは、すでにそれより前、農地の小作関係の解約について農地調整法(昭和一三年)のとった主義(同法九条の旧規定)にならい、かつ、借家法でも(昭和一六年の改正で)同様の趣旨を定めたものである。ここに至って、継続的契約関係における「更新」という制度は、単に当事者の意思を推測して争いを避けようとする民法の立場から、その関係を継続させることの社会的必要のために一方当事者を強制するものと化した。これを法定更新と呼ぶのもそのためである。

ともかく、借地法の下でも、土地所有者は、なお土地を貸すと貸さないとの自由を有する。しかし、一度貸した以上は、その恣意でこれを終了させることはできない、といっても過言ではない。私が、土地利用権の強化による土地所有権の分解的傾向としばしばいっているのは、このような現象をも念頭においているのである。

〔三九四〕 なお、借地法のこれらの規定には、疑義が多く、関係した判決も多数に上るが、本書に詳説することはできない。その基本的な理論だけを述べる（債各〔七〇八〕―〔七二三〕参照。広瀬武文「借地法借家法」（コンメンタール叢書）は判例を整理した点でも優れている。その後の労作としては鈴木・借地法、星野・借地借家法がある）。

(2) 借地権消滅の場合に、借地権者が契約の更新を請求すれば、建物が存在する限り、当然に更新の効果を生ずる。地主がこの効果の発生を阻止できるのは、「自ラ土地ヲ使用スルコトヲ必要トスル場合其ノ他正当ノ事由アル場合」であり、かつ、遅滞なく異議を述べた場合に限る（借地法四条一項・三項）。その上、借地契約が更新されないときは――借地権者が更新を希望したが適法に拒絶された場合に限るのではなく、最初から更新を望まない場合でもよいのだが――借地権者は、地主に対して、建物その他、権限によって土地に附属させた物を時価で買取るべきことを請求することができる（同条二項。〔四一八〕参照）。だから、地主は、この点から更新を承諾することを間接に強制されることにもなる。

〔三九五〕 (3) 借地権者が借地権消滅後なお依然として土地の使用を継続する場合に、土地所有者が、遅滞なく異議を述べないときは、前契約と同一の条件で――ただし地上権の存続期間は、堅固の建物につき三〇年、その他の建物につき二〇年として――さらに借地権を設定したものとみなされる（同法六条一項）。のみならず、右の場合に、借地権者の建物があるときには、地主は、右の2に述べたと同様の正当な事由がなければ、異議を述べることができない（同条二項）。

〔三九六〕 (4) 地上権の存続期間が契約によって定められている場合には、建物が朽廃しても地上権は消滅しない（同法二条二項）。しかし法定の存続期間に建物が朽廃すると地上権の消滅をきたすことが多い（同法二条一項但書・四条三項・五条一項・六条一項参照）。しかし建物の滅失は、いかなる場合にも、地上権を消滅させない。地上権は、なお残存期間だけ存続する。そして、この場合に、借地権者が「残存期間ヲ超エテ存続スヘキ建物」を築造し、土地所有者がこれに対し「遅滞ナク異議ヲ述ヘサリシトキハ」、借地権は、建物滅失の日から起算して、堅固の建物については三〇年、その他の建物については二〇年存続する。ただし、残存期間がこれより長いときは、その期間に依ることはいうまでもない（同法七条）。

〔三九七〕 **四**　例外　(1) 借地法の期間および更新に関する規定は、「臨時設備其ノ他一時使用ノ為」地上権を設定したことが明らかな場合には適用されない（同法九条）。もっぱら当事者間の契約と民法の原則による。一時使用のため、とは、例えば博覧会場や一時の興行場とする場合のように、その目的そのものが臨時のものであることを意味する。当事者が単に短期間だけ貸すと特約した場合を含まない。

(2) 借地法施行以前から建物の所有を目的として存在した地上権の存続期間については、同法第一七条の規定がある。略言すれば、(a) 短期間の定めあるものは三〇年（堅固の建物）、または二〇年（その他の建物）に延長する。(b) 期間の定めのないものは三〇年（堅固の建物）、または二〇年（その他の建物）とする。ただし、すでに二〇年以上を経過しているときは、二〇年毎に契約を更新したものとみなす。

第四節　地上権の効力

第一款　地上権者の土地使用権

〔三九八〕

第一　地上権者の土地使用権

一　地上権者は、設定行為によって定められた目的の範囲――時効で取得したときは、時効の基礎となった占有によって定まる目的の範囲――において、土地を使用する権利を有する。設定行為では、工作物・竹木の両方、またはその一方の所有のためと定めることができるだけでなく、工作物または竹木の種類を限定することもさしつかえない。ただし、これらの制限は、登記することを必要とする（不登一一一条）。登記をしないときは、これをもって第三者に対抗しえないから、例えば、地上権の譲受人は、工作物および竹木の所有を目的とする地上権だと主張することができる（〔一一九〕参照）。なお、借地権たる地上権では、堅固な建物の所有か、そうでない建物の所有かによって、権利の存続期間が異なることは前に述べた通りである（借地法一条―三条。〔三九〇〕・〔三九二〕参照）。これらの点についての疑問をさけるためもあって、登記実務上はむしろ具体的に、例えば「木造建築物所有」「堅固な建物所有」「ガスタンク所有」「杉所有」などのように、工作物、竹木の種類を限定して記載すべきものとされているようである（幾代二四五頁参照）。なお地上権は、区分地上権（〔四三七ノ二〕以下参照）の場合を除いて、特約による制限がない限り、目的たる土地の上下に及ぶ。例えば竹木の所有を目的とする地上権が設定されている場合に、地下または空中の使用権が土地所有者に留保されていると解すべきではない（鈴木・注民(7)四一七頁）。

〔三九九〕　二　地上権者は賃貸権を有する。永小作権については、土地を賃貸する権利を包含することが、特に定められている（二七二条）。地上権については規定はない。しかし、物権の一種として土地を使用する場合には、その使用について、賃借権の場合のように土地所有者との間に対人的な関係を生ずるものではないから（六一二条参照）、地上権も、永小作権と同様、当然に賃貸権を包含すると解すべきである（東高判昭和三一・六・二九下民八―六―一二一一頁）。永小作権に関する第二七二条は、むしろ設定行為をもってこれを禁じうるという同条の但書に意味のある規定とみるべきである（判例（高松高判昭和三二・五・一〇下民八―五―九〇六頁）。通説も認める。〔四五八〕参照）。その反面、土地所有者は原則として賃貸権を失う（大判大正六・九・六民一二五〇頁）。ただし、甲が所有し乙が地上権を有する土地に、区分地上権を設定できるのは甲か乙かが問題になるが、民法第二六九条ノ二第二項は甲であることを前提として、乙の承諾を条件としている（〔四三七ノ四〕参照）。右に述べた原則の例外である。なお、地上権の譲渡性については後に述べる（〔四一二〕）。

〔四〇〇〕　三　永小作権者は、「土地ニ永久ノ損害ヲ生スヘキ変更ヲ加フルコトヲ得ス」と定められている（二七一条）。地上権については、このような規定がない。しかし、地上権者も、他人の土地を一定の目的に使用する者として、同一の制限を受けることは当然のことである。永小作権の規定は、別段の慣習があれば、そのような損害を加えることもできるとされる点に意味がある（二七七条参照）。永久の地上権が設定された場合でも、土地所有権の譲渡価格に永久の損害が生ずるような変更を加えることはできないと解すべきであろう。なお、隣地居住者のため通路を設けることは、土地に永久の損害を生ずる変更とはいえないとする判例がある（大判

昭和一五・一一・一九判決全集八輯一号三頁）。

〔四〇一〕 **四** 土地所有権者は、地上権者に対し、(イ)土地の使用を妨げてはならないという消極的の義務を負うことは、もちろんである（大判大正六・九・六民一二五〇頁）。(ロ)しかし、さらに、土地を使用に適する状態に置くべき積極的の義務はない。これは、物権である地上権が賃借権（六〇六条一項）と異なる点である。ただし、特約によって、所有権者が土地修理の義務を負担しても地上権の本質に反するものではない（大判明治三七・一一・二民一三八九頁―借主が土地修理の義務を負担しても賃貸借でありうるともいう）。ただし、この特約は登記することはできない。

〔四〇二〕 **第二** 相隣関係の規定の準用

第二〇九条ないし第二三八条の相隣関係に関する規定は、地上権者と他の地上権者の間、または地上権者と土地所有者との間に準用される（二六七条本文）。地上権は、土地を利用する権利であるから、隣接する土地との利用の調節をはかることを目的とする相隣関係の規定が準用されるのは当然のことである（〔二八〇〕参照）。ただその準用に当り、境界線上に設けられた界標・囲障・牆壁《しょうへき》および溝渠の共有推定の規定（二二九条）は、地上権設定の後になされた工事についてだけ準用されることを注意すべきである（二六七条但書）。けだし、その以前のものは、土地所有者との間の共有と推定すべきだからである。

〔四〇三〕 **第三** 地上権者の占有権と物上請求権

一 地上権は、土地を使用する物権であるから、その内容を実現するためには、土地を占有することが必要である。したがって、地上権は、占有すべき権利を包含する（〔五三七〕4参照）。その反面、所有者は占有すべき権利を有しないことになる。

〔四〇四〕 **二**　地上権の内容の実現が妨げられたときは、物上請求権を生ずる（〔三一〕—〔三三〕参照）。その態様は、所有権と同様に三個ある。**(イ)**占有を喪失した場合の返還請求権（普通に土地明渡請求権という）、**(ロ)**使用権の内容を侵害された場合の妨害除去請求権、**(ハ)**妨害のおそれある場合の妨害予防請求権。いずれも、その要件は所有権に準じて考えればよい。地上権についてとくに述べる必要はない（〔二五九〕—〔二六四〕参照）。なお、判例は、他人のために地上権を設定した所有者も、右の物上請求権を有する——自分への引渡を求める——とするが（大判大正三・一二・一八民一一一七頁）、地上権者に引渡すよう請求できるだけだと解すべきである。

第二款　地上権の対抗力

〔四〇五〕 **第一**　民法による対抗力

地上権は、登記をすれば、第三者に対抗する効力を有することは、いうまでもない。この登記には、土地所有権者の協力を必要とする（不登二六条、〔一九五〕参照）。しかし、土地所有者は——登記請求権の性質についてどのような説をとっても、地上権を設定した以上、——協力をする義務があることは疑いないから（〔一二七〕以下参照）、これを拒むときは、地上権者は、その協力を訴求し、判決を得て、それに基づいて単独で登記をすることができる（不登二七条）。のみならず、地上権者は、地上権設定の仮登記（不登二条）を単独ですることができ、この仮登記も、第三者に対して、ある程度まで地上権の対抗力を保存する（〔一五八〕参照）。要するに、地上権の設定を受けた者は、その地上権を第三者に対抗する効力のあるものとなし、その地位を確保することができる。これに反して賃借人は特約がない限り登記請求権を有しないので、仮登記をしてもその効力を生じない（大判大正一〇・七・一一民一三七八頁、同昭和六・九・二八新聞三三二一号七頁）。また、登記する旨の特約があっても賃料債務との間に同時履行の関係は認められない（最判昭和四三・一一・二八民二八三三頁）。これはすでに述べたように、地上権と賃借権との異なる重要な点である。もっとも、賃貸借の場合も含め借地契約には一般に地主の登記協力義務が含まれていると解することも考えられる。

〔四〇六〕

第二　建物保護法による対抗力

一　前に一言したように、明治四二年の建物保護法は、建物の所有を目的とする地上権にも適用される（〔三七四〕2）。この法律は、他人の土地の上に建物を所有する者は、自分の建物の登記――土地所有者の協力なしにすることができる――によって、その土地使用権の対抗力を取得することを定めたものである。これは賃借権について――元来賃借権者は、上述のように、土地所有者に対して賃借権の登記（六〇五条）に協力することを請求できないと解されているのに、単独で対抗力を取得する手段を与えたのだから――決定的に重要な意義を有する（判例に現れた事件のほとんどが賃借権に関する。詳細は債各〔七二四〕以下・同補注〔四〕・〔五〕参照）。しかし、地上権者にとっても、実益があることは疑いない。けだし、前段に述べたように、地上権者は、地上権の対抗力を生じさせる手段をもっているけれども、自分の所有する建物の登記だけで地上権の対抗力を生じさせることができれば、極めて簡便だからである。もっとも、建物の登記で取得した地上権の対抗力は、つぎに述べるように、地上権そのものの登記による対抗力よりも弱いものとされることを注意すべきである。なお、現在の登記簿制度の下では、土地の登記簿を見ても、その上に登記ある建物が存在するかどうかを確認することは、甚だ困難である。その点は再考を要するところである（〔七一〕参照）。

二　建物保護法の適用を受ける要件として、地上権者は「其ノ土地ノ上ニ登記シタル建物ヲ有スル」（同法一条）

ことが必要である。この要件をめぐって幾つかの問題点がある。

〔四〇七〕 (1)第一に実質的な要件としては当該の土地の上に現に地上権者所有の建物が存在することである。(イ)したがって建築中でまだ建物と言えない場合、もしくは建物が滅失または朽廃した場合には、かりに登記がされもしくは登記が残っていても、そのような状況の下で現れる第三者に対しては対抗力がない(滅失の場合につき〔四一二〕参照。なお、昭和四一年の改正前には、それまで対抗することができた第三者に対する対抗力をも失うと解されていたが同年の改正で修正された。〔四一〇〕参照)。(ロ)また、建物はあっても、それが地上権者の所有でなければ本法の適用はない(後2イ参照)。また、登記だけあっても登記名義人のために対抗力が認められるわけではない。しかし、このことを形式的に適用すると、甲所有の土地の地上権者乙がその地上に所有する建物を丙に譲渡したが、移転登記未了の間に甲から土地を譲り受けた丁が現れると、乙も丙も地上権をもって丁に対抗できなくなる。乙名義ではあるが、丙は「登記シタル建物」を所有すると解すべきであろう。判例もこの場合に丙がその後建物の移転登記をすれば、その時から丁に対抗できるとする(大判大正一五・一二・二〇民八七三頁。なお、丙が乙の相続人である場合につき大判昭和一五・七・一一新聞四六〇六号八頁参照)。

(2)第二に形式的な要件としては、当該建物につき地上権者名義の有効な登記があることである。この場合の登記には表示の登記を含むと解される(最判昭和五〇・二・一三民八三頁)。(イ)建物が借地権の客体である土地の上に存在することが登記簿上表示されていなければならない。もっとも建物が七九番宅地の上にあったのに八〇番宅地の上にある旨記載されていた事件につき、最高裁判所はつぎのように判示した。「借地権のある土地の上の建物についてなされた登記が、錯誤または遺漏により、建物所在の地番の表示において実際と多少相違していても、建物の種類、構造、床面積等の記載と相まち、その登記の表示全体において、当該建物の同一性を認識し得る程度の軽微な誤りであり、殊にたやすく更正登記ができるような場合には、建物保護法一条一項にいう『登記シタル建物ヲ有スル』場合にあたるものというべく、当該借地権は対抗力を有するものと解するのが相当である」(最判(大法廷)昭和四〇・三・一七民四五三頁)。土地を買い受けようとする者は現地を検分し、建物の存否や借地権の存在を推知できるから、敷地の第三取得者の利益を不当に害することにはならないというのがその理由である。学説もこれを支持する。(ロ)建物の登記が借地権者本人の名義でなされていなければならない。この点について判例は――多くは賃借権に関するが、地上権の場合も同じである――かなり厳格で、長男名義の登記(最判(大法廷)昭和四一・四・二七民八七〇頁)、妻名義の登記(最判昭和四七・六・二二民一〇五二頁)では、借地権の対抗力は認められないとする。学説の多くはこれに対して批判的である(ジュリ法理一二八頁以下の広中報告および討論参照)。思うに、建物の登記に、建物所有の基盤である土地の上の地上権もしくは賃借権そのものの公示方法としての効力を認め、借地権登記の代用をさせるということ自体に、わが登記制度の性格からみて無理がある。その無理を最小限にするという意味において、せめて建物の登記が真実に合致し、登記簿から借地権の存在を確かめる手掛かりが得られることを要求することは、本来の立法の趣旨からすればもっともなふしがある。しかし、一歩退いて事態を見れば、取引の対象である土地の上に現に土地所有者以外の者の所有にかかる建物があるということが肝要である。つまり実際の取引においては建物の登記簿から借地権の存否を調べるのではなく、取引の対象として示された土地の同一性と建物等の存否が確かめられ、建物があれば建物登記簿に及ぶのが普通である。このような現実をどの程度重視するかによって結論を異にすることになろう(〔一五三〕参照)。判例は厳格にすぎると考える。

(3)地上権の範囲となっている土地に数棟の建物がある場合にも、一棟の建物について登記があれば、地上権全部について対抗力を生ずる（大判大正三・四・四民二六一頁、同昭和九・一二・二七民二三二五頁）。これに反し、数筆の土地から成る宅地上の地上権が、その中の一筆の土地上にある建物の登記によって、当該宅地の全部について対抗力を認められるであろうか（最判昭和四四・一〇・二八民一八五四頁、同昭和四四・一二・二三民二五七七頁—ともに否定）。土地が現実に一個の宅地を形成している場合には肯定すべきであろう（広中・借地借家判例の研究(2)一四三頁以下参照）。

〔四〇八〕 (4)「其ノ土地ノ上ニ登記シタル建物ヲ有スル」に至る過程は、(イ)地上権の設定を受けた者が建物所有権の保存登記をなし（地主の協力不要、不登一〇〇条参照、不動産の表示に関する登記をする際に、地主の捺印を要求する取扱例があるようだが、絶対の要件となすべきではない）、あるいは、(ロ)地上権と登記した建物とを共に譲り受けた者が、建物について移転登記をなす（大判大正一五・一二・二〇民八七三頁等）場合が普通であるが、(ハ)登記ある建物を有する者が、後に地上権の設定を受けた場合でもよい。(ニ)なお、建物保護法施行以前から地上権と登記ある建物とを有する者も、この法律の施行によって地上権の対抗力を取得する。

三　建物保護法の効果は、地上権をもって「第三者ニ対抗スルコトヲ得」ることである（同法一条一項）。

〔四〇九〕 (1)地上権をもって対抗することを得るとは、地上権と建物の登記と合して、あたかも地上権そのものの登記があると同様の効力を生ずる意味だと解すべきである。すなわち、(イ)土地所有権の譲渡があれば、地上権者は、旧所有者との間の地上権関係が全部新所有者に移転することを主張しうる。すなわち、対抗することを得るとは、効力を生ずる、というのと同意義である（大判大正一〇・五・三〇民一〇一三頁。〔四二二〕参照）。のみならず、(ロ)上述のように（〔四〇七〕1ロ）、地上権と登記ある建物とを譲り受けて、まだ建物の移転登記をしない間に土地所有権の譲渡が行われても、地上権の譲受人は、その後に建物の移転登記をすれば、その時から地上権の対抗

力を取得する（大判大正一五・一二・二〇民八七三頁判民一二二事件（我妻）参照）。

〔四一〇〕 (2)右の理論によれば、その対抗力は、地上権の存続期間だけは継続するはずだけれども、同法第一条二項は期間満了前に建物が滅失または朽廃したときは地上権者はその後の期間をもって第三者に対抗することを得ないと規定していた。例えば、乙が甲の所有地の上に三〇年の地上権を設定して建物を所有し、その登記をした後に、丙がその土地を譲り受けたとしよう。地上権設定の後一〇年目に家屋が焼失したとすると、地上権はなお二〇年存続するはずだが、その二〇年は、もはや丙に対抗しえないものとなる。かような規定を設けたのは、この法律は、本来、建物の保護を目的とし、借地権の強化を目的とするものでないことによる。しかし、これは、甚だ不当な結果となるだけでなく、建物保護法以後の借地権強化の思想にも適合しない。私は、解釈論としても建物保護法の右の規定は、借地法によって修正を受けたものと考えていた（旧版〔四一〇〕参照）。しかしその後の法改正（昭和四一・六・三〇法九三号）によってこの第二項は削除された。その結果、右に述べた例において乙は残存期間をもって丙に対抗できることとなった。もっとも建物が滅失または朽廃した後乙が建物を再建してその登記をする以前に丁がその土地を譲り受けた場合には、これに対抗することはできない（次段参照）。

〔四一一〕 **第三　借地借家臨時処理法による対抗力**

登記のない地上権と、登記のある建物とを有する場合に、その建物が滅失すると、地上権は、第三者に対抗できない状態におちいる。したがって、地上権者が建物を再築して登記する以前に、その土地について権利を取得した第三者があるときは、地上権者は、地上権をもってこの第三者に対抗することができない。大正一二年の大震火災の際に、建物の滅失しているのに乗じて、土地を投機的に購入する者が生じて、右の欠陥が露骨に現れた。そこで、借地借家臨時処理法は、この欠陥を救うために、右の滅失が大正一二年九月の震災に因るものであるときには、例外として、大正一三年七月一日（この法律公布の日から約二〇日遡及させた）以後その土地について権利を取得した第三者には、登記した建物がなくとも、地上権をもって対抗できるものと定めた（同法七条）。そして、罹災都市借地借家臨時処理法はこの規定を踏襲し、その期間を昭和二一年七月一日から五箇年と定めた（同法一〇条）。今日では、もはや適用される期間が過ぎたが、この法律が特別の災害地に準用される場合（同法二五条ノ二参照）には、重要な意義をもつであろう。この規定を特定の災害地に適用するためには、当初は災害ごとに法律でその旨を定めなければならないことになっていたが、昭和三一年五月から適用地区は災害ごとに政令で定めることとし（同法二七条二項）、政令施行の日から五年以内にその地区内の土地について権利を取得した第三者に対しては、登記した建物がなくとも地上権をもって対抗できることとなった（なお債各〔五八三〕末段参照）。

第三款　地上権者の投下資本の回収

第一　地上権の譲渡性と担保性

〔四二三〕　一　地上権者は、他人の土地の上に工作物を建造しまたは竹木を植栽して、多大の資本を投下する。これを回収する最も重要な手段は、とりわけ工作物の場合には、これをその土地に存在するまま他人に譲渡しもしくは担保に供することである。工作物または竹木は、原則として、地上権者の所有物であるから（二四二条但書、〔三三〕参照)、これを処分することは自由である。この点は賃借人も同様である。しかし、土地と離して処分することは、投下資本の回収方法として甚だ不充分なものであることは説くまでもない。他人の土地の使用権をも処分しうるかどうかが、問題を決定する。

〔四一三〕 二　地上権の上に、(イ)抵当権を設定しうることについては、明文がある(三六九条二項)。(ロ)譲渡に関しては、明文はない。しかし、同じく規定はないが地上権者に賃貸権ありと解されている(〔三九九〕参照)のと同様に、これを肯定すべきものであることは、判例・学説に異論がない。けだし、物権の一種たる地上権として当然のことだからである。

(ハ)土地所有者と地上権者との間において、地上権の譲渡・賃貸または担保権の設定を禁止する特約をしても、その特約は、当時者間の債権的効力をもつだけで、第三者に対抗することができないと解すべきである(地上権者がこのような特約に違反した場合の責任についても、借地法九条ノ二の趣旨を考慮に入れてその有無を判断すべきであろう)。けだし、地上権の譲渡可能性は、その物権であることの当然の性質であり、しかもこれを禁止する特約を登記する途はない(不登一一一条・一一二条、民二七二条但書参照)。物権の効力に関するかような点を、登記なくして第三者に対抗せしむべきではない(学説上異論なし(〔一一九〕参照)。判例は以前に善意の第三者に対抗しえずと判示したことがあるが根拠に乏しい(大判明治三四・六・二四民六巻六〇頁))。

〔四一四〕 三　工作物または竹木の譲渡は、原則として、地上権の譲渡を伴うと解すべきである。もちろん、地上の物だけを譲渡して、地上権を留保することも可能であり、またその反対のことも可能である。具体的の場合に、そのどれであるかを決定することは、契約解釈の問題である。しかし、工作物が材木値段(取壊すことを予定して)として、また竹木が材木として(伐採を予定して)、取引されている場合を除き、一般には——とりわけ建物の場合には——土地に附属するものとして取引されたと推定するのが適当である。判例は、早くからこの理論を明らかにし（大判明治三三・三・九民三巻四八頁、同大正一〇・一一・二八民二〇七〇頁等）、多数の学者は、これに賛成している。ドイツ民法のように、「地上物は土地に属す」という原則を採用し、地上権（Erbbaurecht）はこの原則の例外を成立させる権利だとする立法の下においては、建物は、むしろ地上権に付随するものとなる（一九一九年の地上権改正法一二条は、建物を地上権の wesentlicher Bestandteil とする）。これに反し、建物を土地から独立の物とみるわが法制においては、地上権が建物に付随するものと見られる場合が多い。しかし、いずれにしても、両者が結合して経済的作用を営むものである以上、法律行為の解釈においてこれを結合するものとみるべきはもちろんのこと、法律制度としても、両者の結合をはかるべきである。

〔四一五〕

第二　地上権消滅の際の地上物の収去権

地上権者は、地上権消滅の時に工作物または竹木を収去することができる（二六九条）。投下資本の回収は、この方法によっても、ある程度まで、その目的を達するであろう。注意すべき点は左の如くである。**（イ）**収去に関し、別段の慣習あれば、これに従う（二六九条二項）。**（ロ）**収去は、地上権消滅の後遅滞なくなすべきであるが、これに必要な期間は、土地の使用を継続しうると解すべきである。**（ハ）**収去したときは、土地を原状に回復しなければならない（二六九条一項本文）。**（ニ）**収去と原状回復とは、権利であると同時に、義務だと解されている（例えば地上権者が設けたタンクなどの地下施設が無用の長物と化している場合を考えよ）。一般論としては、正当である。しかし、地盛・排水設備などのように土地の客観的価値を増加するものは、収去・原状回復の義務がないだけでなく、後述のように（四一九）、地主から、その費用の償還を請求することができると解すべきである。**（ホ）**地主が買収請求権を行使したときは、収去権がなくなる（二六九条一項但書〔四一七〕）。

第三　地上権消滅の際の地上物買取請求権

〔四一六〕 一　土地の工作物または竹木は、土地から収去すると、一般にその価値が減ずる。したがって、地上権消滅の場合には、土地所有者をしてこれを買取らしめることにすれば、社会経済上利益であり、地上権者も安んじて他人の土地の上に資本を投下することができる。しかし、民法は、土地所有者の利益を顧慮して、この買取請求権——むしろ売渡請求権と呼ぶべきか——を、土地所有者の自由に委せた。これに反し、借地法は、これを借地権者の権利とした。立法の著しい躍進である。

民法の立場から言えば、地上権者や土地・家屋の賃借人の投下する資本は、二つの形態をとる。一は、目的物自体の改善となって独立の存在を残さないものであり（土地の地盛、排水設備、家屋の修繕など）、二は、なお独立の存在を有するものである（建物の建設、畳・障子の付加は最も明瞭だが、樹木の植栽、造作の付加など二四二条但書の適用されるものはすべてそうである。〔三二二〕参照）。そこで、民法は、前者については、有益費用の償還請求権を認め（六〇八条）、後者については、独立の所有権を保留させ、かつその収去権を認める（二六九条・六一六条による五九八条の準用）。そして、民法は、おそらくは、所有権を留保し収去権があるということは、単なる有益費用償還請求権よりは有力な手段だと考えたのであろう。ところが、実際はそうではない。借地権者は、地上物を買取ってもらうことが、収去権よりはるかに有利であり、借家人は、造作はもとより、畳・建具さえ、買取ってもらうことを有利とする場合が多い。のみならず、これを社会経済的立場からみれば、それらの物が土地や家屋の客観的価値を増しているものである限り、みだりに収去しない方が有利である。

そこで借地法は建物について、借家法は畳・建具その他の造作について、それぞれ買取請求権を認めたのである（借地法四条二項、借家法五条）。われわれは、そこに、単に借地人・借家人を保護するというだけでなく、財貨の社会的効用の維持・増進という思想が含まれていることを看取しなければならない。

〔四一七〕 **二** 土地所有者の買取請求権（売渡請求権）　地上権が消滅したときに、土地所有者は、地上物を時価で買取ることができる（二六九条一項但書）。**(イ)** そのためには、時価を提供しなければならない。**(ロ)** 買取の「通知」は、借地法の買取の請求と同じく、形成権の行使と解すべきである（〔四一八〕参照）。**(ハ)** 地上権者は、正当の理由があればこの効果を否認することができる。**(ニ)** 別段の慣習があれば、それに従う（二六九条二項）。

〔四一八〕 **三** 借地法による地上権者の買取請求権　借地権が更新されないで消滅した場合には、借地権者は、地主に対して、「建物其ノ他借地権者カ権原ニ因リテ土地ニ附属セシメタル物」の買取を請求することができる（同法四条二項）。**(イ)** 一時使用の地上権にはこの規定の適用がない（同法九条）。**(ロ)** 更新されなかったのは、借地人がこれを欲しなかったためであっても、地主に更新を拒絶する正当な事由があったためであってもよい。問題は、債務不履行を理由とする借地権消滅の場合にも、この買取請求権があるかどうかである。判例は否定する（大判大正一五・一〇・一二民七二六頁判民九七事件（我妻）参照）。私はかつて肯定してよいと考えたが、立法論としてはともかく、更新請求権と表裏をなすもの、と定める借地法の解釈としては否定するのが正しいであろう（旧版の説を改める。債各〔七一二〕参照）。**(ハ)** 買取を請求するとは、借地権者が地主に対して買取るべきことの申込みをなし、地主が承諾することによって売買が成立するというのではなく、借地権者が地主に対して買取るべき旨の意思表示をすると、それによって売買関係が成立するという意味である（大判昭和一六・一〇・一新聞四七三八号九頁）。したがって、買取請求権は形成権である。このことは、借地法第一〇条および借家法第五条の買取請求権についても全く同様に解されてい

る（大判昭和二・一二・二七民七四三頁、同昭和七・一・二六民一六九頁等参照）。

〔四一九〕 **第四　費用償還請求権**

土地の賃借人は、土地に費用を加えたときには、それが必要費であれば、直ちに、また、それが有益費であれば、賃貸借終了の際に、その償還を地主に請求することができる（六〇八条）。地上権については規定はないが（収去の権利義務については規定がある〔四一五〕）、どう解すべきものであろうか。元来、賃貸借においては、賃貸人は「賃貸物ノ使用及ヒ収益ニ必要ナル修繕ヲ為ス義務」を負担する（六〇六条一項）から、賃借人の必要費償還請求権は、賃貸人のなすべきことを代ってしたことに基因して発生するものだというべきであろう。したがって、この点は、特約によって土地所有者が修理義務を負っている場合のほかは、直ちに地上権に類推することはできない（〔四〇二〕参照）。しかし、有益費の償還請求権は、多少趣きを異にする。これは賃借人の出捐による賃借物の価値の増加を無償で収めておくことは、賃貸人にとって、実質的に不当利得となる。それがこの請求権を生ずる理由でなければならない。そうだとすると、この関係は、地上権においても同様である。したがって、地上権においては必要費および有益費ともに、賃借人の有益費返還請求権の規定を類推して、その要件の下に償還を請求することができると解すべきものと思う。すなわち、地上権消滅の時に、土地所有者の選択に従い、地上権者が目的物について出捐した金額、またはその現存する結果の価格を、償還させることができ、裁判所は、土地所有者の請求によって、これに相当の期限を許与することができる（六〇八条二項・一九六条二項）。ただし、地代の額その他の事情からみて、右の費用――ことに必要費――を地上権者が負担する慣習または特約があると認むべき場合には、その範囲で償還請求権は生じない（同旨＝末川三三八頁）。

第四款　地代支払義務

第一　序　説

〔四三〇〕 一　地代は地上権の要素ではない(〔三二八(一)〕参照)。当事者が協定して地代を支払うことにした場合にだけ地代支払義務を生ずる(二六六条、不登一一一条一項参照)。しかし、地代は、定期払であっても、一時払であっても、または両者の併用であってもさしつかえない。この場合には一時払の分は通常権利金と呼ばれる。一時払のみの場合は、実質上は地上権の売買である。地上権にはそうした慣習もある。この点永小作権と異なる。また、定期払においては、必ずしも地代額をも明確に約定する必要はない。額が定められなかった場合には慣習、比隣の地代その他によって相当の額を定むべきである。また、地代は、地上権の存続期間中一定不変のものと定める必要はなく、金銭に限ることもない。

〔四三一〕 二　地代定期払の地上権において、土地所有権と地代請求権、地上権と地代支払義務とは、どのような関係に立つものであろうか。地代請求権は一の債権である。しかし、この場合には、地代債権は、土地所有権の作用を実現させるための手段としてこれと結合し、その反面において、地代債務は、地上権の内容を実現するための負担としてこれと結合するものである。したがって、その法律構成においても、地代債権は土地所有権に従属し、地代債務は地上権に従属し、それぞれ結合して一個の法律的地位を構成すると解すべきものと思う。ただし、この結合した地位は、不動産上の物権的関係として、登記によって対抗力を生ずるものであることはいうまでもない。この結論は、大体、今日、多くの学者の是認するところであり、判例も同様だといってよい（登記をすることによって従属性を生ずるという説（三瀦一六六頁、中島四九六頁）はほぼ結果を同じうするであろうが、理論としては正当でないと思う）。――前述したドイツの地上権改正法は、土地所有者と地上権者との間の一定の約定は「地上権の内容」(Inhalt des Erbbaurechts)をなすと規定する（同法二条）。所有権が地代請求権と結合して重要な機能を営む今日においては、物権をもって単に物的な支配だけを内容とするものとなし、これを債権関係から峻別すべしという従来の理論が修正を受けねばならないことを示すものである（〔七〕参照）。

〔四三一〕

三　右の理論の主要な適用は左の如くである。

(1) 地上権の移転　(イ) 将来の地代債務の移転を伴う。ただし、地代の登記がないときは（不登一一一条一項参照）、土地所有者は、新地上権者に対して、地代債権を対抗しえないとする古い判例がある（大阪控判明治三九・一二・四新聞四〇三号一〇頁等）。これに対して、近時肯定説が主張されている。その理由は今日では無償行為は極めて例外であること、建物保護法所定の対抗要件を備えた地上権の譲受人に対しては、地代支払義務の存在は公示されていないにもかかわらず、地代の請求が認められることと権衡を失するというにある（鈴木・注民(7)四二一頁）。少なくとも、第一七七条が排除されたと解される「建物ノ所有ヲ目的トスル地上権」については肯定すべきであろう。しかし、旧地上権者の地代怠納の効果――引続き二年以上地代を怠納すると地主から地上権の消滅を請求されるという効果（二六六条・二七六条参照）――については、地代の登記がなければ新地上権者に対抗することができないと解される。けだし、前主の怠納に地上権そのものの消滅請求という特殊の効果を登記なしに認めるのは過ぎたるものだからである（大判大正三・五・九民三七三頁が地代の登記の有無を問わず対抗しうるとするのは不当である）。地代の登記があるときには――とくに怠納について登記することはできないのだから、多少疑問ではあるが――前地上権者の怠納による右の効果をもって新地上権者に対抗しうると解すべきであろう（同旨＝末弘五四八頁、末川三三二頁）。そうでないと、地代を怠納しながら地上権を移転して、消滅の請求を免れることになって不当だからである。(ロ)地上権の移転をもって地主に対抗するためにも、登記を要することはもちろんだから、地上権の移転登記がない限り、旧地上権者は、地代債務を免れることはできない（判例）。ただし、建物の移転登記があれば、建物保護法の効果として、地上権の移転をもって対抗しうると解すべきであろう（同旨＝末弘五〇七頁注一。〔四〇九〕参照）。

〔四二三〕　(2)土地所有権の移転　(イ)新所有者は、土地所有権の移転について登記をすれば、地代の登記のない場合にも、地上権者に対して約定の地代を請求することができる。けだし、地上権者に対して、その契約したことをそのまま主張することだからである（大判大正五・六・一二民一一八九頁）。(ロ)地上権者が、旧所有者と約定した、地代の値上げをしないというような地上権者に有利な条件を、新地主に対抗するためには、登記を必要とする（大判明治四〇・三・一二民二七二頁）。

第二　地代額の決定

〔四二四〕　一　地代額は、原則として、当時者の協定によって定まる。当事者の自由競争に委ねられて一般的な法律的統制がなかった。ところが、戦争中に、国家総動員法に基づく地代家賃統制令（昭和一五年勅六七八号）によって最高額が制限され、戦後、さらに、ポツダム勅令に基づく地代家賃統制令（昭和二一年勅四四三号）がこれに代った。一般の物価統制と同一の理由によるものであって、とくに地代についての合理的な統制をはかるものとはいい難い。実際にどれだけの効果を収めているものか、甚だ疑問である。しかし、それはともかくとして、この統制令は臨時的なものであるから、ここには、実体的な規定を説明する。

借地法の旋行される以前に、裁判所は、経済的事情の変遷に基づく地主の一方的な地代値上げ請求の慣習を認め、借地法は、これを——値上げと値下げの両面から——明文をもって規定した。また、借地借家臨時処理法（二条）は、経済事情の変遷とは必ずしも関係なく、緊急時に結ばれた著しく不当な地代の協定を変更しうる途を設け、罹災都市借地借家臨時処理法はこれを踏襲した（同法一七条）。

〔四二五〕 **二** 地代値上げの慣習　判例は、早くから、地価が暴騰し、公租・公課が増額し、または地代が比隣の地代と比較して著しく廉いものとなった場合には、地主の一方的な意思によって、相当な地代の値上げをなしうることは、民法施行前からの「一般ノ慣例ナリ」と認めた。しかし、最も頻繁に問題とされたのは、日露戦争後地価が急激に暴騰し、公租・公課の激増した当時であった。判例は、初め、慣習法だといったが、後には、事実たる慣習だとして、第九二条を援用するに至った。

判例の右の態度は、学者間の論争の中心となった（不当とする説＝石坂音四郎・改纂民法研究上四六九頁、中島玉吉・民法論文集三三八頁。大体において肯定する説＝鳩山・債権各論四九一頁、三潴一六九頁、末弘五一七頁、勝本・民法における事情変更の原則八三五頁（ここに学説・判例が詳細に引用されている））。思うに、事実たる慣習を援用する理論は、もとより、正当である（総則〔二八八〕・〔二八九〕参照）。ただ、その適用に当って、各個の場合について、経済的事情の変遷および比隣の状況を審査して、慎重に決すべきである。このことも、借地法が全国に施行されるようになってからは、借地関係については、意義が少なくなった。しかし、判例の明らかにした理論そのものは、重要な意義を有し、他の事例についても適用されることがあるであろう。

〔四二六〕 **三** 借地法による地代値上げ・値下げ請求権

(1) 借地法は、前段に述べた判例の理論を明文として規定した（同法一二条）。すなわち、地代が、土地に対する租税その他の公課の増減もしくは土地の価格の高低により、または比隣の土地の地代に比較して、不相当であるようになったときは、契約の条件にかかわらず、将来に向って、地代の増減を請求することができる。借地法は、一面において、借地権の存続期間を長くしたのだから、その反面において、右の規定によって地代額を変更させることは、極めて妥当な態度というべきである。

〔四二七〕　(2)問題となる主要な点を略説すれば、(イ)判例は、地代の値上げに関するものであった。借地法は、値上げと値下げとを認め、土地所有者と借地権者との両者に請求権を与えた。(ロ)一定の期間地代の値上げをしない特約があるときは、地主の一方的値上げ請求権はない(同法一二条一項但書)。(ハ)増額・減額請求権は、——前に述べた買取請求権(〔四一八〕八参照)と同じく——土地所有者または地上権者の単独行為によって効力を生ずる形成権とされた(大判昭和七・一・一三民七頁等)。したがって、請求の意思表示が相手方に到達した時に効力を生じ、相当額に増減される。ただし、相手方がこれに応じないときは、結局、裁判上の争いとなり、その結果、裁判所が合理的だと認める範囲で一定額の増減が決定されるが(大判昭和一七・四・三〇民四七二頁参照)、その決定は請求の時まで遡及することになる。ところで、土地所有者からの値上げ請求に対して借地権者がこれを争う場合には、従前の地代額を提供し、受領を拒まれると供託するのが普通であるが、後に裁判によって値上げが確定すると、遡って請求の時から確定時まで値上げ部分の地代支払を怠ったことになる——事情によっては借地権消滅の原因にもなる——かが問題とされていた。判例は肯定説に立っていたようであるが(上記昭和一七年の判決、判民二五事件(四宮)参照)、私はこれを否定すべきものと主張してきた(旧版〔四二七〕八)。しかし、この問題は昭和四一年の借地法の改正によって同法第一二条に二項・三項が加えられて解決した。右の例では借地権者は「相当ト認ムル地代又ハ借賃ヲ支払フヲ以テ足」り、後日裁判によって確定した金額に達しなければその差額に年一割の利息を付して支払えばよいこととなった。同条三項は地上権者からの値下げ請求について同様の手法で地上権者は判決までの間従前の地代を支払えばよく、支払う義務があるものとした。

〔四二八〕 **四** 罹災都市借地借家臨時処理法による地代の変更　地代・敷金その他借地の条件が著しく不当であるときは、当事者の申立により、裁判所はその条件の変更を命ずることができる(同法一七条)。その際、裁判所は、鑑定委員会の意見を聴くことと、衡平の標準に従うべきこととを要求されるだけであって、その権限は甚だ広い。借地法の規定は、契約の後に事情が変更することを前提とするのに反し、この規定は、そのことを前提とせずに、契約を直ちに不相当なものとして変更しうるのであって、契約自由の原則に対する強い制限である。自分で約定したことを不当だといって、直ちに国家にその変更を請求しうるとすることは、信義違反を助長する嫌いはある。しかし、その約定そのものが、緊急時に生じた両当事者の経済的立場の著しい不平等のために、すでに正義に反するものであるときには、直ちにこれを変更させることは、かえって法律の高い理想に合する。非常時に処する立法として、特に注目すべきものである。

第三　地代支払義務に関する特則

〔四二九〕 **一**　定期の地代を支払うべきときは、永小作権に関する規定が準用される(二六六条一項)。その結果、**(イ)**不可抗力によって、収益について損失を受けても、地代の免除または減額を請求することはできない(二七四条)。**(ロ)**地上権者は、第二七五条により、地上権を放棄することができ(四三五参照)、**(ハ)**地主は、第二七六条により、地上権の消滅を請求することができる(四三二参照)。

〔四三〇〕 **二**　永小作権の規定を準用した上で、第二段に、地代について、賃貸借に関する規定を準用する（二六六条二項）。賃貸借に関する規定であるから、第六〇一条以下の規定だけでなく、広く賃貸借に関する規定を含む。地代支払時期に関する第六一四条、土地の一部滅失による地代減額の請求に関する第六一一条、地主の、地代についての先取特権に関する第三一二条以下の規定などが準用される主要なものである。なお、地主の先取特権については、借地法第一三条・第一四条に特別の規定のあることを注意すべきである。

第五節　地上権の消滅

〔四三一〕 **第一**　地上権の消滅事由

地上権は、物権一般の消滅原因である土地の滅失、存続期間の満了、混同（一七九条）、消滅時効（一六七条二項）、第三者の時効による所有権の取得、地上権に優先する抵当権の実行による競売、土地収用法による収用（同法五条一項一号）等によって消滅することについては、特に述べることはない。ただ、土地所有者の解除、地上権者の放棄および消滅事由の約定について説明する必要がある。

第二　土地所有者の消滅請求

〔四三二〕 **一**　定期の地代を支払うべき地上権者が、「引続キ二年以上」地代の支払を怠ったときは、地主は、地上権の「消滅ヲ請求スルコトヲ得」（二六六条一項・二七六条）。地上権のように継続的な関係は、地代債務の僅少な不履行によっては解除されないことを定めたものである。賃貸借についても同様の規定が必要だと考えられる。

とにかく、借地法の下において、地上権と賃借権の異なる点の一つである。

(イ)「引続キ二年以上」とは、ある期の地代を二年間怠るという意味ではなく、引続き二年に亘ってその期間の地代を怠る意味である(大判明治四三・一一・二六民七五九頁の聯合部判決以来。我妻・巡歴二三一頁以下参照。学説もすべて賛成)。けだし、文理上そう解するのが適当であるだけでなく、地主と地上権者の関係を律するに妥当だからである。

(ロ)「怠リ」というのは、遅滞、すなわち責に帰すべき事由のあることである(判例・通説。最判昭和五六・三・二〇民二一九頁―地主の地代受領拒否が明確な場合は懈怠なしとする)。地上権を数人で共有しているとき一部の者の遅滞が引続き二年に及べば、所有者は地上権の全部について消滅請求ができる(大判昭和四・一二・一一評論一九民三二頁)。

(ハ)地主の消滅請求は、地上権者に対する(地上権が共有の場合には全員に対する(五四四条参照))単独の意思表示によって効力を生ずると解すべきである(大判明治四〇・四・二九民四五二頁の聯合部判決。なお、大判昭和四・一二・一一評論一九民三二頁―地上権共有のとき、一部の者の怠納二年で全部の消滅請求を可とする)。したがって、一種の解除ないし告知である。しかし、第五四一条の場合のように予め地代支払の催告をする必要はなく(判例)、また、その消滅は、将来に向って効力を生ずるだけである(六二〇条参照)。

(ニ)本条は、解除に関する強行規定であろうか。いいかえれば、当事者は一回の地代怠納によっても解除しうる旨の特約をすることができるか。強行規定であり、したがってさような特約は無効と解すべきものと思う。判例は反対で(大判明治三七・三・一一民二六四頁―永小作権につき)、これに賛成する学者も少なくなかった(富井二三九頁、三潴一七七頁等)が、近時は、強行規定と解する説がむしろ通説となっている(梅二五四頁、末弘六〇七頁、末川三四七頁、舟橋四〇八頁、松坂一九〇頁等)。

〔四三三〕 **二** 地上権者が破産の宣告を受けたときは、地主は、地上権の消滅を請求することができる(二六六条一項・二七六条)。この消滅請求の方法および効果も、右の地代の怠納による場合と同様である。

〔四三四〕 **三**　地上権者が土地に「永久ノ損害を生スヘキ変更」を加えてはならないことは前述した(〔四〇〇〕参照)。これに違反した場合、その他土地使用の約定に違反したときは、地主は、第五四一条により、その変更の停止・土地の原状回復を請求して、地上権者がこれに応じない場合には、地上権を消滅させることができると解すべきである(大判大正九・五・八民六三六頁は永小作権につきこの理論を認めた)。ただし、この場合にも、消滅の効果はただ将来に向って生ずる(六二〇条参照)。

〔四三五〕 **第三**　地上権の放棄

地上権も物権の一種として放棄によって消滅するが、土地所有者に対する意思表示を必要とする(大判明治四四・四・二六民二三四頁)。地代を支払わない地上権は、これを放棄しても、所有者を利するだけであるから、期間の定めがあるとないとを問わず、地上権者において自由に放棄することができる。これに反し、定期に地代を支払う地上権の放棄は、つぎの条件に従わなければできない。ただし、地上権の放棄は、いずれの場合にも、これをもって地上権の上に抵当権を有する者に対抗しえないことを注意すべきである(三九八条、なお〔二四〇〕参照)。

(イ)　設定行為をもって存続期間を定めない地上権は、別段の慣習のない場合に限り、地上権者において、何時でもこれを放棄することができる。ただし、一年前に予告をするか、または未だ期限の来ない一年分の地代を支払わねばならない(二六八条一項)。

(ロ)　しかし、不可抗力によって、引続き三年以上全く収益を得ず、または五年以上地代より少ない収益を得たときは、予告をせずかつ将来の地代を支払わないで、放棄することができる(二六六条一項・二七五条、〔四七二〕参照)。

〔四三六〕 **第四**　約定消滅事由

地上権の消滅事由を約定することは妨げないが、つぎの制限を受ける。

（イ）地代怠納を理由とするものは、第二七六条の要件より地上権者にとって一層不利益なものとすることはできない（〔四三二〕参照）。

（ロ）借地法の適用を受ける場合には、請求次第いつでもとか、あるいは、請求の後一定の期間内に、土地を明渡すという約定をしても、その効力がない（借地一一条）。

（ハ）借地法の適用のない場合に、右のような特約は有効であろうか。借地法施行以前に、判例は、しばしば、かような約款は例文だとの理由の下に、その効力を否定した。学者間に争われた問題である。契約の解釈に関する一般的標準に従って慎重に決すべきである（総則〔二九二〕参照）。

〔四三七〕

第五　地上権消滅の効果

地上権の消滅した場合には、地上権者は、土地を返還する義務を負う。その際に、地上物を収去して土地を原状に復する権利義務を有すること（二六九条一項本文・〔四一五〕）、有益費の償還請求権があること（〔四一九〕）、地主に地上物の買取請求権（売渡請求権）があること（二六九条一項但書・〔四一七〕）、借地法が地上権者の契約更新請求権と地上物の買取請求権とを認めたこと（借地法四条〔三九四〕・〔四一八〕）などは、ことごとくすでに述べた。

第六節　区分地上権

〔四三七ノ二〕　**第一**　土地利用の立体化と区分地上権制度の創設

土地の所有権は土地の上下に及び(二〇七条)、地上権も原則として目的たる土地の上下に及ぶのであるが、建築材料ならびにそれを使っての工法の発達によって空中、地下、水中などの工作物の建設が可能かつ容易になり、土地利用の立体化をもたらした。その結果、土地の上空または地下を、地表とは別個に用益権の対象とする制度の創設が要請されるに至った。けだし、経済の観点から、このような目的のためには、所有権または通常の地上権を得ることによって当該の土地を上下にわたって確保するのは無駄であり、上下に区切って必要な部分の用益権を取得すれば充分である。のみならず、すでに地表に工作物や竹木が存在する場合にこれらの物の存在とその帰属関係をそのままに認めながら、上空または地下の用益権を確保する道を開くためには(市街地に地下鉄路線を建設する場合を考えよ)、これを可能にする工夫が必要である。

従前から他人の土地の空間を利用して来たものに送電線がある。この場合には、発電所、変電所、電線の支持物などの用地を取得して、これを要役地とし、電線路下の土地を承役地とし、承役地に所定の工作物を建設しないことを内容とする地役権を設定する手段がとられた(農地法五四条参照)。初期の高架モノレールの建設にはこの方式(支柱のための土地の所有権または地上権を取得し、中間の土地につき地役権を設定する)によったものもある。しかし、近隣の土地間の、多くの場合軽微の利用調整を内容とし、無償を原則とする（判例と学説の間に対立があるが、対価の登記はできない。〔四七八〕参照）。地役権の本来の性格を逸脱するものであることは否定できない。地下鉄路線のための地下の利用を、所有権の地下利用の制限として地役権で処理するとなればますますその感が深い。

他方、この種の目的は賃貸借契約によって達することも不可能ではない。しかし、賃借権はいろいろの意味において弱い権利であり（存続期間が短く（六〇四条）、対抗要件（六〇五条）が得にくく――登記請求権がないとされている――かつ譲渡性がない（六一二条）など）、ほとんどが半永久的と考えられるこの種の用益関係の設定手段としては適当でない。かつ、賃貸借の目的となる土地の上下の区分の登記手続が整備されていない。それについて、不動産登記法を整備するのであれば、むしろこれを地上権の一種として認め、第三者の所有権や使用収益権との調整を計るのが妥当と考えられた。そこで、昭和四一年に民法第二六九条ノ二が新設され、「地下又ハ空間ハ上下ノ範囲ヲ定メ工作物ヲ所有スル為メ之ヲ地上権ノ目的ト為スコトヲ得」ることとなった（同条一項前段）。いわゆる空中権・地下権であり、両者を通じて区分地上権と呼ばれる。これに合せて不動産登記法第一一一条に第二項が加えられ、「地上権ノ目的タル地下又ハ空間ノ上下ノ範囲」を登記する道が開かれたのである。

〔四三七ノ三〕　**第二　区分地上権の取得**

（イ）区分地上権も土地所有者との間の設定契約で取得されるのが普通であるが（農地についても許可を得れば設定できる。農地法三条二項）、遺言によることも可能である。時効による取得が可能であるかは、第二六九条ノ二の「上下ノ範囲ヲ定メ」てという文言との関係で疑問がないわけではないが、肯定してよいと思う。例えば他人の所有地下にトンネルや野菜の栽培室などを作って長年使用していて、その範囲が明確な場合などが考えられる。

（ロ） 区分地上権の客体　対象である土地の「地下又ハ空間」で上下の範囲を明確にした部分である。通常地下または地上〇〇メートルから××メートルまでとされるが、登記に当っては、平均海面を基準として（測量法一一条および同施行令二条二項参照）、たとえば「東京湾平均海面の上（または下）〇〇メートルから上（または下）××メートルの間」という形で示される。しかし、基準となる平均海面からの測量が困難の場合には、区分地上権の対象である土地の地表上の特定点を基準として、たとえば「土地の東南隅の境界石の上端を基準として下〇〇メートルから下××メートルの間」という形で示される場合もある。このように、層の定め方は水平面で区画されるのが普通であろうが、例えば南端と北端とで平均海面から上下の距離を異にする区分（傾斜層）、さらに曲面で区画された区分（湾曲層）についても区分地上権の設定を否定すべき理由はない。

なお上下の範囲を例えば地表を含めて、地表から地下一〇メートル（もしくは地上××メートルから地下〇〇メートル）と定めることも可能であろうか。条文が「地下又ハ空間ハ」と言っているので、疑問もあるが、肯定すべきであろう。これを認めないと、上記の例では普通の地上権を設定し、地下一〇メートル以下の用益権を所有者のために留保する（そのような登記は不可能である）――そのためには所有者自身のために区分地上権を設定するという迂路を通らなければならない。なお農地法第三条二項が、農地について農業者以外の者に対する区分地上権の設定許可の道を開いているが、右の解釈の妨げとはならない。農業に支障を来す場合には許可が与えられないだけのことである。また、一筆の土地の一部、例えば東半分の地下を地下鉄路線に使用するような場合に、その部分だけを対象として区分地上権を設定することは可能であるが（香川・法曹一九巻七号三八頁）、分筆しない限り登記ができないことは普通の地上権の場合と同じである。

（ハ）区分地上権は「工作物ヲ所有スル為メ」にだけ設定できる（二六九条ノ二第一項）。竹木を所有するために設定することはできない。工作物をモノレール、地下道、貯蔵庫、浄水設備などに限定することは可能であり、その旨の登記をすれば第三者に対しても効力を有する（不登一一一条二項、〔三九八〕参照）。

（ニ）区分地上権は、第三者が当該土地の「使用又ハ収益ヲ為ス権利ヲ有スル場合」にも設定することができる（二六九条ノ二第二項）。もっとも「其権利又ハ之ヲ目的トスル権利ヲ有スル総テノ者ノ承諾」――用益権者だけでなくそれを目的とする担保権者の承諾――のあることが条件である（二六九条ノ二第二項）。区分地上権が、これらの権利者による土地の利用を妨げる場合でも、右の承諾があれば差支えない（採石法四条二項と異なる）。

右に述べた第三者の諸権利が対抗要件（権利の登記に限らず建物保護法、農地法などで認められる対抗要件を含むことはいうまでもない）を備えていない場合には、その権利者の承諾を必要としないと解するほかはない（区分地上権者が背信的悪意者であれば別問題である）。問題はこれらの用益権について仮登記がある場合に、その権利者の承諾を必要とする――承諾がなければ区分地上権の設定は不可能であり、したがって登記も受理されない――かどうかである。形式論としては、仮登記をしただけでは現に「使用又ハ収益ヲ為ス権利ヲ有スル」とはいえないし、仮登記の存在はこれと相容れない本登記の妨げとならないのであるから、仮登記の用益権はこれを無視して――その権利者の承諾を得ないでも区分地上権は設定することができ、その登記もできるということになる。その結果は後日仮登記用役権の本登記がされた場合には、区分地上権は、たとえ工事が進行し、もしくは完成していてもこれに対抗できないことになる。これは、区分地上権が特殊の需要に応えて創設された趣旨を考え合せると甚だ不都合なことである。そこで、遡って仮登記の用益権者の承諾も必要である——それがなければ区分地上権の登記は受理されない——と解すべきであろう（香川・前掲四四頁、鈴木・注民(7)四三五頁）。区分地上権の設定時に、すでに当該土地につき所有権移転の仮登記または抵当権設定の登記がある場合にも同様の問題がある。これらの場合にまで第二六九条ノ二第二項の準用を認めるべきかはなお検討を要するところである（香川・前掲四三頁、鈴木・前掲は否定）。

右に述べたところは、すでに甲のためにある層（例えば地下）について区分地上権が設定されている場合に、乙のために別の層（例えば空中）について区分地上権を設定する場合には適用がない。つまり承諾は必要でないし、相互に行使を妨げるという問題はおきない（同旨＝鈴木・前掲四三六頁、反対＝香川・前掲四五頁）。

（ホ）区分地上権を法定地上権として認めるべき場合は絶無とは言えないであろう。例えば、地下のみに駐車場用の施設が造られ、それが建物としての要件を充たしている場合に、第三八八条（なお民事執行法八一条参照）の要件を充たした場合には、その施設（建物）の所有のために必要な地下の層について区分地上権が設定されたものとみなすべきであろう。けだし、地上をも含めた一般の地上権を認めるのは過ぎたるものだからである。

〔四三七ノ四〕　**第三**　区分地上権の効力

（イ）区分地上権者は設定行為で定められた範囲で土地を使用する権利を有することは言うまでもない。のみならず、区分地上権の及ばない土地の部分については、土地所有者は使用権を有するわけであるが、設定行為によってその制限——例えば地下の区分所有権の場合に地上に所定以上の重量の建物を建設しないという制限——を定めた場合には、これに違反する行為を排除する効力を認められる。この制限はこれを登記すれば(不登一一一条二項参照)、所有者以外の第三者に対抗することができる。

なお、区分地上権が、すでに当該土地の用益権を有する第三者の承諾を得て設定された場合には(〔四三七ノ二〕二参照)、これらの第三者は地上権の正当な行使を妨げない義務を負担し(二六九条ノ二第二項後段)、地上権者は妨害行為の排除を請求することができる。

(ロ) 区分地上権の行使によって、所有者や用益権者の権利を侵害してはならないことは言うまでもない。区分地上権にも相隣関係の規定が準用される(二六七条)。主として立入権(二〇九条)、通行権、境界線付近の工事や共有推定などが問題になるであろう。

(ハ) 地上権者は土地に永久の損害を生ずるような変更を加えることはできないと解されているが(二七一条の準用、〔四〇〇〕参照)、区分地上権に基づく地下の利用についても同様に解すべきであろう。ただし、この制約は地上権が消滅した際の原状回復の権利義務(二六九条参照)に対応する。したがって、ここにいう「永久の損害」とは相対的な概念であって、地上権が消滅した場合に原状への回復が予定され、しかもそれが物理的ないし経済的に不可能であるというほどの意味である。半永久的な存続が予定される区分地上権についてみれば、さらにそれを超える永久の損害が禁じられていると解すべきである。

(ニ) 地下の工作物は土地の一部を構成し、土地に附合するとみられる場合が少なくないであろうが、区分地上権に基づいて附属させた工作物については第二四二条の適用があり、附合は生じない。例えば区分地上権に基づいて地下に地下水の濾過施設を設けたような場合にも、その所有権は区分地上権者に留保される。したがって区分地上権の譲渡や消滅の際にその処置が問題になるが、一般の地上権と同様に考えてよい（〔四一二〕以下参照）。

（ホ）区分地上権の対抗力　区分地上権もその登記——工作物が建物と認められる場合には建物保護法の適用があり、建物の登記でもよい——をしなければ第三者に対抗できないこと、有効に設定された区分地上権に基づき土地所有者に対して登記請求権があることは、いうまでもない。

（ヘ）区分地上権の存続期間　一般の地上権について述べたところがそのまま当てはまる。設定の目的から有期のものであることが明らかでない場合には性質上半永久のものが多いであろう。なお、工作物が建物と認められ、借地法の適用がある場合には、同法による規制を受けること、一般の地上権と同じである（〔三九〇〕以下参照）。

第四章　永小作権

第一節　総　説

第一　永小作権の社会的意義

〔四三八〕　**一**　永小作権は、他人の土地を使用して、耕作または牧畜をする権利である。しかし、最も注意すべきことは、わが国に普通行われる「小作」においては、永小作権によるものは極めて少なく、その大多数は賃貸借によったことである。

〔四三九〕　**二**　賃借小作と小作人の保護　賃貸借による小作人の地位は宅地の使用者と同様、極めて脆弱である。地主の変更に対する対抗力を欠き、期間の保障は全くなく（一作卸といって毎年賃貸借契約を更新するものが最も多かったという）、小作権の譲渡性および担保性がなかった（〔三七五〕参照）。宅地の賃貸借に関しては、前章に述べたような幾多の立法（〔三七四〕参照）によって、民法の原則を修正して、賃借権の強化が企てられた。しかるに、耕作地の賃貸借に関しては、旧民法制定当時これを物権的なものとしようとする企てがあったが、民法の制定に際してそれが却けられて以来、長く、特別の立法が行われなかった（旧民法制定当時の事情につき小倉武一・土地立法の史的考察一六一頁以下参照）。他人の土地を使用する者が、その地位を保障されないでは、安んじて経済的発展をなしえないことにおいて、宅地の使用と耕地の使用との間に差異のあるべきはずはない。宅地使用権の脆弱なことは、建物を故なく崩壊させることになり、社会経済上の不利益だと論ぜられたことが、建物保護法の名によって宅地賃借権を強化する端緒を生じたのであった。しかし、耕地使用権の脆弱なことも、農業の発達を阻害し、社会経済上の不利益となることは明らかである。借地人自身の立場からいっても、社会経済上の立場からいっても、耕地賃借人の地位を強固にする必要は、宅地賃貸借の場合に比して優るとも劣るものではない。それにもかかわらず、昭和に至るまで何らの立法もされなかった理由は、どこにあるのだろうか。おそらく、地主と小作人との間には、地主と借地人との間に比して、比較的恩情関係が残存したことと、小作人が旧の如く主従関係(ある程度の身分的隷属関係)に甘んじたこととが、問題を深刻にしなかったことによるのであろう。

しかし、大正の半ば頃から、一面においては、小作人は次第にその人格的独立に目覚め、他面においては、地主は小作地を目して単に小作料徴収の財産と考えるようになり(地主がその居を都市に移していわゆる不在地主となるという現象を生じ、農耕地の改良に関心を持たない)、両者の間は、昔日のように恩情関係によって法律以上の水準を保つことができなくなった。両者の関係は、次第に法律に訴えて解決されようとする。ここにおいてか、耕地賃借人の法律上の地位の脆弱なことが、何ものによっても緩和されることなく、赤裸々にその姿を現した。そこで、小作法を制定して小作権を強化すべしという主張が、各方面から強く唱えられ、政府は、幾度か立法を企てたが、当時の政治的情勢は、容易にこれを成功させなかった(小倉武一前掲二九七頁以下に当時提唱された草案とその論議とが詳細である)。そして、紆余曲折の末、ついに昭和一三年の農地調整法(法六七号)の成立となった。しかし、この法律は、小作権の強化については、わずかに数箇条を設けただけで、その主要点を、むしろ自作農の創設維持と争議の調停的解決においた(第七三議会新法律の解説「農地調整法」(我妻解説参照）。

〔四四〇〕 **三　永小作権と民法典**　以上は、主として、賃借小作に関する立法の変遷である。永小作権は性格を異にし、別個の問題をはらんでいた。

永小作権は、開墾によって生じた新田などに多い。これらの土地は、開墾に当って、豪族その他の政治的権力のある者と百姓とが協力して事業をなし、前者が永久の貢納徴収権を取得し、後者が永久の耕作権を取得した場合が少なくないと考えられる（成立の諸形態につき小野武夫・永小作論八三頁以下参照）。しかるに、民法は、前者を一律に土地所有権となし、後者を一面的支配権におとしてしまった。ドイツにおいては、貢納徴収権（Obereigentum〔二五三〕参照）のある種のものは、単に土地から一定の給付を請求しうる他物権たる「土地負担」(Reallasten)とされ、耕作権（Untereigentum）が所有権とされた場合もあった（プロイセンの一八六〇年のAblösungsgesetzがこの問題に関し最も有名である）。わが国においても、所有権の絶対化の制度を導入するに当って、永小作権のある種のもの、少なくとも永久存続するものと定められた永小作権については、かような制度を採用すべきだったのではあるまいか。しかるに、民法施行法は、最初、すべての長期の永小作権を民法施行後五〇年で消滅するものとなし、永久の永小作権についても、少しも特別の顧慮をしなかった。そのために、各地に騒擾を起すほどになり、まもなく明治三三年法律第七一号をもって民法施行法第四七条に第三項を追加して、問題の解決をはかった（これらの経緯につき広中四六三頁以下参照）。しかし、その内容は、永久の永小作権においては、民法施行後五〇年を経過した後、地主は相当の価格を提供して永小作権を買取ることができ、地主が買取らないときは、永小作人は相当の価格を提供して所有権を買取る義務があるというのであるから、問題を後に延ばしたに過ぎなかった（戸水寛人「阿蘇の永小作」（法理論叢一〇編））。永小作権に関する問題は、単に存続期間の点だけではない。その権利の内容においても、今日の小作人の地位に適しないものが少なくない。ことに凶作に対する小作料減額に関する規定などは苛酷を極めている（二七四条・二七五条、〔四六五〕参照）。

〔四四〇ノ二〕 **四　戦後の農地改革**　かような事情に終止符を打ったものは、戦後の農地改革である。すなわち、一方、自作農創設特別措置法（昭和二一年法四三号）によって、全国の小作地の大部分を——特に不在地主の農地の保有を認めず——強制的に買収して耕作者に売渡し、小作農の自作農化を断行するとともに、他方、なお僅かに残る小作関係については、農地調整法に重要な修正を加えて、その合理化をはかった。その後この二つの法律は「農地はその耕作者みずからが所有することを最も適当であると認めて、耕作者の農地の取得を促進し、及びその権利を保護し、並びに……その利用関係を調整し、もって耕作者の地位の安定と農業生産力の増進とを図ることを目的とする」農地法（昭和二七年法二二九号）に統合された（債各〔五九三〕以下、我妻・加藤「農地法の解説」参照）。かようにして、わが国の小作関係は、賃借小作・永小作を含めて法律的には、一応解決されたといってよいであろう。

(1)永小作権との関連に留意しながら同法の仕組みを概説すれば次のようである。

(イ)農地・採草放牧地の権利の移動には、原則として農業委員会（特殊の場合は都道府県知事）の許可を受けなければならない（三条一項）。許可を得ないでやった行為は無効である（同四項）。

(ロ)農地を農地以外のものに転用するには原則として都道府県知事の許可を得なければならない（四条・五条）。

(ハ)農地・採草放牧地の賃借権は、土地の引渡によって対抗力を取得する。しかし永小作権には適用されない（一八条）。登記を対抗要件とする。

(ニ)農地・採草放牧地の賃貸借の期間の更新と解約には厳重な制限が加えられている（一九条・二〇条）。

(ホ)永小作料については、賃貸小作料と同様に、定額金納が堅持され(二一条・二二条)、農産物の価格もしくは生産費の変動があった場合の増額または減額の請求(二三条)、不可抗力による不作の場合の減額の請求(二四条)について規定している。なお、農業委員会は、その区域内の農地につき、その自然的条件及び利用上の条件を勘案して必要な区分をし、区分ごとに小作料の標準額を定めることができ(二四条の二)、約定小作料がこれに比較して著しく高額であると認めたときは減額を勧告することができる(二四条の三)。

(ヘ)農地・採草放牧地の賃貸借契約についてはその存続期間、小作料の額、支払条件などにつき文書により明らかにしなければならない(二五条)。しかし永小作については適用されない。

(ト)耕作農民は、自家用の薪炭の原木、同じく燃料とするための枝など、同じく肥料・飼料等にするための草、耕作用の家畜の放牧などのために必要があるときは、農業委員会の承認を受けて他人の土地・立木についてその権利者に対し利用権の設定に関する協議を求めることができる(二六条)。協議がととのわないときは農業委員会に裁定を申請することができ(二七条以下)、利用権を設定すべしとする裁定があると、当事者間の協議がととのったものとみなされる(三〇条二項)。

(2)農地法はさらに賃借小作、永小作を通じて農地改革の理想の徹底をはかっている。

(イ)農地の権利の移動や農地の転用には、右に述べたような統制が加えられているから、以前のような地主の生ずる余地は少ない。しかし、在村地主が転居して不在地主となることもあろうし、稀には、相続によって広い小作地を取得する地主もないとはいえない。農地法は、このような事情によって、農地改革の理想が崩れて元の状態にかえることを防止するための規定を設けている(六条―一四条)。それは、地主として小作地を所有しうる面積の限度を定め（大体において自作農創設特別措置法の標準と同一）、その限度を越えて所有する地主を生じたときは、これを公示し、地主と小作人間の自由契約（対価も自由）で譲渡されるように促進し、一定の期間内に譲渡されないときは、政府が従前の価格で買収する、というやりかたである。なお、農地法施行以前からの小作地で買収洩れのものがあれば、それも右の手続による。

（ロ）未墾地については、なお国がこれを買収して自作農となる者に売り渡すことができるものとして、農地法に詳細な規定を設けている（四四条以下）。そのやりかたは、大体において、自作農創設特別措置法に近い。買収価格も政令で定める。だから、国が未墾地を強制的に買収して、自作農の手によって開墾させるという方針は、わが国の恒常的な農業政策の一つとされたということができる。

〔四四一〕 **五**　他方、大正一三年に制定された小作調停法は、小作料その他の小作関係についての争議を裁判所の調停によって解決しようとしたものであるが、小作争議の特殊性にかんがみ、市町村長・市町村農業委員会および小作官の協力を得る途を講じている。その後、農地調整法は、小作争議以外の農地の利用関係に関する争議についても、調停制度を活用することにした。そして、右両法における調停は、民事調停法（昭和二六年法二二二号）に吸収された。この制度は、農地法の諸規定と相俟って相当の効果を収めてきた。しかし、この制度による解決を合理的にするためには、やはり各地における農業の実態を調査することが必要であろう。

第二　永小作権の法律的性質

〔四四二〕 (1)永小作権は他人の土地の上の権利である。（イ）一面的支配権である性質において、地上権と同一である（〔三七七〕参照）。（ロ）一筆の土地の一部分の上にも成立しうるか。地上権と異なり、当初から一筆の土地に限ると解されている（不登一一二条は従前から「範囲」を記載事項に入れていない）。

〔四四三〕 (2)永小作権は耕作または牧畜を目的とする権利である。耕作とは土地に労力を加えて穀物・野菜・果樹などの栽培をすることをいう。植林とみるべきものは、地上権の目的となるが、永小作権の目的とはならない。ただし、耕作または牧畜に必要な限度で附属的の工作物または竹木を所有することは、永小作権の範囲を逸脱するものではない（通説）。

〔四四四〕 (3)永小作権は土地の使用を本体とする。そして、その結果、占有すべき権利を包含する。これらの点は地上権と同様である（〔三七九〕参照）。相隣関係の規定については、地上権と異なり、永小作権にこれを準用すべき旨の規定がない。しかし、同様に取扱うべきことはすでに述べた通りである（〔三八〇〕）。

〔四四五〕 (4)永小作権は相続性および譲渡性を有する。しかし、その譲渡性は物権的に制限することができる（二七二条）。この点において地上権と異なる。後にくわしく述べる（〔四五八〕）。

〔四四六〕 (5)永小作権は小作料を要件とすることにおいて地上権と異なる（二七〇条）。ただし、将来の小作料を免除することはもとより妨げない。しかし、これについては、登記して物権的効果を生じさせる方法はない。

第二節　永小作権の取得

〔四四七〕 一　永小作権が設定行為によって取得されることが最も多いこと、設定行為は契約であることを普通とするが、遺言でもよいことなどは、地上権と同様である。その他、譲渡・相続・取得時効（一六三条）などによって取得される。注意すべきは、農地法によって農地・採草地および放牧地の移動が統制され、永小作権の設定または移転は、原則として農業委員会（市町村におかれる。農業委員会等に関する法律三条）の許可を受けなければならないことである（同法三条）。なお、農地調整法においては永小作関係についても、書面を作成し、小作料の額、支払条件および減免条件、存続期間、敷金、修繕費、用排水費および有益費の負担その他永小作の内容を明らかにしなければならないことになっていたが（同法九条ノ一〇参照）、農地法はこれを賃貸小作に限り、永小作を除外した（同法二五条参照）。

〔四四八〕**二**　永小作権の設定または移転は、登記なしには第三者に対抗することはできない（一七七条）。農地法は、農地の賃貸借について、借家法と同様に、農地の引渡をもって対抗要件としたが（同法一八条）、この規定は、永小作権には適用されない（同旨＝川島理論二四〇頁、舟橋四一六頁。末川三四六頁はこの規定の類推適用を認める）。

〔四四九〕**三**　永小作権と賃借小作権との区別に関しては、地上権のように推定する法律（〔三八三〕参照）はない。争いがあれば、設定契約の内容、当該地方の慣習などによって、使用権の内容を審査して決定するほかはない（大判昭和一一・四・二四民七九〇頁判民昭和一一年度五一事件戒能評釈参照）。判例には、対価のある耕地の貸借は原則として賃貸借であるとするものがある（大判昭和一三・五・二七新聞四二九一号一七頁）。

第三節　永小作権の存続期間

第一　設定行為で期間を定めたとき

〔四五〇〕**一**　設定行為で永小作権の存続期間を定めるには、二〇年以上五〇年以下のところで定めなければならない。**(イ)**もし五〇年より長い期間を定めたときは、五〇年に短縮する(二七八条一項)。五〇年を超えてはならないとしたのは、所有権の絶対性および弾力性を尊重する思想の現れである(〔二五五〕参照)。**(ロ)**二〇年より短いときは、永小作権としては成立しない。二〇年以上であることを必要としたのは、賃貸借の最長期が二〇年(六〇四条)であることに対応させたものであろう。

〔四五一〕 **二** 永小作権の設定契約は、これを更新することができる。しかし、その期間は、更新の時から五〇年を超えることはできない(二七八条二項)。永小作権の存続期間満了の後に永小作人が使用を継続しているのに対して、地主が異議を述べないときは、多くの場合、契約が更新されたと認むべきであろう。しかし、農地法は、農地・採草放牧地の賃貸借については、地主の更新拒絶権を制限しているが(同法一九条・二〇条)、その規定は永小作権には適用されないと解されている(最判昭和三四・一二・一八民一六四七頁)。

〔四五二〕 **三** 民法施行前に設定された永小作権 **(イ)**その存続期間が五〇年より長いときでもその効力を有する。ただし、民法施行の日から起算して五〇年を超えるものであるときは、その日から起算して五〇年に短縮する(民施四七条一項)。**(ロ)**民法施行前に永久存続すべきものと定められた永小作権は、前に述べたように(〔四四〇〕)、民法施行の日から五〇年を経過した後に、一定の手続によって消滅させられる。すなわち、(a)土地所有者は一年内に相当の償金を払ってその消滅を請求することができる。(b)もし所有者がこの権利を放棄しまたは一年内にこの権利を行使しないときは、爾後一年内に、永小作人において相当の代価を払って所有権を買取らねばならない(民施四七条三項)。ただし、このような長期の永小作権は、すでに政府で買収して自作農地とされたことと思われる(自創三条五項五号参照)。

第二　設定行為で期間を定めないとき

〔四五三〕 **一**　設定行為で永小作権の存続期間を定めないときは、その存続期間は、(**イ**)まず当該地方の慣習によって定め、(**ロ**)慣習がないときは、三〇年とする(二七八条三項)。

〔四五四〕 **二**　民法施行前に期間を定めないで設定された永小作権の存続期間は、(**イ**)五〇年より短い慣習があるときは、慣習に従い、(**ロ**)慣習が五〇年より長いかまたは慣習がないときは、民法施行の日から五〇年とする(民施四七条二項)。なお、この永小作権も政府で買収して自作農地とされた(自創三条五項五号参照)。

第四節　永小作権の効力

第一　永小作権者の土地使用権

〔四五五〕 **一**　永小作権者の土地使用権は、設定行為——時効で取得したときは時効の基礎となった占有——によって定まる目的の範囲に及ぶ。牧畜または耕作のいずれかに限り、またはその両方とすることができる(不登一一二条の特約中に入る)。なお、耕作または牧畜の附属的のものとして、工作物または竹木を所有することもさしつかえないことは前述した(〔四四三〕)。注意すべきは、農地法によって、耕作を目的とする永小作権においては、永小作人は、都道府県知事の許可を得なければ、その農地を耕作以外の目的に供することができないとされていることである(同法四条・五条参照)。

〔四五六〕 **二**　永小作人は、「土地ニ永久ノ損害ヲ生スヘキ変更」を加えてはならない(二七一条)。他人の土地を使用する者として当然のことだが、これと異なる慣習があればこれに従うことを注意すべきである（二七七条参照）。

〔四五七〕 **三** 永小作権の対抗力は常に登記によって生ずる。上述のように、農地法第一八条の適用がなく、もっぱら民法の原則に従う（〔四四八〕参照）。ただ、民法施行前からの永小作権は、民法施行の日から一年内に生じた第三者には、登記なしに対抗することができる（民施三七条）。その意味は、地上権の推定に関する法律の同趣旨の規定と同様である（〔三八三〕2参照）。

〔四五八〕 **四** 永小作人は――別段の慣習のない限り（二七七条）――その権利の存続期間内、その目的の範囲内で、土地を賃貸することができるが、設定行為で禁じられたときは、賃貸はできない（二七二条。農地法三〇条三項により利用権の設定の例外が認められている）。この禁止の特約は、登記すれば、第三者に対抗する効力をもつ（不登一一二条参照）。なお、農地法の農地および採草放牧地の移動に対する統制の規定は、永小作人が賃貸をする場合にも適用される（同法三条。〔四四七〕参照）。

〔四五九〕 **五** 永小作権が土地の使用を目的とする物権であることから、物上請求権を生ずることは、地上権におけると同様である（〔四〇四〕参照）。

第二　永小作人の投下資本の回収

〔四六〇〕 **一** 永小作権が――別段の慣習のない限り（二七七条）――譲渡性を有することは、明文上明らかである（二七二条）。担保性についても同様である（三六九条二項）。ただし、そのいずれも、設定行為で制限することができ、その制限は、登記すれば物権的効力を生ずることは、永小作人の賃貸権について述べたと同様である（〔四五八〕参照）。なお、農地法の農地・採草放牧地の移動に関する統制の規定は、永小作権の譲渡についても適用される（〔四四七〕参照）。

〔四六一〕 **二** 永小作権が消滅したときに、永小作人が土地を原状に復して地上物を収去しうること、地主が時価を提供して地上物の売渡しを請求しうること、ならびに、特別の慣習がある場合にはそれに従うことは、地上権におけると全く同様である（二七九条・二六九条。〔四一五〕・〔四一七〕参照）。

〔四六二〕 **三**　永小作人が土地の改良のために投下した必要費および有益費の償還請求権についても、地上権におけると同様に解すべきものと考える（〔四一九〕参照。同旨＝舟橋四二〇頁）。

第三　永小作料支払義務

〔四六三〕 **一**　永小作料支払義務は、永小作権の要素であって、永小作人は、常に、永小作料支払義務を負うこと、および将来の永小作料を免除することはさしつかえないことは、前述した（〔四四六〕）。地上権においては、地代支払義務はその要素ではない。しかし、定期の地代を伴う地上権における土地所有権と地代請求権、地上権と地代支払義務との関係について述べたことは、土地所有権と永小作料請求権、永小作権と永小作料支払義務との関係においても全く同一だと解すべきである。すなわち、それぞれ結合して一個の法律的地位を構成して移転し、登記によって対抗力を生ずる（〔四二一〕―〔四二三〕参照）。

〔四六四〕 **二**　永小作料は設定行為で定められる。

(1) 永小作料の額に関しては、何らの制限がなかった。判例は、かつて、地上権に関する地主の一方行為による地代値上げの慣習を永小作権についても認めたことがあるけれども、その例は地上権のように多くはない（大判明治三一・七・六民七巻九頁は公課激増のときは可なりという）。小作料が物納のときは、地価の騰貴は小作料の実質価値をも騰貴させるから、地主の一方的増額請求を認むべきではない。しかし、小作料が金納の場合には、理論は地上権と同じであると解された。

(2)農地法下の永小作料　右の事情に対して、農地調整法は——賃借小作の小作料と同様に——根本的な改正を加え、それが農地法に受けつがれている。すなわち、(a)まず、永小作料を定額金納にかぎる主義は堅持された(同法二二条・二三条)。(b)農産物の価額の下落や凶作などの場合の減額請求権も、同様に認められている(同法二四条)。(c)ただ、小作料の最高額の制限は農地調整法では、従来の小作料額によったが(九条ノ三—九条ノ七)、農地法では、農業委員会が、省令で定める基準に基づいて、都道府県知事の認可を受けて、農地ごとに定めることに改められ(同法二一条)、省令基準が作られている(昭和三〇年九月農地法施行規則の改正)。これによると、最高額は、従来の小作料のほぼ二倍となっている。

〔四六五〕 **三　永小作料支払義務に関する特則**

(1)永小作人は、不可抗力により収入について損失を受けたときでも、小作料の免除または減額を請求することはできない(二七四条)。引続き三年以上全く収益がないか、または五年以上小作料より少ない収益を得たときになって、その権利を放棄することができるだけである(二七五条)。もっとも、これと異なる小作料減免の慣習があれば、それに従う(二七七条)。賃借小作人が凶作の際に収益の額まで減額を請求しうるという規定(六〇九条)さえ苛酷なものであるのに、永小作権のこの規定は、あまりにも残虐である。永小作権は、その期間が永く、小作料も低廉であるから、豊作の年と平均すればよいというのが立法趣旨であろう。しかし、今日の永小作人の地位には、あてはまることではない。もっとも、このような場合には、地主は小作料の減額の請求に応じてきたであろう。そして今日では、すでに慣習と認むべき場合が多いであろう。

(2)その他、永小作人の義務については、賃貸借に関する規定が準用され(二七三条)、地代支払時期(六一四条)・土地の一部滅失による小作料減額請求（六一一条）・小作料についての地主の先取特権（三一二条以下）などは、これらの規定によって定まる。ただし、これらの点についても、別段の慣習があれば、それに従う（二七七条）。

〔四六六〕 **第四**　賃貸借に関する規定の準用

永小作人の義務については、設定行為・永小作権に関する民法等の規定または慣習による他、賃貸借に関する規定が準用される（二七三条・二七七条）。その主要なものは、右に述べた永小作料支払義務に関するものであるが（〔四六五〕2）、その他にも、土地について権利を主張する者がある場合の通知義務（六一五条）・目的地の用方に従って使用収益する義務（六一六条・五九四条一項）などの規定は準用されることになるであろう。

第五節　永小作権の消滅

〔四六七〕 **第一**　永小作権の消滅事由

永小作権は、物権一般の消滅原因である土地の滅失・存続期間の満了・混同（一七九条）・消滅時効（一六七条二項）・第三者の時効による所有権の取得・永小作権に優先する抵当権の実行による競売・土地収用法による収用（同法五条一項一号）などによって消滅することについては、別に説明することはない。土地所有者の消滅請求および永小作人の放棄によって消滅することについてだけ、以下に説明する。

第二　土地所有者の消滅請求

〔四六八〕 **一**　永小作料の滞納を理由とする消滅請求は、「永小作人カ引続キ二年以上小作料ノ支払ヲ怠リ」たる場合に限る（二七六条。最判昭和五六・三・二〇民二一九頁―地主が地代の受領拒否を明言している場合は「怠リ」に該当しない）。この規定の意味は、すでに、地上権について詳述した（〔四三二〕）。ただし、地上権と異なり、右の要件と異なる慣習があれば、それに従う（二七七条）。

なお、右の規定は強行規定と解すべきものであって、これより軽微な怠納によって、消滅を請求することができるとしたり、永小作権が当然に消滅するとしたりする特約は、無効と解すべきものであること、および判例が異なる解釈をしていることも、すでに地上権について述べたところである（〔四三二〕）。

〔四六九〕 **二** 永小作人が破産の宣告を受けたときは、地主は永小作権の消滅を請求することができる（二七六条）。ただし、これについても、異なる慣習があればそれに従う（二七七条）。

〔四七〇〕 **三** 永小作人が違法に土地に永久の損害を加え、その他土地の使用方法に違反するときは、地主は、第五四一条によって将来に向って永小作権の消滅を請求することができることは、地上権におけると同じである（〔四三四〕）。

第三　永小作権の放棄

永小作人は、「不可抗力ニ因リ引続キ三年以上全ク収益ヲ得ス又ハ五年以上小作料ヨリ少キ収益ヲ得タルトキハ其権利ヲ抛棄スルコトヲ得」（二七五条）。ただし、これと異なる慣習があるときは、それに従う（二七七条）。

〔四七一〕 永小作人は、収益の有無を問わず小作料を支払うべきものであり、五〇年の存続期間中一粒の収穫がなくともその履行を続けるべきものだという前提からすれば、この規定は、永小作人の保護規定ということになろう（三潴一九一頁参照）。しかし、その作用においては保護の意義をもつものでないことはいうまでもない（末弘五九九頁参照）。

第五章　地役権

第一節　総説

第一　地役権の社会的作用

〔四七二〕一　地役権は、ある土地（要役地）の利用価値を増すために、他の土地（承役地）の上に支配を及ぼす権利であって、例えば、その上を通行し、その土地から水を引き、またはその土地に一定の建物の建設をさせないこと、などを内容とする。この権利によって、要役地は、その利用価値を増す。そして、それに応じて、承役地の利用は制限され、地役権者の積極的な行為（例えば引水、通行など）を忍容し、あるいは、一定の利用をしない不作為（例えば建築せず、穿井せずなど）の義務を負担するに至る。

(イ)地役権の右のような目的は、土地の賃貸借によっても、ほぼその目的を達することができる。例えば、甲が乙の土地に湧出する泉から引水する場合には、泉およびその周囲の土地と引水のために必要な土地とを賃借することによっても目的は達せられるであろう。しかし、そのために地役権を設定した場合には、(a)その権利は、物権として、甲の土地(要役地)所有権と結合したものとして取扱われる。したがって甲の土地はそれだけ価値を増す。のみならず、(b)承役地の受ける拘束は、地役権の目的を達しうる最少限に止められ、これと両立する範囲において承役地の利用も存続させられる。すなわち、甲が賃借した場合には、その土地は原則として甲の独占的な利用に帰するが、地役権設定の場合には、甲乙共同に引水したり、引水路を共同に利用することなどができる。要するに、地役権にあっては、二個の土地の間の利用の調節ができる点にその特色がある。なお、地役権は物権であって、承役地の所有者に登記に協力する義務があり、登記されれば、原則として要役地・承役地いずれの所有者が交替しても効力を持続する点で賃貸借の場合より安定していることはいうまでもない。

(ロ)民法は、隣接する土地の間の利用を調節するために、相隣関係の規定を設けていることは、前述の通りである(〔二七八〕以下)。地役権の作用は、これと同一である。しかし、かれにあっては、法律上当然生ずる最少限度の利用の調節であって、所有権そのものの範囲と見るべきものであるのに反し、これにあっては、法律の規定するこの最少限度の調節を越えて一層大きな調節をするものであって、当事者の契約(または取得時効)によって生ずる、土地所有権以外の、これに従属する物権という性質を有する(〔二七九〕参照)。しかも要役地と承役地とは隣地である必要もない。旧民法(財二一五条—二六五条)が、相隣関係を「法律ヲ以テ設定シタル地役」となし、「人為ヲ以テ設定シタル地役」(財二六六条—二九二条)と並べて規定しているのは、フランス民法(フ民六八六条参照)にならったものである。両制度の作用の同一であることを示すには、適当であるが、相隣関係を法定地役権(servitudes légales)とみるよりも、所有権そのものの内容とみる民法の態度の方が優れている。この態度はドイツ民法(ド民九六条)にならうものである。

〔四七三〕 **二** 地役権は、ローマ法に淵源する制度である。元来、ローマ法では、他人の所有物を利用する物権(他物権)は、ただ役権とだけ言われ、それが人役権と地役権とに大別され、両者は、さらに種々に細分されていた。したがって、役権は、極めて重用な作用を営んだ。しかし、その後、役権以外の特殊の他物権が発達するようになると、役権の作用は比較的少なくなった(原田・史的素描一一五頁)。しかるに、ローマ法の継受と共に物権の種類を限定する主義が採用されるに及んで、封建制度の複雑な土地に関する権利を物権とするために、役権はふたたび重要な地位を与えられようとした。しかし、結局、近代法の理想である所有権の自由と土地の解放の主張は、役権に対しても排斥的な態度となって現れた。その結果、近代諸国の民法には、地役権と人役権とが承継されているけれども、その内容は、比較的制限されたものになっている。

〔四七四〕**三**　わが民法は、地役権だけを輸入して人役権を輸入しなかった。しかも、この地役権さえも、今日の社会では、地上権・永小作権に比して、その作用が少ないようである。

(イ)しかし、土地の利用の調節は、現在公私にわたってますますその重要度を増しており、その私的側面を担当する地役権は、益々重要な作用を営まねばなるまい。農地法が自作農創設特別措置法の規定(同法一二条の二)を承継して、国が買収した農地上に電気事業者の電線路(電線の支持物を除く)の施設がある場合に——それが従来賃借権や地上権によるものであったときでも——当然に地役権が成立するものと定めているのは(農地法五四条参照)、その適例である(四三七ノ二以下参照)。なお、近時は急速な都市化に伴う過密居住と生活様式の変化に由来する近隣者相互の生活調整の必要があれこれの側面で痛感されるようになった。土地利用の調節はその一環として欠くことの出来ないものである。(i)大きくは都市計画法・建築基準法などによる国または地方自治体の行う地域・地区の指定と諸規制、建築物の敷地・構造および建築設備の規制、公害関係立法によるあれこれの規制など、いわば大きな網をかぶせる公法的手法によるものが重要である。しかし、それらの中には近隣地相互の利用調節に関する規定——一種の相隣関係の特則——も含まれている（例えば第一種住居専用地域における建築物の外壁の後退距離、同じく高さ制限（建基法五四条以下）、さらに中高層の建築物の日影規制（同法五六条の二）など）。さらに土地所有者等が当該土地について一定の地域を定め、その区域内の建築物の敷地・位置・構造・用途などに関する基準を定めた建築協定を全員の合意で結ぶと（特定行政庁の認可を必要とする）、それは特定承継人をも拘束する。集団的な地役権設定の実質を持つものと言ってもよかろう。（ii）農地もしくは遊閑地だった土地が細分されて宅地として譲渡される結果、従前からその土地を通行していた居住者が公道への通路を失うという事態が生じ、袋地所有者の囲繞地通行権（法定通行権）ないしは地役権（通行地役権）の時効取得が争われる事件が多発している。（iii）さらに、分譲宅地から公道への通路を譲受人たちが分割で買わされた場合に、一部の譲受人が自己名義の土地の独占的使用を主張して通行を妨害するという紛争が都市化進行の当初にはとかく起りがちである（沢井裕「通行権について」ジュリ法理一四四頁以下はこの問題を総合的に論じている）。このような状況を勘案すると、解釈論としても、地役権の範囲を広く考えることが適当であろう。土地所有者間の関係として規定された地役権を土地利用者間の関係に拡張し（〔四七九〕参照）、かつ地役権の内容を拡張的に解釈しようとする（〔四七七〕八参照）のは、そのためである。

（ロ）また、企業財産が客観化し、その所有者とその利用者とが分離する場合の多い現在では、他人の企業財産の使用収益権が物権的に保護される必要も少なくないと思われる。法律は、不動産の使用収益権としての賃借権だけについて、その物権化を企てている。しかし、この態度は不充分なものであろう。このとき「人役権」という制度は、おそらくは、利用される価値があるものではなかろうか。ドイツ民法は、制限的な人役権 (beschränkte persönliche Dienstbarkeit) と一般的な人役権 (Niessbrauch) とを認めている。参考に値する(三潴「制限的人役権ニ付テ」(法協三五巻一一号)参照)。

第二　地役権の法律的性質

一　地役権は、一定の「目的ニ従ヒ他人ノ土地ヲ自己ノ土地ノ便益ニ供スル」権利である(二八〇条)。つまり、二個の土地、すなわち、要役地と承役地とがあって、一方(承役地)が他方(要役地)の便益に供せられる関係である。二個の土地は必ずしも隣接していることを要しない(末弘六二〇頁、末川三五一頁、舟橋四二五頁、松坂二〇二頁)。

〔四七五〕(1) 承役地を便益に供することによって要役地の使用価値が増すものでなければならない。たまたま要役地に居住する人の個人的な利益(例えば動物学者として昆虫採集をすること、または近隣の居住者のために特定の庭園への立入を認めること)のために地役権を設定することはできない。

〔四七六〕(2) 土地の便益の種類には制限がない。(イ) 地上権(二六五条)や永小作権(二七〇条)に比べて内容が広汎である。近頃では見晴しをよくするため、または自分の土地の日照を確保するために承役地に一定の建物を建てない(観眺地役権・日照地役権)などという便益が考えられる。もっとも、判例に現れる最も普通のものは、引水地役権と通行地役権である。(ロ) 第二八〇条但書は、地役権の内容が民法物権編第三章第一節所有権の限界中の強行規定に違反してはならない旨を定めている。地役権の設定契約が強行規定に違反してはならないことは、当然のことである(九一条)。ただ地役権は、前に述べたように、相隣関係の規定と同じ作用をなすものだから、その内容は、相隣関係の規定の拡張または制限であることが極めて多い。しかるに、相隣関係は、相隣接する土地の間の最少限度の利用調節をするものとして、それに関する規定には、強行規定が少なくない（例えば二〇九条・二一〇条・二一四条・二二〇条・二二三条等）。そこで、民法は、地役権の内容がこれに違反するものであってはならないということを、注意的に規定したのである。例えば、袋地の所有者の有する囲繞地通行権を制限するような地役権の設定は許されない。

〔四七七〕 (3) 承役地の利用者は、承役地が要役地の便益に供せられる範囲において義務を負う。その義務は、つぎのような態様に分かれる。(イ) 地役権者の積極的な行為（引水・通行など）を忍容すること。(ロ) 承役地の一定の利用（観望・日照を妨げる建物の建設など）をしないこと。(ハ) 地役権は、承役地の利用者に一定の行為をする積極的な義務を負わせることができるであろうか。一般には否定される（末川三五九頁、柚木各論九二頁）。なぜなら、物権は直接に客体を支配する権利であって、他人の行為を目的となしえないから。しかし、私は、承役地の利用者をして、地役権行使のために必要な設備の設置・修繕というような付随的の行為をさせる義務は、地役権の内容として成立しうるものと考える。けだし、地役権の本質が二個の土地の利用の調節であるならば、その利用に必要な設備の設置・修繕などについても、一方がこれを担当して他方が利用し、あるいは共同に担当して共同に利用する関係を認むべきことは、むしろ当然であろう。そして、物権の内容として付随的に他人の行為を要求しうる場合のあることは、すでに所有権について述べた通りだからである（〔二七一〕参照。同旨＝林二一七頁、舟橋四二六頁、松坂二〇三頁）。元来、ローマ法においては、――物権と債権の区別が非常に厳格に考えられたので――他人の土地に支柱を立てるときにだけ、その保存をするという積極的な行為をさせることを地役権の効力とすることができるものとした。ドイツ民法は、これをかなり拡張した（同法一〇二〇条―一〇二二条参照）。そして、学者は、解釈として、さらにこれを拡張する傾向を示している(Wolff, Lehrbuch, Das Sachenrecht, S. 255)。

〔四七八〕(4)地役権は無償に限るか。判例は、無償に限る、すなわち、要役地所有者から承役地所有者に対価を支払う契約をしても、対価支払義務は、地役権の内容となりえないという(大判昭和一二・三・一〇民二五五頁—特約があっても登記することはできないという)。しかし、対価は地役権の内容となりうるが、登記することを認めていないから(不登一一三条参照)、第三者に対抗することができないだけだ、と解すべきではあるまいか(同旨＝柚木各論八五頁、松坂二〇四頁。承役地の譲受人は登記がなくとも請求することができる(〔四二三〕イ参照))。土地改良法は、地役権に対価の定めのある場合を予定している(同法六〇条以下)。

二　地役権は、要役地と承役地の二つの土地の間の関係である。

〔四七九〕(1)地役権は、要役地所有権者と承役地所有権者との間の関係に限るものであろうか。(イ)地役権が設定された後における要役地の地上権者・永小作人・賃借人などが、一般に、地役権を行使しうることは、明らかであろう(二八一条一項参照)。同様に、承役地の地上権者・永小作人・賃借人などが地役権による拘束を受けることも、当然である。(ロ)これに反し、地上権者・永小作人が、自分の利用する土地のために、あるいはその土地の上に、地役権を設定することができるかどうかについては、説が分かれている(肯定説が多いようだが、否定説＝横田四九五頁、三潴二〇八頁などがある)。しかし、地役権は両土地の利用の調節を目的とするものであるから、これらの者も、自分の利用権の範囲において、その土地のために、またはその土地の上に、地役権を設定することができると解すべきである。賃借権者については、否定説が多い(三潴・前掲参照)。判例も、賃借人は地役権を時効で取得することはできないといっている(大判昭和二・四・二二民一九八頁等)。しかし、私は、土地賃借権の物権化的傾向に応じ、地役権に関しても、これを地上権と同一に取扱うべきものだと思う(同旨＝柚木各論八八頁、末川三五四頁、川島理論二四五頁、舟橋四二七頁、中尾・注民(7)四八四頁等)。登記実務上も、地上権者のための地役権設定ばかりでなく、土地賃借権者のためにも——当該賃借権が民法第六〇五条によって登記されていれば——その存続期間内においてその賃借地を要役地とする地役権の設定登記をなしうるものとされている（昭和三九・七・三一民事甲二七〇〇号民事局長回答・先例集追Ⅳ一五五頁）。この限りで、上記の判例は修正されたと解すべきであろう。

〔四八〇〕 (2)土地の一部のために、または土地の一部の上に、地役権を設定することができるか。登記法との関係からみるときは、(イ)一筆の土地の一部分のために地役権を設定することはできないであろう（不登一一三条参照）。(ロ)これに反し、一筆の土地の一部分の上に地役権を設定することは、妨げない（二八二条二項、不登一一四条一項参照）。この場合には登記の申請書にその範囲を記載するほか、これを明らかならしめる図面を添付しなければならない（不登一一三条一項・二項）。

〔四八一〕 三　地役権は、従たる権利である。

(1)地役権は、要役地所有権の内容ではなく、一の独立の権利である（四七二参照）。

(2)地役権の成立には、要役地および承役地の存在を前提とする。しかし、所有権者間の関係であることを必要としないことは前述した（四七九）。

(3)地役権は、その存続のためにも、要役地および承役地の存在を前提とする。したがって、地役権は、要役地から分離して、これを譲渡しまたは他の権利の目的とすることはできない（二八一条二項）。

(4)地役権は、要役地所有権に対して随伴性を有する。すなわち、(イ)要役地の所有権が移転し、または他の権利、例えば抵当権の目的となるときは、地役権もこれと法律的運命を共にする（二八一条一項本文）。その移転のために特別の意思表示を必要としない（大判大正一〇・三・二三民五八六頁）。ただし、この随伴性は、設定行為で排斥することはできる（二八一条一項但書）。(ロ)所有権以外の利用権のためにも地役権が成立しうると解するときは、この利用権にも随伴すると解すべきことは当然である。

〔四八二〕　四　地役権は不可分性を有する、と一般に説明される。しかし、地役権不可分性の内容として学者の説くところは、必ずしも一致しない。またその根拠も、必ずしも明瞭ではない。私の解するところによれば、学者が普通に不可分性といっていることは、必ずしも地役権だけに特別な性質ではない。地役権の法律的性質を理解する便宜として、つぎのような内容を地役権の不可分性とするのが適当だと考える（不可分性を最も強調するもの三潴・法協三四巻六―八号、三潴二〇九頁。最も軽視するもの末弘六三四頁）。

〔四八三〕　(1)地役権は、要役地の物質的な利用のために存する権利であるから、要役地の持分のために存在することができない。したがって、要役地の持分のために地役権が存在するような事情を生ずる場合には、全共有者に均霑《きんてん》させるか、またはこの効力を全然否認するか、いずれかの一途を選ばなければならない。民法は、地役権をできるだけ存在させようとする方針で、前の途をとっている（反対の例は解除である。五四四条参照）。この地役権の性質と法律の理想とが結合して、次のような結果を生ずる。

(イ)要役地の共有者の一人が自分の持分のために地役権を消滅させようとしても――残った共有者の持分のために地役権が存在するという状態は認められないから――それはできないことである（二八二条一項）。かような消滅を目的とする行為は効力を生じないと解すべきである。

(ロ)数人で共有する要役地のための地役権が時効によって消滅しようとする場合に、共有者の一人のために消滅時効の中断または停止の事由が生じたときは——その者の地役権だけが消滅しないで、他の共有者の地役権が消滅するという状態は認められないから——この中断または停止の事由は、他の共有者のためにも効力を生じ、消滅時効は、全共有者のために完成しない（二九二条、総則〔四七〇〕ハ参照）。

(ハ)同様に、共有地のために、地役権が時効によって取得されようとする場合には、共有者の一人のために取得時効が完成すれば、全共有者はこれに均霑して、地役権の取得時効が完成する（二八四条一項）。したがって、「共有者ニ対スル時効中断ハ地役権ヲ行使スル各共有者ニ対シテ之ヲ為スニ非サレハ其効力ヲ生セス」（二八四条二項）ということになり、また、「地役権ヲ行使スル共有者数人アル場合ニ於テ其一人ニ対シテ時効停止ノ原因アルモ時効ハ各共有者ノ為メニ進行ス」ることになる（二八四条三項）。

〔四八四〕 (2)地役権は、承役地の物質的利用を目的とする用益物権であるから、持分の上に存在しえないことはいうまでもない。これは、他の用益物権、すなわち地上権・永小作権についても同様である。したがって、承役地の共有者の一人が、その持分に関し、その共有地の上の地役権を消滅させるような行為をしても効力を生じない旨の規定（二八二条一項）は、地役権の特質に基づくものとはいい難い（共有地全部の上に抵当権がある場合なら、共有者の一人が自分の持分について抵当権を消滅させることはできる）。

〔四八五〕 (3)地役権は原則として要役地全部の物質的利用のために、承役地全部（通行地役権のように一筆の土地の一定の範囲が承役地である場合はその部分）を物質的に利用する権利である。したがって、——

(イ)要役地が分割され、またはその一部が譲渡された場合には、(a)地役権は、原則として、その各部のために存続する（二八二条二項本文）。ただし、かような場合には、地役権は共有状態（準共有）となり、その内容は従前のものに比して増加するものでないことはいうまでもあるまい。(b)もっとも、地役権が、その性質上土地の一部だけに関するものであるときは例外となる(二八二条二項但書)。例えば、要役地の南隣にある承役地の境界線近傍に建築しないという内容の地役権がある場合に、要役地が南北二筆に分割されたときには、地役権は南の分割地のためにだけ存続する。もっとも地役権がいわゆる日照地役権である場合には、状況によっては北の分割地のためにも存続することはありうる。

(ロ)承役地が分割されまたはその一部が譲渡された場合にも、右と同様の結果となる(二八二条二項)。しかし、かような場合に、各部の上に存続する点は、他の用益物権だけでなく、担保物権にも共通することであって、かえって、地役権には、その性質上承役地の一部だけに関するものがあり、分割・一部譲渡の結果地役権の拘束を免れる土地を生ずることがあるという点に特色がある。

第三　地役権の存続期間

〔四八六〕 **一**　地役権の存続期間を永久と定めることができるか。近代法の所有権理論は、所有権を制限する他物権は常に有限でなければならない、と考えること、前述の通りである(〔二八六〕参照)。しかし、それにもかかわらず、地役権についてだけは、学者は、一般に、永久の存続期間を定めてもよいと解している(末川三五七頁、川島理論二四八頁、舟橋四二九頁等)。その理由は、地役権は、所有権を制限する程度が少ないものであり、かつその制限する範囲内においても所有権の利用を全然奪うものではないから、というのである。数個の土地の間の利用の節制を目的とする制度として、そう解釈するのは当然であろうと思う。民法典が、地上権・永小作権と異なって特約のない場合につき存続期間の定めをしていないのも、同様の趣旨と解することができよう(二六八条二項・二七八条三項参照)。

〔四八七〕 二　当事者が存続期間を定めることのできるのは、もちろんのことである。ただ、存続期間を定めた場合に、そのことが第三者に対しても効力を生ずるかどうかについては、法律の規定は、必ずしも明瞭ではない。しかし、物権法における公示の原則に従って、登記をした場合にだけこれをもって第三者に対抗しうると解すべきである。そして、不動産登記法第一一三条一項は、このような登記を許す趣旨と解することができる。

第四　地役権の態様

〔四八八〕 一　作為の地役権・不作為の地役権　地役権の内容が、(イ)地役権者が一定の行為をすることができ、承役地利用者がこれを忍容すべき義務を負担することであるのを作為の地役権、(ロ)承役地利用者が一定の利用をしない義務を負担することであるのを不作為の地役権という。

〔四八九〕 二　継続地役権・不継続地役権　地役権内容の実現が、(イ)間断なく継続するものであるのは継続地役権という。例えば、一定の設備を設けることを内容とする地役権や不作為地役権など。(ロ)間断のあるものは不継続地役権という。設備を設けず、権利行使の度ごとに権利者の行為を必要とする地役権、例えば、汲水地役権・特に通路を設けない通行地役権など。この区別の実益は、地役権の時効取得について生ずる(〔四九四〕参照)。

〔四九〇〕 三　表現地役権・不表現地役権　地役権内容の実現が、(イ)外部から認識される外形的事実を伴うものは表現地役権という。例えば、通行地役権・汲水地役権・土地の表面を引水する地役権など。(ロ)これを伴わないものは不表現地役権という。例えば、不作為の地役権・全く地表に現われない溝渠による引水地役権など。この区別の実益も時効取得について生ずる（〔四九四〕参照）。

第二節　地役権の取得

第一　地役権の取得事由

〔四九一〕　一　地役権は設定契約で設定されることが最も多い。設定契約は有償・無償いずれでもよい。ただし、有償でも、その旨を登記することはできない（〔四七八〕参照）。都市において隣地の通行がその所有者に容認されている場合に、当事者間に果して地役権設定の合意が成立しているかどうかがしばしば問題になる。通路がそれとして開設されていることが要件となろうが、開設やその後の管理の費用を誰が負担しているか、有償か無償か、存続期間の有無、別に公道に出る通路がないかなど、相隣関係を含め諸般の事情を総合して判断することになろう（ジュリ法理一四九頁以下の討論参照）。地役権は遺言によって設定することもでき、また譲渡・相続・時効などによって取得される。なお、農地法が電気事業者の電線路施設のために法律上当然に地役権を生ずる場合を認めていることは、前に一言した通りである（〔四七四〕参照）。

〔四九二〕　二　地役権の取得は、登記なしには、第三者に対抗しえないことはいうまでもない（一七七条）。その登記手続には特殊のものがある。

（イ）地役権設定の登記も原則として要役地の所有権者・地上権者等と承役地の所有権者・地上権者等との共同申請による（不登二六条。要役地その他の記載事項・添附書類等については一一三条参照）。登記はまず、承役地の登記用紙の乙区に為される（一一六条四項）。

もっとも所有権者以外の用役権者、例えば地上権者が設定者の場合には地上権の登記に対する付記登記の形式によってなされる（一三四条参照）。いずれの場合も登記権利者すなわち地役権者の氏名住所は記載することを要しない（一一三条ノ二）。その上で、要役地たる不動産の登記用紙中乙区事項欄に、承役地たる不動産の表示をなし、その不動産が地役権の目的であることと、地役権設定の目的および範囲を記載する（一一四条）。

（ロ）民法施行前からの地役権は、民法施行の日から一年内に生じた第三者には登記なしに対抗することができるが、それ以後の第三者には、登記なしには対抗しえない（大判大正一〇・六・二四民一二三三頁）ことは、永小作権におけると同様である（民施三七条。〔四五七〕参照）。

（ハ）時効で取得された地役権（〔四九四〕参照）についても登記を要する関係は、前に取得時効と登記について述べたところと同じである（〔一一七〕参照）。すなわち、時効完成の時の承役地の所有者には、登記なしに対抗しうるが（大判大正一三・三・一七民一六九頁）、時効完成後に承役地を譲り受けた者には、登記なしには対抗しえないとされる（大判大正一〇・一・二四民二二二頁）。しかし、継続かつ表現の要件を充たす地役権（例えば通路開設）の行使がつづいている場合には、未登記であっても、承役地を取得した第三者に対して背信的悪意者であるとの主張が認められる可能性が高いであろう（〔四九四〕・〔一五四〕B参照。なお、ジュリ法理一四七頁（沢井）は通路のあることを囲繞地の客観的負担の公示とみたいという）。

（ニ）前記の電気事業者の法定地役権については、承役地が電線路の施設の用に供されている限り、登記がなくとも、承役地の取得者に対抗しうると定められていることは注目に値する（農地法五四条四項）。

〔四九三〕 **三** 地役権は、要役地の所有権または利用権と一緒にでなければ移転することができないこと、および、これらの権利が移転されれば、原則として、すなわち、設定行為に別段の定めがなければ、地役権もこれに伴って移転すること（二八一条）は、すでに述べた通りである（〔四八二〕4。登記の仕組みがこれに対応していることにつき〔四九二〕イ参照）。なお、右の別段の定めはこれを登記しなければ第三者に対抗しえないことはいうまでもない（不登一一三条一項。〔一一一九〕参照）。

第二　時効による取得

〔四九四〕 一　継続かつ表現の地役権——例えば、地表の水路による引水地役権、通路を開設した通行地役権など——だけが時効によって取得することができる（二八三条）。けだし、不継続地役権（例えば通路を開設しない通行地役権（大判昭和二・九・一九民五一〇頁））は、承役地利用者にとって損害の少ないものであるから、これを忍容する事実があっても、単に道義的関係に止め、法律関係に高めないのが至当である。また、不表現の地役権は、その行使の事実は承役地利用者に認識されないものであるから、これに対して権利を主張し、異議を述べなくとも、地役権を発生させるべきではない。一歩進んで考えれば、継続かつ表現のものについても、地役権の時効取得を認めることの当否が疑われる場合がある。判例に現れた事例のうち、水路を設けて水車用の引水をする地役権の時効取得を認めたのは、至当だと思われる（大判大正一三・三・一七民一六九頁）。しかし、近隣の人が空地を通行し、そこが自然に道路になったような場合には、承役地所有者が近隣の情誼で黙認していたものであることもあろう。さような場合に、通行地役権の時効取得を認めることは、相当に問題である（大判昭和二・九・一九民五一〇頁（否定））。判例には、かような事例において、たまたま時効取得の主張者がいずれも土地の賃借人であったので、これを理由として（それが理論上正当でないことについては〔四七九〕参照）、時効取得を否定したものがある（大判昭和二・四・二二民一九八頁等）。しかし、その後、土地所有者が隣地所有者のために好意的に通路を開設した事例（最判昭和三〇・一二・二六民二〇九七頁）および土地所有者の開設し使用していた通路を隣地所有者も使用していた事例（最判昭和三三・二・一四民二六八頁）において、判例がいずれも地役権の時効取得を否定したのは上記の趣旨に近く、問題を正面から受けとめたものと言うべきであろう（宮崎「地上権の時効取得」（法協四六巻七号）参照）。ただし、判決が、積極的に通路の「開設は要役地所有者によってなされることを要する」と言っているのは正しくない（同旨＝末川三五六頁、舟橋四三二頁。なお前掲ジュリ法理の議論参照）。要役地所有者による通路の準占有が成立しているかどうかによって決すべきである。なお、地役権の時効取得には、右の他に時効取得の一般的要件（一六三条）を必要とすることはいうまでもない。もっとも、取得時効の進行中に承役地が第三者に譲渡されて移転登記がされても、私見による時効中断の効果（〔二一七〕ロe参照）を認めるべきではなく、取得時効はそのまま進行すると解すべきである（同上f参照）。

〔四九五〕 **二** 共有地のために共有者の一人が時効取得をするときは、全共有者のために取得時効が完成すること（二八四条）については、前述した（〔四八三〕）。

〔四九五ノ二〕 民法は地役権の取得につき設定行為、つまり契約による場合（二八〇条）と取得時効による場合（二八三条）だけしか規定していない。これらの取得原因とは別に、慣習による地役権の取得は認められないものであろうか。判例はかつて引水目的で他人の土地を使用する権利が慣習上ありとしても、それは民法が認める地役権とは態様を異にするので、第一七五条に照してこれを認めることはできないとした（大判昭和二・三・八新聞二六八九号一〇頁）。その後も下級審の判決は慣習による引水地役権の成立を否定する。ただ、いわゆる蔭打の慣習――一定の範囲で耕地に接続する他人所有の山林の樹木の刈取を許す慣習――を「地役権に類似する一種の慣習法的物権」であるとした下級審の判決がある（金沢地判昭和三九・六・三〇下民一五巻六号一六九〇頁）。

思うに民法第一七五条の規定にもかかわらず慣習上の水利権の存在を認める判例の立場からは、入会権というほどの集団的なものでなくとも、慣習による地役権または地役権類似の権利の取得を否定すべき理由はないであろう。とりわけ継続かつ表現でないために、時効取得が認められない態様の使用、例えば近隣原野において自家用の肥料等のための草、落葉等の採取や、木材搬出のための通行などにつき、農地法第二六条一項、森林法第五〇条による措置をまたないでも、これを目的とする一種の慣習上の地役権が成立しているとみるべき場合はありうるのではあるまいか。

第三節　地役権の効力

第一　地役権者の権能

〔四九六〕 **一**　地役権の内容は、設定行為——時効取得の場合には、その基礎となった占有——によって定まる。そして、地役権者は、地役権の内容に従って、承役地を支配する。その支配の態様は、地役権者の作為と承役地利用者の不作為とに分かれること、および承役地利用者の附属的積極的行為をも内容となしうることは、前述した(〔四七七〕)。

〔四九七〕 **二**　地役権の内容は、地役権の目的を達するのに必要であって、かつ承役地利用者に最も害の少ない範囲に限るべきものであることが、すべての地役権を通ずる原則として、認められている(通説。ローマ法以来認められたことであって、ドイツ民法一〇一九条・一〇二〇条、スイス民法七三七条二項等は明文をもってこれを明らかにしている)。けだし、このことは、地役権が数個の土地の間の利用を調節してすべての土地の利用をできる限り大きくすることを目的とする制度であることから、必然的に生ずることだからである。

この理論の表現として、民法は、二つの規定を設けている。

(イ)「用水地役権ノ承役地ニ於テ水カ要役地及ヒ承役地ノ需要ノ為メニ不足ナルトキハ其各地ノ需要ニ応シ先ツ之ヲ家用ニ供シ其残余ヲ他ノ用ニ供スルモノトス」(二八五条一項本文)。もっとも、設定行為によって、右の使用方法や使用量を変更することはできる(二八五条一項但書)。けれども、この特約は、登記がなければ第三者に対抗しえない(不登一一三条)。けだし、地役権の原則的内容の制限だからである(〔一一九〕参照)。

(ロ)「承役地ノ所有者ハ地役権ノ行使ヲ妨ケサル範囲内ニ於テ其行使ノ為メニ承役地ノ上ニ設ケタル工作物ヲ使用スルコトヲ得」(二八八条一項)。ただし、「其利益ヲ受クル割合ニ応シテ工作物ノ設置及ヒ保存ノ費用ヲ分担スルコトヲ要ス」(二八八条二項)。

〔四九八〕 三 地役権は、排他性のある物権であるから、後に成立する他の地役権に優先する効力のあることは、いうまでもない。用水地役権に関して、「同一ノ承役地ノ上ニ数個ノ用水地役権ヲ設定シタルトキハ後ノ地役権者ハ前ノ地役権者ノ水ノ使用ヲ妨クルコトヲ得ス」(二八五条二項)と規定しているのは、この理論の適用として、当然言うをまたないことである。ただ、要役地と承役地の間では均分して使用すべきものとされる(〔四九七〕イ参照)から、これに対して、注意的に規定したのである。

第二 承役地利用者の義務

〔四九九〕 一 地役権の内容に応じて、地役権者の行為を忍容し、または、一定の利用をしない不作為の義務を負うことが、承役地利用者の中心的な義務である。のみならず、地役権者が承役地利用者の設けた設備を利用する権利を有するときは、承役地利用者は、この設備をみだりに変更しない義務を負う。

〔五〇〇〕**二**　「設定行為又ハ特別契約ニ因リ承役地ノ所有者カ其費用ヲ以テ地役権ノ行使ノ為メニ工作物ヲ設ケ又ハ其修繕ヲ為ス義務ヲ負担シタルトキハ其義務ハ承役地ノ所有者ノ特定承継人モ亦之ヲ負担ス」(二八六条)。**(イ)**かような付随的の義務は、——たとい積極的な行為を内容とするにもせよ——地役権の内容とみるべきものであることは、前述した(〔四七七〕八)。しかし、一般には、かような義務は、地役権の内容ではなく、単なる債権であるが、民法の特則によって特定承継人に移転するのだと説かれる(末川三五九頁、柚木各論九三頁)。しかし、物権をそのように形式的に解する必要はなく、地役権の内容と考えてよいことは先に述べた通りである(〔四七七〕。同旨＝舟橋四二六頁)。**(ロ)**特定承継人に対抗するためには、登記を必要とする(不登一一三条)。**(ハ)**右の義務は、しかし、いずれにしても、承役地を利用する利益に比較して付随的な程度を越えてはならない。したがって、もし承役地所有者が土地の利用を放棄してこの義務を免れようとするときは、これを認めるべきである。これが「承役地ノ所有者ハ何時ニテモ地役権ニ必要ナル土地ノ部分ノ所有権ヲ地役権者ニ委棄シテ前条ノ負担ヲ免ルルコトヲ得」(二八七条)と規定した理由である。(a)この委棄は、土地所有権を地役権者に移転するという一方的意思表示であって、地役権者に対してなすべきものである。(b)委棄によって、所有権が地役権者に移転したときは、地役権は混同(一七九条一項)によって消滅すると解すべきであろう(末川三六〇頁、柚木各論九三頁)。

第三　地役権から生ずる物上請求権

〔五〇一〕地役権は、一定の範囲において承役地に直接の支配を及ぼす物権であるから、その支配が妨げられた場合には、これを排除することを請求する物上請求権(〔三一〕—〔三五〕参照)を生ずる。ただし——承役地を占有すべき権利を伴わないから——所有物返還請求権に該当するものはなく、ただ妨害除去請求権と妨害予防請求権とだけである（ド民一〇二七条参照）。要件・内容等は所有権に準じて解すればよい（〔二六一〕—〔二六四〕参照）。

第四節　地役権の消滅

〔五〇二〕 **第一**　地役権の消滅事由

地役権が、要役地もしくは承役地の消滅・地役権者の放棄・混同（一七九条）・存続期間の満了・約定消滅事由の発生・地役権の収用（土地収用法五条一項一号）などによって消滅することについては、別に説明することはない。承役地の時効取得による消滅と地役権の消滅時効とについてだけ、民法に特別の規定がある。

〔五〇三〕 **第二**　承役地の時効取得による消滅

承役地が第三者によって時効取得された場合には、地役権は消滅する（二八九条）。もちろん当然のことである。ただし、**(イ)**右の取得時効の基礎となった占有が、地役権の存在を認容したものである——例えば表現・継続の地役権である——場合には、取得時効によって取得される所有権は、地役権に制限された所有権であるから、これによって地役権が消滅しないこともちろんである（通説・判例。大判大正九・七・一六民一一〇八頁。総則〔四八三〕イ参照。反対＝三潴二三七頁）。**(ロ)**承役地が第三者によって時効取得される場合に、地役権者がその権利——例えば作為の地役権——を行使していれば、時効取得の基礎たる占有は地役権の制限を受けることになるから、承役地が時効取得されても、地役権は消滅しない。第二九〇条はこの趣旨をいい表したものである。ただし、同条が、承役地が時効取得されることによって地役権が消滅することを地役権の消滅時効といっているのは、正しくない。

第三　地役権の時効消滅

〔五〇四〕(1)地役権が第一六七条第二項の規定に従って消滅時効にかかることはもちろんだが、民法は、その時効期間の起算点に関して規定を設けている。すなわち、(イ)不継続地役権については、最後の行使の時、(ロ)継続地役権については、その行使を妨げるような事実を生じた時である(二九一条)。

〔五〇五〕(2)要役地が共有であるときには、消滅時効は、全共有者について完成した場合にだけ効力を生ずる(二九二条)。このことは前述した(四八三ロ)。

〔五〇六〕(3)地役権者が、地役権の内容の一部分だけを行使するとき、例えば六尺の通路を設けることができるのに三尺の通路を設けているような場合には、その不行使の部分だけが時効によって消滅する(二九三条)。

第六章　入　会　権

第一節　総　説

第一　入会権の意義と入会慣行の実態

〔五〇七〕 一　入会権は、一般に一定の地域の住民が、一定の山林原野などにおいて、共同して収益――主として雑草・秣草・薪炭用雑木等の採取――をする慣習上の権利であると定義されている（末弘六七七頁、末川三六一頁、我妻旧旧版四三六頁、川島理論二五五頁など）。あるいは重点を共同体による土地支配において、村落共同体もしくはこれに準ずる共同体が、土地、主として山林原野に対して総有的に支配するところの慣習上の物権であるとする（川島・注民(7)五一〇頁）。

民法は、入会権を「共有ノ性質ヲ有スル入会権」と「共有ノ性質ヲ有セサル入会権」に区別して、いずれも「各地方ノ慣習ニ従フ外」前者については共有に関する規定を「適用」し（二六三条）、後者については地役権に関する規定を「準用」する（二九四条）と定めたにすぎない。後述の村中入会が前者に当り、他村持地入会等が後者に当るとしたのであろうが、複雑多岐にわたる入会権をわずか二箇条で規定し、あとは各地の慣習にゆだねてしまい、少しもこの権利の性質を明らかにしていない。民法制定の際、各地の入会慣行を調査する暇がなかったからだということである。したがって、入会権の本質を明らかにするためには、まずその慣行の詳細を明らかにし、次いでその法律的構成を考察し、最後にこれを現行民法の理論的体系と調和させることに努めるべきであり、そして、その理論構成に当っては、徳川時代から明治初年にかけての部落(村落)および部落財産の法律的性質を検討しなければならないはずである。しかし、各地の慣習については、民法施行後も政府による充分な調査が行われることもなく経過した。入会権に関する紛争が訴訟事件となった場合には、裁判所は各地それぞれの慣習(これが第一次の法源である)を調査して判決を下したのであるが(その意味で裁判例の持つ意義は大きい)、観念的な理論に基づいて判断を下した場合も見られ、具体的に各地の慣習を明らかにして、これによって裁判をするという点で必ずしも充分に審理を尽さなかったうらみがある。

しかし、その後、この点に関する学者の研究には相当の成果を示すものもあったが(中田「徳川時代に於ける村の人格」・「徳川時代における山年貢」・「明治初年に於ける村の人格」・「明治初年の入会権」(法制史論集第二巻所収)、戒能・入会の研究など)、さらに昭和三〇年前後から入会慣行、特に社会経済の発展に伴うその解体現象が法社会学者の関心を呼び、他方でその解体過程での紛争が世の注目をあびることになった。その結果、各地の入会慣行の実態調査が行われ、その成果が多数発表された(それらの文献については、注民(7)の「入会権」五〇一頁以下に詳しい)。それらの調査研究を基礎に、入会権について新しい理論的解明も行われるに至っている(注民(7)における川島・潮見・中尾・渡辺の諸氏分担の論講は必読の文献である。この章の記述はこれらの労作に負うところが大きい)。

ところで、右のような土地に対する慣習上の物権である入会権は、明治に入って、一方、近代的な土地所有権が確立される過程において、他方、町村制の導入が村落共同体(入会集団)に与えた影響、さらに下っては、集団規制の弛緩や入会地の利用の形態の変化など、外部的および内部的要因によってゆすぶられ、変容ないし解体の道をたどることになる。入会権を検討するに当ってはこれらの変遷のあらましを念頭に入れておく必要がある。

〔五〇八〕 **二** 入会の原型――古典的入会権

(1)入会権は土地に対していわばピラミッド型の、公の色彩の強い階層的支配がなされた時代に、直接に農地を耕作して自然経済を営んでいた農民たちが、周辺の山林原野で自家用の薪や雑草類を採取していた慣行に由来する。その慣行は農民たちが構成していた村(入会集団)の規範――それも慣行の中から形成された――の中に融け込んで、一体となっていたのである。その地盤である土地に対する近代的な意味で、全面的、排他的な所有という概念は薄く、むしろ入会慣行の範囲において当該の地盤は入会集団の支配・管理下にあると意識されていた。つまり入会の対象である土地の管理権能は入会集団である村落共同体に属し、しかし具体的な用益権の行使権能は入会集団の構成員に分属するという総有関係が成立していたのである(〔三四一〕参照)。

もっとも、地盤である土地との関係は右のような単純な形態ばかりではなく、同一の地盤に対して二つ以上の村落共同体が共同で入会権を有する場合(総手的共有)も少なくなかった。そこでは地盤の所属(どの部落の持地であるか)と入会集団との関係につき次のような諸形態があった。

(a)甲部落有――甲部落民入会　「村中入会」・「惣山」などと呼ばれた。典型的な総有である。

(b)甲乙両部落有――甲乙両部落民入会　「数村持地入会」と呼ばれた。二つの総有が一つの山林の上に共有関係として存在するわけだが、甲乙両部落の関係は慣習によって定まっていた。

(c)甲部落有――甲乙両部落民入会　乙部落の立場から「他村持地入会」と呼ばれた。甲については総有、乙については他物権の総有的帰属である。

(d)右のほかに、個人あるいは寺・社などの所有地に入会慣行が成立していた場合もあり、それは入会集団による他物権の準総有である。

(2)入会権の主体は、すでに述べたように、実在的総合人である部落(入会集団)である。典型的な総有である村中入会の場合にも、他物権の準総有である他村持地入会の場合にも、それぞれ管理権能は部落に、利用権能はその部落民に質的に分属した。部落民のうち入会権能を持つ者の範囲、例えば分家した者や新しく来住した者(新戸)に入会稼を認めるかどうかもすべて慣習によったが、全員の合意があれば変更することも可能であったと思われる。

(3)利用権の内容・形態は、自然経済下で各自が自家用の薪や飼料・肥料のための雑木・雑草の採取などが普通であったが、採取の時期の制限、採取方法の規制(例えば鎌・鉈まではよいが鋸の使用は禁止とか、本人に限るなど)、その他すべて慣習によって定まった。部落民の入会稼の権利は原則として平等であり、処分することや分割することは認められなかった。いわゆる「個別的共同利用形態」が普通であって、その他の利用形態、例えば「分け地」利用形態などの存在が報告されているが、例外であったと思われる。講学上右のような入会権は古典的入会権と呼ばれている。

〔五〇九〕**三**　入会権の社会的作用　右のような態様を有する入会権は、いかなる社会的作用をもったものであろうか。その古典的原型においては主として自然経済を営んだ農村住民にとって、入会権がその生活の基礎だったことは想像するに難くない。秣草・肥料・薪炭材料などの採取は、すべて入会権に依拠したのであって、これなしには、農民の生活は維持しえなかったものである。しかし、入会権は、その半面に大きな弊害を伴う。第一に、入会は、その土地の管理を怠らせ収益の絶対量を減少させる傾向がある。第二に、入会は、土地の荒廃を招き(「入会地は荒れる」)、水源地を崩壊させ洪水の災害を増すおそれがある。第三に、入会権の存在は、土地の開発を妨げ、その交換価値を減少させるおそれがある。しかも、右の利害は、社会経済の発達に伴って、益〻利益を減じて弊害を増す傾向を示す。けだし、農業技術の発達・農村における交換経済の拡大・交通の発達などは、相応じて、入会権の農業的価値を減少させる。反対に、農村部落における人口の増加と生活苦とは、入会権行使に関する団体的統制を弛緩させ、入会地の荒廃を益〻甚だしくした。そして、林業を奨励し原野を開発する必要が増大するとともに、入会権の存在は益〻苦痛に感じられるようになった(川瀬・公有林及共有林役(即入会権)一三七頁・三一五頁参照)。

右のような事情は、後述のように、入会権の整理と消除の政策が採られた理由である(川瀬・前掲三三四頁・一四八頁・三二〇頁)。このような政策もその範囲では、社会の経済的発達から見て、至当な方針といいうるであろう。しかし、入会権の整理と消除とは、常に、入会権を行使する農民、殊に交換経済に順応しえない貧窮な農民を犠牲とするものであった。入会権の整理と消除によって得られる利益は少なくはない。しかし、それは、主として、その土地の開発によって直接に利益を享け、あるいは、村有財産の増加によって公課の負担を軽減される富有な農民に帰するものであった。貧窮な農民は、――少なくとも直接には――損失を蒙るだけである。かような事情を考えれば、少なくとも公権力によって入会権の消除をはかるべきではなく、入会権はこれを存続させ、これによって生ずる弊害は、むしろ、国家および地方団体の林業政策、治山・治水の対策などによって防止することに努むべきであったろう。しかし、明治初期から採られた政策はつぎに述べるように欠陥の多いものであった。

〔五〇九ノ二〕**四** 明治初期以降における法体制の整備と入会慣行 上記の古典的入会慣行ないし入会権は、明治初期の近代的土地所有権の整備、部落を巻き込んだ町村制の確立の過程で大きくゆさぶられた。一国の産業経済が近代的な発展を遂げるに当っては、多くの場合にその前提として土地制度の改革が求められることになる。廃藩置県によって統一された明治初期のわが国の場合も例外ではない。租税収入の中で大きな割合を占めた地租(明治五年の地租改正にはじまる)の基盤を明確にするねらいもあって、土地所有を官有か民有かに振り分ける作業が中央政府によって強行されることになり(明治七年の地所官民有区分)、近代的土地所有制度の確立がその緒につくと、それまであまり問題でなかった入会地の地盤の所有関係が次第にいずれかの形で表面化してくる。地盤に持ち込まれた近代的な所有権制度が、その地盤の上に存する前近代的な入会慣行に大きな影響を与えたのは、当然の成行きでもある。

(イ)国有地の場合 山林原野官民有の区分は次のような方針で行われた。すなわち一方で「旧領主地頭ニ於テ既ニ某村持ト相定メ、官簿又ハ公簿ノ内、公証スベキ書類ニ記載」のある場合と「樹木草茅等其村ニテ自由致シ、何村持ト唱来ルコトヲ比隣郡村ニ於テモ瞭知シ、遺証ニ代ツテ保証」した場合は別とするが、他方で「曾テ栽培ノ労費ナク全ク自然生ノ草木ヲ伐刈仕来ルモノハ、其ノ地盤ヲ所有セシモノニ非ズ」という指針を示して整理に当らせた(明治九年一二月二四日地租改正事務局別報一一号同派出官員心得書参照)。つまり公簿に記録があるか、周辺の郡村の保証が得られるものは、村持として村(部落)の所有を認めるが、単に自然生の草木を伐採していたにすぎないものについては地盤の所有を認めないというのである。このような基準を適用して整理が行われた結果、またそれが適正に行われない場合も加わって、官有地に編入されたものがかなりの数量に達した。もっとも右の文言に現れたところでは、特定の土地を官有地とするというだけのことで、入会慣行の廃止には触れていない。各地によって事情が異なるが、従前通り入会を認めていた場合が多く、裁判所も国有地上の入会権を承認していた（大判明治一一・一・二四民録明治一一年一—四月一頁、同明治一三・三・二五民録明治一三年一—三月七八九頁など）のである。ところが、明治一四年頃から、政府はしだいに官有地管理を厳重にし、官有地入会を否定し、部落民の官有地への立入を禁止するようになった。そのため各地で官有地入会をめぐる紛争が発生した。しかし、民法典起草の資料として法典調査会が明治二六年に全国的に行なった調査の報告書（全国山林原野入会慣行調査資料）でも、国有地上に入会権が存在することを当然視して記録している。しかるにその後政府は態度を変更して国有地から入会権を締め出す政策をとるようになり、国有地での入会稼を森林盗伐であるとして検挙・投獄したので、紛争が頻発した。このような経過の中で、一部の入会地は入会集団に縁故払下げが行われた。また明治二十三、四年頃には、委託林制度や部分林の設定、国有地の借地などのほか、産物縁故慣行特売の制度（会計法二九条、予算決算及ビ会計令九九条二二号）などの諸措置によって紛争の回避が計られた（渡辺・私法二〇号八八頁参照）。これらの緩和策は旧国有林野法（明治三二年法八五号）に取り入れられ、現行の国有林野法（昭和二六年法二四六号）に承継されている（同法九条以下、一八条以下）。これらの措置を通じて形式的には、旧来の官有地入会の大部分は国と地元住民との債権契約という形におきかえられた（潮見・注民(7)五三五頁）。このような経過は裁判にも反映し、国有地上の入会権を否定する判例が確定し（大判（聯合部）大正四・三・一六民三二八頁）、長く影響を及ぼした（その後の事情については〔五一〇〕参照）。

（ロ）公有地の場合　明治初年の地租改正の際に、何村持ということが、旧領主地頭などの公簿で明らかにされ、または比隣の郡村で認めていた山林原野は、これをその所有と認めたことは先に述べた通りである。村中入会や数村持地入会などの入会慣行がある場合にも、村、大字、組などの団体が団体として一村所有または数村共有の地券を受けた例が多かったという（戒能・入会の研究二三九頁以下参照）。ここに所有または共有というのは、形の上では、その後次第に明確にされていく近代的な所有と同じ言葉であるが、その実が総有であったことは疑いがない。そして、他方で部落の総有であった山林原野のうち、あるものは、入会総権利者名義またはその代表者数人もしくは一人の名義で地券を受け、またはその名義に書き改められたものも少なくなかった。村の名で地券の発給を受けるか、記名共有等の形式にするかはそれぞれの場合の便宜の問題であって、慣習上の権利関係の実態にはほとんど関係がなかったといわれる。そのいずれも国有とされたものと違って、当時その地盤の上の入会権が存したことは全く疑われることはなかった。ところが、明治政府は、地租改正と前後して町村制度の整備に力を入れた結果、村落共同体としての「村」が次第に行政上の公法人としての町村に移行ないし併呑されていった。従来の「村」は新しい町村制の下で村の一部としての部落であると観念されるに至った。そして部落の所有名義の土地は町村ないし部落の公有財産であると把握されることになり、個人有の地券の交付を受けた場合と決定的な差異を生ずることとなった。しかし、現実に存在する入会慣行に対する地域住民の権利意識は国有地の場合よりもさらに強いものであったので、明治二二年四月施行の町村制（明治二一年法一号）は二つの緩和策を採用した。その一つとして旧慣使用権（町村制八三条、現行の地方自治法二三八条の六参照）の制度を設けて、入会慣行をほぼ全面的にこれに取り入れた。その結果、さし当り現実の入会稼に支障は生じなかったが、入会慣行は公法上の権利に転化したと構成され（そこから入会権公権論が生れた）、町村の支配に服し、かつ入会地の管理処分権を含まない使用権におとされることとなった。その二つとして財産区を設定して、市町村の一部である部落に法人格を与え、財産権の主体としての地位を認めた。そこでは旧来の村中入会の実質が一応維持されたのである。

しかるに明治四三年以降、政府は部落有林野を市町村有林野に統一する政策を正面からおしすすめ、部落有林野は①無条件で市町村有林野に統一されたもの、②条件付で統一されたもの、③未統一のものの三の類型に分けた。そのうち、条件付統一地は所有名義を形式的に市町村に移しながら、実質的な林野支配権を部落が留保したものであるが、留保された支配権が実際にどの程度かはそれぞれの場合で差異があり、地元住民が有する慣習上の権利が入会権であるか（裁判所の見解）、旧慣使用権であるか（行政当局の見解）の解釈上の対立を生じた。両者の違いは慣行上の権利の変更ないし廃止について地元住民（入会集団）の決議を要するか、地方自治法に従って市町村議会の決議でよいかの点にきわだって現れる。この司法部と行政部の見解の対立は、現実には両者の決議を経るということで妥協した形になっているが、昭和四一年に成立した入会林野等に係わる権利関係の近代化の助長に関する法律（昭和四一年法一二六号、入会林野近代化法と呼ばれる）の成立まで尾を引いている。

（ハ）私有地の場合　先に述べたように、明治初年の地租改正、地所官民有区分によって、個人名義、記名共有名義、稀には神社有または寺有名義で地券の交付を受けたものがあり、またその後官有地の払下げなどを通じて私有地とされた山林原野もある。前者の大部分は実質的には部落有（入会集団による総有）

のものであり、後者の中にも同様のものが多く含まれていたと思われるが、形の上では地券から不動産登記簿への移りかわり(不動産登記法の施行は明治三二年六月一六日)によって不動産登記簿に「村」ないし入会集団でない者が所有者として公示された。そして時のたつに従って、所有名義人の地位は次第に強いものになった。もっとも、入会権は他人の山林原野の上にも存在することが認められており(民二九四条)、登記がなくても第三者に対抗することが認められるから(〔三二〇〕二)、入会集団が入会慣行を実行している限り、入会権は消滅することなく少なくとも共有の性質を有しないものとして存続する建前である(一たん国有地編入された山林原野の上の入会権は消滅するという原則が認められた場合、当該の土地の払下げを受けた者が、入会権の負担のない所有権を取得したかどうかが紛争の種になった)。

〔五〇九ノ三〕**五**　近代における入会地利用形態の変化　貨幣経済・商品経済が農山村にもおしよせると、従来の自然経済的共同利用形態は必ずしも妥当なものでなくなる。特に入会地が開墾もしくは植林に適している場合には、むしろ分割して各人の利用にまかせ(徳川末期にもその例があるという)、もしくは一括して部落の直轄によって経営する方が効率的である。このような事情に加えて、古典的な利用形態によって得られる収益——肥料用の雑草、家畜用の秣草、薪炭用の雑木などに対する部落民の需要度の低下という状況が加わると、利用形態の変化が急速に促進される。さらに都市化の波を受けて村落共同体の規制が弱まるという現象が決定的な影響を与える。このようにして現在では古典的共同利用の入会稼の形態からつぎの三つの利用形態への変化が見られる。この変化が入会権の内容にどのような影響を与えるかは注目に値する。

(イ) 直轄利用形態　入会団体が全体として産物を取得する形態である。入会団体が植林・造林等の入会地の経営をやり(通常、古典的共同利用の制限もしくは禁止を伴う。その意味で入会地は留山と呼ばれた）、その結果である産物を団体が取得し、その売却代金は、入会団体の共同の利益（消防施設・道路の開設など）のために支出され、また各入会権者に分割・配分する。その配分は原則として入会権利者としての個人に対して行われるのであるが、他出者や新戸にこれを受ける権利があるかどうかがしばしば紛争の対象となる。直轄利用形態が採用されると、少なくとも収益分配にあずかるという入会権者の権利は持分的なものになる。しかし、それだけで入会権が消滅したと解すべきではない。

（ロ）分割利用形態　入会地を分割して個々の入会権者に原則として平等に割り当てて、その個別的利用を許す形態である（割地・割山と呼ばれる）。利用の結果である収益は個々の入会権者に私的に帰属する。利用は多く無償であるが（分割利用者の数が限られている場合にはくじ引きなどできめ、有償となることがある）、利用内容、利用期間は入会団体の規制に服し、一定の期間で利用者の交替（割替）が行われる場合も少なくない。したがって、この利用形態が採用された場合にも、入会権が消滅したと解すべきではない。

（ハ）契約利用形態　入会団体が個々の入会権者もしくは入会権者でない者と契約を締結して入会地の利用を許す形態である。原則として対価を徴する。契約は入札によって締結される場合が多く、入札資格を入会権者に限る場合も少なくない。この利用形態の利用者が受ける制約が、もっぱら当該の契約により、共同体的規制を一切うけない場合には、入会地の利用権は民法上の賃借権である。しかしその場合にも当該土地に対する入会団体の総有権は依然として存在し、その対価収入は入会団体の総有に帰する。また利用契約が終了したときは、その後どのような利用形態をとるかは構成員全員の同意によって決定することになる。

第二 入会権の法律的性質

〔五一〇〕 一 民法の規定 (1)民法は、入会権には、(a)共有の性質を有するもの(二六三条)と、(b)共有の性質を有しないもの(二九四条)との二種があるとし、前者に共有の規定を適用し、後者に地役権の規定を準用する。これは私所有権制度に対応した構成であって、入会地の地盤が入会部落の所有であるときは、共有の本質を有し、入会地の地盤が入会部落以外の者の所有であるときは、地役権に類似する性質を有する(〔五〇八〕参照)――地役権そのものと見なかったのは、部落民の利益のためであって、土地の便益のためでないから――と考えたのであろう(判例は大判大正九・六・二六民九三三頁の聯合部判決以来ほとんどがそう解釈し、多数の学者もそれを支持した)。しかし、「共有の性質を有する」と言っても、部落民各自は、慣習上例外なく入会地について持分権を認められず、また分割請求権もない。かえって、部落の共同生活を規律する規範に従って、部落民たる資格を得たり失ったりすることによって、当然に入会権を取得したり喪失したりする(〔五二四〕・〔五二九〕参照)。そして、部落という団体を構成し、その一員として入会地の処分管理等に参与する。その意味では入会権は部落(入会集団)に属する。ただ、収益という面で各部落民は個人的な権利を有する。したがって、その関係は正に一の総有である(〔三四二〕参照)。また、「共有の性質を有しない」場合においても、地盤の所有者との間に、他人の土地を利用する関係を生じ、土地所有者と利用者とは共同して、――所有者の損害が最も少ないように――利用する、という点では、地役権類似の関係を生ずるともいえる。しかし、その他人の土地を利用する権利が、入会部落および部落民に帰属する関係は、他物権の総有的帰属(準総有)とみるべきである。すなわち、その利用権そのものの管理は部落に属し、利用権能は部落民に個人的に帰属する(近時の通説といってよい)。

〔五二一〕

(2)右に述べたように、入会権の本質を慣習上形成された共同利用の物権と解するならば、近代的な所有権制度の導入に当って、何らかの外部からの行政上の措置などにより、入会地が入会集団以外の者の所有とされても、入会集団の解消→入会慣行の廃絶がないかぎり、入会権は消滅せず、共有の性質を有しない入会権として存続することになる(民法施行前はもちろん、民法施行後においても、同法第一七七条および不動産登記法第一条はその登記をもって対抗要件としていないこと参照)。

(イ)地盤が国有地に編入されても、入会集団がそれとして存続する限り、入会権は消滅しない。ただ入会権の性質と相容れないものでない範囲で国有林野法上の規制を受けるにすぎないと解される(川島・注民(7)五二八頁以下)。この点につき大審院も行政裁判所も当初は入会権の存続を肯定したが、後に大審院は聯合部において国有地上に入会権は存在しないとした(大判(聯合部)大正四・三・一六民三二八頁)。その理由づけとして官民有区分の際にいやしくも部落民の収益権を認むべきものはすべて民有地としたし、そうでない場合にはその埋め合せとして払下げまたは貸与の措置がとられたという。しかし、当時の事情は必ずしもそうではなく、埋め合せの措置も充分に取られていないことが実態調査によって指摘され、学説はこぞって判例に反対していた。近時、最高裁判所もこれを容れて、「官有地に編入されたとはいえ、その地上に村民の植栽培養を伴う明確な入会慣行があるため、これが尊重され、従前の慣行がそのまま容認されていた」地域では、国有地に入会権が存続していたと解するに至った(最判昭和四八・三・一三民二七七頁)。

(ロ)この点は、町村制の整備によって公有地とされた場合にも同じである。入会権は、近代的な法人格を有する地方自治団体という制度が輸入される以前の、「実在的総合人」(Genossenschaft)としての部落協同体の共同所有権および他人の土地における共同収益権であって、その権利自体の管理は部落団体に属し、それに基づく収益権能だけが各部落民に属する関係である。民法は、各部落民の個人的収益権に着眼して、これを入会権とした。しかし、その背後に、右のような協同体が存在していることを無視することはできない。そして、先にも述べたように町村制（明治二一年）の実施にともない、従来入会権の主体とされた部落は、多くの場合、数個合して行政上一つの村とされた。そして、村の法人格は、実在的総合人とは全く性質の異なるものである。したがって、これに吸収された実在的総合人はその存立の根拠を失ったというべきもののようにみえる（中田前掲）。しかし、入会権は、民法上、各地の慣習に従うものとされるのだから、この慣習を根拠として、実在的総合人の存在を認めることは、さしつかえない。この意味において、明治初年の村は、行政団体たる性格（行政村）と、共同経済団体たる性格（自然村）とを有し、前者としての権能は、町村制による地方自治体に吸収されたが、後者としての権能は、依然として残存するともいいうるであろう（この点に関する戒能・前掲第四章の詳細な論述は極めて優れている）。

〔五二〕　**二**　以上の諸点を分説すれば、若干繰り返しになるが次のようになる。

(1) 入会権の主体は、常に、「実在的総合人」を構成する。(イ)部落有地に入会うときも、国有地、公有地その他他人の所有地に入会うときも、同様である。したがって、入会権の主体は、見ようによって、部落でもあり、部落民でもある（判例は判然としない。大判明治三六・六・一九民七五九頁、同明治四〇・一二・一八民一二三七頁、同明治三九・二・五民一六五頁、同昭和九・二・三法学三巻六号八八頁等参照）。(ロ)従来、入会権の主体であった部落が町村制の実施（明治二一年）によって法人格を与えられた場合にも（部落がそのまま町村になった場合も、入会地盤が町村の一部に編入されたが財産区となった場合も）、入会権帰属の関係では、なお実在的総合人たる性質を保留すると解すべきである。

〔五一三〕 (2)入会地の地盤が入会部落に帰属するときは（〔五〇八〕1のaの場合）、総有そのものである。入会部落が、右の町村制の実施によって、そのまま法人となった場合には、地盤は法人たる村の所有とされ、部落民とは関係のない第三者の所有地のような形になる。入会地盤が財産区となった場合にも同様である。しかし、かような場合にも、他人の所有地に入会う場合とはせずに、従前の実在的総合人の総有に残ると解すべきである。したがって、普通の村有財産の規定によって処分することはできない（地方自治法九六条参照）。そして、右の関係は、入会部落が町村制の実施によって一つの町村の一部となった場合でも同様である（判例は、入会権の存続を認めるが、他人の土地に入会う関係となると考えているようである（大判明治三九・二・五民一六五頁、同昭和九・二・三法学三巻六号八八頁、同昭和一一・一・二二新聞三九四一号一〇頁等参照））。

もっとも、この点、町村制は、町村有財産について町村議会の決議によってその上の旧慣上の権利を廃止または変更しうるように規定し、該当条文は現行の地方自治法第二三八条の六に受け継がれ、「旧慣を変更しようとするときは、市町村の議会の決議を経なければならない」と規定されている。大審院判例は古くから、入会権には町村制の右の規定は適用されないとし（大判明治三九・二・五民録一六五頁、同昭和一一・一・二二新聞三九四一号一〇頁等）、行政裁判所もこの説を採っていた。最近では上記条文を、慣習による決議（原則として全員一致）のほかになお市町村議会の議決を必要とすると読む折衷説が行政実務家から主張されている。入会権に関連しては民法の二箇条とも読み合せて第一次に旧慣により（例えば入会稼の資格要件なども）その範囲外の問題について地方自治法の規定が適用されると解すべきであろう（同旨＝星野一八一頁）。なお、右の関係は、町村制の実施によって部落が一つの町村の一部となった場合にも同様である。

〔五一四〕 (3)入会地が、数部落有であって、その数部落がこの上に入会うとき（〔五〇八〕1のbの場合）は、各部落がそれぞれ実在的総合人をなし、部落相互の間は、総手的共有の関係（〔三四三〕参照）に立つと見るべきである。その部落の全部または一部が、一個または数個の法人——市町村または財産区——となった場合でも、理論は前段と同様である。

〔五一五〕　(4)他人の所有に属する土地に入会うとき（〔五〇八〕1のcdの場合）は、一種の他物権の総有的帰属とみるべきである。そして、所有者が他部落であってその部落民もその土地に入会う場合には、両部落間の関係は総合人間の関係となる。部落が法人とされても影響のないことは前段と同様である。

〔五一六〕　(5)いずれの場合にも、入会権においては、目的地の管理処分の権能は、部落自身に帰属し、収益の権能は、部落民各個に帰属する。権利は質的に分属する。

第二節　入会権の効力

第一　古典的入会権における共同収益

〔五一七〕　**一**　共同収益権の範囲　入会権者たる住民は、入会地において、各地方の慣習に従って共同収益をすることができる。これが現行法上の入会権の本体的な効力である。**(イ)**共同収益の範囲は、秣草・肥草などの雑草刈取、小柴・枯枝・落葉などの採取を普通とするが、製炭材料・建築その他の用材の伐採から石材（大判大正六・一一・二八民二〇一八頁は石材の例）の採取に及ぶ例もある。また、**(ロ)**入会権を行使する者（雇人を禁ずるなど。大判昭和一〇・八・一新聞三八七九号一〇頁—戸主または世帯主に限ることを不法に非ずとする）・収益に使用する器具（大判大正一三・二・一新聞二二三八号一八頁はこの例）・一回の収益量・収益期日などによって制限する場合も少なくない（川瀬・前掲二五五頁・二二二頁参照）。要するに、入会権に基づく収益の内容および範囲は多種多様であり、慣習によって定まる。

〔五一八〕 **二** 収益権の差異　(イ)村中入会においては、各入会権者の収益権は平等である（大判明治三九・二・五民一六五頁等）。(ロ)数村持地入会においては、地元部落が多少の特権を有することもあるが、収益権の内容は、普通には、平等である。(ハ)他村持地入会においては、所有村民の収益権と他村民の収益権との間に差異のあることが少なくない（前掲大判大正一三・二・一新聞二二三八号一八頁）。すなわち、所有村民の需要を充たした残余の程度に制限されている場合が多い（ただし挙証責任は所有部落にある（大判明治三四・二・一民二巻一頁））。(ニ)個人有地の入会においても、収益権の範囲は制限されている場合が多い。しかし、入会村民相互の間には、差異のないのが普通であろう。もっとも近時の調査によれば差異がある場合は稀ではないという（例えば新戸には分割利用権を認めないとか、直轄利用において造林労働への参加に応じて分配を異にするなど（渡辺・注民(7)五五八頁参照））。

〔五一九〕 **三** 共同収益の対価　(イ)入会地の所有権が入会部落に属する場合には、入会権行使の対価のないのを原則とする。ただし、入会地管理の費用を分担しなければならないことが多い。(ロ)これに反し、入会地の所有権が入会部落以外の者の所有に属するときは、入会料が支払われる場合が少なくない。その種類・程度などは、すべて慣習による。

第二　近代の利用形態における収益

〔五一九ノ二〕 個別的共同収益を基本とする古典的入会権は、近代における社会経済の発展と農村生活の変化に伴ってその利用形態に大きな変化を受け、直轄利用形態、分割利用形態、契約利用形態などが多く見られるようになった（詳しくは〔五〇九ノ三〕参照）。これらの利用形態が認められるためには、入会集団の構成員全員の同意を必要とすることはいうまでもない。しかし、その結果、少なくともこれらの利用形態が有効に存続する間は古典的入会慣行において認められた個別的共同収益は不能となり、または大きく制限される（直轄利用の場合はなお軽微な入会稼が認められる場合がある）。しかし、入会集団が実在的総合人として存在する限り、集団は依然として入会権を保有し、ただ集団構成員の共同収益権は、それぞれの利用形態に応じて得られる収益に関与し均霑《きんてん》する権利に転化する（その内容はほぼ〔五〇九ノ三〕において述べた通りである）。

第三　入会権の侵害に対する効力

入会権も物権の一種として、侵害に対してその排除請求権ならびに侵害によって被った損害の賠償請求権が認められることは言うまでもない。また必要な場合は権利存在の確認を訴求することもできる。注意すべき点が二つある。その一つは侵害が個々の入会権者の不当な入会稼によって生じているか、第三者によって行われているかである。他の一つは右との関連において、入会権に基づいて請求をなしうる者は、入会集団それ自身か、それとも個々の入会権者かである。さらに、入会集団が訴えの当事者となった場合に入会集団はどのような形で登場すべきかである。

〔五二〇〕　**一　入会権の不当な行使による侵害**　（イ）入会権者のうちのある者が、その収益権限の範囲を越えて収益するときは、部落それ自身が、その団体の統制規範によって、その不法な行為の停止および損害賠償を請求することができる。のみならず、その違法な収益によって他の入会権者の収益権を害するときは、各収益権者、すなわち部落民各自もまた、右の請求をすることができると解すべきであろう。けだし、右の侵害行為は、単に部落団体の統制をみだすだけでなく、各部落民の有する固有権たる収益権能を侵害するものだからである（大判大正七・三・九民四三四頁—理論として認める。ただし、二寸以下の柴薪を採取する他人所有地上の入会慣行がある場合に、二寸以上の樹木を伐採しても、他の部落民の入会権の侵害にならないこともあり得るという。広中五〇五頁参照）。のみならず、他人の土地に入会う場合には土地所有者の権利を侵害したことになる場合も起る。

（ロ）入会権者のうちのある者が、特定の入会権者の入会権の行使を妨げるときも、右と同様に解すべきである。けだし、この場合にも、その侵害行為は、一面、団体統制をみだすとともに、他面、その妨げられた入会権者の固有権を侵害するからである（同旨＝末弘七〇一頁）。

〔五三一〕 **二** 第三者の侵害　（イ）第三者の侵害についても、理論は、入会権者の不当行使による侵害と異なるところはない。入会部落自身は、外部に対し、入会権の帰属者として、侵害行為の排除を請求することができる。のみならず、侵害を被る各住民または妨害された各住民も、独立に、その固有権に基づいて、侵害の排斥をなしうると解すべきである（大判大正六・一一・二八民二〇一八頁、同旨＝末弘七〇一頁）。

（ロ）他村持地入会において、入会地を所有する部落が、他村民の入会権の不当な行使によって侵害を受けるときも、理論は、右と全く同様である。

（ハ）入会地所有部落その他入会地を所有する個人も、その土地の上の入会権を侵害してはならない（大刑判昭和二・九・八新聞二七五五号九頁）。

〔五三二〕 **三** 特殊の利用形態の場合　直轄利用形態等の特殊の利用形態が実施されている場合には、現実の利用者が排他的な収益権を有し、古典的な共同収益権は休眠状態となる。したがって第三者の侵害に対しては利用権者（直轄の場合は入会集団、分割の場合は当該の入会権者、契約の場合は借主）がその排除を求めることとなり、利用権者が利用権を不当に行使している場合には、当面、入会集団がその停止を請求することになろう。しかし個々の入会権者の潜在的な共同収益権が侵害される場合があるとすれば、独立にその排除を請求できると解される。

右に関連しては、入会集団が交渉・契約締結・請求・訴えの提起などの当事者として登場する場合が多い。古典的収益形態の場合をも含めて、入会集団の行為を代表する仕組みが問題になる。部落の慣習ないし規約があればそれによることになるが、訴訟との関係では——特に入会権の確認を求める訴えでは、既判力との関係もあり、判例は入会権者全員によってのみ訴求できるとする(最判昭和四一・一一・二五民一九二三頁)——問題が多い。もっとも、入会集団の慣習に反しない範囲で、代表者の定めがある場合は、代表者(民訴四六条)、代表者がない場合は選定当事者(民訴四七条)によることができると解すべきであろう。

第三節　入会権の得喪

第一　入会権の取得

一　入会権は、部落団体の総有権または総有的収益権であるから、部落としての入会権の取得(これを入会関係に焦点を合せて入会権の成立とする考え方もある。川島・注民(7)五四九頁、星野一八二頁)と、部落民として収益する固有権たる入会権の取得とを区別して考察しなければならない。前者は、主として部落そのものの対外的関係であり、後者は、部落の内部的統制の関係である。

〔五二三〕　(1)部落による入会権の取得　　部落が入会集団として入会権を取得するには、何よりもまず部落が実在的総合人として成立し、存在することを前提とする。そして近代的私所有権体系の中で、民法の定める法人でもなく、組合でもないこのような権利主体としての集団が認められる根拠は、もっぱら慣習——それも主として地域の土地・海面などの上の収益との関連における——に求められる。そのような意味において入会権の取得ないし成立は慣習による。民法の起草者はこのような集団が慣習によって入会権を有する場合を考えたのであり、新たに物権としての入会権を取得することを予想していなかったでもあろう。しかし、民法の文理からすれば、入会権を物権と認め(一七五条参照)、その内容ないし効力については詳しく規定せず、これを「各地ノ慣習ニ従フ」ことにしたのであり、その慣習を明治以前もしくは民法施行以前からのそれに限ったものと解さなければならない理由はない(民法施行法は民法施行前からの物権について三五条以下に若干の経過規定をおいているが、入会権については何も言及していない)。したがって民法施行後、入会慣行が長期に継続した場合に時効によって入会権が取得されうることは多くの学者の認めるところである(末弘七〇五頁、末川三六九頁、舟橋四五六頁、松坂二一九頁、広中五一三頁、反対＝石田(喜)一五一頁)。もっとも時効によるというのは、多くは慣習の立証が困難の場合で、実質的には慣習によると同一に帰する場合が少なくないであろう。しかし、理論的には民法施行後の入会慣行(土地の総有または収益権の準総有)の一〇年または二〇年の継続——入会集団による占有(一六二条・一六三条)——によって入会権の取得が認められるのである。もっとも、さらに進んで、契約によって入会権が取得されるかという点では、従来、学説の多くはこれを否定してきた(末弘七〇四頁、末川三六九頁、舟橋四五五頁、川島理論二六二頁、反対＝石田五二八頁)。しかし契約によるというのには二つの類型がある。一つは契約によって入会集団を組織する場合であり、他の一つは既存の実在的総合人である入会集団が契約によって新たに山林等の所有権を取得し、または他人の土地の上に収益権を取得することである。近時の実態調査の結果によると、この後者、すなわち実在的総合人である部落が、契約によって、新たに土地を取得し、もしくは他人の所有地に収益権(例えば地上権)を取得する例は少なからず存在するという（川島・注民(7)五四九頁以下、同所引用の諸調査報告参照）。このような場合には権利取得の際に特に除外しないかぎり、それぞれ共有の性質を有し、または有しない入会権が成立すると解すべきであろう（川島・前掲、広中五一二頁以下。同旨？＝星野一八二頁、松坂・前掲）。前者すなわち特定の地域住民が新たに団体を組織して、土地の所有権または共同利用権を取得し、入会関係を成立させることも可能であろうか。組合の合有として処理できるかぎり、これを入会権とすることは疑問である（新たな組織を認める慣習の有無が問題であり、公示方法が不完全であることなど。小林三衛「入会権と登記」ジュリ法理一六三頁は肯定）。なお、上記二つの類型とも債権的な関係としての入会関係の成立を否定すべき理由はなかろう（同旨＝末川三六四頁、川島理論二六二頁、星野一八二頁。広中五一三頁は入会集団が他人の土地を賃借した場合には債権的入会権ではなく総有的な債権的利用権とよぶのが適当だという。反対＝舟橋四五六頁。民法はこのような前近代的な関係の自由な設定を容認しない趣旨だとする。石田（喜）一五二頁も同旨）。慣習によって存在するものを、紛争解決などの際に契約で明瞭にする例もみられるが、手続上の瑕疵等がなければ以後当事者を拘束する。

〔五二四〕 (2) 部落民としての入会権の取得　いかなる者が、部落民として、実在的総合人の構成員と認められるかは、もっぱらこれに関して存在する当該部落の慣習的規範によって定まる。その部落の住民であることを原則とするが、他村住民でもその部落に田畑を所有する者を包含することもあり、また他から移住して来た者または分家した者を除外し、もしくは制限する（一定期間の居住や、賦役の履行、金品の供与などを条件とする）こともある。通常、相続または譲渡によって、一人で二人分の入会権をもつようなことはできない。

〔五二五〕 **二**　入会権は、部落として取得するときも、部落民として取得するときも、登記なしに第三者に対抗することができる。民法施行前も、他の物権と異なり、戸長の公証を必要としなかったものであり、不動産登記法もこれを予想していないからである（大判明治三六・六・一九民七五九頁、同大正一〇・一一・二八民二〇四五頁、〔一〇三〕ニ参照）。なお、古くは特定の地盤の上に入会権が存在するかどうかは、当該地盤の近辺においては公知の事実であって、実際問題としてはさほどの不都合はなかったと思われる。しかし、近時利用形態の変化、例えば分割利用形態や契約利用形態が採用されている場合には、共同利用の入会稼が行われないのに加えて入会集団である部落構成の変動もあり、入会権の実態が外部から認識しにくくなっている。もっとも、村中入会のように地盤が部落の所有である入会権の場合には、不登法は法人格のない部落名義の登記を認めないので（従前からの部落名義の登記はあったが終戦後にその整理が強行された。その経緯につき川島・注民(7)五八七頁参照）、地盤所有権は部落民の全員または一部の者の共有名義とするもの、代表者一名の名義とするもの、部落所在の社・寺の名義とするものなどがある。この種の登記は名義人が当該部落に居住していること、その他の事情も加わることによって、入会地につき新たに権利関係に入ろうとする者に対して一種の明認方法としての機能を果していることもあろう。しかし、他人の所有地への入会権の場合には、登記にそのような機能がないため、その他人から地盤を譲り受けた者が不測の損害を被ることが起りやすい。したがって立法論としては、共有の性質を有するもの、有しないものそれぞれについて部落ないし入会集団を主体とする登記を認めるべきである（同旨＝川島・前掲五八九頁、小林・前掲一六八頁以下）。

〔五三五ノ二〕　第二　入会権の変更

入会権の内容は原則として慣習によって定まるが、入会集団を構成する全員の一致があれば、これを変更することができる。

（a）共有の性質を有する入会権は、実は地盤の総有そのものであり（〔五一三〕参照）、地盤の管理処分の権能は部落に帰属するが、収益の権能は部落民各個に帰属し、通常は共同ではあるが各人がそれぞれ収益する形を取る。しかし共同収益と言っても、入会地の状況の変化（例えば樹木の成長とか一部の水没など）によっては入会稼の内容をかえる必要が生じ、また社会経済の変動(例えば農業経営の機械化、地域の都市化など)に応じて利用形態の切り換えが要請される。必要な変更、例えば養魚池とするとか、分け地として分割利用形態を採用し、または留め山として暫定的に休止するなど、全員一致で行うことはしばしば行われてきた。近時は直轄利用形態や契約利用形態も採用されていることは上述の通りである。これによって部落民としての入会権の内容は大きな影響をうけるが、入会権そのものは消滅するわけではなく、入会地から得られる収益は部落のために消費するか、部落民に平等に配分される。(b)共有の性質を有しない入会権の場合も同様であるが、地盤の所有者の同意なしに入会慣行を変更する(例えば採草地だったものを直轄利用として植林する)ことは許されないと解される(同旨＝川島・注民(7)五七五頁)。

なお、従来単一であった入会集団が入会地を分割して二個以上に分かれる例も見られ、これも広い意味では入会権の変更であり全員の一致を要する。

第三　入会権の消滅

部落として有する入会権の消滅と部落民として有する入会権の消滅とを区別すべきことは、前段と同様である。

〔五二六〕 (1)部落の有する入会権の消滅　(イ)土地の滅失によって入会権が消滅することは、いうまでもない(例えばダムの建設によって入会地が水没した場合)。入会地が入会の目的である収益が不能な状態となったとき、例えば沼への入漁権が地形の変化で沼が干上り不能となったときは、入会権は消滅するであろうか。地盤が他人の所有である入会においては、消滅することはもちろんである。もっとも、入会地の一部がその所有者または第三者によって宅地または道路とされたような場合に、入会権を理由に原状回復を求めることが認められるか、その部分についての入会権の消滅を理由に損害賠償請求のみを認めるべきかが問題となる(後の処理によるべきか)。地盤をも所有する場合には、各住民の収益権たる入会権は消滅するが、地盤に対する総有関係は残存すると見なければならない。したがって、新たな利用形態を採用することができる。ただし、この変化によって入会集団が実在的総合人として存在する根拠を失った場合には、住民の協議でその土地を適当に処理しなければならないというべきであろう。

〔五二七〕

(ロ)問題となるのは、入会部落の意思による入会権の廃止である。(a)いわゆる「共有ノ性質ヲ有スル入会権」においては、第二五六条の適用によって、各住民が廃止を請求しうるように考えられるけれども(二六三条)、この種の入会権の本質を部落団体の総有とみるときは、かような解釈はできない。のみならず、慣習によれば、入会権の廃止は、入会権者全部、すなわち入会部落全住民の同意を必要とするのが原則であったようである(中田・前掲。なお、末弘七〇五頁、石田・前掲六〇七頁、末川四一一頁等通説―スイス民法六五三条二項は別段の定めなきときは全員の同意を要すると定める)。見方をかえて言えば、部落民である入会権者のすべてが、その権利を放棄してはじめて入会権は全体として消滅するのである。(b)数個村入会においても、理論は同一である。全部落の協議――協議の要件は部落代表の規範に従う――によって入会地を分割することはできるけれども、分割の結果は、各部落において村中入会を生ずるから、その廃止は前者と同一である(中田・前掲、末弘七〇七頁)。(c)入会地の所有権が他人に属する場合にも、入会権たる他物権は総有的に帰属するのだから、その廃止は、前段と同様の理由により、全住民の同意を要すると解すべきである。(d)部落が法人である場合には、地方自治法の規定により、「町村議会の議決」で廃止することができるように見える（川瀬・前掲二四四頁）。しかし、この場合の入会権の本質を、前記のように、部落の総有と解し、地方自治体は単に名目的に所有するだけだと見るときは、同法の規定の適用を受けるものでないことは明らかであろう（〔五一三〕参照。判例も同旨。大判明治三九・二・五民一六五頁）。

〔五二八〕　**（八）**入会地が保安林に編入されても、入会権は消滅しない（大判明治三八・四・二六民五八九頁）。明治初年に官有地に編入されたときは消滅したというのが判例だったが、そう解すべきでないこと、最高裁も部落民の植栽・培養などの明確な入会慣行がある地域では官有地上の入会権が存続していたと認めるに至った（最判昭和四八・三・一三民二七七頁）ことは前述した（〔五一二〕イ。川島「国有地上の入会権」ジュリ五五三号八二頁参照）。しかし、入会地が土地収用法に基づいて収用された場合には、入会権は原則として消滅する（同法一〇一条一項）。入会権が収用された場合（同法五条一項一号参照）に消滅することはいうまでもない。

〔五二八ノ二〕　**（二）**なお入会集団が利用形態を変更すること（それにも全員の同意を必要とすると解される）によって入会権が消滅するかが問題となる。直轄利用形態、または契約利用形態が採用された場合には、なお入会権者としての入会集団が前面に出ており、その解体がない限り入会権は消滅しない（前者につき最判昭和三二・六・一一裁判集民二六号八八一頁参照）。分割利用形態の場合は判例はかつて「分け地」が行われることによって入会地中の分け地についてはもはや入会権は存在しないとしたが（最判昭和三二・九・一三民一五一八頁）、後に、分け地の分配によっても入会権の性格は失われないとした（最判昭和四〇・五・二〇民八二二頁）。各入会権者の分割利用を通じて総体としての入会集団が入会地を利用していると説明されているが（広中五〇二頁）、分け地についての権利譲渡の可能性を生ずるなど（上記の二つの判例参照）、崩壊の過程にあると思われる。

〔五二九〕　**(2) 部落民の有する入会権の消滅**　その者の属する部落団体を規律する規範にしたがって、——例えば移住して――部落民たる資格を失うときは（上記昭和四〇年の判決参照）、当然に入会権を失う。入会権者の死亡による相続の場合も共同相続人の相互間では民法の規定に従うが、入会権は入会集団の慣習によりその資格を承継する者に帰属し、該当する者がなければ、入会権は消滅する。このような場合には他人に譲渡できないとか、部落住民に限って譲渡できる等の制約があるのが普通である。もっとも、古典的な共同収益の形態が崩れるに従って、とくに入会稼を長く停止して直轄で造林したような場合には、伐採による収入の使途は部落の費用に当てるのが普通であるが、中途離村者にも配分する場合を生じているものと思われる。

〔五二九ノ二〕　(3)入会林野の整備による入会権の消滅　入会地の利用形態が旧来の個別共同利用形態から、次第に集団直轄利用形態、分割利用形態、契約利用形態などに移行して来たことは先に述べた通りである。これは一方で共同利用形態が入会住民に与える効用が低下し、他方で林野の生産力の効率的利用に対する要請が強くなるという状況の下での自然の成行きである。そこで、一歩進めて、「入会林野又は旧慣使用林野に係る権利関係の近代化を助長するための措置を定め、もって農林業経営の健全な発展に資する」ことを目的として昭和四一年に「入会林野等に係る権利関係の近代化の助長に関する法律」が制定された（法一二六号一条。入会林野整備法または入会林野近代化法と呼ばれる。林業基本法が林業経営を近代化してその健全な発展を図るための一方策として挙げているのを受けたものである）。この目的を達成するための具体的な措置としては入会権（旧慣使用林野の場合に旧慣使用権、以下同じ）を消滅させ、入会権以外の権利におきかえるのである（二条二号・四号）。それには入会権者全員の合意により、整備計画を作成し、当該林野の関係権利者があればその同意を得た上で（五条）、所定の手続によって知事の認可を申請しなければならない（三条）。計画を適当と認めた場合には、知事は、三〇日以上の期間を定めて計画書の写しを公衆の縦覧に供し（六条四項）、その期間終了後三〇日以内に異議の申立てがないときは、整備計画を認可し、遅滞なくその旨を公告し、整備計画を記載した書面を管轄登記所に送付する。当該林野の入会権はその日限りで消滅し、整備計画の定めるところによって所有権・地上権・賃借権などの近代的権利関係(多くの場合に民法上の共有または準共有)が成立する。旧入会権者の出資による農業生産法人(農地法二条七項)または生産森林組合(森林組合法九三条)が組織される場合も少なくないであろう。知事は、必要があるときは所有者等に代って関連する土地の分割もしくは合併の手続をし、また必要な登記を嘱託する。

〔五二九ノ三〕　**第四**　漁業入会権

徳川時代に浦浜において一村限りまたは数村限りの入会漁場が慣行上成立していた。明治に入って課税、取締上の規制の変遷を経て、明治三四年の旧漁業法により、地先水面専用漁業権と慣行専用漁業権の二つに整理された。前者は村中入会の漁場を承継したものであり、後者は漁業種類で制約されるが慣行によって独占排他的な効力を認められ、漁業組合に限らず、個人・団体・町村等が法施行後一年以内に出願することによって免許されたものである。その後明治四三年の漁業法によって漁業権、入漁権の物権としての性質が明確にされたが、昭和二四年の漁業法(法二六七号)は、旧法に基づく上記二種の漁業権を消滅させ、定置漁業権(水深が基準)、区画漁業権(一定の区画による養殖)、共同漁業権(一定の水面の共同利用)の三種の漁業権(すべて都道府県知事の免許を必要とする。同法一〇条)と入漁権(当事者の設定行為に基づき、他人の共同漁業権または特定の漁業を内容とする特定区画漁業権に属する漁場において、その漁業権の内容たる漁業を営む権利。七条)に整理した。そして、漁業者等の漁業協同組合員であって規則で定める資格に該当する者は、組合が有する特定区画漁業権、共同漁業権および入漁権の範囲内で漁業を営む権利を有するとされた(八条)。その前提として上記漁業権の免許を地元漁業協同組合に優先的に与え(一四条、一八条一項等)、また入漁権の取得はこれを組合に限っている(四二条の二)。入会集団と違って、漁業協同組合は法人格を有し、漁業権は免許、入漁権は設定など、行政上の規制によっているが、実質的には、組合員からみて、前二者の場合は共有の性質を有し、後者の場合は共有の性質を有しない入会権に準ずるものとみてよかろう。

第七章　占有権

第一節　総説

第一　占有制度の社会的作用

〔五三〇〕 一　民法は、「自己ノ為メニスル意思ヲ以テ物ヲ所持スル」ときは、これによって占有権を取得するものとし(一八〇条)、これについて種々の法律効果を与えている。すなわち、(a)占有者は、占有物の上に事実上行使する権利を適法に有するものと推定され(権利の推定)(一八八条)、(b)一定の要件を備える善意の占有取得者は、即時にその動産の上に行使する権利を取得し(即時取得)(一九二条以下)、(c)占有者は、その占有を侵害されたときは、その侵害の除去を請求することができる(占有訴権)(一九七条以下)。なお、(d)善意の占有者は、占有物から生ずる果実を取得する権利を有し(一八九条・一九〇条)、(e)占有物の滅失、毀損に対する責任を軽減されるとともに(一九一条)、(f)自分の支出した費用を一定の範囲で償還請求する権利を認められる(一九六条)。占有は、後に詳述するように、一定の物が占有者の事実的支配のうちに存すると認められる外部的関係に基づいて成立するものであって、占有権は、この占有という事実を法律要件として生ずる法律効果である。したがって、所有者についてはもちろんのこと、賃借人・地上権者のように他人の物を正当に占有する者や、売買の無効であったことを知らずに占有する表面上の買主や、所有者のように装う盗人などについても、ことごとく、その物が事実的支配のうちに存するという外部的関係に基づいて、一律に認められるものである。かような制度の社会的作用は何であろうか。

占有制度の社会的作用は、ドイツ普通法学者の間に大いに論争された顕著な問題の一つである。しかし、現代法の占有制度の社会的作用を考察するに当っては、見逃すことのできない一事がある。それは、現代法は、ローマ法の占有(Possessio)の制度を伝えただけでなく、ゲルマン法の Gewere の制度をも承継したものだということである。Gewere は、外形的事実を基礎とする点において Possessio と類似する制度である。しかし、両者はその本質を異にし、その社会的作用をも異にする。この両者を混合した現代法の占有制度の社会的作用は、決して、一方の理論だけで統一的に説明することを許さないものである(原田・日本民法典の史的素描九五頁参照)。

〔五三一〕 二 ローマ法のポッセッシオの社会的作用に関する代表的な説は、(a)占有者の人格を保護すること(Savigny)、(b)所有権者を保護すること(Jhering)、(c)占有者の意思を保護すること(Windscheid)、(d)物の利用そのものを保護すること(Ehrlich)、(e)社会的平和の維持をはかること(Dernburg, Kohler etc.)などというのである。最後の説を比較的近時の通説といってよかろう。曰く、一定の物がある人の事実的支配のうちに存すると認められる場合には、たといこの事実的支配状態が、法律によるあるべき状態に反するものであっても、私力をもって濫りに侵害すべからざるものとしてこれを保護しなければ、社会の平和と秩序とは維持されない。したがって、このあるがままの事実的状態を占有として保護し、これを乱す者に対し――「あるべき状態」がどうであるかを審議することなく――「ある状態」、すなわち、占有を理由として、その妨害の除去その他の効果を認めようとする。その効果は、具体的には所有権の立証の困難な場合、および債権的権原に基づく利用の保護に発揮される。これが占有制度の作用である。――かような説によれば、ローマ法のポッセッシオの制度は、占有訴権を中心とすることになる。

〔五三二〕 **三**　ゲルマン法のゲヴェーレは、法律上「物に対する支配権の表象」と認められる「人と物との一定の外部関係」であって、支配権の種類と客体(殊に動産・不動産)とに応じて種々の種類に分けられたものである。ゲルマン法においては、ローマ法におけるような抽象的な権利と、権利を伴わない外形との概念上の対立はなく、物に対する支配権は、その表象たるゲヴェーレに従って体系だてられていた。もちろん、ゲヴェーレが真実の支配権を伴わない場合には、ゲヴェーレは、結局、真実の支配権のために破られるけれども、一定の手続によって破られるまでは、ゲヴェーレは、支配権としての保護を受けた。ゲヴェーレの効果として共通のものは三つある。(a)権利の防衛――ゲヴェーレを伴う物の支配は、裁判上の証拠によって破られるまでは、正当なものとされる。(b)権利の実現――ゲヴェーレは、その表象する支配権に適する状態の実現のために、これを妨げる支配を排斥する力を有する。貸主が貸借期間終了後に目的物の返還を請求し、所有者が盗人から盗まれた物の返還を請求することなどは、いずれもゲヴェーレの作用である。(c)権利の移転――物の支配権の移転は、ゲヴェーレを移転することによってはじめて完成する。そしてゲヴェーレを信頼してその移転を受けたものは――ゲルマン法の所有者の返還請求権の制限に関する制度と結合して――支配権を取得するような結果となる(〔一六七〕、石田「Die Gewere の理論及びその発展」(財産法における動的理論所収)参照)。

〔五三三〕 **四**　右のようなゲヴェーレの効力がポッセッシオと異なる根本の点は、ポッセッシオにあっては、真実の支配権と離れてポッセッシオそれ自体のために効力が認められるのに反し、ゲヴェーレにあっては、真実の支配権のためにその表象に対して効力が認められるということである。その結果として、ポッセッシオの争訟は、終局までポッセッシオの争訟として止まり、決して真実の権利の争訟と交渉を持たない(〔六二三〕—〔六二五〕参照)のに反し、ゲヴェーレの争訟においては、ゲヴェーレの点だけで解決されないものは、常に真実の権利によって解決されることになる。そして、この点において、近代法がローマ法の思想を承継したこと——すなわち、真実の権利から、それに伴う外形的な支配を排斥し、観念的な権利と外形的な占有とを対立させたこと——は、近代法の所有権概念を作る上に役立ったことであろう。また、そうだとすると、小作権・借家権などが、その目的が不動産であるのに、占有を伴うことによって対抗力を与えられていることは、ある意味で、ゲヴェーレの思想の復活ともいえる。少なくとも、これらの利用権が、それに伴う占有を通じて第三者の侵害から保護されていることは、近代法の占有の作用の転用とも考えることができるであろう。

〔五三四〕 **五**　民法における占有制度は、他の近代法と同様に、右のポッセッシオとゲヴェーレの両制度を承継したものである。(a)権利の推定は、疑いもなく、ゲヴェーレの第一の効果の承継である。(b)即時取得は、ゲルマン法の理論を進展させたものであることはすでに詳述した通りである(〔六七〕・〔一九六〕参照)。(c)占有訴権は、ポッセッシオの理論を承継した最も主要なものである。(d)善意の占有者の果実取得と費用償還請求とに関する規定は、主としてローマ法系に属するものであろう。しかし、ゲルマン法系にも——その生産者本位の立場から――類似の観念が認められていたといわれる。

それなら、民法の占有の右のような作用を統一的に説明することができるであろうか。思うに、占有は、なお物に対する事実的支配の外形を保護する制度だといってよかろう。しかし、その保護は、(a)即時取得にあっては、この外形が表象として有する公信(取引の安全)を保護するものであり、(b)占有訴権にあっては、この外形に基づく社会の平和と秩序を保護するものであり、(c)権利の推定にあっては、社会の平和と、併せて取引の安全を保護するものであり、そして、(d)果実の取得と費用の償還の規定にあっては、主として占有者個人を保護するものといわねばならないであろう(〔五八八〕―〔五九一〕参照)。

第二　占有権の法律的性質

〔五三五〕 一　占有は、権利であるかそれとも事実であるかという問題も、ドイツ普通法学者の間で大いに争われたものである。しかし、この問題は、占有権という言葉を使っている(広中七頁以下参照)わが民法の解釈としては実益が少ない。わが民法においては、占有権は、占有という事実(〔五三八〕―〔五四三〕参照)――すなわち、自己のためにする意思をもって物を所持する事実――を法律要件として生ずる一の物権であることは疑いがない(通説。石田二三六頁、林一四八頁、末川・占有と所有七頁。反対＝舟橋二七八頁。しかし占有訴権の理論的前提としてのみ占有権を認める説もある。川島理論一二三頁、稲本・注民(7)一一頁参照。なお原田「占有は権利か事実か」筧還暦四八五頁参照)。

〔五三六〕 二　占有権の内容は、他の物権のように外界の物資の利用を確保することではない(〔二六〕参照)。事実的支配を事実的支配として一応正当なものとする一個の権利であって、前に述べたような法律的効果を流出させるものである。

〔五三七〕

第三　占有権に関連して区別すべき概念

占有制度を理解するに当って、これと区別すべき四つの概念がある。混同しないよう、注意しなければならない。

(1)所持　物が人の事実的支配関係のうちにあると認められる客観的関係である(〔五四五〕参照)。

(2)占有　占有権の基礎となる事実である。所持がそのまま占有権の基礎(占有)となる立法例と、所持に何らかの主観的要件——所持者の何らかの意思——が加わってはじめて占有権の基礎となる立法例とがある。わが民法は、後者に属するが、意思の要件を不要とする学説もある(〔五三八〕—〔五四三〕)。

(3)占有権　占有を法律要件とする物権であって、種々の効果を生ずる根源となる一個の権利であること、前述の通りである。

(4)占有すべき権利(本権)　占有することを法律上正当とする権利である。所有権・地上権・永小作権・賃借権などは、いずれもこの権利を包含している。いいかえれば、これらの権利を有する者が占有している場合には、占有すべき権利を伴う正当な占有だとされる。占有および占有権が事実的支配関係の平面にある概念であるのに反し、占有すべき権利は、その基礎たる実体関係の平面にある概念である。占有権者であって本権をもたない者もあり(例えば盗人)、反対に、本権を有する者でも占有権者でない場合がある(例えば窃取された物の所有者)。占有訴権では、本権の有無を問わずにすべての占有を一律に取扱うことが特色だが、占有に由来するその他の効果においては、本権の有無は問題となる。

第二節　占　有

第一款　占有の意義

第一　占有に関する主観主義と客観主義

〔五三八〕 一　占有は、物がある人の事実的支配内に在るという客観的関係（所持）を基礎とすることは明らかである。しかし、すべての所持を占有と認むべきか、あるいは、所持のうち、所持者の特定の意思を伴うものだけを占有とすべきかに関して、立法主義が分かれている。

二　右の立法主義の相違は、ドイツ普通法学者の論争に影響されるところが大きい。その代表的な説は、左の如くである（占有の観念が次第に拡張されることに注意せよ）。

〔五三九〕 (1)主観説　占有は所持（corpus 体素）の他に何らかの意思（animus 心素）を必要とするという。さらに、三説に分かれる。

(イ)所有者意思説――心素として、所有者の意思（animus domini 所有者として支配する意思）を必要とする。サヴィニーが十九世紀の初めに完成し、一時学界を風靡した。(ロ)支配者意思説――心素として、事実上すべての方向において物を支配する意思（animus dominandi）を必要とする。ヴィンドシャイドが所有者意思説を修正したもの。(ハ)心素として、自分のために物を所持する意思（animus rem sibi habendi）があればよい。デルンブルヒの説として知られている。

〔五四〇〕 (2)客観説　占有は、所持だけで足り、特別の意思を必要としないという。(イ)イェーリングが十九世紀の末に提唱したのに始まる。しかし、彼の説においては、なお多少の意思を必要とする。ただ、その意思は、体素の一構成分子であって、独立の要素でないとされる。(ロ)右の説を進展させて、占有は、純粋に客観的な事実的支配状態によって成立するという説が最後に現れた。ベッカーを代表者とする。

三　右の学説の変遷によって、われわれは次のことを知るべきである。

〔五四一〕 (1)右の学説は、本来は、ローマ法が占有として認めた――占有に与える法律効果、すなわち主として占有訴権を認めた――すべての場合を統一的に説明しようとする努力として現れた。しかし、今日の学者は、ローマ法においては、一定の統一的な理論に基づいて占有の保護を認めたものではなく、むしろ、当時の社会的事情による必要に応じて、漸次その保護を拡張したものであって、統一的説明は不可能だと考えているようである。少なくとも、ローマ法の解釈としての学説の当否が、直ちに今日の占有制度としての当否を決定するものでないことは明らかである。

〔五四二〕 (2)右の学説も、イェーリング以後は、次第に、新時代の占有制度の作用に着眼して、その本質を究明しようとしたものではなかろうかと考えられる。そして、その結果、占有の観念が次第に拡張されたことは、社会の進歩とともに、占有としての保護を与うべき事実的支配状態の範囲が次第に拡張されなければならないことを暗示するものと思われる。果して、フランス民法(二二二八条・二二二九条)および旧民法(財一八九条)は、所有者意思説を採用し（もっともフランス民法が所有の意思を要件としているのは、取得時効の要件としてであって、占有訴権の要件としての占有については明文がなく、自己のために行為する意思で足りるとされているという。稲本・注民(7)一二頁参照）、民法（一八〇条）は、自己のためにする意思説に従うけれども（立法過程における論争につき広中一六二頁に要領のよい解説がある）、ドイツ民法は、その第一草案において主観説を採ったのを改めて、客観説を採り（同法八五四条）、スイス民法（九一九条）もまたこれに従っている（末川「イェーリングの占有意思論」（民法における特殊問題の研究一所収）、山田「ドイツ民法における占有の取得と意思」（法協五七巻一二号以下）参照）。

〔五四三〕 (3) さらに、右の学説は、ローマ法の占有理論である結果として、占有訴権中心であることを注意しなければならない。現代法の占有制度においては、この学説の相違は、占有訴権の他には、権利の推定（〔五九三〕参照）について重要な価値を持つ。しかし、即時取得（〔二〇七〕—〔二〇九〕参照）と動産物権変動の表象（〔一六八〕—〔一七二〕参照）とにおいては、別個の観察をするべきである。また、果実の取得（〔五九五〕・〔五九六〕参照）と回復者の責任（〔五九九〕参照）などにおいても、この学説の相違は、特別の意義を持たない。

第二　民法の占有

〔五四四〕 一　民法の占有は、「所持」と「自己ノ為メニスル意思」とによって成立する（一八〇条）。この主義は、前段に述べた主観説の第三に属するものであって、現代法の立法例としては、遅れたものである。けだし、この「意思」を厳格に解するときは、(a)所持者の意思は、刻々に変りうるから、占有関係は、極めて複雑となり、社会の秩序を維持しようとする理想に反することとなり、(b)その意思は、外部から認識することができないから、事実状態を保護しようとする理想を達しえないことになり、かつ、(c)占有者自身も、内心の意思を証明することができないために、占有の保護を受けえない場合を生ずるであろう（石坂「占有意思論」（改纂民法研究上所収）参照）。結局、現代法の占有制度の主要な作用の一つである社会の平和と秩序を維持するという目的を達成しえないことになる。したがって、民法の解釈としても、この意思的要素をできるだけ緩やかに解して、占有の社会的作用を達成せしむることに努めなければならない（同旨＝末川一八八頁以下）。この点につき、意思の要素を所持の中に解消すべしとする説（舟橋二八五頁）、さらに一歩進めて端的に無視すべしという提言もある（川島理論一六七頁）。しかし、占有意思の放棄により占有は消滅するとされており（二〇三条・二〇四条）、民法の解釈としてそうまで言わなければならないものではあるまい。

〔五四五〕 **二　所持**　**(イ)**所持は、物が社会観念上その人の事実的支配に属すると認められる客観的関係に存することである。いいかえれば、物が――その人の実力によってではなく――社会的秩序の力によって、その人の支配の中に存すると認められることである。多少継続的な支配関係のあることを必要とするであろうし、また他人の干渉を排斥しうる状態にあることを必要とするであろう。具体的には所持の客体である物が動産であるか土地もしくは建物であるかによって事実的支配の成否の要件を異にする。

(a)動産の場合には、つぎに述べる他人を介しての所持または他人の機関としての所持の場合を除けば、比較的簡単であり、一般に物理的支配ないし把持が社会観念上も所持と認められる。郵便受に投入された物、留守宅においてある動産についても社会的支配によって事実的支配が成り立つとみることができよう（穴に追い込んだ狸につき〔三一三〕b参照）。ただし、その場かぎりの一時的な貸借や、他人の物を奪って追跡を受けている状態では事実的支配としての所持は成立しない。

(b)不動産の場合は所持という言葉は必ずしも適切とは思われないが、建物ないし建物の一部の場合には、その管理・支配関係が比較的に明瞭――多くの場合に居住等に使用しまたは鍵を保持する――であり、所持の有無について問題が起きることは少ない。日常的に監視のできる隣家の場合、その所有者が施錠・標札等で占有を表示しなくとも所持が成り立ち占有権は成立するとされる(最判昭和二七・二・一九民九五頁)。これに反し、土地の場合は宅地、農地、山林、原野などによって事実的支配の態様が異なり(通行や物の集積、田畑の耕作、植林、明認方法の設置など)、多少観念的になる(最判昭和五四・九・七民六四〇頁—換地処分があった場合には換地の上に自主占有が継続すると認める)。また支配関係が重層して成立する場合(賃貸など、本段末尾参照)が起り、一筆の土地の一部についての所持が争われることも少なくない。多少継続的な支配関係(物の集積)、他人の立ち入りを排除する意思の表明など(バラ線で囲い、○○の所有地もしくは××の管理地などの標識を立てる)の有無が判断の資料となるであろう。判例はこの観点から、紛争が起きてから板塀を作っても、相手方がそれを排除して建築を続行した場合に占有回収の訴えを認めない(大判昭和一五・一〇・二四新聞四六三七号一〇頁)。また外部から見て明確でなく排他性ないし恒常性の弱い土地使用の場合に、所持の成立を認めず、占有妨害排除の請求を拒けている(水戸地判昭和二五・六・二二下民九六九頁—あき地に薪をおき、わらを乾す。東京地判昭和三六・三・二四判時二五五号二七頁—店舗前面の私道を清掃、空箱空ビンの置場として使用)。取得時効の要件としての占有についても同様の判例がある(熊本地判昭和三九・一二・二三下民三〇五〇頁—阿蘇山の降灰、焼石、鳴動等火山活動の絶えない土地について「私所有権の内容を実現するための所持は容易に考えられない」とする)。

〔五四六〕　(ロ)所持は、上述のように、物が社会観念上その人の事実的支配に属することによって成立する。したがってまた社会観念上他人を介しても成立しうる。それには二つの場合が区別される。その一は、他人が独立の所持者と見られ、その他人を通じて所持すると認められる場合である(間接所持と言ってもよかろう)。後に述べる代理人による占有(間接占有)がこれである(〔五六六〕—〔五七三〕)。その二は、他人が独立の所持者たる地位を有せず、全く本人の所持の機関ないし所持の補助者(Besitzdiener)と認められる場合である。この場合には、所持は一つしか成立しない。例えば集団がその名において権利義務の主体となっている場合の集団による物の事実的支配は集団にのみあり、その機関(理事)は所持の機関にすぎないから、その物の返還請求の相手方は集団であって理事ではない(最判昭和三一・一二・二七裁判集民二四号六六一頁—組合と理事の例、同昭和三二・二・一五民二七〇頁—株式会社と取締役の例)。また集団、例えば家族集団が代表者の名において社会的に活動している場合には、集団所属の物の所持は代表者に属し、その子や家事使用人ないし従業員は所持の機関にすぎない(最判昭和二八・四・二四民四一四頁)。したがって、これらの者はその物の返還請求の訴えの被告としての適格を有しない。日常の家事に関連する物資についてはもちろん、居住用の建物についても夫と妻は共同の所持者と解すべきであり(その意味で、旧法により妻は単に夫に従ってこれと同居するにすぎないとした考え方(大判昭和一〇・六・一〇民一〇七七頁)は変更されたとみるべきであろう)、夫の収監中はむしろ妻が所持者である(大阪高判昭和三二・三・二六下民六〇〇頁)。しかし、家族として同居していた者には家屋に対する独立の占有は認められない(最判昭和二八・四・二四民四一四頁)。なお、甲の所有地を乙が賃借して家屋を建て、丙に賃貸している場合に、土地を所持すなわち事実的支配下においているのは甲か乙か丙かの問題がある。甲は乙の所持と借地契約を通じて間接に土地を所持しており、乙は建物所有によって直接に土地を所持しており、丙は建物を所持しているが敷地については乙の所持の機関と解される(乙→丙の借家契約は敷地についての転貸に当らない。六一二条参照)。もっとも甲からする敷地明渡しの請求に応じない場合において乙とともに丙も被告適格を有することは別問題である(最判昭和三四・四・一五訟務月報五巻六号七三三頁)。

三　意思　所持が民法によって占有と認められるためには、「自己ノ為メニスル意思」を必要とする。この意思は、前述の理由により、緩やかに解すべきである。すなわち——

〔五四七〕 (イ)自己のためにする意思は、所持による事実上の利益を自分に帰せしめようとする意思である。したがって、自分のためにすると同時に、他人のためにするというように、二重の意思を有することも可能である（大判昭和六・三・三一新聞三二七九号一二頁—子の財産を管理する親権者は自己の名で第三者異議の訴えができる）。これが、後に述べる代理占有（間接占有）において——意思を要素とする民法の下でも——本人と代理人とに二重に占有が成立しうる根拠である（〔五六六〕参照）。

〔五四八〕　（ロ）この意思は、純粋に客観的に、すなわち、占有を生ぜしめた原因（権原）の性質によって決すべきである。いいかえれば、所有権譲受人・盗人・地上権者・永小作人・賃借人・使用借主・留置権者・質権者などは、さような権利者であるということだけで——これらの者は自己のためにする意思をもって所持するのが普通だから——すべて自己のためにする意思を有すると見るべきであって、個々の者について、具体的の瞬間において、意思があるかどうかを顧慮すべきではない。

〔五四九〕　（ハ）この意思は潜在的・一般的であることを妨げない。すなわち、郵便受函・牛乳受函などに投入された物はもとよりのこと、知らない間に届けられた注文品などについても、かような意思があると解すべきである。

〔五五〇〕　（ニ）この意思はいやしくも自分の責任において物を所持する者には、たとい直接の利益を本人に帰する意思である場合にも、なお存在すると見るべきである。すなわち、倉庫営業者・受寄者・受任者・請負人・運送人・破産管財人・財産管理人・遺言執行者・事務管理者・遺失物拾得者などは——ローマ法では問題とされたことだが——すべて、その有償であると無償であるとを問わず、なお、自己のためにする意思があると解すべきである。けだし、これらの者にとっても、所持を継続することを利益とするのであるから、最も広い意義では、自己のためにする意思があると見ることができる（以前は反対説が多かった（三潴二五五頁等）が、近時の通説。—判例も運送人を占有者とする（大判大正九・一〇・一四民一四八五頁）。転借人が一時借家を立ち去った場合、必ずしも錠をかけるなどしなくとも、家主が管理している事実が認められれば自己のためにする意思ある所持が成立する（最判昭和二七・二・一九民九五頁））。——占有訴権については、「他人ノ為メニ占有ヲ為ス者」に訴権を認める規定があるので（一九七条後段）、これらの者を占有者でないとしても、さまで不都合はない（〔六一二〕参照）。しかし、権利の推定などについては、不都合を生ずるであろう。

〔五五一〕（ホ）この意思は、占有取得の要件であって、占有継続の要件ではないと解すべきである。けだし、意思をもって占有継続の要件と解するときは、たといその意思を客観的に解しても、なお擬制を免れない。しかも、第一八〇条は、意思を占有権取得の要件とするだけであり、また、第二〇三条は、意思を積極的に放棄したときに占有権が消滅するといっているだけだから、これらの規定から、占有意思の継続を要するという推論は許されない。

〔五五二〕（ヘ）最後に、占有の取得そのものは法律行為ではないから、無能力者も法定代理人もしくは保佐人の同意を必要としない。しかし、意思無能力者は、自分が所持することだけでは占有を取得することはできない。占有意思をもちえないからである。ただし、法定代理人または事実上の介護者による意思の補充を認める余地はあり（客観説は無条件に肯定する）、また、それらの者を通じて占有――代理人による占有（間接占有）――を取得することはできる。

〔五五三〕**四**　占有の客体は物である。（イ）占有の性質上、物の一部についても成立する（通説）。けだし、事実的支配関係は、物の一部についても成立しうるものであり、占有権は、この事実関係を認めて保護するものだからである。一筆の土地の一部に時効取得が成立するという判例は、物の一部の占有を前提とするわけである（〔一九〕a参照）。（ロ）私的所有権の成立しえない公共用の物、例えば海浜もしくは区分した海面などにも、占有は成立しうる（大判昭和四・一二・一一民九一四頁、同昭和八・一一・二五新聞三六六六号一一頁参照）。

〔五五四〕　**第三**　占有と登記

占有を占有訴権中心に考察するときは、占有と登記との間に特別の関係はない。しかし、占有を物権の表象としての立場から見るときは、公信の原則と公示の原則とにおいてはもちろんのこと、権利の推定および時効による物権の取得においても、占有は登記と密接な関係に立つ。すなわち、客体が動産であるのと不動産であるのとによって、占有と登記とは、併行してその作用を分けるものである。ドイツ民法は、形式の上では前の立場に立つが、登記の作用を占有のそれと併行させることを忘れていない。しかるに、スイス民法は、形式の上でも、全然後の立場に立っている。いずれの立法主義を適当とすべきかは、もとより軽々には断じえない。しかし、注意すべきことは、民法の規定は、占有と登記との右のような関連を、形式的にも実質的にも、考慮していないことである。民法は、僅かに、公示の原則において占有と登記を対立させるが(一七七条・一七八条)、その他においては、取得時効(一六二条・一六三条)・権利の推定(一八八条)・即時取得(一九二条―一九四条)などを、ことごとく、ただ占有の効果とするに過ぎない。その結果、民法の規定においては、動産物権と不動産物権との取扱いを異にすべき点が看過されている傾きがある。これは、近代法における占有の表象的作用が登記とその職分を分つに至ったことを忘れたものであって、重大な欠陥といわねばならない。民法の解釈に当ってよろしく注意すべき点である(〔五四〕―〔五七〕参照)。

第二款　占有の種類

第一　単独占有・共同占有

〔五五五〕 数人が共同して一つの物を占有することはさしつかえない。共同に使用する共有者・数人の遺産相続人などは、共同占有をする。この場合の占有の心素は、各共同占有者がそれぞれ自己のためにする意思を有すれば充分であって、共同占有者全員のためにする意思を有することを必要としないと解すべきである。けだし、数人の者の共同的な支配が成立しているときには、共同占有を認めてよいからである。しかし、一つの物につき二つの独立の占有は認められない（大判昭和一五・一一・八新聞四六四二号九頁）。

第二 自主占有・他主占有

〔五五六〕 一 占有の意思の種類による区別である。すなわち、（a）自主占有とは、「所有の意思」をもってする占有であり、（b）他主占有とは、その他の占有である。所有の意思とは、所有者として占有する意思であって、所有者であると信ずることではない。したがって、所有権者や所有権がないのにあると誤信する者（例えば売買の無効を知らない買主）などだけでなく、盗人も自主占有者である。この区別の実益は、取得時効（一六二条以下）・先占（二三九条）・占有者の責任（一九一条）などについて現れる。

〔五五七〕 二 所有の意思の有無は、その占有を取得する原因である事実、すなわち権原の客観的性質によって定まる（〔五四八〕参照）。したがって、例えば永小作人は、内心どのような意思をもっていても、自主占有者ではない（大判大正一五・一〇・二一新聞二六三六号九頁）。ただし、つぎの二つの事由があるときは、他主占有は自主占有に変わる。

（イ）他主占有者が「新権原ニ因リ更ニ所有ノ意思ヲ以テ占有ヲ始ムル」とき（一八五条後段）。（a）例えば、賃借人が賃借物を買取った場合には、賃借人の他主占有はこの時から変じて自主占有となる（大判昭和五・六・一二民五三二頁、最判昭和五二・三・三民一五七頁）。なお、所有者が物を譲渡担保の目的に供しこれを賃借すれば所有者の自主占有は変じて他主占有になる。（b）相続がこの新権原であるかどうかは、多少疑問だが、否定する判例・多数説に従う（大判昭和六・八・七民七六三頁）。ただし、例えば、不動産質権者の相続人が事情を知らずに相続によって所有権を取得したものと考え、公租・公課を自分の名義で支払い、土地所有者がこれに対し何らの異議を述べない場合のように、相続によって客観的権利関係に変更を生じたときは、新権原となると見るべき場合もあるのではなかろうか（大判昭和八・一二・二八判決全集一輯三号一三頁はこのことを考えさせる事例）。なお、相続によって善意・悪意が変更するかどうかについては後に述べる（〔五八七〕参照）。

（ロ）他主占有者が、「自己ニ占有ヲ為サシメタル者ニ対シ所有ノ意思アルコトヲ表示」したとき（一八五条前段）。例えば、賃借人が賃貸人に対して所有の意思を有することを表示すれば、その時から自主占有に変ずる。この規定は、厳格な主観主義を緩和する趣旨であろうが、立法論としては、意思の変更だけで占有の性質を変じさせる必要はない。ちなみに判例は賃借人としての占有から同じく他主占有である永小作人としての占有にかわる場合にも、本条の準用により同様の要件を備えなければならないとする（大判大正一〇・三・一六民五四一頁）。

〔五五八〕**三**　占有者は、自主占有をするものと推定される（一八六条）。占有は、登記と異なり、それに伴う権利の種類を示さないから自主占有を原則とみたのである。

第三　善意占有・悪意占有

〔五五九〕**一**　この区別は、占有すべき権利、すなわち本権をもたないで占有する場合についてだけ考えられるものである。本権を有する者、例えば、所有権者・賃借人・地上権者などの占有については、善意・悪意の区別はない。

〔五六〇〕 **二** 本権がないにもかかわらず、本権があると誤信する占有者は善意の占有者であり、本権がないことを知り、または本権の有無について疑いを有する者は、悪意の占有者である。——一般に、善意は「不知」を意味し、疑うだけでは善意だとされるけれども、占有に関しては、疑いをもっている者も悪意と解することが通説である。善意占有の効果である短期取得時効・即時取得・果実の取得などから見て、通説を是認すべきであろう（判例もこの見解である。大判大正八・一〇・一三民一八六三頁。ただし、反対説（不知と解す）も絶無ではない。石坂・改纂民法研究上四五四頁、三潴二六一頁）。

善意占有・悪意占有の区別の実益は、取得時効（一六二条以下）・占有者の果実の取得（一八九条・一九〇条）・占有者の責任（一九一条）・占有者の費用償還請求（一九六条）・即時取得（一九二条、占有の承継過程における善意を要件とする）などについて現れる。

〔五六一〕 **三** 本権のない占有者が善意であるか悪意であるかは、各場合について具体的に決すべきことであるが、その善意は推定される（一八六条）。ただし、果実の取得に関しては特則がある（一八九条二項、〔五九六〕3参照）。

第四　過失ある占有・過失なき占有

〔五六二〕 **一** この区別は、前段に述べた善意占有についてさらになされる区別である。すなわち、本権がないのに本権があると誤信する場合に、その誤信について過失があるかどうかの区別である。この区別の実益は、取得時効（一六二条以下、最判昭和五一・一二・二民一〇二一頁参照）・即時取得（一九二条）などについて現れる。

〔五六三〕 **二** 過失の有無も、各場合について具体的に定むべきである。のみならず、民法は善意占有者の無過失は推定していないことを注意すべきである（一八六条、〔五七五〕参照）。ただし、即時取得の場合には、別の観点から推定を受ける結果となることは前述の通りである（〔二〇六〕参照）。

第五　瑕疵ある占有・瑕疵なき占有

〔五六四〕 一　第一八七条第二項は、占有の「瑕疵」という語を用いている。そこにいう瑕疵とは、強暴（平穏でないこと）・隠秘（公然でないこと）・悪意・過失・不継続など、すべて完全な占有としての効果の発生を妨げる事情である。なお、所有権の取得時効の要件としての占有との関係では所有の意思のないことも「瑕疵」である。そして、かような瑕疵を伴う占有を瑕疵ある占有となし、そうでないものを瑕疵なき占有とする。真正の権利者から抗議を受けただけでは、悪意または過失の瑕疵を伴うことになっても、強暴の占有とはならない（大判大正五・一一・二八民二三二〇頁、同昭和一三・四・一二民六七五頁等参照）。

〔五六五〕 二　占有の平穏・公然であることは推定される（一八六条）。

第六　自己占有・代理占有（直接占有・間接占有）

〔五六六〕 一　占有は他人の所持または占有を介しても成立する。民法はこれを「占有権ハ代理人ニ依リテ之ヲ取得スルコトヲ得」と規定する（一八一条・二〇四条）。すなわち乙が甲のために占有または所持をなし、甲がこれに基づいて占有（権）を取得する関係の成立を認めている。この場合の甲の占有を代理占有と言い、これに対して直接に自己の所持による占有を自己占有という。これが従来の用語例である。しかし代理占有という言葉は代理人による占有のほかに代理人としての占有の意味にもとられかねない。そこで近頃は、ドイツ民法の例にならって直接占有（unmittelbarer Besitz）、間接占有（mittelbarer Besitz）という用語が比較的多く使われるようになった（例えば〔五七一〕に引用の昭和三一年の最判）。上記の関係をこの方式で示すと乙が甲のために直接占有をなし、甲がこれによって間接占有をしているということになる。しかし、乙の直接占有が自己占有ではなく、甲に間接占有を得させる代理人としての占有であることを示すためにはやはり甲乙間に第一八一条にいう「代理」関係（後述ロ参照）のあることを示さなければならない。そこで本書では従来の用語例に従いながら随時直接占有、間接占有という言葉を補充して理解の便に資することとした。

（イ）代理占有制度が認められる理由は、どこにあるか。これを静態的にみれば、占有の基礎である所持は、社会秩序の力によって物がある人の支配内に属すると認められることである（〔五四五〕・〔五四六〕参照）。そして、そのために、物が一定の人（代理人、例えば賃借人）の事実的支配（占有または所持）に属すると認められると同時に、この者と特殊の関係にある他の人（本人、例えば賃貸人）の事実的支配にも属すると認められる場合が極めて多い。そこで、かような場合には、他人の所持または占有によって、本人が占有者としての保護を受けるものとする必要がある。これが代理占有（間接占有）という制度の認められる理由である。この制度はまた動産物権変動の公示方法として要求される占有の移転（引渡）を現実の引渡ばかりでなく、占有改定、簡易の引渡、指図による占有移転に拡張する前提として必須の条件でもある。

（ロ）代理占有は、民法総則に規定する代理（意思表示の代理）とは、その性質を異にする。ある人について一定の法律要件がある場合に、その法律要件から生ずる法律効果がその人以外の人に帰属する、という関係からいえば、意思表示の代理と占有の代理には共通のものがあるといえる。しかし、（a）意思表示の代理は、私法的自治に基づいて認められる効果意思の効果であるのに反し、占有の代理は、客観的な秩序による事実的な支配関係である。本人について認められる間接占有は占有代理人の効果意思の効果ではない（総則〔三三七〕・〔三四〇〕4参照）。したがって、（b）意思表示の代理と代理占有とは、その成立する範囲も異なる。意思表示の代理人の占有は、常に本人の占有をも成立させるといってよいであろうが、代理占有は、それ以外にも成立する。むしろその方が重要である。すなわち、例えば賃借人・質権者などは、賃貸人・質入人などに対して、総則に定める代理関係に立つものではないが、後者に代理占有(間接占有)の成立することは疑いがない(代理占有については、鳩山「代理占有」(民法研究二巻所収)、末川「代理占有論」(民法上の諸問題所収)参照)。

〔五六七〕　**二**　代理占有(間接占有)の成立要件は、つぎの三つである。

(1) 占有代理人が所持を有すること　占有代理人が、この所持に基づいて——占有意思をも有するために——自分でも占有者とされるか、それとも——占有意思がないために——自分では占有者とされないかには関係がない。もっとも、前に述べたように、民法の占有意思を緩やかに解すれば——占有意思を不要とする客観説によれば特に——占有代理人は、常にみずからもまた占有者(直接占有者)であろう(東高判昭和三一・八・一七下民七・八・二二一三頁—建物の代理占有者に独立の占有を認める)。しかし、他人の介在する占有であっても、その他人が独立の所持者たる地位を有しない所持の機関にすぎない場合は、所持自体が直接本人について成立するから、自己占有すなわち直接占有であって間接占有ではない(〔五四六〕参照)。

〔五六八〕　(2) 占有代理人(直接占有者)が、本人のためにする意思を有すること　「ためにする意思」の意味は、自己占有における自己のためにする意思と同様に解すべきである。すなわち、抽象的に定め、緩やかに解し(外形上または事実上目的物を本人に返還すべき関係があれば推定される。於保一八〇頁)、かつ代理占有の成立の要件であってその継続の要件ではないとなすべきである。

なお、この意思は、自己のためにする意思と併存してもさしつかえない。意思表示の代理と異なる点である（大判昭和六・三・三一民一五〇頁—親権者は自分の占有をも有する）。

〔五六九〕 (3)占有代理関係（広義の代理関係）が存在すること　一定の関係にある者（例えば法定代理人）が、本人のためにする意思をもって物を所持する場合にだけ、代理占有が成立する。この関係は、「本人が、外形上占有すべき権利を有し、所持者がこの権利に基づいて物を所持するために、所持者が本人に対して物の返還義務を負う関係」だといってよかろう（鳩山前掲一〇七頁参照）。けだし、代理人の所持によって本人の事実的支配に属すると認められるためには、代理人は、本人の占有すべき権利を体現して所持をなし、結局、これを本人に返還すべき地位にある場合でなければならないからである（総則の代理権に基づいて所持する場合の他、賃貸借・質権・地上権・寄託などに基づいて所持する場合）。物が本人から所持者に交付された必要はなく、占有改定によって売主が買主のために所持する場合を含む。しかし債権的引渡請求権がある場合をすべて含むと解すべきではない。なお、かような関係は、すべて外形的に見るべきである。すなわち、賃貸借の終了後はもちろんのこと、賃貸借が最初から無効であっても、事実上賃貸借が行われれば、代理占有関係は成立する。

〔五七〇〕 (4)本人（間接占有者）が「代理人によって占有を取得する意思」を有することは、代理占有成立の要件ではない。けだし、代理人（直接占有者）の所持または占有が、広義の代理関係の存在によって、本人に占有権を帰属させるのが代理占有制度であって、それ以上に、本人の意思を要件とすべき何らの必要も理由もないからである（同旨＝鳩山・前掲一〇九頁、その他。反対＝三潴二七七頁等）。このことは、総則の代理において、本人に、代理人の法律行為によって法律効果を取得しようとする意思が必要でないのと同様である。

〔五七一〕 **三**　代理占有の効果　(1)代理占有の効果は、本人が、これによって、占有権（間接占有権）を取得することである。占有権を取得する結果、本人のために、取得時効が進行し（大判大正一〇・一一・三民一八七五頁）、本人が動産物権変動の対抗要件を備え、即時取得をなし、占有訴権を有する。これらについては、それぞれの場所で述べてある。なお、土地の工作物の責任に関する第七一七条一項にいう占有者から特に間接占有者を除外すべき法文上の根拠はないと解される。建物の転貸人に同条の責任を認めた判例がある（最判昭和三一・一二・一八民一五五九頁—国が借り受けて占領軍の使用に供した建物の瑕疵につき、国に間接占有者としての責任を認めた）。

〔五七二〕　(2)代理占有（間接占有）において、占有の善意・悪意、侵奪の有無などは、第一段においては、直接に支配関係の成立する代理人によって決すべきである（通説・判例。大判大正一一・一〇・二五民六〇四頁—善意・悪意の例、同大正一一・一一・二七民六九二頁—侵奪の有無の例）。しかし、第二段に、本人が悪意であるときは、代理人が善意であっても、善意占有者としての利益を受けることはできないと解すべきである。けだし、かような本人を保護すべき理由はないからである（一〇一条参照）。

〔五七三〕　(3)代理占有（間接占有）という概念を認めることは、占有を観念化するものである。このことは、占有訴権について見れば、社会の秩序を維持する範囲が広くなることを意味するが、物権変動の表象について見れば、占有の表象としての価値を少なくすることを意味する（一六八参照）。

第七　占有に関する推定

〔五七四〕　(1)第一八六条は、「占有者ハ所有ノ意思ヲ以テ善意、平穏且公然ニ占有ヲ為スモノト推定ス」、「前後両時ニ於テ占有ヲ為シタル証拠アルトキハ占有ハ其間継続シタルモノト推定ス」（大判昭和七・一〇・一四裁判例(六)民二七七頁—継続を推定した事例、大判昭和一三・五・三一判決全集五輯一二号三頁—賃借権に基づくものには本条の適用なし）という規定を設けている。社会の事実状態を一応正当視して、これを保護し、社会の平和・秩序を維持しようとする占有の作用から見て、極めて妥当な規定である。本権のない占有者

〔五五九〕参照）が占有の効果を主張すること——とりわけ取得時効を主張すること——がこれによって著しく容易となる（総則〔四七九〕—〔四八二〕参照）。

〔五七五〕 (2)民法は占有者の無過失を推定しない。善意を推定することは平和の維持に至当なことであるが、それに過失があるかどうかは、必ずしも一律に推定すべき理由がない。したがって、第一八六条が無過失を除外したのは当然であって、解釈をもって補充すべきではない（通説・判例。大判大正八・一〇・一三民一八六三頁、同大正五・三・二四民六五七頁、同大正一〇・一二・九民二一五四頁—取得時効に関する—等参照。反対＝舟橋二九八頁—無過失の立証を求めることは酷であり、善意が推定されているのだからその中に無過失も入るというに帰する。於保一七八頁は一八八条の権利推定により結果的に無過失推定と同一に帰するという）。

第三節　占有権の取得

第一　占有権の原始取得

〔五七六〕 一　占有権は、占有という事実を法律要件として生ずる法律効果である（〔五三五〕参照）。したがって、「占有」が原始的に取得されるときは、これに基づいて、占有権も原始的に取得される。

〔五七七〕 二　いかなる場合に占有の原始的取得があるというべきかは、占有の本質に関して述べたところ（〔五四四〕—〔五五三〕）から、明らかであろう。すなわち、(a)権限の性質から見て、「自己のためにする意思」のある者について、(b)ある物がその人の事実的支配内に入ったと認められる客観的な事実が成立することである（大判昭和一五・一〇・二四新聞四六三七号一〇頁）。例えば、猟師が狸を追跡して岩穴に追いこみ入口を閉塞して逃げだせないようにしたとき（大刑判大正一四・六・九刑三七八頁—先占の成立を認めた事例）、海岸に散在する貝殻の払下げを受けた者が公示標杭を立て監視人を置いたとき（大判昭和一〇・九・三民一六四〇頁—先占の成立を認めた事例)などには、占有の原始的取得が成立する(所持の成立につき〔五四五〕参照)。なお、不動産については登記の有無とは無関係であり、登記をしたというだけでは占有を取得したとはいえない(大判大正八・五・五新聞一五八三号一五頁)。

〔五七八〕　**三**　占有権は、代理人によって取得することもできる(一八一条)。その要件は、代理占有に関して前に述べたところ(〔五六六〕—〔五七三〕)から明らかであろう。すなわち、(a)いわゆる占有代理関係にある者(占有代理人)が、(b)権限の性質上本人のためにする意思ありと認められる事実に基づいて、(c)所持を——原始的にあるいは承継的に——取得することによって、本人は占有権を取得する(漁業会社の被用者のなした漁獲は直接会社が占有を取得し、先占の効果も会社に帰すると解すべきであろう。〔三一三〕参照)。

第二　占有権の承継取得

〔五七九〕　**一**　占有権が譲渡することのできる権利であることは、民法の規定上疑いがない(一八二条以下参照)。この場合に、その基礎である占有そのものも承継されるのであろうか。それとも、甲から乙に移った場合の乙の占有そのものは常に原始取得であって、承継はなく、ただ占有権だけが法律の擬制によって承継させられるのであろうか。この問題も、ドイツ普通法時代に、占有は権利であるか事実であるかの問題と関連して、大いに争われたものである。しかし、占有は事実関係であるけれども、その事実的支配関係は社会の秩序力によって成立するものであるから(〔五四五〕・〔五四六〕)、甲の支配に属していたことに因って、乙の支配に移ったと認められ、したがって、甲における事実的支配と乙における事実的支配とが同一性を保つと認められることも可能である。このことを別の側面から占有の観念は人対物の関係についての社会的評価を包含しているので、その人の変更が占有の移転として把握される、と説くこともできよう(稲本・注民(7)二四頁)。そして、占有権の譲渡性は、この占有の譲渡性の反映に他ならないと見るべきである。

〔五八〇〕 二 占有権の譲渡　(1)右の理論によれば、占有権の譲渡は、占有権譲渡の契約と、その占有権の基礎をなす占有の移転——典型的には動産の引渡し、不動産の明渡し——とによって生ずることになる。物権の移転は意思表示だけで効力を生ずることを原則とする(一七六条)ことから見れば、例外ともいえる。しかし、占有権の譲渡は、占有の承継の反映であるとすれば、当然のことである。ただ、民法は、一定の場合には改めて外形的な支配の移転をしなくとも、その占有に伴う抽象的な法律関係を変更させただけで、占有が移転しうると考えて、意思表示だけによる占有権の譲渡を規定していることを注意すべきである(〔一六八〕—〔一七二〕参照。なお引渡の有無の認定は事実問題であり、上告理由とならない(大判昭和二・一二・一七新聞二八一一号一五頁))。

〔五八一〕 (2)現実の引渡　占有物の引渡によってなされる占有権の譲渡である(一八二条一項)。占有物の引渡とは、譲渡人の有した物の上の支配を外形上譲受人に移転することである。代理占有されている物についても、物の現実の授受があれば、それが譲渡人の占有代理人から譲受人になされた場合も、譲渡人から譲受人の(占有)代理人になされた場合も現実の引渡である。引渡の態様は、動産、土地、建物、立木などによって違いがあり、動産については、多くの場合、場所の移動が行われるであろう。不動産の場合には、その利用や管理が移されるのを常とする(大判大正九・一二・二七民二〇八七頁—売買された山林の引渡に関する事例。当事者が現地を知悉している限り、現地で検分する必要はないとする。同昭和二・一二・一七新聞二八一一号一五頁—贈与された土地建物の引渡に関する事例)。しかし、慣習があればそれに従う(大判大正九・一二・二七民二〇八七頁、松山地判昭和四〇・二・二四下民三三〇頁—立木売買の詳しい慣行の存在を認定している)。

〔五八二〕 (3)簡易の引渡(traditio brevi manu)　「譲受人又ハ其代理人カ現ニ占有物ヲ所持スル場合ニ於テハ占有権ノ譲渡ハ当事者ノ意思表示ノミニ依リテ之ヲ為スコトヲ得」(一八二条二項)。けだし、かような場合には、譲受人の許にすでに占有権の基礎となる事実的支配関係が存在するからである。したがって、この規定は、譲受人が、(a)占有意思を厳格に解する説によれば単なる所持者である者、例えば受任者・受寄者などである場合だけではなく、(b)その説による占有者、例えば、賃借人・質権者などである場合をも含んでいることは、いうまでもない。(c)譲受人が単なる所持の機関である場合(〔五四六〕参照)(例えば僕婢自身が所持する物を譲り受けるとき)にも、本条を適用すべきである(通説)。(d)譲受人の代理人が現に占有物を所持する場合とは、未成年者の法定代理人がすでに所持ないし占有している第三者所有の物を、未成年者がその第三者から譲り受けるときなどである。なお動産の譲受人が従前から目的物を所持している場合には、反対の意思表示がない限り所有権移転の意思表示に、占有移転の意思も含まれていると解すべきであろう。

〔五八三〕　(4)占有改定(constitutum possessorium)　譲渡人甲が、ある物を乙に譲渡した後、譲受人乙の占有代理人として引続きその物を所持するときは、譲受人乙は、甲を占有代理人(直接占有者)として、代理占有(間接占有)を取得するから、乙は引渡を受けなくとも、占有権を承継するわけである。占有改定は、この理に基づくものである(一八三条)。(a)譲渡人と譲受人との間に占有代理関係が成立しなければならないことはいうまでもない(〔五六九〕。大判大正五・七・一二民一五〇七頁、最判昭和三〇・六・二民八五五頁—共に譲渡担保の例。同昭和二八・七・三判タ三二号二九頁—売主が一年間借りて使用する特約の例)。(b)しかし、右の関係は、単純な占有代理関係でよく、賃貸借等の具体的な原因を必要とせず(ドイツ民法八六八条と異なる)、かつ譲渡をするに当って設定されればよい(通説・判例。大判大正四・九・二九民一五三二頁参照)。第一八三条が「代理人カ」云々といって、譲渡人が占有改定の生ずる以前から代理人であることを必要とするような立言をしているのは正確ではない。(c)ただし、譲渡人が爾後譲受人の所持の機関となるときは、譲受人本人は自己占有(直接占有)を取得するのであるから、その場合は占有改定ではない(通説・判例。上記大正四年の判決参照)。

〔五八四〕 (5)指図による占有移転　譲渡人(間接占有者)甲が、現に占有代理人(直接占有者)丙によって占有している場合に、譲受人乙も譲り受けたのち引続き同一人丙を占有代理人として間接占有しようとするときは、外形的な変動なしに、譲受人の代理占有(間接占有)取得を認めることができる(大判昭和九・六・二民九三一頁—賃貸中の不動産を質入して指図による占有移転をした事例)。けだし、前に述べたように、代理占有における代理関係は、本人の返還請求権を本質とするものであるが(〔五六九〕参照)、この請求権は、外形的変動なしにその移転を認めうるものだからである。第一八四条は、この理に基づくものである。(a)譲渡人と譲受人(前例の甲と乙)の間に占有権譲渡の合意が必要である。第一八四条に「第三者之ヲ承諾シタルトキ」というのは、この意味である。(b)占有代理人(直接占有者)(前例の丙)の承諾はいらない。ただ、これに対して、爾後第三者(譲受人)のために占有すべき旨を命ずればよい。けだし、占有代理人の有すべき「本人のためにする意思」は、特定人のためであることを必要としないから、丙が命令に従わなくともさしつかえない。のみならず、譲渡人と占有代理人との間の広義の代理関係は、譲渡人と譲受人との契約によって移転することができると解すべきだからである(通説・判例。大判明治三六・三・五民二三四頁参照)。動産物権変動の対抗要件としての引渡の前後はこの指図の前後によってきまる。なお判例は、執行吏が仮処分執行動産を第三債務者丙に保管させている間に、債務者乙がこれを第三者に譲渡し指図による占有移転をすれば、仮処分債権者以外の者との関係では対抗要件を具備するという(最判昭和三四・八・二八民一三一一頁)。(c)なお、動産の指図による占有移転において、占有代理人(例えば賃借人)が、譲渡人との間の占有代理関係(賃貸借契約)をもって譲受人に対抗しうるかどうかの問題はすでに述べた(〔一七二〕参照)。

〔五八五〕 **三　占有権の相続**　占有権の相続を認むべきかどうかも、ドイツ普通法時代に争われたものである。ドイツ民法（八五七条）は、明文をもってこれを肯定した。スイス民法（五六〇条）・フランス民法（七二四条）もこれを認めている。わが民法には規定がない。しかし、被相続人の事実的支配の中にあった物は、原則として、当然に、相続人の支配の中に承継されると見るべきだから、その結果として、占有権も承継されると解すべきである（通説である）。したがって、（a）被相続人が死亡して相続が開始するときは、原則として、従前その占有に属した物は、当然に相続人の占有——共同相続の場合は共同占有——に移る（大判昭和七・一〇・一四裁判例(6)民二七七頁—先々代が占有し、二度の相続を経て現に占有する者はその間の占有継続の推定を受ける）。相続人がその管理を開始する必要もなく、相続の開始、特定の相続財産の存在もしくは所在を知っていることも必要ではない（いったん占有を開始した者がその存在も所在も忘却しても占有を失わないのと同じである）。なお先代の家族として同居していた者は、相続が開始して同居していない相続人の代になっても、住居や宅地について独自の占有を取得しない（最判昭和二八・四・二四民四一四頁—家督相続の事例である）。（b）被相続人が他人に貸しておいた物をその人に遺贈した場合、物が被相続人と共に海に沈んだ場合などのように、相続人の占有取得を不能にする事情がある場合は占有権も承継されない。民法改正前における生前相続も例外とされた（大判大正四・一二・二八民二二八九頁—隠居した者が引き続き耕作している土地の占有は家督相続人に移らないとする）。

被相続人と相続人が遠方に別居していた場合の相続財産一般に対する相続人の所持の承継は極めて観念的である。例えば被相続人の占有によって取得時効が進行しているような場合に相続人によるその占有の承継が認められる場合など（〔五八六〕参照）。しかし、人が死亡した場合に遠方にあっても相続人以外の者が遺産に手をつけ、変更を加えるべきでないという社会通念があり、そこから相続人の社会的支配とそれに対する第三者の侵害を占有訴権で排除することが是認されうるとみてよかろう。相続人でない同居者がある場合にも、特別の事情がないかぎり、同様に解すべきである。なお共同相続人の一人が現実に所持する物については、他の相続人はその所持を通じて間接占有をしていると解される（最判昭和四四・一〇・三〇民一八八一頁参照）。

〔五八六〕　**四**　占有権承継の効果　(1)占有権が承継される場合には、占有の種類・態様（〔五五五〕以下）も常にそのまま承継されるわけではない。なかんずく自主占有・他主占有、善意占有・悪意占有のように主観的な要件に基づく違いは、所持の客観的事実に何らの変更がなくても起りうる。そこで承継人の地位は、二面の観察を許すことになる。すなわち、一面においては、前主の占有と同一性を有する占有を継続するものと見られ、他面においては、自分がみずから新たな占有を始めたものと見られる（前主は他主占有・悪意占有であっても、後主は自主占有・善意占有でありうる）。時効取得に関連して重要である（一六二条）。けだし、占有は、各時における事実状態であるから、この事実状態が数人の間に承継されて継続する場合には、継続した一つの事実状態と見ることも可能であるとともに、各自の許における独立の事実状態と見ることも可能だからである。そこで、いわゆる占有の分離・併合が認められる。ただし、継続した占有と見るときは、前主の許に存した占有の瑕疵は、すべて承継したものと見なければならない。第一八七条は、この理に基づく規定である。その結果、例えば、甲が悪意その他の瑕疵ある占有を一五年（または八年）継続した後、乙が善意でその占有を承継して六年（または一一年）占有したときは、乙は甲の占有を併合して二一年（または一九年）の瑕疵ある占有をしたことを主張しうるとともに、自分の占有だけを主張して六年（または一一年）の善意の占有をしたことを主張することもできる（悪意二一年か善意一一年でないと時効が完成しない（一六二条参照））。なお、前主が数人ある場合には、直前の者の占有だけを併合することも、数人の分を併合することも自由である（大判大正六・一一・八民一七七二頁。ちなみに占有侵奪者からの特定承継人が占有回収の訴えの被告となるのには特殊の要件があることにつき〔六一九〕ハ参照）。

〔五八七〕　(2)第一八七条は、右のように占有の本質に適する規定であるから、その適用に当っては、特定承継と包括承継とを区別すべきではない。判例は、包括承継には同条を適用すべきではない、すなわち、相続人は自分の占有だけを切り離して主張することはできないと解していた（大判大正四・六・二三民一〇〇五頁、大判大正六・二・二八民三二二頁、同旨＝末川二一四頁、柚木・高木三五六頁）。しかし、相続は、新権原でないとしても（〔五五七〕イb参照）、瑕疵の有無は、相続人の許において変更することがありうると解すべきである（鳩山研究一五七頁以下参照。同旨＝末弘二四四頁）。判例もその後従来の態度をかえて相続人に第一八七条の適用を認めるに至った（最判昭和三七・五・八民一〇七三頁。総則〔四八〇〕ハ参照）。その結果、例えば時効取得に関して言えば、包括承継であると特定承継であるとを問わず、承継人は第一六二条一項によって前占有者の占有期間と自己の占有期間を併合して通算し、二〇年の時効取得を主張することも、同条二項によって承継時の自己の善意・無過失を立証してその占有を分離し、一〇年の時効取得を主張することもできる。これに関連して、前占有者は「其占有ノ始」め善意・無過失であったが承継者は悪意もしくは有過失の場合にも、一〇年の通算で時効取得するかについてこれを肯定すべしとする判例がある（最判昭和五三・三・六民一三五頁）。第一六二条二項を第一九二条と同系統とみて、不動産についても「占有ノ始」が善意・無過失であり、それに加えて、その後一〇年間自主占有が継続すれば中途で悪意占有になっても所有権の取得を認める趣旨と解するものである。しかし、中途で占有の承継がある場合にも同様かどうかは別問題であろう。学説には賛否両論あるが、反対説の方が多いようである（最高裁判所判例解説昭和五三年度五〇頁以下〔吉井直昭〕参照）。第一六二条二項の解釈にかかる問題と考えるが、同項は第一九二条と異なり、前者の占有を信頼して取引関係に入ることを前提としていないこと（〔二〇一〕以下、総則〔四八〇〕参照）、第一八七条二項に関連して相続人の占有承継についても分離を認めようとする近時の学説・判例の動向など考え合せると、判旨に賛成しかねる(同旨＝田中整爾・ジュリ六九三号六一頁、幾代・民法総則四九八頁、四宮・民法総則三〇八頁、松坂一二一頁、石田(喜)・口述物権法二五一頁など、判旨賛＝伊藤進・判タ三七〇号四〇頁、半田正夫・判タ三九〇号三〇頁、川井・設例一一五頁など)。なお、代理人による占有において、代理人の権限が消滅して本人の自己占有(直接占有)に移った場合にも、本条を適用してよいと思う(鳩山研究一七〇頁以下参照)。これを否定する判例があり(大判大正一一・一〇・二五民六〇四頁―未成年者乙の法定代理人甲は悪意占有、乙が成年に達した後一〇年以上善意占有、しかし分離を認めず通算二〇年にならないとされた)、学説にも、占有の承継がないという理由で否定するものが多い(末川二一五頁、舟橋三〇六頁、松坂一二二頁、稲本・注民(7)三七頁)。しかし分離を認め、肯定すべきである。

第四節　占有権の効力

第一款　総　説

占有権の効力として、民法の規定するものの中には、ゲヴェーレの作用を承継するものと、ポッセッシオの作用を承継するものとが存在することは前述した(〔五三四〕)。ここには、沿革を離れて、民法の占有権の効力を概観する。

〔五八八〕 (1)社会の現状を一応正しいものと認め、これを保護して平和・秩序を維持しようとする目的は、(イ)第一に権利の推定(一八八条)となる。占有の現状が正しくないと主張する者は、そのことを挙証すべきであり、その挙証の成立するまでは、占有者は、正当な権利者として遇せられる。この効力は、現代法において、最も重要な作用である。しかし、各国の立法例は分かれている（〔五九二〕参照）。（ロ）そして、第二に、この状態が永続するときは、反証を挙げてもはやこれを覆しえないものとする必要がある。これが取得時効制度である（民法は総則（一六二条）に規定するが、フランス民法は占有を時効の中に規定する（二二二九条以下）。ドイツ民法（九三七条以下）、スイス民法（七二八条）は動産所有権取得の原因として規定する）。

しかし、現状が一応正しいものと見られるためには、その現状は、多くの場合に真に正しいものである、という蓋然性を持たねばならない。しかるに、不動産物権に関して登記制度の完備した今日では、登記によって表象される不動産物権に関しては、占有は必ずしも右の蓋然性を持たない。登記こそその蓋然性を有する。したがって、占有の権利推定の作用と時効の基礎となる作用とは、右の不動産物権については無条件には及ばないものとすべきである。これ第一八八条の適用を制限すべしといい（〔五九二〕）、第一六二条の不動産に関する部分を妥当でないという理由である（〔一一七〕参照、フランス民法（二二二九条以下）は不動産にも認める。ドイツ民法（九〇〇条）、スイス民法（六六一条）はともに登記を要件とする）。

〔五八九〕 (2)占有は、動産物権変動の表象とされる（〔六三〕参照）。そして、この表象の存するところに、公信力が与えられる（〔六七〕・〔一九九〕参照）。これらも、占有の作用であるが、これについてはそれぞれの個所に説いた。占有の権利推定の作用は、占有者と取引した者にも及び、その前主が正当な権利者であることを挙証する必要がないという効果を与えるものだから、取引の安全を保護することにもなる。しかし、占有の公信力は、直接に一層取引を保護する。

〔五九〇〕 (3)社会の現状を尊重してみだりに攪乱することを許さない、という占有制度の理想は占有訴権となって現れる（その詳細については〔六〇六〕以下参照）。所有権その他本権を保護する制度の完備しない時代には、占有訴権は大いにその作用を発揮したものであろう。しかし、仮処分その他の制度が整備され、本権によっても社会の平和と秩序を維持するのにさまで不都合を感じない現在では、占有訴権の作用は、昔日の重要さをもたないものではなかろうかとも考えられる。そして、今日、占有訴権が最も重要な作用をなすのは、不動産賃借権についてである。もちろん、このことは、民法が賃借権を物権としなかったことから生じた現象であろう。しかし、いずれにしても、占有が不動産の利用権という本権の前衛隊の任務を担当することは、注目すべき現象である（〔五三三〕参照）。

なお、占有訴権においては、動産・不動産ともに占有だけを問題とすべきであって、登記を問題とすべきでないことは、いうまでもない（フランス民訴（二四条以下）は不動産についてのみ訴権を認める。ドイツ民法（八六一条以下）、スイス民法（九二七条以下）は動産・不動産の両者に認める）。

〔五九一〕 (4) 占有者と本権者との間の関係において、善意の占有者が果実取得権を有し、広い範囲の費用償還請求権を有し、目的物の滅失毀損に対して責任を軽減されるのは、権限なしに他人の物を占有する者の立場を保護しようとするものである。現代法の占有権の有する社会的作用からは少しく遠ざかる。むしろ所有権に基づく返還請求権と占有者との関係として規定するのが至当だと考える（ドイツ民法（九八七条以下）はこの立場、ただしスイス民法（九三九条・九四〇条）は占有の章に規定する）。

わが民法上物権行為の独自性を認めないときは（〔八六〕参照）、所有権の移転を目的とする法律行為の無効または取消、契約の解除などにおいては、目的物の所有権は、原則として、移転されなかったこととなり、その結果としての返還請求は、所有者と本権のない占有者との関係となる。したがって、無効・取消・解除などに特別の規定のない限り、占有の右の規定の適用を受けることになる（我妻「法律行為の無効取消の効果に関する一考察」（春木先生還暦祝賀論文集所収＝〔民法研究Ⅱ〕）参照）。そして、これらの規定と不当利得、不法行為との関係の調整が問題となる。

第二款　権利の推定

〔五九二〕 **第一**　占有に基づく権利の推定は動産に限る

「占有者カ占有物ノ上ニ行使スル権利ハ之ヲ適法ニ有スルモノト推定ス」ること（一八八条）は、すでに述べたように、占有の現状を一応正しいものと見ようとする理想と、占有は多くの場合、真実の権利状態に符合する蓋然性を有することとを基礎とする（〔五八八〕参照）。したがって、その適用範囲は、登記を表象とする不動産物権については、何らの登記のない場合にだけ適用されると解すべきである（通説。ただし登記の推定力を優先すべしとする説もある―柚木・高木三五八頁、松坂一二三頁）。そしてかような不動産物権について登記があれば、これに推定力を与うべきである（〔二三五〕参照。ド民（八九一条・一〇〇六条）、ス民（九三〇条・九三七条）はかような趣旨。最判昭和三四・一・八民一頁―登記簿上の所有名義人を所有者と推定。表示の登記に所有者として記されている場合を含むと解される）。同じ趣旨から借地上に自己名義の登記ある建物を所有する者は、借地権を有すると推定さるべきである。もっとも占有に対抗力が認められている建物・農地等の賃借権については、占有にも推定力を認めるべきである。これらの権利につき占有と登記とが競合する場合には、先に成立したものを優先さすべきであろう。

第二　推定の効果

〔五九三〕 **一**　推定の範囲　(1)「占有物ノ上ニ行使スル権利」とは、物権だけでなく、占有をなすことを正当とするすべての権利（賃借人・受寄者等の権利）にも及ぶと解する（ド民（一〇〇六条・一〇六五条・一二二七条）は動産物権に限る。ス民（九三〇条・九三一条）は制限しない）。直接占有であると間接占有であるとを問わないが、いかなる権利の推定を受けるかは、占有の見かけの権原、すなわち外見上行使されている権利（質権者としてか賃借人としてかなど）によってきまる。しかし占有者は所有の意思をもって占有すると推定されるから（一八六条）、通常は所有権を有するとの推定を受けることになる（通説。大判大正一三・九・二五新聞二三二三号一五頁）。

(2)以前に占有した者は、占有していた間、その占有によって推定される権利を適法に有していたものと推定されると解すべきである（大判明治三八・五・一一民七〇一頁、ド民一〇〇六条二項参照）。

(3)推定はすべての人に対して効力を生ずるか。スイス民法（九三一条二項）は、所有者から権利を取得したといって占有する者は、この所有者に対しては推定を援用しえないものと定めている。わが民法の解釈としても同様に考えるべきではあるまいか。例えば、賃借人が賃貸人たる所有者との間に賃借権の存否について争いを生じたときは、一般の原則にしたがって挙証責任を定むべきであって、現に占有しているからといって、適法な賃借人と推定されるべきではない（大判大正六・一一・一三民一七七六頁はこの趣旨で正当と思う。なお最判昭和三五・三・一民三二七頁―被告は使用貸借を主張）。この結論については余り異論を聞かないが、その理由づけについては説が分かれている（田中・注民(7)五二頁以下に詳しい解説がある）。判例も結論を同じくすると解されるが（最判昭和三八・一〇・一五判時三六一号四一頁―所有権につき同旨）、理由は明確でない。思うに、丙が外見上用益権者として目的物を占有している場合には、その権利の源泉である他人の所有権を前提としている。そこで、乙がその所有者であると名乗り出て、用益権の存在を否定して、目的物の返還を求めた場合に、丙のなしうる対抗手段は、①乙は所有者でないと主張するか（乙は所有権を立証しなければならない）、②自分は所有者乙に対抗できる用益権を有していると主張するかである。ところで、第一八八条によれば、丙が外見上用益権者として占有していれば、適法に用益権を有すると推定されるが、対抗力ある権利を有すると推定しているわけではない（例えば甲→乙の売買が甲→丙の賃貸借を破る場合を考えよ。借家法一条も農地法一八条も、単なる占有ではなく賃貸人による引渡を対抗要件としていること参照)。したがって、丙は第一八八条の推定だけで有効な取引関係に立つ乙に勝つことはできず、自分の用益権が乙に対抗できるものであることを立証しなければならない。なお、動産を所有者として占有していた甲から乙が奪って、これを丙に引渡した場合、甲は丙に対して占有回収の訴えを起すことは認められないが(二〇〇条二項)、第一八八条によって推定される所有権に基づき所有物返還請求権を主張することは可能である。

〔五九四〕 **二　推定の効果**　占有による本権(例えば所有権)の推定は事実上の権利の推定であるか――相手方は占有の推定力をゆるがすような事実を立証(反証と呼ばれる。例えば所有権が争われる場合に占有者は第三者からその物を預ったのだという立証)すればこれを破れるか、あるいは法律上の権利推定であるか――相手方は占有者が本権者であることは全くありえない旨の立証(本証と呼ばれる。例えば所有権は自己または第三者にあるという立証)をしなければ破れないか。これを別の観点から言えば、推定は実体上の権利についてであるか、訴訟上の立証責任の分配を定めたものであるか(旧民法財産編一九三条参照)。見解は分かれている(田中・注民(7)四八頁以下参照)。

(1)推定の直接の効果は、訴訟上占有者が占有の事実を立証すれば、占有を正当ならしめる本権があるとの立証が一応なされたとすることである。したがって、相手方が、占有の推定力を破る立証――上記の見解の違いによってどの程度の立証を要するかが問題になる――をすれば、占有者は本権の訴訟においては敗訴する。なお売買等によって相手方から権利を取得したと主張する者は、相手方に対して占有の推定力を援用することはできず、有効な契約の存在について立証しなければならない(最判昭和三八・一〇・一五民一四九七頁—登記の推定力に関する)。また、相手方がかつて占有していたことを立証すれば――過去の占有についても推定力があるのだから(〔五九三〕2参照)、現に占有しているというだけでは足りず、取得時効その他本権の取得を立証しなければならない（旧版の説明を改めた）。

(2)推定は、占有者の利益のためだけにされるものであろうか。ドイツ民法（一〇〇六条）は、肯定すべき旨を明言しているが、民法は制限を設けないから、占有者の利益および不利益のために推定されると解すべきであろう（通説。末川二一八頁、舟橋三〇九頁、兼子・民事法研究一巻三三四頁、於保一九六頁、林一六七頁、判例コンメ一七二頁（児玉）等）。例えば、土地の賃貸人が賃借人の所有物の上に有する先取特権（三一三条参照）については、賃借人の占有する物はその所有と推定される。けだし、現状を正当なものと見るのは、単に権利者個人の保護だけを目的とすることではないからである。

(3)推定の効果を援用しうる者は、占有者自身には限らない。第三者も援用することができる。例えば、債権者が債務者の占有にある物を差押えた場合などには、債務者の所有と推定する効果を援用することができる。

第三款　善意占有者の果実取得権

第一　善意占有者の果実取得権

〔五九五〕**一**　果実を取得する権利を持たないにもかかわらず、あると誤信して元物を占有している者に対して、後に本権者からその返還を請求することができるものとすると、占有者にとって甚だしく苛酷である。けだし、果実は、元物を占有する者が収取して消費するのを常とするからである。これが第一八九条の規定がおかれた理由である。

〔五九六〕**二**　要件　(1)右の立法理由から、善意の占有者とは、果実収取権を包含する本権（所有権・地上権・永小作権・賃借権・不動産質権など）があると誤信する占有者を指すと解すべきである。これを包含しない本権(動産質権・留置権)については、たといかような本権があると誤信し、——さらに、これらの本権が果実収取権を包含すると誤信した場合でも——本条を適用すべきではない(於保一九九頁、林一六九頁など。通説)。

(2)善意であるかどうかを定める時期は、天然果実については、元物から分離する時(八九条一項参照)であるが、法定果実については、善意の存続した期間(次段参照)について日割をもって計算し、これに相当する果実を取得すると解すべきである(八九条二項参照)。

(3)「善意ノ占有者カ本権ノ訴ニ於テ敗訴シタルトキハ其起訴ノ時ヨリ悪意ノ占有者ト看做ス」(一八九条二項)。けだし、かような場合には、本権の訴えが提起された後は、たとい占有者の確信が動かなかったときでも、その時以後の果実を占有者に取得させることは、妥当でないからである。この場合の悪意は占有の効力にのみ関し、「本権ノ訴」で敗訴した占有者が「起訴ノ時」以後の行為について当然に不法行為(七〇九条参照)による損害賠償の責任を負わされるわけではない(大判昭和一八・六・一九民四九一頁—土地境界確定の訴えに係わる。最判昭和三二・一・三一民一七〇頁—船舶の占有・処分に関する)。

(4)「強暴又ハ隠秘ニ因ル占有者」は、果実の取得に関しては、悪意の占有者と同視される(一九〇条二項)。

〔五九七〕三　効果　(イ)果実は、天然果実と法定果実とを含むことは、右に述べた通りであるが、(ロ)物の利用も果実と同視されると解すべきである。すなわち、利用権を包含する本権があると誤信する者は、利用の利得を返還する義務がない。けだし、本条の理由から見て、果実と区別すべきではないからである(通説・判例。大判大正一四・一・二〇民一頁—自分の家屋と誤信して居住した事例)、(ハ)本条は単に消費した果実について返還の必要なしという趣旨か、収取して持っている果実についてもこれを取得するという趣旨か、やや疑問であるが、後の意味に解するのが至当であろう（反対説は収取しても貯蔵してあるものは返還すべく（末弘・民法雑記帳上巻二五五頁以下）、収取を怠ったものについても同様であるとする（舟橋三一〇頁））。そして、その限りにおいて、不当利得の成立を否定するだけの法律上の原因となり、不当利得（七〇三条）の規定を排斥するものと解さなければならない（債各〔一五〇五〕参照）。判例は、かつて不当利得の成立を肯定に解したようであるが（大判大正四・五・二〇民七三〇頁―他人の山の雑草木を刈り取った事例で、一九二条の適用がないとして不当利得の成立を認めた）、後に利得者が善意であれば不当利得とならず、ただし起訴以後の果実は不当利得となるとする（大判大正一四・一・二〇民一頁判民一事件（平野）、最判昭和三八・一二・二四民一七二〇頁―銀行が不当利得した利息に関する）。しかし、占有者が無償でその占有を取得した者である場合は善意であっても例外とすべきであろうか（債各〔一五〇五〕参照）。**（二）**本条と不法行為による損害賠償責任との関係も疑問であるが、両者は競合的に適用される。いいかえれば、不法行為を理由とする損害賠償責任は、本条を援用してこれを免れることはできないと解すべきであろう。その反面、本権の訴えで敗訴しても当然に不法行為上の責任が生ずるわけではない（大判昭和六・一〇・一五新聞三三二九号一四頁、大判昭和一三・一〇・二六民二〇四五頁、上記昭和一八年の大判、昭和三二年の最判参照）。ただし、果実を収取したことが不法行為の損害といえるかどうかは本条によるべしとする説がある（末川二一九頁）。

〔五九八〕

第二　悪意の占有者の返還義務

悪意の占有者は、「果実ヲ返還シ且其既ニ消費シ、過失ニ因リテ毀損シ又ハ収取ヲ怠リタル果実ノ代価ヲ償還スル義務ヲ負フ」（一九〇条一項）。起訴の時から悪意の占有者とみなされる規定（一八九条二項）と「強暴又ハ隠秘ニ因ル」占有者が悪意と同視される規定（一九〇条二項）があること、および、果実収取権を包含しない本権について、これを包含すると誤信する者は悪意占有者と同様に取扱うべきことなどは右に述べた通りである。なお、判例はかつて暴行強迫等によって占有を取得した場合でなければ本条のみの適用があり、不法行為の責任を認めるべきでないとしたが、後に本条は不法行為責任を排除するものではないとした（大聯判大正七・五・一八民九七六頁参照）。

もっとも、先に述べたように、本権の訴えで敗訴し、起訴の時から悪意とされても、ただちに不法行為の要件である故意または過失があるとされるわけではない。

第四款　占有者と回復者との関係

〔五九九〕 **第一**　占有者と回復者との関係

占有者と占有物の返還を請求する者すなわち回復者との間に、賃貸借・寄託・地上権関係その他の正当な法律関係があるときは、占有者の占有物に対する責任または占有物について費やした費用の償還請求権の有無・範囲などは、ことごとく、これらの法律関係によって解決される。のみならず、その権利関係が終了した後も、原則として、その権利関係を規律する規定によって解決される。しかし、このような正当な法律関係が全然存在しないか(例えば不動産が甲から乙、乙から丙へと売却された後に、甲が乙との売買を取消したときの甲丙間の関係)、または外形上存在しても、それが無効であったりもしくは取消されたとき(例えば不動産が、甲から乙に売却されたがその売買が無効または取消されたとき)は、右の関係を規律すべき標準がない。一定の場合には、不法行為と不当利得の規定が適用されるであろうけれども、それだけでは充分な解決をすることができない。第一九一条および第一九六条が、占有すべき本権のない占有者について、その善意と悪意とに分けて、詳細な規定を設けたのはそのためである。

第二　善意の占有者の権利義務

〔六〇〇〕 **一**　滅失・毀損に対する責任　(1)所有の意思のない占有者(他主占有者)(〔五五六〕参照)、例えば、賃借人・質権者・保管者などとして占有する者は、これらの本権のない場合には、たとい本権があると誤信していたときでも、その責に帰すべき事由による占有物の滅失・毀損——単に物理的な滅失または毀損だけでなく、社会的・経済的にみて発見の困難な紛失や、動産が第三者に善意取得された場合を含む（大判昭和二・二・一六評論一六巻商四八五頁—株券の回復不能の事例）——については、回復者の全損害を賠償すべきである（一九一条但書・四一五条後段、債総〔一四五〕以下）。なぜなら、これらの者は、占有物を回復者に返還すべき義務のあることを知っている者だからである。

(2) これに反し、所有の意思ある占有者（自主占有者）は、自分の物として占有する者であるから、たといその責に帰すべき事由による滅失・毀損（消費を含む）であっても、その責任は軽減されるべきである。すなわち、「其滅失又ハ毀損ニ因リテ現ニ利益ヲ受クル限度ニ於テ賠償ヲ為ス義務ヲ負フ」に止まる（一九一条本文後段）。

〔六〇一〕 **二 費用償還請求権**　善意の占有者は、所有の意思のある場合でも、ない場合でも、占有物について費やした費用について、回復者に対して、つぎのような償還請求権を有する（債各〔六四二〕以下参照）。

(1) 「其物ノ保存ノ為メニ費シタル金額其他ノ必要費」は、常にその全額の償還を請求することができる（一九六条一項本文）。店の模様替えのための造作費は必要費でなく有益費である（大判昭和七・一二・九裁判例六巻民三三四頁）。ただし、「占有者カ果実ヲ取得シタル場合ニ於テハ通常ノ必要費ハ其負担ニ帰ス」る（一九六条一項但書）。したがって、特別の必要費の償還だけを請求することができる。

(2) 「占有物ノ改良ノ為メニ費シタル金額其他ノ有益費ニ付テハ其価格ノ増加カ現存スル場合ニ限リ回復者ノ選択ニ従ヒ其費シタル金額又ハ増価額ヲ償還セシムルコトヲ得」（一九六条二項本文）。回復者は、改良された結果が残っていて、目的物の価格を増している場合に限り、占有者の費やした金額か、増価額か、どっちか少ない方を償還すればよいことになる（ただし土地改良法の適用がある場合は増価額を償還しなければならない。同法五九条）。

第三　悪意の占有者の権利義務

〔六〇二〕 **一**　滅失・毀損に対する責任　悪意の占有者は、その責に帰すべき事由による占有物の滅失・毀損に対しては、常に――自主占有の場合でも、他主占有の場合でも――損害の全部を賠償する責任を負う（一九一条本文前段）。判例は、第三者に譲渡して返還を不能にすることを滅失と同視している（大判大正一一・九・一九評論一一巻民九三七頁―ただし、金銭の所有権を問題にしたもので、事案としては適切でない）。

〔六〇三〕 **二**　費用償還請求権　(**イ**)悪意の占有者も、費用の償還請求権については、善意の占有者と同様の地位を与えられる（一九六条）。目的物が保存され、またはその価格が増せば、その結果は回復者の利益に帰する。そのことは、占有者の善意・悪意には関係がないからである。ただ、(**ロ**)有益費の償還請求に対して、「裁判所ハ回復者ノ請求ニ因リ之ニ相当ノ期限ヲ許与スルコトヲ得」る（一九六条二項但書）。期限が許与された場合には、占有者は、有益費を返還されないことを理由として占有物を留置することができなくなる（二九五条一項但書）。公平の立場からの制限である。

第五款　占有による家畜以外の動物の取得

〔六〇四〕 **第一**　第一九五条の趣旨

第一九五条は、即時取得の一場合と見られたことがあった（三一九条もそうみている）。しかし、同条は、逃失した家畜以外の動物の所有権を薄弱なものとし、これを善意で占有する者に対して所有権を与えようとする趣旨であって（ド民九六〇条参照）、即時取得のように表象を信頼した者を保護して取引の安全を図ろうとするものではない。

けだし、家畜以外の動物については、特に取引の安全を保護すべき何らの必要もないからである（もし第一九五条の規定がないときは、逃失した動物は、遺失物として一九三条・一九四条の適用を受けるはずである）。もともと野生の動物は一般に無主物であるが、人がこれを捕獲すればその所有権を取得する（二三九条）。これを飼養している場合は逃失しても直ちに無主物に帰るわけではない（山で捕獲したが、帰途逃げられた場合は無主物に戻ると解される）。他人がこれを捕獲しても、同一性が立証できれば遺失物として返還を求めることができるはずである。しかし、外観上は野生であって、新しい捕獲者に対して遺失物拾得の手続を要求し、遺失物に準じてその返還請求ができるとすることは、社会通念に反する。そこで、これに一定の期限（逃失の時から一箇月）を切って捕獲者の所有権取得を認めたのが第一九五条である。

〔六〇五〕

第二　第一九五条の内容

(1)家畜外の動物とは、その地方において飼養されることが普通であり、かつ野生しない動物（家畜）以外のものである（例えば九官鳥もわが国では家畜である（大判昭和七・二・一六民一三八頁）。猿も東京都内では家畜であり、ライオンも日本では家畜外ではない）。上述のように、これらのものは、逃失しても直ちに無主物とはならない（飼養者が放棄すればもちろん無主物になる。〔二四〇〕）。

(2)本条の保護を受ける占有者は、原始的取得者（すなわち捕獲した者およびその包括承継人）だけでなく、この者から譲り受けた者をも含むと解すべきであろう（通説。譲り受けた者には一九二条を適用すべしとする説もある（舟橋三一五頁））。

(3)逃失の時から一箇月内に「回復ノ請求ヲ受ケサルトキ」とは、普通の場合を指したものであって、一箇月内に捕獲した場合をも含み、逃失の時から一箇月後に善意で捕獲するときは、直ちに所有権を取得することは、もちろんである。なお、善意とは、飼養されていた動物だということを知らないことである。飼養主があることはわかっていたが誰であるかを知らないというのは善意ではない（前掲昭和七年の判決）。

(4)本条適用の効果は、捕獲者において所有権を原始的に取得することである。その結果、飼養主の所有権は消滅する。その後の譲受人は悪意であっても所有権の取得を妨げない（舟橋三一五頁、好美・注民(7)一六七頁など）。

第六款　占有訴権

第一項　序　説

第一　占有訴権と自力救済

〔六〇六〕　**一**　占有訴権は、社会の事実的支配状態、物の現実的支配を一応あるがままに保護しようとする制度であって、ローマ法の占有権の効力の最も重要なものであることは、すでに述べた（〔五三〕〔一〕）。そして、社会のあるがままの事実状態が、在るべき状態であるかどうかを問題とせずに、占有として一応保護され、その妨害を排斥する権利が認められるということは、当然、正当な権利者といえども、自力によってその権利を防衛実現すること（自力救済）は許されない、という前提に立つものである（総則〔二八〕参照）。

〔六〇七〕　**二**　しかし、正当な権利者の自力救済は、絶対に禁ずべきものであろうか。正当な権利者が、その権利を侵害される場合に、自力をもって救済しなければ、後になって公権力によって権利を実現することが不可能か、または極めて困難になるというような切迫した事情の存する場合にも、なお自力救済を認めないとしては、正当な権利の保護に不充分だといわねばならない。法律は、社会の平和・秩序の維持という目的だけを追及して、正当な権利者の保護に欠けるようであってはならない。これ、ドイツ民法（二二九条）が、右のような切迫した事情があるときは、自力救済が認められることを規定している理由である。わが民法には、かような規定がない。しかし、民法および刑法における正当防衛ならびに緊急避難の規定(七二〇条、刑三六条・三七条)を類推して、一定の範囲における自力救済を認めるのが正当である。そして、事実状態を保護しようとする占有制度の理想は、自力救済の認められるところに、その限界を画されねばならない。

〔六〇八〕 三 占有者は、占有の侵害を自力によって防衛・救済しうるであろうか。この問題は、前段とやや異なる角度から考察すべきものである。けだし、ここでは、現存する社会の事実的支配状態は支配者の自力によって維持することをも認むべきものかどうかが問題なのであるから、前段におけるように、占有制度の限界ではなく、むしろその拡張である。個人の権利保護の問題ではなく、社会の平和・秩序の維持の問題である。

思うに、社会の事実状態(占有)が侵害された場合には、社会は、暫時この状態を目して平和・秩序の攪乱状態と見る。もっとも、この攪乱状態がそのまま落ち着くときは、社会は、この落ち着いた状態を目して新たな事実状態とするようになる。したがって、この時に至って攪乱されなかった原状態を復旧することは、かえって新たな平和・秩序の攪乱と見られることになる。しかし、なお攪乱の状態が存在すると見られる間に占有状態の維持回復をすることは、正に社会の平和・秩序の維持である。社会の平和・秩序の維持は、ある程度まで、私力をもってすることも、これを禁ずべき理由がないのではあるまいか。これ、ドイツ民法(八五九条)およびスイス民法(九二六条)が、占有者は、不正な侵害に対しては、自力をもって防衛することができるとし、また、占有を奪われた場合には、動産は、侵害の現行において、もしくはその証憑に基づいて、即時に追跡することによってこれを奪還し、不動産は、侵奪後即時に侵奪者を放逐して、これを奪還することができるものと定め、一般の場合の自力救済に比して、はるかに広汎な占有の自力救済を認めている理由である（イギリスの古法においてはhew and cryを伴う追跡を要件とした（有泉「英国動産法における占有と所有」法協五八巻二号一五二頁参照））。私は、わが民法の下においても、これと同様の範囲で占有の自力救済を認むべきものと考える（所持が明確でない土地の場合には侵奪後即時にという必要はなく、回復が平穏に行われたかを重視すべきであろう）。けだし、占有制度の目的の要求するところであるのみならず、刑法第二三八条の規定からもその趣旨を推論しうるからである（平野・志林二七巻五号参照―近時同旨の説が多い）。

〔六〇八ノ二〕**四**　占有訴権ないし占有の侵害を理由とする権利の救済が、社会生活の実際においてどのような機能を担当しているかを一元的に説明することは困難である。例えば、自己の占有する物を奪われた者は、本権の有無に拘らず、かつ奪った者が本権者であっても、その返還を請求できるという観点からは、平穏な在る状態を実力で侵害することを防止し、平和を維持する機能を持つことは疑いない（侵奪者が刑法上処罰されること（同法二三五条以下、特に二四二条参照）はこれを否定する理由にはならない）。もっとも、被侵害者が本権者である場合にも、本権に基づいて目的物の返還を求めるについて証明上（例えば所有権の場合）または本権の性質上（例えば賃借権の場合）存する困難が、占有訴権によって回避されることは明らかであり、また、占有侵害を理由とする仮処分が多く利用されることになってみると、とにかく在った状態の復原を強行するという占有それ自体の保護というよりは、本権に対する侵害の救済を支援するという機能に重点が移ったと言えないこともない。しかし、在る状態に対する実力による侵害を排除して、その復原を認める――自力救済を抑止する――という占有訴権そのものの本質・機能の重要さにかわりはないと考える。

第二　占有訴権の性質

〔六〇九〕　一　占有訴権は、占有の侵害を排斥する権利である。しかるに、占有の侵害は、占有権の侵害である。したがって、占有訴権は、占有権の侵害を排斥して完全な占有状態を回復する権利である。故に、一種の物上請求権（〔三二〕参照。占有保護請求権と呼ぶ説もある）である（反対＝舟橋三一八頁は占有権は物権でないという。川島理論一一二頁は対人的具体的な「請求権」であるという）。民法が、これを占有訴権と呼ぶ（一九七条以下）のは、沿革に基づくに過ぎない。

民法に大きな影響を与えた仏・独両国のこの点に関する制度をみると、不動産占有に関連して本権訴訟とは異なる特別の訴訟形態を認めるフランスの占有訴訟は、通常訴訟にみられない簡易迅速性を持っている。これに反し、ドイツでは、占有訴訟をフランス法と比べて主体の面でも客体の面でも著しく拡張し、訴訟手続の面では、占有訴訟を最下級裁判所の管轄事項とするなどの迅速処理について配慮をしていない。この両法制の間にあってわが国の立法事業は、ボアソナード草案から旧民法制定、その施行延期、そしてドイツ民法草案の強い影響の下に起草・制定された現行民法にたどり着く。その結果、実体法である民法の中に動産・不動産を通ずる「占有ノ訴」に関する規定が設けられ、民事訴訟法の中には占有訴訟に関する特別の規定は設けられず、わずかに、裁判所構成法（明治二三年法六号）において、「占有ノミニ関ル訴訟」を訴額の大小にかかわらず区裁判所の管轄としたにすぎない（同法一四条第二ハ、〔六一三〕参照。三ケ月「占有訴訟の現代的意義」民事訴訟法研究Ⅲ一頁以下はこの点に関し傾聴すべき分析をしている）。それさえも戦後の裁判所法（昭和二二年法五九号）には受けつがれていない。つまり、占有権は一の私権であり、この私権に基づいて第一九八条以下に定める請求の訴えを提起することが認められているだけなのである。

〔六一〇〕　二　民法は、後に述べるように、占有の侵害に基づく損害賠償の請求権をも、占有訴権の内容としている。しかし、損害賠償の請求権は――所有権の侵害に基づくそれと同様――純粋の債権であって、物権的請求権ではない。民法は、ただ便宜上、これをも占有訴権の内容に加えたに過ぎない。したがって、訴えとしての取扱いにおいては(例えば一年の除斥期間。二〇一条)、両者を同視すべきであるが、その成立の要件および効果においては、両者を区別すべきである。損害賠償については、占有の章の特別の規定の他は、不法行為の規定——原則として第七〇九条により侵害者の故意または過失を要件とするが、例えば侵害が隣地の工作物の設置保存の瑕疵によって生じた場合には第七一七条——によるべきものと考える(通説)。もっとも、賠償の対象はもっぱら占有を侵害されたことによって生じたものに限られ、所有権または賃借権などの本権の侵害から生ずる損害はこれに該当しない。本権のない善意の占有者が果実の収取(〔五九五〕以下参照、利用を含む)を妨害された損害はこの請求権の適例である(幾代・不法行為法六五頁以下)。例えば、本権のない善意の建物占有者が、占有を侵害されたために被った営業上の損害は含まれず(別途不法行為を理由に損害賠償の請求はできる)、建物の使用権の対価である家賃相当額の損害に限られることになる。

第三　占有訴権の当事者

〔六一一〕 一　占有訴権の主体は占有権者である(一九七条前段)。(イ)自己占有者(直接占有者)でも代理人による占有者(間接占有者)でもよい。ただし、占有の機関は、占有訴権を持たない(〔五四六〕参照)。これらの点には疑いがない。(ロ)しかし、民法は占有権者の他に「他人ノ為メニ占有ヲ為ス者」にも占有訴権を認める(一九七条後段。判例は会社の代表取締役は特別の事情がなければ所持の機関であり、個人として占有する者に当らないとする(最判昭和三二・二・一五民二七〇頁))。この意味については、占有の本質に関する学説の差異に応じて、多少説が分かれている。思うに、本条の立法趣旨からみれば、(a)第一に、みずから独立の所持を有する者は、他人の占有代理人と認められる場合にも、占有訴権を有すること(同旨＝富井七一七頁、末弘二八八頁。三潴三〇五頁はみずから占有を有せざる者

(保管者・受寄者等)に限る)、(b)第二に、これらの者は自己の名において占有訴権を行使しうることを認めたものと解すべきである(通説。ただし、舟橋三一九頁は本人の有する占有訴権の行使だという)。けだし、本条は、一定の者の事実的支配(所持)によって他人が占有者とされる場合にも、この事実的支配の侵害に対しては、支配者自身に独立の占有訴権を認めることが、社会の平和・秩序の維持に必要だ、という趣旨と見るべきだからである。――右のように解するときは、この規定によって、占有訴権に関する限り、民法の占有意思を狭義に解する弊害は除去される。しかし、占有意思を広く解するときは、この規定は、ほとんど注意規定に過ぎないことになる(〔五四四〕・〔五五〇〕参照)。

〔六二二〕 **二** 占有訴権の相手方は、占有の侵害者である。ただし、占有すべき権利なくして占有している状態が現存しても、その状態が占有者の意思に基づいて生じたものであり、後に占有者の意思に反するに至った場合(たとえば賃借人が賃貸借終了後に目的物の返還を拒絶している場合)は、占有の侵奪がないから占有の訴えを提起できない(同旨=大判昭和七・四・一三新聞三四〇〇号一四頁)。なお、何人が侵害者であるかについては、物上請求権と損害賠償請求権とを区別すべきである。

(イ)物上請求権としての内容、すなわち「妨害ノ停止」(一九八条)・「妨害ノ予防」(一九九条)・「物ノ返還」(二〇〇条)の請求の相手方は、それぞれ現に妨害をなし・妨害をなすおそれがあり・物を所持する者である。ただし、物の返還の場合には、第二〇〇条第二項の制限のあること、後に述べる通りである(〔六一九〕参照)。

(ロ)損害賠償請求の相手方は、みずから損害を生じさせた者およびその包括承継者である。この者がその行為について責任を問われるだけで、その特定承継人には及ばない。したがって、侵害行為を生じさせた者がその原因たる物を譲渡した場合などには、妨害排除請求の相手方と損害賠償の請求の相手方とが異なることもありうる。

第二項　各種の占有訴権

第一　占有保持の訴え

〔六一三〕 一　要件　(イ)「占有ヲ妨害セラレタル」こと、すなわち、占有の奪取以外の方法で占有を妨げられること(一九八条)。隣地の工事で家屋が倒れそうになり(大阪地決昭和三〇・四・五下民六三一頁)、占有地に他人が石材を放置する(東京地判大正五・七・七新聞一一八七号二二頁)のはその典型である。(ロ)その妨害が正当視されるものでなく、また、占有者が忍容すべき程度のものでないこと。都市計画区域における各種の地域・地区(工業地域か、住居地域か、文教地区かなど)において、その性格に応じて普通の生活・活動から生ずる通常の音響・臭気・煤煙・振動などが隣地から侵害して来るのは忍容しなければならないが、その程度を超えたものは正当視されない。このことは先に所有権の制限の側面から述べたが(〔二六九〕1イ参照)、その効果は隣地の所有者ばかりでなく占有者(借地人、借家人)に対しても認められて然るべきである(東京地判昭和三三・三・二二下民四七六頁―板塀による採光妨害事件)。(ハ)妨害は妨害者の意思に基づくことを必要としないが、妨害を発生させている事実を支配内に収めていること。――なお、これらの点は、所有権に基づく妨害排除の請求に準じて考えればよい(〔二六一〕イ参照)。(ニ)問題となるのは、占有保持の訴えによって損害賠償を請求する場合に、相手方の故意・過失を必要とするかどうかの点である。「妨害ノ停止」と同様に、これを必要としないと解する説が多かった(鳩山・債権各論八六五頁、三潴三〇八頁等)。しかし、不法行為一般の原則に従って、これを必要とすると解すべきものと思う。けだし、社会の平和・秩序を維持しようとする占有制度の目的は、妨害の停止を要求させれば、それで充分であって、相手方の無過失責任を認める必要はないからである（通説・判例。大判大正五・七・二二民一五八五頁、同昭和九・一〇・一九民一九四〇頁）。もっとも、占有侵害を理由とする損害賠償請求の範囲を厳に占有そのものの物権的効果、例えば果実収取権に限るとする近時の見解を採るならば、賠償責任を免れようとする侵害者は無過失を挙証しなければならないと解するのが妥当であろう。

〔六一四〕 **二** 内容　「妨害ノ停止及ヒ損害ノ賠償ヲ請求スルコト」である。妨害の停止とは妨害を除去し、妨害前の状態にもどすことである。妨害が相手方の責に帰すべき事由によらないで生じた場合に、復旧の費用を妨害者と占有者のいずれが負担するかについて、説が分かれているが、所有物妨害排除請求権についてと同様に妨害者が負担すべきものと解する（〔二六二〕・〔二六〇〕ハ参照。しかし不可抗力によって妨害が生じた場合については反対説が多い。末川二五一頁、川島理論一〇八頁、舟橋三二一頁、鈴木〔四四〕、松坂一三一頁）。例えば予測もしない大地震で乙の樹木が甲の占有地に倒れた場合――第七一七条の損害賠償責任を別にすれば――甲の占有が乙の樹木によって侵害されたのであって、乙の占有が甲の土地によって侵害されたわけではない（広中・注民(7)一八七頁参照）。そこに不動産の占有の特殊性が存する。反対説によると、甲は倒木を自分の費用で乙に返還しなければならない。なおこの場合、乙は所有権を放棄してその責を免れることはできないと解される。妨害があっても損害がないか、損害があっても妨害状態が消滅したときは、それぞれ妨害の停止か損害賠償の一方だけを請求しうるにすぎないことはいうまでもない。

〔六一五〕 **三** 訴えの提起期間　(イ)占有保持の訴えは、「妨害ノ存スル間又ハ其止ミタル後一年内ニ之ヲ提起スルコトヲ要ス」（二〇一条一項本文）。すなわち、この期間は出訴期間（除斥期間）である（総則〔四三九〕参照）。そして、妨害の停止は、妨害の止んだ後に請求することはできないのだから、「止ミタル後一年」という期間は、損害賠償の請求についてだけ存するものと解すべきである。

（ロ）妨害の存続する間は、常にその停止を請求しうるはずだが、「工事ニ因リ占有物ニ損害ヲ生シタル場合ニ於テ其工事著手ノ時ヨリ一年ヲ経過シ又ハ其工事ノ竣成シタルトキハ」、占有保持の訴えを提起することはできない（二〇一条一項但書）。工事による占有の妨害を停止させることはかえって大きな社会的損害を生ずることが多いだけでなく、工事による状態は、たとい元来は占有を侵害して生じたものであっても、比較的速やかに、新たな社会状態と認められるに至るからである。したがって、この制限は、損害賠償の請求についても認むべきものと考える（同旨＝末弘二九七頁。なお二三四条二項但書と対比せよ）。

第二　占有保全の訴え

〔六一六〕一　要件　「占有ヲ妨害セラルル虞アル」ことである（一九九条）。所有権に基づく妨害予防請求権の要件に準じて考えればよい（〔二六三〕参照。東京地判昭和三一・一一・二九新聞三三号一二頁—占有地に持ち込んだ古材木の撤去と将来の持ち込みの予防の請求を認めた。佐賀地判昭和三二・七・二九下民一三五五頁—雨水の注瀉・流入のおそれを認定）。

〔六一七〕二　内容　「妨害ノ予防又ハ損害賠償ノ担保」である。（a）予防の方法については、所有権に基づく妨害予防請求権に準じて考えればよい（〔二六四〕参照）。（b）損害賠償の担保は、将来妨害が発生し損害賠償義務を生ずる場合のために、予め提供させるものであるから、いやしくも妨害を生ずるおそれがある以上、相手方の故意・過失を必要としないと解すべきである（同旨＝末弘二九九頁）。ただし、将来損害を生じても、結局において妨害者が損害賠償義務を負担しないときは、担保から賠償を取得することはできないのはいうまでもない。担保の種類は金銭の供託を主とするであろうが、制限はない。抵当権の設定なども考えられる（担保〔七三六〕参照）。

〔六一八〕三　訴えの提起期間　「占有保全ノ訴ハ妨害ノ危険ノ存スル間ハ之ヲ提起スルコトヲ得但工事ニ因リ占有物ニ損害ヲ生スル虞アルトキハ前項但書ノ規定ヲ準用ス」（二〇一条二項）。但書の立法理由は、前条について述べたのと同様である。

第三　占有回収の訴え

〔六一九〕　一　要件　(イ)「占有ヲ奪ハレタル」こと(二〇〇条一項)。すなわち、占有者が、その意思に基づかずに所持を奪われたことがこの訴えの要件である。間接占有者(例えば賃貸人)が占有を奪われたかどうかは直接占有者(賃借人)について判定すべきである。いずれにしても詐取された場合は入らない(通説・判例(大判大正一一・一一・二七民六九二頁、最判昭和三四・一・八民一七頁))。また、最初占有者の意思に基づいて物が交付されたときは、後に占有者の意思に反するようになっても、奪われたとはいえない(大判昭和七・四・一三新聞三四〇〇号一四頁)。また判例は占有代理人(直接占有者)が本人(間接占有者)に対して、本人のために占有しない旨を表示すれば、本人は間接占有を失うが(二〇四条一項二号)、占有回収の訴えは認められないとする(最判昭和三四・一・八民一七頁—建物の一部の転借人が引渡を受けた後に転貸人の入室を実力で拒否しても、占有を侵奪したことにはならない)。強制執行によって占有を失った場合は、占有者の意思に基づかないが、外観上執行行為と認めるに足りないなど、執行行為として不成立と認められる場合でなければ、占有回収の訴えによって、その物の返還を請求することはできないと解されている(東京高判昭和三五・三・三〇下民六二六頁、最判昭和三六・六・六民一五〇一頁、最判昭和三八・一・二五民四一頁など)。その他は、所有物返還請求権に準じて考えればよい(〔二五九〕参照)。

占有侵奪は動産について起ることが多いが、不動産についても、他人の土地に建物を建てるという形で生ずる(大判昭和三・六・一一新聞二八九〇号一三頁、同昭和一五・九・九新聞四六二二号七頁)。判例は他人の土地を耕作している場合は占有妨害であるとする(大判昭和一〇・二・一六新聞三八一二号七頁)。

(ロ)占有を奪った者が、所有者その他正当に占有物の引渡を請求し得る者であっても、——例えば、所有者が貸借期間が終了しても返還しない借主から実力で奪ったときでも（大判大正八・四・八民六五七頁参照―土地の買主が売主の意に反して土地を占有してしまった事件）――占有回収の訴えの成立することは、もとよりいうまでもない。しかし、占有を奪われて占有回収の訴えをなし得る者が、訴えの認められる期間内に占有を奪還した場合――例えば、小舟を盗まれた者（甲）が、数箇月後に盗人（乙）を探しあてて奪い還してきたとき――にも、なお被奪還者（乙）に占有回収の訴えが成立するものであろうか。判例は肯定する（大判大正一三・五・二二民二二四頁）。しかし、ドイツ民法（八六一条）の規定するように、これを否定すべきものと考える。けだし、かような場合には、むしろ、奪還者（甲）の最初の占有状態がなお継続していて、その奪還は秩序の回復と認むべきだからである（同旨＝判民大正一三年度四六事件平野評釈、末川二四七頁、舟橋三一五頁等）。近時の下級審の判決例には同趣旨のものが多く見られる（横浜地横須賀支判昭和二六・四・九下民四八五頁、東京地判昭和二九・七・二七下民一一七〇頁、東京高判昭和三一・一〇・三〇東高判民二六〇頁など。期間に関し東京高判昭和二八・一一・二八東高判民一九五頁参照）。

（ハ）「占有回収ノ訴ハ侵奪者ノ特定承継人ニ対シテ之ヲ提起スルコトヲ得ス但其承継人カ侵奪ノ事実ヲ知リタルトキハ此限ニ在ラス」（二〇〇条二項）。侵奪者およびその包括承継人に対してこの訴えを提起できることはいうまでもないが、侵奪の事実を知りながら占有を承継した特定承継人に対しても提起できる。もっとも判例はこの要件を厳格に解し、単に前主の占有取得がなんらかの犯罪行為などにより、正当な権利取得者でない可能性を認識していただけでは足りないとする（最判昭和五六・三・一九民一七一頁―盗品の疑いがある株券を担保に融資した事例）。この要件は、物上請求権の本質から見れば一の例外的制限である。かような制限を設けた理由は、事実状態の一応の保護を目的とする占有訴権によって善意の承継人の利益を害することは妥当でないのみならず、善意の承継人の占有に移るときは、占有侵奪の攪乱状態は、むしろ平静に帰したものとみるべきだからである。したがって、(a)一度、善意の特定承継人の占有に移れば、その後悪意の特定承継人に移っても、もはや占有回収の訴えはできないと解すべきである(大判昭和一三・一二・二六民二八三五頁)。(b)侵奪者が、目的物を第三者に貸与している場合にも、――代理人によって間接占有をしているのだから――この侵奪者に対して占有回収の訴えをなしうることはいうまでもない(大判昭和五・五・三民四三七頁参照)。(c)問題となるのは、侵奪者または悪意の特定承継人から賃借しまたは寄託を受け、その占有代理人(直接占有者)となっている者の地位である。占有の関係においては、これらの者もまた特定承継人であり、したがって、悪意の場合にのみ、これに対して占有回収の訴えを提起することができると解すべきものと思う(大判昭和一九・二・一八民六四頁は同旨?――これらの者が善意のときは、被侵奪者は侵奪者に対して、占有代理関係の移転を請求することができるだけである。〔二五九〕参照)。(d)また、甲の占有代理人(受寄者)乙が甲に無断で丙に質入した動産を侵奪して甲に返還した場合も、甲は直接占有に関して特定承継人であり、丙は甲から質物を回復することができない(三五三条参照。広島高判昭和三八・五・二二高民二〇二頁)。

〔六二〇〕 **二** 内容 「物ノ返還及ヒ損害ノ賠償」を請求することである。(a)返還の内容については、所有権に基づく返還請求権に準じて考えればよい(〔二六〇〕参照)。ただし、侵奪には必ず侵奪者の行為を伴うので、物の返還の費用は原則として侵奪者において負担すべきは当然である。(b)損害賠償は、占有を奪われたることによる損害の賠償であるから、物自体の価格によるべきではなく、物の占有の価格によるべきである(〔六一〇〕参照)。そして、占有の価格は、一般に、物の使用の価格によって算定される(大判大正四・九・二〇民一四八一頁。なお上記大正一三年の判決、平野・志林二七巻三号参照)。

〔六二一〕 **三** 訴えの提起期間 「占有回収ノ訴ハ侵奪ノ時ヨリ一年内ニ之ヲ提起スルコトヲ要ス」(二〇一条三項)。占有侵奪の状態も、一定の時期を経過すれば、そのまま社会の平静な状態となり、これを復旧することは、かえって平和・秩序の攪乱と見るべきことは、すでに述べた通りである。この趣旨から、一定の期間が経過した後は、たとい訴えの方法によるも、なお原状の回復を許さないことが占有制度の理想に合する。これ右の制限のある理由である。なおこの除斥期間は、占有保持の訴えの場合(〔六一五〕参照)との対比からみて、損害賠償請求についても適用があると解される。

第三項　占有訴権と本権の訴え

〔六二二〕 **第一**　本権の訴え

占有を基礎とする占有訴権に対して、所有権・地上権・永小作権その他の実質的な権利に基づく訴えを本権の訴えという。例えば、所有者が自分で占有していた物を窃取された場合には、所有権を理由として返還請求の訴え(rei vindicatio)をなしうるとともに、占有権を理由として占有回収の訴えを起すことができる。前者が本権の訴えで、後者が占有の訴えである。この両種の訴えは、たとい右の例のように、同一人にとって同一の利益をもたらすことがあっても、その制度の目的とするところは全然異なる。両者の関係をどのように取扱うかは別に検討しなければならない(〔五三三〕参照)。

第二　占有訴権と本権の訴えとの関係

〔六二三〕 **一**　占有の訴えは、社会の平和・秩序の維持を目的とするから、迅速に争いを解決することが必要である。それには、現実にあった状態の復元を、在るべき状態の審理と切り離して実現することが要請される。例えば、フランス法の影響の下に起草された旧民法典はその財産編で、占有の訴えと本権の訴えとの関係につき問題点をかなり鮮やかに提示している。その荒筋を示せば——

占有の訴えと本権の訴えとは同時に進行（併行）させてはならず、占有の訴えが後から提起された場合でもそれを先に審理する。その際、本権に関する理由で裁判してはならない（財産編二〇七条）。占有の訴えの後に原告または被告が本権の訴えを起しても、本権の訴訟手続は中止しなければならない。本権の訴えの後に被告が占有の訴えを起した場合も同様である（同二〇八条）。本権の訴えで敗訴が確定した者は、占有の訴えを起すことはできない（同二〇九条）。本権または占有の訴えの被告は反訴として占有の訴えを起すことができる（同二一〇条）。占有の訴えで敗訴した者は本権の訴えを起すことができるが、敗訴者が被告である場合は、受けた言渡を履行した後に限る（同二一二条）。

このように両者の関係は多岐にわたるのであるが、民法はこれについてわずかに第二〇二条の一箇条を置いたにすぎない。なお、裁判所構成法（明治二三年法六号）は「占有ノミニ関ル訴訟」を区裁判所の専管としていたが（同法一四条第二八）、——占有訴訟が本権の訴えと切り離される場合が多く、その迅速処理に幾分の効果はあったと思われる——それさえも戦後の裁判所法（昭和二二年法五九号）では削られた（同法の最近の改正（昭和五七年法八二号）で、簡易裁判所管轄の訴額が引き上げられたが（九〇万円）、不動産訴訟に限っては訴額にかかわらず地方裁判所との競合管轄とされた。しかし不動産の占有訴訟の迅速化に効果があるとは思われない）。そして、占有訴訟につき特別の管轄、特別の手続の定めがないため、例えば占有侵害を理由とする占有回収もしくは占有保持の訴えと、所有権等の本権を理由とする目的物返還もしくは妨害排除の訴えが同一人から併行して提起されて同一の裁判所に繋属することが起る。また、占有回収の訴えに対し、相手方から自己に所有権があるとする抗弁が提出され、もしくは所有権確認・所有物返還の反訴が提起されることも起る。

二　民法第二〇二条は、右のような場合を予想して占有訴権と本権の訴えとの関係について、二つの原則を規定する。

原則の第一は「占有ノ訴ハ本権ノ訴ト互ニ相妨クルコトナシ」である（同条一項）。その趣旨は一般に次のようであると説かれた。

〔六二四〕(1)すなわち先に述べた例において、窃取された所有者は、本権の訴えと占有の訴えとを、同時に提起しても、別々に提起してもさしつかえなく、また、一方で敗訴しても、さらに他方を提起してもかまわない――一方の既判力は他方に及ばない――としたのである。社会の事実関係の平面において、一定の者の占有が侵害されたかどうかを決定すべき占有の訴えと、実質的権利関係の平面において、その者の所有権の完全な支配（占有）を回復させるべきかどうかを決定する本権の訴えとは、反対に決定されることがあっても少しも不都合はなく、また、一方の決定は、他方の決定を導くものでもないからである（大判大正四・五・五民六五八頁参照）。

(2)もっとも、占有の訴えで敗訴した者が別に本権の訴えを起して勝訴することは、あった状態への復帰でなく、あるべき状態の実現であり、不都合はないが、本権の訴えで敗訴した者が占有の訴えを起した場合に、既判力が及ばないとしてこれを認めることは、あるべき状態が確定しているのに、強いてあった状態への復帰を認めることに帰するという疑問が提起されている（舟橋三二八頁）。この疑問は、もっともであるが、上記の旧民法（財産編二〇九条二項）のような規定（同趣旨のド民八六四条二項参照）がないのに、本権の判決の既判力を敗者の占有訴訟にだけ及ぼす――その反対は認めない――ことを、第二〇二条一項の文言から引き出すことにはかなり無理がある。民事訴訟法学者の主張する新訴訟物理論――一方で占有に基づく請求権（例えば占有回収）を主張して訴えを提起し、他方で同一の給付を目的として本権に基づく訴え（所有物返還）を提起することは認められない。訴訟物は一つであるとする（三ケ月「占有訴訟の現代的意義」民事訴訟法研究Ⅲ五八頁）――によって解決すべきであろうか。しかしそれによると占有だけを争って敗訴した者も本権の訴えを起せないことになり、民法の文言からは遠く離れることになろう。これに関連しては、占有の訴えの特別訴訟的性格が失われた時点（裁判所構成法の廃止）で第二〇二条は占有に基づく請求権と本権に基づく請求権とが別個のものになったとする見解もある（広中三六二頁）。民事訴訟法学をも含めて今後の研究を待ちたい。

〔六二五〕 三　原則の第二は「占有ノ訴ハ本権ニ関スル理由ニ基キテ之ヲ裁判スルコトヲ得ス」である（同条二項）。

(1)その意味するところは、(イ)例えば甲が乙に占有を奪われたことを理由として、占有回収の訴えを提起したのに対して、侵奪者乙が自分こそ所有者であって甲に対して占有物の返還を請求しうる立場にあることを主張しても、その主張を取り上げて裁判してはならないということである。あるいは、甲の占有が何らの権原のないものであることを理由として、その訴えを否認してはならないということである。そうでないと在るべき状態に関係なく在る状態を保護しようとする占有制度は根底から崩れることになるからである（大判大正八・四・八民六五七頁参照）。(ロ)本権の訴えを占有を理由として裁判することに関しては、規定はない（占有に基づき本権の推定を認めること〔五九二〕はもとより別問題）。しかし、両者の作用の異なることを考えれば、これも許すべきでないことは当然である（大判昭和七・二・一六民一三八頁参照―九官鳥事件である）。

(2)右に述べたところを厳格に貫こうとすれば、特定の物に係わる占有の訴え（特に占有回収の訴え）が繋属中に、反訴（民訴二三九条）として本権の訴えを提起することを禁じ（上述したように、旧民法ではいずれも本権の訴訟手続を中止する。二〇八条）――その逆はこれを認める――、本権者が別訴を提起してもこれを占有の訴えと併合することを禁ずることになろう。旧民法は反訴として占有の訴えを起すことを認めている（二〇一条）ので、反対解釈として本訴は禁止していたと解される。現行民法の原案では第二〇三条で本権を理由とする反訴を禁じ（占有ノ訴ノ被告ハ反訴ニテ占有ノ訴ヲ起スコトヲ得但本権ノ訴ハ反訴トシテ之ヲ提起スルコトヲ得ス）、第二〇四条で訴えの併合を禁じていた（占有ノ訴ハ本権ノ訴ト併合スルコトヲ得ス）。それによって現実に在った占有状態の復旧の遅延が防止できるはずだからである。しかし、これらの条文は成文から脱落したので問題は第二〇二条二項の解釈にゆだねられることとなった（三ケ月・前掲四一頁以下参照）。この点に関し下級審の判決例は分かれていたが（高松高判昭和二六・三・二四下民四二九頁は否定、大阪高判昭和二九・三・四下民二八七頁、東京高判昭和三三・六・一一下民一〇五四頁は肯定）、最高裁判所は占有保全の訴えについて反訴を肯定した（最判昭和四〇・三・四民一九七頁）。学説も多数はこれを認める。その理由は――占有の訴えの相手方が本権に基づく別訴を起すことを禁止することはできない。また、両者間には牽連性があり、併合は否定できない。のみならず、本訴である占有訴訟について審理が進めば一部判決をすることも可能である（民訴一八三条二項）。形式的には別訴であり、実質的にみても民法第二〇二条二項に抵触することもないということにある。占有訴訟を迅速に処理する手続上の保障がないこともその背景を為している（星野・民事判例研究二巻一九一頁の上記昭和四〇年の判決の評釈は否定説。いくらかでも占有訴訟の促進に効果があり、自力救済の抑圧に役立つことが挙げられている）。新訴訟物理論が反訴と訴えの併合を認めることは言うまでもない（三ケ月・上記論文参照）。

第五節　占有権の消滅

〔六二六〕　**第一**　占有権の消滅事由

(1)占有権は、物の消滅によっては消滅するが、混同（一七九条三項、〔二四四〕参照）・消滅時効（総則〔五〇〇〕1参照）などでは消滅しない。

(2)占有権の特殊な消滅原因として考うべきものは、占有そのものの特殊な消滅原因である。けだし、占有権は、占有という事実関係の存続する限り、これを基礎として発生する権利だからである。

第二 自己占有(直接占有)の消滅原因

自己占有、すなわち代理人によらずに、自分で所持をする占有は、左の事由によって消滅する(二〇三条)。代理人として他人のための他主占有(直接占有)の場合もこれに準ずる。

〔六二七〕 (1)「占有ノ意思ヲ抛棄」すること　占有者が自己のためにする意思をもたないことを積極的に表示することで、単に自己のためにする意思が存在しなくなることではない。かような意思の存在は、占有継続の要件ではなく、かような意思が存在しなくなっただけでは、占有は消滅しない(〔五五一〕参照)。客観説の論者もあるいは同様の結果を認め(舟橋三二八頁)、あるいは占有訴権の放棄としてはこれを認めているようである(川島理論一一四頁)。

〔六二八〕 (2)所持の喪失　(a)所持は、占有継続の要件でもあるからである。(b)「但占有者カ占有回収ノ訴ヲ提起シタルトキハ此限ニ在ラス」(二〇三条但書)。占有回収の訴えに勝訴するときは、占有物は、社会の平和・秩序の上では、むしろ被侵奪者の許で継続してその支配の下に属したと認められるからである。したがって、本条の適用されるのは勝訴した場合に限ることはいうまでもない(通説)。ただし、占有回収の訴えの要件を伴う場合には、侵奪者が任意に返還した場合にも同様の結果を認むべきである(通説)。(c)いかなる場合に所持がなくなるかは、所持の観念に従って、各場合について決定しなければならない(〔五四五〕・〔五四六〕・〔五七七〕参照)。例えば、劇場内の売店を使用せず、再三の督促にもかかわらず二年八箇月を徒過している場合には、その場所に対する所持を失う(最判昭和三〇・一一・一八裁判集民二〇巻四四三頁)。敷地の使用権原ある建物の所有者は建物が焼失した場合にも敷地の所持を失わない（大判昭和五・五・六新聞三一二六号一六頁）。借地人が地上に建物を有し、これを借家人に賃貸している場合には、借地人は、借家人を占有代理人（直接占有者）として敷地を占有しているが、その建物が焼失すると、借家人の占有は消滅し、借地人は、自己占有（直接占有）をすることになる（大判昭和三・六・一一新聞二八九〇号一三頁）。

第三　代理人による占有（間接占有）の消滅原因

〔六二九〕 **一**　代理人による占有は、左の事由によって消滅する（二〇四条一項）。

(1)「本人カ代理人ヲシテ占有ヲ為サシムル意思ヲ抛棄シタルコト」　本人の意思は、代理占有の成立の要件でないことは前に述べた通りだが（〔五七〇〕）、本人が代理人によって占有をしないという意思を積極的に表示するときは、もはや代理占有を認むべきではない。

〔六三〇〕 (2)「代理人カ本人ニ対シ爾後自己又ハ第三者ノ為メニ占有物ヲ所持スヘキ意思ヲ表示シタルコト」

〔六三一〕 (3)「代理人カ占有物ノ所持ヲ失ヒタルコト」

〔六三二〕 **二**　代理権の消滅は代理占有の消滅をきたさない（二〇四条二項）。代理占有が成立するためには、広義の代理関係が存在しなければならないことは前述した（〔五六九〕）。しかし、この関係が消滅しても、そのことだけでは、代理占有は消滅しない。例えば、法律行為の代理人または賃借人によって代理占有をする場合に、その代理権または賃貸借関係が消滅しても、事実的支配関係が存続する限りは、代理占有は消滅しない。けだし、かような場合には、なお本人が、占有代理人であった者によって事実的支配を継続していると認めることができるからである。このことは、占有代理関係自体が法律的に有効でなくとも、外形的に存在すればよいことからいっても当然であろう（〔五六九〕参照）。

第六節　準　占　有

第一　準占有の意義

〔六三三〕 一　占有は物の上の事実的支配である。したがって、占有制度によって達せられる社会の事実的支配関係の保護という理想は、物の支配関係に止まる。しかし、社会の事実的支配関係を保護するという理想は、物の支配関係に制限すべきではない。物の支配を伴わない事実的支配関係においても、社会がその外形を認識しこれを信頼している場合には、これを一応保護することが、社会の平和と秩序を維持する上において極めて必要なことである。これが「準占有」または「権利占有」の制度である。

〔六三四〕 二　元来、占有は、物の支配について発達した制度である。そして、ローマ法においては、原則としてこの範囲に止まったようである。しかし、ゲルマン法、および、殊に寺院法においては、物の支配以外の関係にも同様の制度が認められていたので、ドイツ普通法時代には、かなり広汎な範囲に占有制度が拡張された。フランス民法は、この時代の思想によって、物以外に、権利だけでなく、身分関係にまで占有の観念を認めている（同法二二二八条・二一九五条以下）。しかし、ドイツ民法の制定に当っては、その観念はふたたび制限され、僅かに地役権・人役権についてこれを認めたに過ぎない（同法一〇二九条・一〇九〇条）。そして、スイス民法もこの主義に従っている（同法九一九条二項）。しかるに、民法は、広く「自己ノ為メニスル意思ヲ以テ財産権ノ行使ヲ為ス場合」を準占有として、これに対し、占有の規定を準用すべきものと定めた（二〇五条）。身分関係に及ばない点を除いては、フランス民法に近いものである。

第二　準占有の要件

準占有の要件は、占有と同様に、体素と心素とを要する（二〇五条、〔五三九〕参照）。

〔六三五〕(1)「自己ノ為メニスル意思」　かような意思を要することは、占有と同様である。したがって、その意義も全然同様に解すべきである（〔五四七〕—〔五五二〕参照）。したがって代理人による準占有も認められる（最判昭和三七・八・二一民一八〇九頁—代理人としての債権行使の例）。

〔六三六〕(2)「財産権ノ行使」　この要件は、占有の「所持」に該当するものであるから、財産権がその者の事実的支配内に存すると認められる客観的事情があることと解すべきである。行使という文字を厳格に解するときは、権利の内容を実現させることを意味する。したがって、一回の行使によって目的を達して消滅する権利、例えば、解除権・取消権・一回弁済を受ければ消滅する債権などについては、準占有を認める余地がないことになる。しかし、右に述べたような準占有制度の作用から見るときは、財産権がその人に帰属していると認められる事情が存在すれば、準占有は成立するというべきであって、権利内容の実現があってはじめて準占有が成立するというべきではない。したがって、——

〔六三七〕(イ)取消権・解除権などについても、ある人が、これらの権利を包含する法律的地位の承継者であると事実上認められるような場合には、その人は、これらの権利の上に準占有を有するものと認むべきである（同旨＝末弘三〇六頁、反対＝中島二六四頁、舟橋三三四頁、鈴木〔七八〕）。

〔六三八〕(ロ)債権については、（a）継続的給付を目的とするものだけでなく、一回の弁済によって消滅するものについても、債権がその人に帰属していると認められる客観的事情があるときは、準占有を認むべきである（通説・判例（大判大正一〇・五・三〇民九八三頁）、反対＝中島二六六頁）。（b）それなら、いかなる場合に債権がある人に帰属していると認められる客観的な事情があるというべきかは、一概には決定しえない。債権の証書その他ある程度まで債権を表象するものを所持するときは、一般に、準占有があると認むべきであるが（預金証書と印とを所持するのは適例。その他、株式名義人となること（大判大正五・五・一五民九五三頁）、電報送達紙を騙取して所持すること（大刑判明治四一・一一・三〇刑一〇三三頁））、さようなものがない場合にも、特に債権がその人に移転したように思われる事情があれば、準占有は成立する（表見相続人が被相続人の財産一般について相続したような外観を示すとき（大判大正一〇・五・三〇民九八三頁）、債権の転付命令を得たとき（大判大正二・四・一二民二二四頁）等）。なお、（c）無記名債権は、証券に化現するものであるから、これについては、証券を基礎とする純粋の占有が成立し、別に準占有を成立させる必要はないであろう。もっとも、無記名債権証書を占有する者は、その債権については、準占有者としての取扱いを受けることは、いうまでもない。

〔六三九〕　(3)準占有の客体は「財産権」であるけれども、その行使によって純粋の占有を成立させる財産権、例えば所有権・地上権・永小作権・賃借権・質権などには、準占有は成立する余地がない。けだし、これらの権利についての事実的支配関係は、主として占有そのものによって表現されるものであって、占有制度の拡張たる準占有をこれらの権利について別に認めることは、――たとい理論上は可能だとしても――制度の目的から見て、無意味なことだからである。したがって、準占有の客体たることのできる財産権は、物の所持を本質的内容としない財産権に限る。

(イ)地役権（大判昭和一二・一一・二六民一六六五頁―但し判民昭和一二年度一二一事件川島評釈は反対、占有を認めるべしとする）・先取特権・抵当権などについては準占有は成立する。

（ロ）著作権・特許権・商標権等のいわゆる無体財産権については、準占有の制度は大きな作用をする。

〔六四〇〕 **第三**　準占有の効果

準占有には、占有の規定がすべて準用される（二〇五条）。すなわち、（イ）準占有を基礎として、準占有権が成立し、権利の推定・果実の取得・費用償還請求・占有訴権等の効果が認められる。しかし、その効果は、結局準用によって生ずるのだから、それぞれの場合に、その範囲を考慮すべきである。占有を内容としない財産権、例えば著作権については、占有訴権の保護を与える必要性はないとする説があるが（於保二三六頁、川島理論一二二頁、広中三五七頁）、そうきめつける必要はあるまい（同旨＝鈴木〔七八〕）。（ロ）即時取得の規定は、占有が権利の表象であることと密接な関係を持つものだから、準占有について、第一九二条以下を準用すべきでないことは、すでに詳論した通りである（〔二二八〕参照）。なお、（ハ）債権の準占有については、弁済者を保護するために、第四七八条の規定があり、極めて重要な作用をしていることを注意する必要がある（債総〔三九七〕以下参照）。もっとも、これは第二〇五条そのものの効果ではない。しかし準占有の成否は同条の解釈によるべきである（反対＝川島理論一六一頁、松坂一三七頁）。

補　建物の区分所有等に関する法律

〔補一〕

一　区分所有権法

一棟の建物を数人が区分して所有する関係を規律するために、昭和三七年にこの法律が制定・施行され、民法第二〇八条が削除された事情については先に述べた（〔二八一〕・〔二八二〕参照）。この法律は、一棟の建物を数人が共同で建て、内部を区分してそれぞれ独立に所有するか、あるいは既存の建物を区分して、もしくは当初から区分した建物を建てて区分毎に別個に売却するという現象（地価の高騰と鉄筋などによる高層建物の普及が主な原因であろう）に対応するもので、個々の所有に属する専有部分と共有を原則とする共用部分の権利関係とその維持管理に関する規定を主体としている。その後二〇年の間に、都市化と地価の高騰の圧力により、中高層の分譲マンションが急速に普及し、この法律の適用対象はおびただしい数に上った（昭和五七年秋の調査によれば棟数で三〇万をこえ、区分所有権の数は三〇〇万に達しようとする）。そこから、あるいは権利関係（例えば駐車場の使用権）や管理関係（例えば専有部分の使用方法や管理費用の分担など）をめぐって紛争がおき、区分所有建物の管理につき（最近では建替えが問題になっている）合理的・妥当な規制が要請されるに至った。他方、区分所有建物の規模が大きくなり、特に区分所有権の譲渡や抵当権の設定に伴って生ずる敷地利用権に関する登記が複雑かつ膨大になり、その方面からも何らかの改善の必要が痛感されるに至った。これらの要請に応えて、数年前からこの法律の改正作業が進められ、改正試案を発表して世論も聴いた上で、昭和五八年三月に「建物の区分所有等に関する法律及び不動産登記法の一部を改正する法律案」として国会に提出され、成立した（昭和五八年法五一号）。

以下、物権に直接関係のある部分に主眼をおきながら管理に関しても要点を述べる（玉田・注解建物区分所有法、同・建物区分所有法（現在的状況とその分析）参照）。

〔補二〕

二　区分所有建物の二側面

区分所有建物については、その所有関係と管理関係の二つの側面が問題となる。

(1)所有関係としては、①区分されてそれぞれ独立に所有権の目的とされた専有部分と、②建物を支える骨格や廊下・階段・屋根のように専有部分の共用に属する共用部分との関係が問題である。③さらに階層別であるため右の①②を含めた建物存立の基礎を為す敷地とその利用権との複雑な関係が問題になる。これらのものは、互いに密接不可分の関係にあり、①の専有部分が独立の存在をもつためには、②と③についての割合的な権利（共有または準共有の持分）を伴わないと充分ではない。したがって、①と②③についての持分権とを一緒にして一つの特殊な所有権を認めることが実際的かもしれない。ドイツの住居所有権法（一九五一年―一九五七年）の認める住居所有権はかような構想に立っている（債各（五七四）参照）。しかし、わが国の法制では、建物と敷地は全然別個の物とされる（別々に処分され、譲渡性も共通ではない）ので、敷地を利用する権利を区分所有権と結びつけることは、他との調和を乱すことになり、必ずしも妥当でないと考えられた（旧版の補註の追加八の一参照）。したがって改正前の旧法では、①と②についてはある程度の結合関係を認めていたが（旧八条以下）、③との関係では、わずかに敷地利用権のない区分所有権が生じた場合について、敷地の権利者に区分所有権の売渡し請求を認めていたにすぎない（旧七条）。今回の改正法では、建物と敷地ないしは専有部分と敷地利用権についても、建物の専有部分と共用部分の関係に準ずる不可分の関係を認めることにしている（二二条）。

(2)管理関係については、組合契約が成立し、規約や集会の決議で処理されるであろうことが予想され、旧法はそれを予定して、これに関する若干の基本的なことを定めている（債各〔一一二〕(七)イc参照）。しかし、現実には必ずしも管理組合契約が締結されて明確な規約が設定されているとは限らず、分譲マンションなどにおいて、その物的な管理や使用方法をめぐって紛争が起きている。諸外国の立法例には、当然に組合の成立を認めるもの、例えばフランスの建物付不動産の共有規則を定める法律（一九三八年―一九六五年）もある。改正法は「区分所有者は、全員で、建物並びにその敷地及び附属施設の管理を行うための団体を構成し、この法律の定めるところにより、集会を開き、規約を定め、及び管理者を置くことができる」と規定し（三条）、管理者・規約・集会に関して詳しい規定を設けている（第一章四節・五節参照）。

三　区分所有建物の各部分とその所有関係

建物が外形上一棟の形態をとっていても、区分されて複数の部分に分けられ、それぞれ一箇の建物として所有権の客体になると、その一棟の建物は一箇の建物として所有権の客体とはならない。所有関係に登場してくるのは、区分されて所有権の客体とされた専有部分（二条三項）と、構造上または規約によって専有部分の共同の利用に供せられる共用部分である（二条四項）。区分所有建物が所在する敷地は、前に一言したように、旧法上は建物とは全く別個の物とされていたが、改正法では、専有部分と密接な関係を有するものとして登場させられている（〔補六〕参照）。

〔補三〕

(1)専有部分　一棟の建物の一部でありながら区分して所有権の目的とされた部分を「専有部分」という（二条三項）。

(イ)専有部分の範囲　専有部分と認められるためにはつぎの二つの要件を備えなければならない。(a)構造上区分されて独立性があること。ふすまや障子で仕切られている日本家屋の一部屋や、判然とした間仕切りのないホールなどは区分して所有しえない。ただし、シャッターは隔壁となりうる(最判昭和三六・一・三〇判タ四三七号一〇一頁)。また周囲すべてが完全に遮断されていることを要しない(最判昭和五六・六・一八民七九八頁—車庫・倉庫に区分所有を認めた例)。しかし、共用部分でない他人の専有部分を通らないと外部に出られない一室は独立性がない(最判昭和四四・七・二五民一六二七頁—階段の出口が下の部屋にある場合)。(b)独立して建物としての用途(住居・店舗・事務所・倉庫など)に供することができるものであること(一条)。したがって廊下・階段室・エレベーター室や、もっぱら専有部分の用に供される配電室などは区分所有権の目的とならない。

(ロ)専有部分の所有関係　(a)建物のこのような部分に成立する所有権は「区分所有権」と呼ばれる(二条一項)が、その性質は一般の所有権と本質的に異なるものではない。それぞれ別個の所有権の客体として、普通の建物と同様に売却し、抵当権を設定し、または賃借権を設定することもできるし、数人の共有とすることもできる。そして、これらの物権変動は一般の不動産の場合と同じく、原則として登記をもって対抗要件とする。しかし、各専有部分は物理的に相互に隣接し、用役面でも密接な相隣関係にあるので、その使用・収益・処分が他の区分所有権と相互に強く制約されるという点に特色を示す(六条参照)。

(b)もっとも、区分所有権の成立しうるような一棟の建物(鉄筋コンクリートのアパートなど)であっても、当然に区分所有に分かれているのではない。数人がそれぞれの部分を所有する場合にはそれぞれ別個独立の物となることはいうまでもない。しかし、全部を一人で建築し、所有するときは、一箇の建物として一箇の所有権の客体としておいてさしつかえない。ただ、所有者はこれを構造上および用途上の独立性を持つよう区分し、区分所有建物である旨の登記をして、それぞれ別個の所有権の客体とすることができる（それぞれに別個の抵当権を設定することも可能になる）。だから、この種の建物の区分所有権の客体となりうる部分は、いわば半独立性を有することになる（〔二〇〕参照）。

（c）専有部分に係わる区分所有権はそれぞれ独立の権利であるが、専有部分は物的に相互に隣接し、その用役面でも緊密な相隣関係にあるので、その使用・収益等は管理上は強く制約されている。すなわち、区分所有者は建物の保存や管理・使用に関し区分所有者の共同の利益に反する行為をしてはならないし、専有部分または共用部分の保存・改良のために必要な範囲で、他の区分所有者との間で相互にその使用を請求することができる（六条）。改正法では、この規定は賃借人のような専有部分の占有者にも準用されている（六条三項）。

〔補四〕 (2) 共用部分　一棟の建物のうち区分所有権の客体となっている「専有部分」以外の建物の部分、その建物の専有部分に属しない附属物、および専有部分であっても規約で共用部分とされた附属の建物は「共用部分」と呼ばれる（二条四項）。共用部分の範囲およびその所有関係についてはやや複雑な問題がある。

(イ) 共用部分の範囲　（a）建物全体を支えている基本的構造部分、例えば支柱・屋根・外壁・基礎工作物・耐力壁などが共用部分であることは言うまでもない。その他、建物の構造上区分所有者の全員の共用に供せられる部分（廊下・階段室・エレベーター室など）は独立の区分所有権の目的となりえないものであり（四条一項）、原則として全専有部分のための共用部分として全区分所有者の共用に供される。ただし、一部の専有部分のみの共用に供されるべきことが明らかな共用部分（一部共用部分）は、規約で別段の定めをしない限り、これを共用すべき区分所有者の共用に供される（三条、なおその管理につき一六条、建物の設置保存の瑕疵につき九条参照）。

（b）建物のために備えつけられている附属物、例えば、電気の配線、ガス・水道の配管、共用の冷暖房設備、消火設備など（各区分所有者への引き込みの部分を除く基幹部分）および屋外にあるものでも建物といえない程度の貯水槽・塵埃焼却炉などは、同じく共用部分である（二条四項、一一条（一定の者の所有となしうること）前段に同じ）。a・bを併せて法定共用部分と呼ぶ）。

（c）構造上は区分所有権の客体たりうる区分所有建物の部分（例えば管理人室、共用の応接室、地階の車庫など）、および区分所有建物とは別個の建物であっても附属の建物とみられるもの（物置・車庫など）は「規約により共用部分とすることができる」（四条二項前段。一般に規約共用部分と呼ばれる）。これらの場合には構造上の共用部分と異なり、それぞれ公示の登記が可能であり、共用部分とした旨の登記をしなければ、これをもって第三者に対抗することができない（四条二項）。

（ロ）共用部分の所有関係　（a）共用部分は、原則として、区分所有者全員の共有に属する。ただし、一部共用部分は、これを共用すべき区分所有者の共有に属する（一一条一項）。これらの場合、「各共有者の持分は、その有する専有部分の床面積の割合による」（一四条。一部共用部分の床面積は所定の割合で一部共用者の専有部分の床面積に加算される）。右の床面積の実測算定につき諸説があり、疑義が生じたので、改正法は「壁その他の区画の内側線で囲まれた部分の水平投影面積による」と規定して算定方式を明確にし（一四条三項）、なお、この割合等については、規約で別段の定めをすることができるとする（一四条四項）。

（b）右の共用部分共有の原則は、規約で別段の定めをすることを妨げない（一一条二項）。ただし後述の管理者（〔補一二〕イ参照）の場合を除いて、区分所有者以外の者を共用部分の所有者と定めることはできない（一一条二項）。

（c）共用部分の共有持分権は、専有部分の処分に随伴する。また、その持分権だけを分離して処分することはできない。もっとも、前記のように規約で一人の区分所有者または管理者の所有とする場合だけは、例外である（一五条）。

（d）なお、共用部分の所有関係については登記はしない。これを登記することはすこぶる煩雑であり、これをしなくとも不都合はないと考えられるからである（一一条三項）。したがって、例えば、甲の区分所有権の乙への譲渡もしくは抵当権の設定などは、区分所有権について登記をすれば、それに伴う共用部分の共有持分について乙は登記をしないでもその処分の効力を第三者に対抗することができる。かような共有持分は独立して処分しえないものだから（一五条）、登記の必要はない。共用部分が区分所有者のうちの一人または管理人の所有に属するときも、専有部分の登記や規約を見ればその関係は明瞭だから、不都合はない。区分所有権の目的となりうる部分が規約で共用部分とされたとき（例えば管理人室または共用の応接室）はやや問題かもしれないが、そのときにも共用部分とされたことについては登記があるのだから（四条二項、不登九一条三項）、それほどの不都合はないであろう。

〔補五〕(3)専有部分と共用部分の境界の問題　先に述べたように専有部分を区分する壁が同時に基本的構造における耐力壁すなわち共用部分だとしたら、専有部分と共用部分は相互に重なり合っていて物理的に区分しにくい。隣接する専有部分の境界壁が右のような共用部分でない場合には両者の境界はどこかが問題になる。上下の関係では床、天井についても生ずる。さらに例えば、廊下や階段とこれに面する専有部分との境の壁、建物の骨格部分や屋根とそれに接する各専有部分などについて、区分所有権と共有権ないしは管理所有権の境界線をどこにおくべきかは、すこぶる厄介な問題である。この点、わが国の現在では、すべて壁真（壁の中央の線）を境とすると定められる例がすこぶる多い（固定資産税の評価などもこれによっている）。壁真という観念的な区分で所有権の範囲を定めるよりは、かような境界線にある物はすべて関係者の共有とすることが物権理論に適するようにも考えられる（〔一八〕参照）。しかし、全部を共有としても、専有部分に面している表面は、一定の深さまでは、各専有部分の区分所有者の単独の支配（普通の釘の打ち込みや修繕・変更など）を認めねばならない。そしてそれを区分所有権の内容とすることが、壁はすべて共有だとするよりも、おそらく区分所有を認めたことの趣旨を徹底することになろう。また壁真までは区分所有の内容だとしても、その使用・収益・処分は相隣者および全区分所有者の共通の利益のために強く制限されることは当然なのだから、その点の不都合はない。要するに、区分所有建物の壁・床・屋根・土台などの境界線は極めて相対的なものであって、共有性と単独所有性とが使用・収益・処分のそれぞれについて濃淡をもって結合しているものである。そうだとすると、わが国に普通行われている壁真を境界とする慣行を物権理論に反するとして否定するよりも、かような特殊なものについて物権理論が修正されていると考える方が適当であろうと思う。この点を整理して、この種の部分は維持管理の関係ではこれを共用部分として取扱い、その他の関係、とくに第三者に対する関係ではその厚さの中央をもって専有部分の境界とみる説が主張されている（注民(7)三六六頁（川島一郎））。

〔補六〕

四　敷　地

(1)区分所有建物とその敷地　(イ)旧法は、敷地については特別の規定を置いてなかった。一般に、建物が所在する一筆の土地、建物が数筆の土地にまたがる場合には当該の数筆の土地が敷地である（建物保護法や法定地上権との関連では問題がないわけではないが）。そして、現実に建物が立っていない周辺の部分を分割すれば、当該建物の敷地ではなくなると解されている。改正法はこれに対して二つの補充的な規定をおいている。その一つは「区分所有者が建物及び建物が所在する土地と一体として管理又は使用する庭、通路その他の土地」を規約によって建物の敷地とすることを認めたことである（五条一項）。その二つは建物の所有する土地が、「建物の一部の滅失」により、または「土地の一部の分割」により、建物が所在する土地以外の土地になったときは、その土地を上述の「規約で建物の敷地と定めたもの」とみなしたことである（五条二項）。このように敷地の範囲を明確にした上で、区分所有権と敷地利用権との分離処分を禁止して（二二条、〔補七〕参照）、その一体化をはかっている。

(ロ)旧法には敷地利用権についても規定がなかった。したがって一般の理論で解決されていた。

(a)すべての区分所有者は、上層を所有する者も、敷地全体についてこれを利用する権利を持たなければならない。共用部分が共有に属する場合はもとよりのこと、そうでない場合にも、その建物の一部を所有するためには、敷地全体を利用するといわねばならないからである。ただし、その利用権は各場合によって異なりうる。敷地を区分所有者の全員が共有する場合（分譲マンションの場合は、一般に譲受人全員に専有部分の床面積の割合で敷地の共有持分権を買い取らせるから、この型になる）、一部の者が所有または共有し他の者が借地権を有する場合、全員が一個の借地権を準共有する場合、一部ずつの借地権を有し他の者に転貸している場合、その他いろいろの組合わせがありうる。この法律は、すべての場合に区分所有建物のために一個の借地権が成立し、それを全員が準共有するという構成をとっていないからである。

(b)なお、民法上は各区分所有者の有する敷地の上の権利は、区分所有権と分離して処分することも不可能ではない。ことに、区分所有権を譲渡しても、敷地の上の借地権は――昭和四一年の改正で借地法に

第九条の二、第九条の三が追加された後にも、賃借権である借地権は――地主に対する関係では移転しないこともありうる。また、賃料不払いのために借地権が消滅することもありうる（他の区分所有者が立て替えて払えば償還請求権について先取特権をもつが（六条）、立て替え払いの義務があるわけではない）。しかし、このような「専有部分を所有するための建物の敷地に関する権利を有しない区分所有者」――改正法第一〇条では「敷地利用権を有しない区分所有者」という――に対して地主が専有部分の収去（明渡）を請求することは、事実上不可能に近い。そこで、地主に収去の代りに当該区分所有権を時価で売渡すべきことを請求する権利を認めていた（七条。改正法も同じ規定を置いている＝一〇条）。

〔補七〕

(2)改正法における敷地利用権　専有部分を所有するためには建物の敷地に関する権利を必要とする。具体的には土地所有権の共有または地上権・賃借権・使用借権等の準共有であるのが普通である。改正法は、これらの諸権利を一括して「敷地利用権」とし（二条六項）、それについて詳しい規定を設けた。その内容はつぎの通りである。

（a）規約で別段の定めをしない限り、「敷地利用権が数人で有する所有権その他の権利である場合には、区分所有者は、その有する専有部分とその専有部分に係わる敷地利用権とを分離して処分することができない」（二二条一項）。この趣旨を貫くために、区分所有者がその権利を放棄した場合などに専有部分と敷地利用権の持分が別人に帰属することがないよう規定をおいている（二四条による民法二五五条の排除）。ところで複数の専有部分がある場合に各専有部分に係わる敷地利用権の割合は、共用部分の持分の割合と同じ方式（一四条一項―三項）で定める。ただし、規約で別の割合が定めてあればその割合による（二二条二項。これらの割合は費用の負担とか、建物が滅失したときなどに意味がある）。

右の分離処分不能の原則は、専有部分の全部が一人の所有に属する場合、その敷地利用権が単独の所有権その他の権利である場合にも準用される（二二条三項）。例えば、分譲マンションを建設した業者が専有部分の一箇を譲渡する場合にはこれとともに所定の割合の敷地利用権を譲渡しなければならない。その割合も、共用部分の持分の割合と同じ方式によって定められるのである。

（b）右の分離処分の禁止に違反する専有部分または敷地利用権の処分は無効であるが、——そしてこれは従前から存在する専有部分とその敷地利用権についても適用されると解される——その無効は「善意の相手方に主張することができない。ただし、不動産登記法の定めるところにより分離して処分することができない専有部分及び敷地利用権であることを登記した後に、その処分がされたときは、この限りでない」（二三条）。この登記の手続のため不動産登記法改正案の建物の表示に関する登記事項に「建物の区分所有等に関する法律第二条第六項ノ敷地利用権タル登記シタル権利ニシテ建物又ハ附属建物ト分離シテ処分スルコト能ハザルモノ（以下敷地権ト称ス）アルトキハ其権利ノ表示」を加えることになっている（不登九一条二項四号）。この登記によって、専有部分と敷地利用権とは、何人に対する関係でも分離して処分のできない不可分一体のものになるのである（不登法一一〇条ノ一三・一五、一四〇条ノ二参照）。

（c）右に、敷地の範囲（五条一項）、敷地利用権の分離処分の例外など（二二条一項但書・二項但書）、規約によって定められるとされた事項については、「最初に建物の専有部分の全部を所有する者」（例えば分譲前のマンション建設者）は、公正証書によって、単独に設定することができる（三二条）。

五　区分所有関係の登記

〔補八〕　区分所有権の客体である専有部分、およびそれらを内包する一棟の建物の公示については、不動産登記法に特別の定めがされている。すなわち、一棟の建物を区分した建物の場合は、区分所有権の客体である建物（専有部分）が何箇あっても、その全部について一用紙を備える（不登法一五条但書）。それは一棟の建物の表題部および区分された建物毎の表題部とに分たれ、後者につきそれぞれ甲区、乙区が調製される（不登一六条ノ二、九一条二項、同法細則二条参照―構造上の共用部分は登記しない）。しかし、登記された専有部分の譲渡、抵当権設定などの登記は、一般の建物の場合と同じである。もっとも、区分所有権法の改正法によればその効力は区分所有権と不可分一体となった敷地利用権にも及ぶ――敷地利用権が独自に取引の対象とされることはない――ので、先に一言したように、不動産登記法の改正法では区分所有権の目的である建物の表題部に、「敷地権」に関する事項を登記することとし（不登九一条二項四号）、その旨を敷地権の目的である土地の登記用紙の相当区欄に登記する（同九三条ノ四）。そして、このような登記がされると、①所有権が敷地権とされている旨の登記のある土地の登記用紙に所有権の移転の登記をしたり、②敷地権の表示を登記した建物の登記用紙に建物のみの所有権の移転を登記原因とする所有権の登記をすることは、ともに原則として許されない（一一〇条ノ一三）。つまり、登記手続上も区分所有権の移転は目的である建物とその敷地利用権は一体としてのみ建物の登記用紙に登記される仕組みが考えられている。登記手続の簡素化が期待される。

六　区分所有建物の管理関係

〔補九〕多数の区分所有者がある場合には一種の組合が結成され、その規約に従って建物の管理がされるのが常である。しかし、区分所有者の数が少ないときは（この法律は棟割式の建物にも適用される）規約というほどのものの作られない場合もあろう。そこで旧法は、基本的な事項を規定し、その他は必要に応じて規約が作られることを予定する態度をとっていた。これに対して改正法は「区分所有者は、全員で、建物並びにその敷地及び附属施設の管理を行うための団体を構成」するものと定めている(三条)。組合契約をしたものとみなす、という表現(鉱業法二三条五項参照)をとっていないが、実質的には同じであって、はじめてこの「団体」の規約を設定する場合にも、区分所有者および議決権(規約に別段の定めがない限り、専有部分の床面積の割合による(三八条))の各四分の三以上の多数による集会の決議によることが認められ(三一条一項。旧法二四条では区分所有者全員の書面による合意を必要としている)、少数の反対者のために管理組合の組織が妨げられることがないよう配慮している(爾後の管理がこの規約に則って行われることは言うまでもない)。

〔補一〇〕 (1)区分所有建物の所有関係の規定の中にも管理に関する基本事項が含まれている。

(イ)前記のように、専有部分の所有権(区分所有権)には相互に一種の相隣関係というべき権利義務——互いに建物の保存に有害な行為やその管理・使用に当って共同の利益に反しない義務、必要な範囲で他の区分所有者の専有部分の使用を請求する権利——を伴う(六条・七条)。

(ロ)共有である共用部分の使用・管理については、民法の規定があれこれの点で修正されている。(a)各共有者は、共用部分をその用方に従って使用することができる(一三条)。(b)旧法は、共用部分の変更には共有者全員の同意を必要とし、改良を目的としかつ著しく多額の費用を要しないものは持分の四分の三以上でよいとしていたが(旧一二条一項)、改正法は、「区分所有者及び議決権の各四分の三以上の多数による集会の決議」でよい、と緩和し、かつ区分所有者の定数は規約で過半数まで減ずることを認めている(一七条一項)。いずれの場合も、変更が専有部分の使用に特別の影響を及ぼすべきときは、その専有部分の所有者の承諾が必要である(一七条二項)。なお保存行為は、旧法でも改正法でも、各共有者がすることができる(旧一三条一項・新一八条一項)。その他の共用部分の管理に関する事項は、旧法では共有者の持分の過半数で決することになっていた(旧一三条一項)が、改正法では規約で別段の定めをしない限り(一八条二項)、集会で、つまり区分所有者および議決権(持分)の過半数で決する(三九条一項)。この場合にも特別の影響を受ける専有部分の所有者の承諾を得なければならない(一八条三項)。(c)各共有者は、規約に別段の定めがない限りその持分に応じて、共用部分の負担に任じ、共用部分から生ずる利益(例えば屋上を広告塔に利用させた賃料など)を収取する(一九条。これらの規定は共有に属する敷地その他に準用される。二一条参照)。共同で負担すべき費用を立て替えた場合などには、その償還請求権は特定承継人に対しても行うことができる(八条)。

(ハ)規約の定めによって共用部分の所有者とされた区分所有者(一一条二項)の所有権は、もっぱら区分所有者全員のための管理を目的とする内容をもつものとされる(二〇条)。なお後述の管理者が、規約の特別の定めにより、共用部分の所有者となった場合にも同様であるが(二七条)、その職務権限については別に詳しい規定がある(二六条)。

〔補一一〕 (2)もっぱら管理を目的とする関係としては、——

(イ)管理者　規約に別段の定めがない限りおくことができ、集会の決議で選任・解任される。建物・敷地等の管理その他規約で定められた職務を有し、職務の範囲内で区分所有者を代理する権限をもつ(二五条―二八条)。改正法は損害保険契約の締結(一八条四項)、保険金の請求・受領の権限とか、規約または集会の決議によりその職務に関し、区分所有者のために原告または被告になれる(一八条四項・二六条)など、管理者の権限を拡張した。その反面、管理者がその職務の範囲内において第三者との間でした行為につき区分所有者が責に任ずる場合が生ずる。その場合の責任の割合および区分所有者の特定承継人の責任につき規定を設けた(二九条)。

(ロ)規約　建物またはその敷地もしくは附属施設の管理または使用に関する区分所有者相互間の事項を定める。規約の設定・変更または廃止は、旧法では区分所有者全員の書面による合意を必要としていたが(旧二四条一項)、改正法では、先に一言したように、区分所有者および議決権の各四分の三以上の多数による集会の決議による。しかし、一部の区分所有者の権利に特別の影響を及ぼすときは、その承諾を得なければならない(三一条一項)。なお改正法では、最初に建物の専有部分の全部を所有する者(例えば分譲マンションの建設者)が、公正証書によって規約による共用部分や敷地の設定、もしくは敷地分離処分の例外などの定めをする道を開いている(三二条)。規約は書面にして一定の者が保管し、利害関係人(例えば区分所有権を譲り受けようとする者)の請求があれば閲覧を許さねばならない。規約は一種の組合契約の性質をもつというべきだが、区分所有者の特定承継人に対しても効力を有する(三〇条―三三条)。

(ハ)集会　区分所有者間の組合の組合員総会に当るものであって、最高の意思決定機関ともいうべきものである。その招集、決議方法、議事録の作成・保管などについて原則的な——改正法ではかなり詳細な——規定が設けられている(三四条―四五条)。規約および集会の決議は区分所有者の特定承継人に対しても効力を有する。なお、改正法では区分所有者の承諾の下に専有部分を占有する者——例えば賃借人——は、集会への出席と意見陳述の権利を有し(四四条)、建物・敷地等の使用方法につき区分所有者と同一の義務を負う(四六条)旨を規定している。

(ニ)管理組合法人　改正法は管理組合に法人格取得の可能性を認め、詳しい規定を設けた(四七条―五六条)。

(ホ)義務違反者に対する措置　改正法は、一節を設けて、共同の利益に反する行為者がある場合に、他の区分所有者全員または管理組合法人に対して次のような権限を認めている。すなわち①「建物の保存に有害な行為その他建物の管理又は使用に関し区分所有者の共同の利益に反する行為」をした者に対し、その行為の停止、結果の除去、行為の予防のため必要な措置を執るよう請求すること(五七条)、②共同生活上の障害が著しい場合には、集会の決議に基づき訴えをもってする使用禁止を請求すること(五八条)、③さらに他の方法によっては「区分所有者の共同生活の維持を図ることが困難である」ときは、当該の区分所有者の区分所有権および敷地利用権の競売を請求すること(五九条)ができる。また義務違反者が賃借人等の占有者である場合には、これに対する引渡請求についても同様の規定をしている(六〇条)。

(ヘ)建物の一部滅失　建物の管理の特別な場合として建物の一部滅失について規定がある(三五条)。(a)建物の価格の二分の一以下に相当する部分が滅失したときに各区分所有者が滅失した共用部分および専有部分を復旧することを認め、そのための手続と、復旧に要した費用の償還に関して規定する(六一条一項—四項)。(b)価格の二分の一を越える部分が滅失したとき(全部滅失すれば区分所有権は全部消滅し敷地の権利だけが残る)は、旧法では、まず滅失しなかった部分の区分所有者も加わって建物の再建について協議しなければならない。協議ができないかまたは成立しないときは、各区分所有者は、他の区分所有者に対し、建物および敷地に関する権利を時価で買い取るべきことを請求することができた(旧三五条三項・四項)。改正法は、この場合に集会において区分所有者および決議権の各四分の三以上の多数で、復旧の決議をすることができるとし、決議が成立した場合は、それに賛成しなかった区分所有者に上記の買取請求権を認めている(六一条五項—八項)。

(ト)建替え　本来の管理の範囲をやや越えるが、旧法はこれについて規定していない。したがって区分所有者の一人でも不賛成であれば実施できない建前であった。しかし、建物が老朽、損傷、一部の滅失などで著しく効用が落ち、回復に過分の費用を要し、維持費がかさむに至った場合を考えると必ずしも妥当でない。そこで改正法は、このような事情があれば、「集会において、区分所有者及び議決権の各五分の四以上の多数で、建物を取り壊し、かつ、建物の敷地に新たに主たる使用目的を同一とする建物を建築する旨の決議(建替え決議)をする」道を開いた(六二条一項)。そして決議で定めるべき事項(同条二項)、建替え決議に賛成せず、あるいは建替えに参加しない区分所有者に対する措置(終局的に区分所有権と敷地利用権の買受けが中心)などにつき詳しく規定している(六三条一項—七項・六四条)。

〔補一三〕

七　団　地

この法律で団地とは、一団地内に数棟の建物——必ずしも区分所有権の建物に限らない——があって、その団地内の土地または附属施設(これらに関する権利を含む)がそれらの建物の所有者または区分所有者の共有に属するものである。旧法は、これに管理者・規約・集会・決議等に関する基本的な規定を準用するほかは、団地の自主的な運営にまかせていた(旧三六条)。

改正法でも大綱において同じである。まず団地建物所有者は全員で、その団地内の土地、附属施設および専有部分のある建物の管理を行うための団体を構成し、この法律の定めるところにより、集会を開き、規約を定め、および管理者を置くことができる、とした上で(六五条)、建物の区分所有に関する規定を広く準用し(六六条)、団地共用部分の設定ならびにその登記、当初に建物全部を所有する者の公正証書による規約設定権、団地共用部分の共有とその持分の割合およびその使用権、さらにその持分の建物または専有部分との不可分性について規定する(六七条)。

最後に団地共用部分とするための規約設定に当って四分の三以上の同意を必要とする関係者の範囲を土地または附属施設の場合と、専有部分のある建物の場合とを区別して規定している(六八条)。

■岩波オンデマンドブックス■

新訂 物権法(民法講義 II)

1932年11月20日 第1刷発行
1952年6月15日 改版第1刷発行
1983年5月30日 新訂第1刷発行
2014年8月4日 第31刷発行
2019年3月12日 オンデマンド版発行

著 者 我妻《わがつま》 栄《さかえ》

補訂者 有泉《ありいずみ》 亨《とおる》

発行者 岡本 厚

発行所 株式会社 岩波書店
〒101-8002 東京都千代田区一ツ橋2-5-5
電話案内 03-5210-4000
http://www.iwanami.co.jp/

印刷/製本・法令印刷

ISBN 978-4-00-730854-3 Printed in Japan

条文索引

左方の数字は条数(I, II…は項, 一, 二…は号).
右方の〔 〕内の数字は本書の通し番号.

民　法

民法施行法

旧 民 法

財産編

不動産登記法

不動産登記法施行令

遺失物法

入会林野近代化法

温泉法

河川法

割賦販売法

仮登記担保契約に関する法律

漁業法

刑　法

建築基準法

憲　法

鉱業法

航空法

採石法

借家法

借地法

商　法

森 林 法

建物の区分所有等に関する法律

建物保護ニ関スル法律

地上権ニ関スル法律

地代家賃統制令

手　形　法

都市再開発法

土地収用法

農業動産信用法

農　地　法

法　　例

民事執行法

民事訴訟法

民事調停法

罹災都市借地借家臨時処理法

立木ニ関スル法律

事　項　索　引

配列は五十音順．〔　〕内の数字は本書の通し番号．

き

く

す

せ

そ

た